개정판

시작하세요! **앱 인벤터 2**

뚝딱뚝딱 혼자서도 만드는 안드로이드 앱

개정판

시작하세요! **앱 인벤터 2**

뚝딱뚝딱 혼자서도 만드는 안드로이드 앱

지은이 김경민, 이기태

펴낸이 박찬규 | 엮은이 이대엽 | 디자인 북누리 | 표지디자인 아로와 & 아로와나

펴낸곳 위키북스 | 전화 031-955-3658, 3659 | 팩스 031-955-3660

주소 경기도 파주시 문발로 115 세종출판벤처타운 311호

가격 28,000 | 페이지 476 | 책규격 188 × 240

초판 발행 2019년 06월 13일

ISBN 979-11-5839-160-7 (93000)

등록번호 제406-2006-000036호 | 등록일자 2006년 05월 19일

홈페이지 wikibook.co.kr | 전자우편 wikibook@wikibook.co.kr

이 도서의 국립중앙도서관 출판시도서목록 CIP는

e-CIP 홈페이지 http://www.nl.go.kr/cip.php에서 이용하실 수 있습니다.

CIP제어번호 CIP2019021660

시작하세요!

앱 인벤터 2

뚝딱뚝딱 혼자서도 만드는 안드로이드 앱   김경민, 이기태 지음

위키북스

흔히들 스마트폰 앱은 프로그래밍에 능숙한 개발자들이 만드는 것이라고 생각합니다. 그래서 대부분의 사람들은 필요한 앱이 있으면 앱 마켓에서 개발자들이 만들어 놓은 앱을 다운로드해서 사용합니다. 이렇게 앱 마켓을 통해 설치한 앱이 그럭저럭 쓸 만은 하지만 마음에 쏙 들지는 않은 경험을 누구나 한 번쯤 해봤을 것입니다. 나에게 필요한 앱을 내가 직접 만들어 쓸 수 있다면 마음에 쏙 드는 맞춤형 앱을 사용할 수 있겠지만 앱을 만들기 위해서는 프로그래밍 언어와 개발 도구를 능숙하게 다룰 수 있어야 하기 때문에 비전공자들이 선뜻 앱 만들기에 도전하기란 쉽지 않습니다. 하지만 앱 인벤터를 이용하면 누구나 쉽게 앱 만들기에 도전할 수 있습니다.

앱 인벤터는 복잡한 프로그래밍 언어 대신 퍼즐처럼 조립할 수 있는 블록을 이용해 초보자도 쉽게 안드로이드 앱을 만들 수 있도록 도와주는 웹 기반의 앱 개발 도구입니다. 인벤터를 이용하면 프로그래밍을 전혀 배운 적이 없는 사람들도 짧은 시간 안에 간단한 기능을 가진 꽤 쓸만한 앱을 만들어 볼 수 있습니다. 특히나 앱 인벤터는 한글을 지원하기 때문에 영어에 익숙하지 않은 사람들도 거부감 없이 프로그래밍의 세계에 입문할 수 있습니다.

앱 인벤터는 장점과 한계가 뚜렷한 개발 도구입니다. 누구나 쉽게 배우고 활용할 수 있다는 장점이 있는 반면 앱 인벤터가 제공하는 제한된 기능만 사용해서 앱을 만들어야 하므로 전문 개발 도구로 만든 앱 만큼 다양하고 섬세한 기능을 가진 앱을 만들지는 못합니다. 하지만 한계가 분명하다는 것은 초보자들에게는 오히려 장점이 될 수 있습니다. 앱 인벤터가 지원하는 기능이 한정적이므로 기능을 익히는 데 많은 시간을 투자하지 않아도 됩니다. 오히려 그 시간을 창의적인 앱 구상에 투자한다면 얼마든지 수준 높은 앱을 만들 수 있습니다.

이 책의 초판이 발행된 2016년 2월에는 앱 인벤터가 MIT App Inventor 2 Beta라는 이름으로 서비스되고 있었으며 기능도 지금에 비해 한정적이었습니다. 지금은 이름 뒤에 Beta라는 꼬리표가 사라졌고 디자인이나 기능 면에서 많은 변화와 발전이 있었습니다. 특히 Extension 기능을 이용해 전 세계 개발자들이 만들어서 공유한 다양한 확장 컴포넌트를 사용할 수 있게 되어 앱 인벤터로 만들 수 있는 앱의 범위가 더욱 넓어지고 있습니다. 또한 iOS

앱 제작을 지원하기 위한 작업이 MIT에서 진행되고 있어 조만간 아이폰이나 아이패드에서도 앱 인벤터로 만든 작품을 실행해 볼 수 있을 것입니다. 그리고 최근에는 아두이노나 마이크로 비트 같은 오픈소스 하드웨어 개발 보드를 이용한 IoT 프로젝트를 진행할 때도 보드와 통신 하는 앱을 만들기 위한 용도로 앱 인벤터가 많이 활용되고 있습니다. 개정판을 준비하면서 바 뀐 앱 인벤터의 기능, iOS용 앱 제작, IoT용 앱 제작에 관한 부분을 다 담고 싶었으나 아쉽게 도 바뀐 앱 인벤터의 기능만 담게 됐습니다. 2018년 공개가 목적이었던 iOS용 앱 인벤터는 아직 공개되지 않았고 IoT 앱 제작에 관련된 내용을 담으려면 앱 인벤터가 아닌 다른 부분에 관한 설명이 늘어날 것 같아서 이 책의 성격과 맞지 않아 보였기 때문입니다.

개정판 집필을 마치는 순간까지 초판을 준비했을 때와 마찬가지로 최신 버전의 기능을 책 에 담으려고 노력했으나 독자 여러분이 책을 볼 때쯤이면 바뀌거나 추가된 기능이 있을 것입 니다. 하지만 책을 보고 단순히 따라 만드는 것이 아니라 이해하고 만든다면 바뀌고 추가된 기능을 쉽게 이해할 수 있을 것입니다. 이 책에 코드 한 줄마다 해설을 넣은 이유는 책을 읽 는 분들이 코드에 대한 이해를 통해 새로운 앱을 만들 수 있는 능력을 키우길 바랐기 때문입 니다. 앱 인벤터 공식 홈페이지의 메뉴바 아래쪽을 보면 "Anyone Can Build Apps That Impact the World"라는 문구가 적혀 있습니다. 여러분이 세상에 영향을 미치는 앱을 만드 는 데 이 책이 조금이나마 도움이 되길 바랍니다.

– 김경민, 이기태

"시작하세요 앱 인벤터 2" 네이버 카페에서 책에 관한 질문이나 답변, 또는 업데이트 정보 등을 확인할 수 있 습니다.

http://cafe.naver.com/startappinventor2

이 책의 첫째 마당에서는 앱 인벤터의 기본 사용법과 기능을 알아보고 둘째, 셋째 마당에서는 실제 앱을 만들어 보는 과정을 통해 앱 프로그래밍을 익힙니다.

특히 둘째 마당에서는 각 장의 앱을 쉽게 이해하고 따라 만들 수 있도록 앱을 만드는 과정을 4단계로 나눠서 설명합니다. 그리고 마지막 단계인 미션을 해결하면 개발 준비 단계에서 설계했던 앱의 모든 기능이 완성됩니다.

1단계: 앱 개발 준비

앱의 디자인을 미리 구상해 보고 구현할 기능을 설계하는 단계입니다. 앱을 만들기 전에 앱 제작에 사용될 컴포넌트와 블록의 기능을 미리 살펴봅니다.

2단계: 화면 디자인

앱의 화면 구성과 기능 구현에 필요한 컴포넌트를 배치하고 속성을 설정하는 단계입니다. 순서에 따라 컴포넌트를 배치하고 속성을 설정한 후에 컴포넌트 속성을 정리한 표를 통해 디자인 작업에 이상이 없는지 다시 한번 확인해 볼 수 있습니다.

11.3 _ 블록 조립

총기 설정 조립

3단계: 블록 조립

앱의 기능을 구현하기 위해 블록을 조립하는 단계입니다. 순서에 따라 블록을 조립하고 블록별 해설을 통해 각 블록의 역할을 확인할 수 있습니다. 특정 기능의 구현이 완료된 후에는 체크리스트를 이용해 앱을 테스트합니다. 알림 코너에서는 앱 인벤터를 사용할 때 주의할 점이나 유용한 팁을 확인할 수 있습니다.

13.4 _ 기능 추가

컴포넌트 추가

4단계: 기능 추가

기본 앱의 기능에 새로운 기능을 추가하는 단계입니다. 새로운 기능을 추가하는 데 필요한 컴포넌트 배치 작업과 기능을 만들기 위한 블록 조립 작업을 진행합니다.

도전 앱 인벤터 미션

앱에 어울리는 아이콘 만들기

도전 앱 인벤터 미션

앱 화면에 사진 추가하기

5단계: 미션 해결

지금까지 만든 앱에 책에 제시된 기능을 독자가 직접 프로그래밍을 통해 추가하는 단계입니다. 미션을 해결하면 각 장을 시작할 때 설계했던 앱의 모든 기능이 최종적으로 완성됩니다.

둘째, 셋째 마당에서 만들어 볼 앱의 프로젝트 파일은 위키북스 홈페이지(https://wikibook.co.kr/appinventor2-rev/)나 네이버 카페(http://cafe.naver.com/startappinventor2)에서 내려받을 수 있습니다. 앱 하나당 제공되는 프로젝트 파일은 총 3개입니다. 파일명 끝에 숫자 1이 붙어있는 파일은 기본 프로젝트 파일로서 앱을 3단계까지 완성한 상태이며, 숫자 2가 붙어 있는 파일은 심화 프로젝트 파일로서 앱을 4단계까지 완성한 상태입니다. 그리고 프로젝트 이름 끝에 숫자가 없는 파일은 5단계 미션을 해결한 최종 프로젝트 파일입니다. 셋째 마당에서는 앱을 단계별로 만들지 않으므로 최종 프로젝트 파일 하나만 제공합니다.

프로젝트 파일은 앱 인벤터 개발 페이지 상단에 있는 [프로젝트]-[내 컴퓨터에서 프로젝트(.aia)가져오기] 메뉴를 이용해 [내 프로젝트] 목록에 추가할 수 있습니다. 예제 프로젝트들은 한국어를 기반으로 제작됐으므로 언어 설정에 따른 오류 발생을 방지하기 위해서는 프로젝트를 가져오기 전에 개발 페이지 상단에 있는 [English]-[한국어] 메뉴를 이용해 개발 환경을 한국어로 설정해야 합니다.

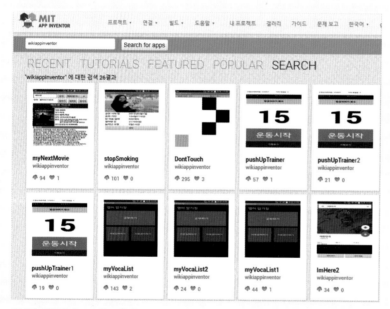

예제 프로젝트 파일은 앱 인벤터 갤러리에서 찾아서 바로 내 프로젝트 목록으로 가져올 수도 있습니다. 갤러리에 관한 자세한 사항은 이 책의 53쪽에 설명돼 있습니다. 예를 들어, 6장의 웹 브라우저 앱의 기본 프로젝트 파일을 갤러리에서 찾고 싶다면 검색창에 "myBrowser1"을 입력하고 심화 프로젝트 파일을 찾고 싶다면 검색창에 "myBrowser2"를 입력하고 검색하면 됩니다. 최종 프로젝트 파일을 찾고 싶으면 원래 프로젝트의 이름인 "myBrowser"를 입력하면 됩니다.

갤러리에서 예제 프로젝트 찾기

갤러리의 검색창에 "wikiappinventor"를 입력하고 검색하면 이 책에서 제공하는 모든 프로젝트 파일을 한번에 확인해 볼 수 있습니다.

첫째 마당

안녕! 앱 인벤터

둘째 마당

도전! 앱 인벤터

셋째 마당

완성! 앱 인벤터

첫째 마당

안녕! 앱 인벤터

첫째 마당에서는 앱 인벤터를 이용해 앱을 만드는 데 필요한 사전 지식을 쌓기 위해 앱 인벤터에 관한 전반적인 내용을 살펴보겠습니다. 앱 인벤터란 무엇이며 어떤 방식으로 앱을 만드는지 알아보고 안드로이드 단말기에 설치할 수 있는 간단한 형태의 첫 번째 앱도 만들어 볼 것입니다. 이번 마당을 통해 앱 인벤터를 이용하면 누구나 쉽게 앱을 개발할 수 있다는 사실을 알게 될 것입니다.

01
앱 인벤터란?

앱 인벤터(App Inventor)는 구글(Google)과 매사추세츠공과대학교(MIT)의 협력을 통해 개발된 웹 기반의 안드로이드 앱 개발 도구입니다. 2010년 7월 구글이 App Inventor for Android라는 이름으로 앱 인벤터를 처음 공개했을 때 전문 앱 개발자가 아닌 일반인들도 블록을 드래그 앤드 드롭(Drag & Drop)해서 쉽게 앱을 만들 수 있다는 점에서 큰 관심을 받았습니다. 그러나 불과 1년 만에 서비스가 중단되고 앱 인벤터 프로젝트는 오픈소스화됐습니다. 그리고 매사추세츠공과대학교에서 앱 인벤터 프로젝트를 이어받아 현재는 MIT APP INVENTOR라는 이름으로 서비스되고 있습니다.

1.1 _ 앱 인벤터의 이해

2007년 1월 스티브 잡스가 아이폰이라는 스마트폰을 처음으로 발표한 이래 이제 스마트폰이 없으면 일상생활이 불편한 시대가 왔습니다. 많은 사람이 스마트폰을 사용하면서 '이런 앱이 있으면 좋을 텐데'라는 생각을 한 번쯤은 해봤을 것입니다. 그리고 앱 제작에 관심이 있는 사람이라면 내가 생각한 앱을 만들고 싶다는 생각을 해봤을 것입니다. 하지만 생각을 실행에 옮기기는 쉽지 않습니다. 앱을 만들려면 자바 같은 프로그래밍 언어를 이해하고 안드로이드 스튜디오 같은 개발 도구의 사용법을 배워야 합니다. 프로그래밍 언어와 전문 앱 개발 도구는 일반인들이 배우기에는 너무 어렵고 시간이 오래 걸리기 때문에 앱을 만들고 싶다는 생각이 있어도 포기하게 됩니다. 하지만 앱 인벤터를 이용하면 어려운 프로그래밍 언어를 모르더라도 누구나 쉽게 앱 만들기에 도전할 수 있습니다.

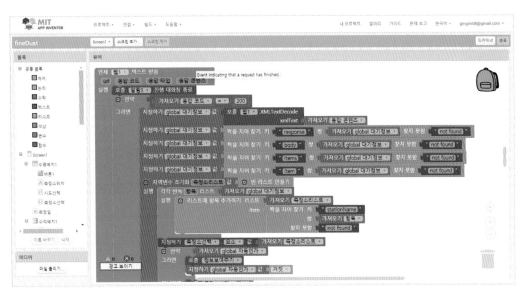

[그림 1-1] 앱 인벤터 블록 편집기

우선 앱 인벤터란 무엇인지 몇 가지 특징을 통해 살펴보겠습니다.

첫째 _ 앱 인벤터는 스마트폰에서 작동하는 앱을 만들기 위한 앱 개발 도구로 현재는 안드로이드 앱 제작만 지원하고 있습니다. 2017년부터 iOS 앱 만들기를 지원하기 위한 작업이 진행 중이므로 조만간 앱 인벤터를 이용해 아이폰에서 작동하는 앱을 만들 수 있게 될 것입니다.

둘째 _ 앱 인벤터는 웹을 기반으로 한 앱 개발 도구입니다. 앱 인벤터로 앱을 개발하려면 웹 브라우저로 앱 인벤터 개발 페이지에 접속하기만 하면 됩니다. 앱 인벤터로 작업한 프로젝트는 웹 서버에 저장되기 때문에 인터넷에 연결된 컴퓨터 어디서든 작업 중인 프로젝트를 불러와서 앱 개발 작업을 쉽게 이어나갈 수 있습니다. 앱 인벤터는 웹 브라우저상에서 바로 앱을 개발하는 방식이므로 앱 개발 도구를 컴퓨터에 따로 설치할 필요가 없습니다. 앱 인벤터 개발 페이지에 정상적으로 접속되는 웹 브라우저만 있으면 어디서든 앱을 개발할 수 있으므로 컴퓨터의 운영체제에 구애받지 않고 앱을 개발할 수 있으며, 심지어 안드로이드 태블릿이나 아이패드에서도 앱을 개발하는 것이 가능합니다.

셋째 _ 앱 인벤터를 이용한 앱 개발은 비주얼 프로그래밍(visual programming) 방식으로 이뤄집니다. 비주얼 프로그래밍은 각종 명령어를 텍스트로 입력하는 것이 아니라 명령어를 시각적으로 형상화한 블록을 조합해서 프로그램을 만드는 방식입니다. 앱 인벤터에는 앱을 만드는 데 필요한 각종 명령어가 블록으로 미리 만들어져 있어서 사용자는 블록을 가져와서 퍼즐을 맞추듯이 블록끼리 연결해서 앱을 만들 수 있습니다. 이러한 앱 인벤터의 개발 방식은 프로그래밍을 해 본 적이 없는 사람들도 쉽게 앱 프로그래밍에 도전해 볼 수 있게 도와줍니다.

넷째 _ 앱 인벤터는 한글 프로그래밍을 지원합니다. 프로그래밍 용어가 한글로 번역돼 있기 때문에 영어에 익숙하지 않은 사람들도 앱 인벤터를 이용하면 쉽게 앱 프로그래밍을 이해하고 배울 수 있습니다.

지금까지 살펴본 몇 가지 특징을 통해 앱 인벤터가 전문 개발자가 아닌 사람들도 앱을 쉽게 개발할 수 있게 도와주는 웹 기반의 비주얼 프로그래밍 도구라는 것을 알 수 있습니다.

1.2 _ 앱 인벤터로 할 수 있는 것들

이번에는 앱 인벤터로 무엇을 할 수 있을지 살펴보겠습니다.

레이아웃과 다양한 사용자 인터페이스를 이용해 원하는 모양의 앱을 만들 수 있습니다.

레이아웃이란 앱 화면을 구성하는 각종 구성 요소들을 배치할 수 있게 도와주는 일종의 틀입니다. 그리고 사용자 인터페이스란 사람과 프로그램이 상호작용할 수 있게 도와주는 장치를 의미합니다. 앱 인벤터는 총 5종의 레이아웃과 15종의 사용자 인터페이스를 제공합니다. 레이아웃을 이용해 화면의 구역을 나누고 레이아웃 안에 사용자 인터페이스를 배치해 원하는 모양의 앱을 만들 수 있습니다.

[그림 1-2] 디자인 편집기를 이용한 화면 구성

[그림 1-3] 실제 앱 화면

미디어 컴포넌트를 이용해 스마트폰의 미디어 장치를 제어할 수 있습니다.

앱 인벤터가 제공하는 미디어 컴포넌트를 이용하면 사진과 동영상을 촬영하거나 재생할 수 있고 음성을 녹음하거나 재생할 수 있습니다. 그리고 음성 인식 기능을 이용해 사용자의 음성을 텍스트로 바꿀 수도 있고 문자를 음성으로 읽어주는 음성 변환 기능을 이용해 텍스트를 음성으로 바꿀 수도 있습니다.

[그림 1-4] 구글 플레이 스토어에 등록된 다양한 미디어 장치를 활용하는 앱 목록

센서 컴포넌트를 이용해 스마트폰의 센서 기능을 자유롭게 사용할 수 있습니다.

앱 인벤터는 스마트폰의 위치 센서, 방향 센서, NFC, 가속도 센서, 근접 센서 등 다양한 센서의 기능을 쉽게 사용할 수 있게 도와주는 컴포넌트를 제공합니다. 센서 컴포넌트를 활용하면 지도상의 현재 위치를 표시해 주는 앱, NFC 태그를 읽는 앱 등을 몇 개의 블록으로 쉽게 만들 수 있습니다.

[그림 1-5] 스마트폰 센서를 활용하는 모습

소셜 컴포넌트를 이용해 스마트폰의 전화, 문자, 공유 기능을 사용할 수 있습니다.

앱 인벤터가 제공하는 소셜 컴포넌트를 이용하면 스마트폰에 저장된 연락처를 가져오고 연락처에서 선택한 사람에게 문자를 보내거나 전화를 거는 등의 기능을 가진 앱을 쉽게 만들 수 있습니다. 공유 컴포넌트를 이용하면 내가 만든 앱의 데이터를 다른 앱으로 보낼 수도 있습니다.

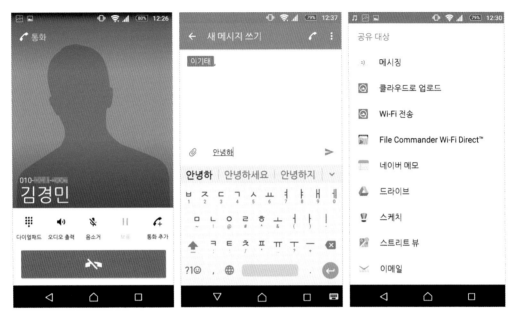

[그림 1-6] 전화, 문자, 공유 기능을 활용하는 모습

레고 마인드스톰(LEGO MINDSTORMS)을 제어할 수 있습니다.

앱 인벤터는 레고에서 만든 마인드스톰 NXT와 Ev3 로봇을 블루투스를 이용해 제어하는 컴포넌트를 제공합니다. 마인드스톰 컴포넌트를 이용해 로봇의 컬러 센서, 빛 센서, 소리 센서, 터치 센서, 초음파 센서값을 읽어 들이고 로봇의 모터를 제어해 로봇을 움직일 수 있습니다.

[그림 1-7] 레고에서 만든 마인드스톰 NXT 로봇

이 밖에도 앱 인벤터는 그림 그리기, 애니메이션, 지도, 데이터 저장, 블루투스 연결 등 다양한 기능을 제공하고 있으므로 이러한 기능을 잘 활용하면 여러분이 머릿속으로만 생각했던 앱을 현실에서 만들 수 있습니다.

1.3 _ 앱 인벤터를 위한 준비

앱 인벤터를 원활하게 사용하기 위한 작업 환경을 만들어 보겠습니다. 구글 크롬(Chrome) 브라우저를 설치하고 구글 계정만 만들면 되므로 이미 컴퓨터에 크롬이 설치돼 있고 구글 아이디가 있다면 크롬 설치하기와 구글 계정 만들기 단계를 건너뛰어도 됩니다.

구글 크롬 설치

앱 인벤터는 현재 인터넷 익스플로러를 제외한 크롬, 사파리, 파이어폭스, 엣지 브라우저에서 원활하게 작동됩니다. 앱 인벤터 사이트에 접속하기 위해 사파리나 파이어폭스를 사용해도 되지만 이 책에서는 구글에서 만든 웹 브라우저인 크롬을 앱 인벤터에 접속하기 위한 기본 브라우저로 사용하겠습니다. 크롬을 설치하기 위해 포털 사이트의 검색창에 "구글 크롬"이나 "chrome"이라고 입력하고 검색합니다.

[그림 1-8] 포털 사이트에서 구글 크롬 검색

검색 결과에 보이는 구글 크롬 링크를 클릭해 크롬 다운로드 페이지로 이동합니다. 또는 인터넷 주소창에 "http://www.google.co.kr/chrome"을 입력해 바로 크롬 다운로드 페이지로 이동합니다.

[그림 1-9] 구글 크롬 사이트 링크

크롬 브라우저를 내려받을 수 있는 웹 페이지로 이동해서 화면에 있는 [Chrome 다운로드] 버튼을 클릭합니다.

[그림 1-10] 크롬 다운로드 페이지

[Chrome 다운로드] 버튼을 클릭하면 서비스 약관 동의에 관한 팝업창이 나타납니다. [동의 및 설치] 버튼을 클릭합니다.

[그림 1-11] 크롬 서비스 약관 동의 및 설치

[동의 및 설치] 버튼을 클릭하면 설치 파일 다운로드 및 설치가 자동으로 진행되고 설치가 끝나면 크롬 브라우저가 자동으로 실행됩니다.

구글 계정 만들기

앱 인벤터를 이용하려면 구글 계정이 필요합니다. 앱 인벤터를 사용하기 위해 따로 회원 가입을 할 필요는 없으며, 구글 계정과 연동하는 방식으로 앱 인벤터 개발 사이트에 로그인해서 앱을 개발하고 프로젝트 파일을 관리할 수 있습니다.

크롬 브라우저를 실행한 후 주소창에 "google.co.kr"을 쓰고 엔터키를 누르면 구글 사이트가 나옵니다. 우측 상단에 있는 [로그인] 버튼을 클릭합니다.

[그림 1-12] 구글 홈페이지

구글 로그인 페이지가 나오면 [계정 만들기]를 클릭합니다.

[그림 1-13] 구글 로그인 페이지

구글 계정 만들기 페이지가 나타나면 계정을 만들기 위한 정보를 두 번에 걸쳐 입력합니다.

[그림 1-14] 구글 계정 생성 페이지

정보를 입력한 후 개인정보 약관에 대한 [동의] 버튼까지 클릭하면 구글 계정 생성이 완료되고 구글에 로그인한 상태가 됩니다.

[그림 1-15] 구글 계정 생성 완료

앱 인벤터 접속

크롬 브라우저도 설치하고 구글 계정도 만들었으면 기본적인 환경 구성은 끝난 셈입니다. 이제 앱 인벤터에 접속해 보겠습니다. 크롬을 실행하고 구글에 로그인돼 있는지 확인합니다. 로그인돼 있지 않다면 우선 로그인한 후 검색창에 '앱 인벤터'를 입력해서 검색합니다.

[그림 1-16] 구글 검색창에 앱 인벤터 입력 후 검색하기

검색 결과 가운데 MIT App Inventor를 클릭합니다. 또는 크롬 브라우저 주소 입력창에 "appinventor.mit.edu"를 바로 입력해서 앱 인벤터 홈페이지에 접속할 수도 있습니다.

[그림 1-17] 앱 인벤터 검색 결과

MIT App Inventor의 홈페이지에는 뉴스 및 각종 튜토리얼, 포럼 등 여러 게시판이 있습니다. 앱을 만들기 위해서는 앱 인벤터 개발 페이지로 이동해야 합니다. 우측 상단에 있는 [Create apps!] 버튼을 클릭합니다.

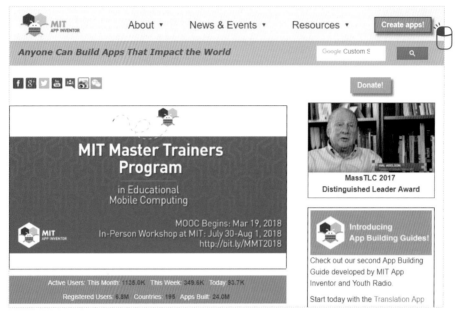

[그림 1-18] MIT App Inventor 홈페이지

[Create apps!] 버튼을 클릭하면 구글 계정으로 로그인하는 화면이 나타납니다. 계정을 선택하고 비밀번호를 입력한 후 [다음] 버튼을 클릭합니다.

[그림 1-19] 구글 계정으로 로그인

구글 계정으로 로그인하면 앱 인벤터 서비스에 대한 약관 소개 웹 페이지가 나옵니다. [I accept the terms of service!] 버튼을 클릭합니다.

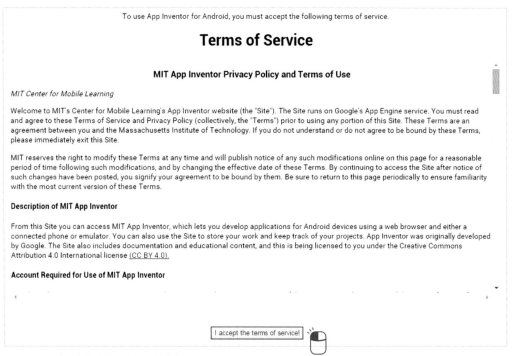

[그림 1-20] 앱 인벤터 서비스 약관 소개 페이지

[I accept the terms of service!] 버튼을 클릭하면 앱 인벤터 사용자에 대한 설문조사 안내 팝업창이 나타납니다. 설문조사에 응답하지 않아도 되지만 무료로 좋은 서비스를 사용하는 만큼 [Take Survey Now]를 클릭해 설문조사에 응합니다. 설문조사를 하지 않더라도 불이익은 발생하지 않습니다.

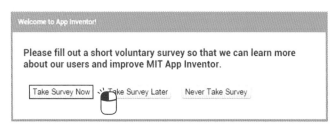

[그림 1-21] 앱 인벤터 사용자에 대한 설문조사 안내

설문 조사를 마치면 설문 조사 창이 닫히면서 팝업창이 하나 만들어진 것을 확인할 수 있습니다. 이 팝업창은 일종의 공지사항으로 앱 인벤터 기능이 업데이트되거나 중요한 변동사항이 있을 때 사용자에게 관련 정보를 알려주는 역할을 합니다. 앱 인벤터는 수시로 기능이 업데이트되므로 이 팝업창을 눈여겨볼 필요가 있습니다. 팝업창 안에 있는 링크를 클릭하면 공지사항에 대한 더욱 자세한 정보를 알 수 있습니다. 자세한 공지 사항은 나중에 확인해 보기로 하고 팝업창 아래에 있는 [Continue] 버튼을 클릭합니다.

[그림 1-22] 앱 인벤터 공지사항

[Continue] 버튼을 클릭하면 앱 인벤터 시작을 알리는 팝업창이 나타납니다. 앱 인벤터에 대해 배우고 싶다면 상단 메뉴 중 [Guide] 버튼을 클릭해 링크된 안내 페이지를 참조하고, 첫 번째 프로젝트를 시작하고 싶다면 [Start New Project] 버튼을 클릭하라는 내용입니다.

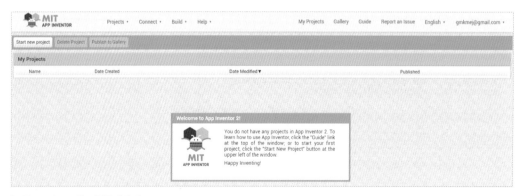

[그림 1-23] 프로젝트 목록 페이지

앱 인벤터에 처음 접속하면 모든 메뉴가 영어로 돼 있습니다. 우측 상단 메뉴 가운데 [English]를 클릭하면 앱 인벤터가 지원하는 언어 목록이 나타납니다.

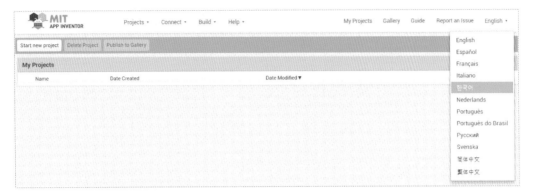

[그림 1-24] 사용 언어를 한국어로 바꾸기

언어 목록에서 [한국어]를 선택하면 [그림 1-26]처럼 메뉴가 한글로 바뀐 것을 확인할 수 있습니다. 이 책에서는 앱 인벤터 한글 버전을 이용해 앱 인벤터에 대해 알아보고 앱을 만들어볼 예정입니다. 따라서 학습을 시작하기 전에 사용 언어를 한국어로 바꾸는 작업을 잊지 않기를 바랍니다.

[그림 1-25] 메뉴가 한글로 바뀐 앱 인벤터

이제 앱 인벤터를 사용하기 위한 준비가 끝났습니다. 다음 장에서 비어있는 프로젝트 목록에 최초의 프로젝트를 추가해 보겠습니다.

02
첫 번째 앱 만들기

앱 인벤터를 맛보기 위한 간단한 앱을 하나 만들어 보겠습니다. 너무 이르다고 생각할 수도 있겠지만 앱 인벤터를 사용하면 생각보다 쉽게 앱을 만들 수 있으므로 걱정할 필요는 없습니다.

처음으로 만들어 볼 앱은 그림판 앱으로 그림을 그리고 지우는 간단한 기능만 넣어 보겠습니다. 우선 앱의 화면 구성은 [그림 2-1]과 같습니다. 화면 대부분은 그림이 그려지는 공간으로 사용하고 화면의 아랫부분에는 그림을 지우는 데 사용할 버튼을 넣겠습니다.

[그림 2-1] 그림판 앱 구상도

그림이 그려지는 공간에 손가락을 대고 드래그하면 손가락이 움직인 경로를 따라서 선이 그려지고 [지우개 버튼]을 클릭하면 지금까지 그렸던 모든 그림이 삭제되도록 만들어 보겠습니다. 이제 구상한 대로 앱을 만들어 보겠습니다.

2.1 _ 프로젝트 만들기

앱을 만들려면 우선 프로젝트를 만들어야 합니다. 새 프로젝트를 만들려면 프로젝트 목록 페이지의 좌측 상단에 있는 [새 프로젝트 시작하기] 버튼을 클릭합니다.

[그림 2-2] 새로운 프로젝트 만들기

[새 프로젝트 시작하기]는 화면 상단에 있는 [프로젝트] 메뉴에서도 선택할 수 있습니다. [새 프로젝트 시작하기] 버튼을 클릭하면 [새 앱 인벤터 프로젝트 생성] 팝업창이 화면에 나타납니다. 프로젝트 이름을 쓰는 칸에 "GrimPan"이라고 쓰고 [확인] 버튼을 클릭하면 새로운 프로젝트가 만들어집니다. 프로젝트 이름에는 한글을 사용할 수 없으며, 첫 글자는 반드시 영어로 써야 합니다.

새로운 프로젝트가 만들어지면 자동으로 프로젝트의 디자인 편집기로 이동합니다.

[그림 2-3] 디자인 편집기

디자인 편집기의 왼쪽 상단에 "GrimPan"이라는 프로젝트 이름이 표시되고 중앙 화면에 빈 스크린이 보인다면 새로운 프로젝트가 시작된 것입니다.

2.2 _ 디자인 편집기로 형태 만들기

먼저 그림판 앱의 화면을 디자인해 보겠습니다. 화면 디자인은 [팔레트] 패널에 있는 컴포넌트를 [뷰어] 패널에 배치하는 방식으로 이뤄집니다.

컴포넌트 배치

우선 그림이 그려질 영역인 [캔버스] 컴포넌트를 [뷰어] 패널에 있는 스크린(Screen1)으로 가져오겠습니다. [팔레트] 패널의 [그리기 & 애니메이션]을 클릭하면 그 안에 [캔버스] 컴포넌트가 있는 것을 확인할 수 있습니다. [캔버스] 컴포넌트를 드래그(마우스로 잡아서 끌어오기)해서 스크린으로 가져온 후 드롭(마우스 버튼에서 손가락 떼기)합니다.

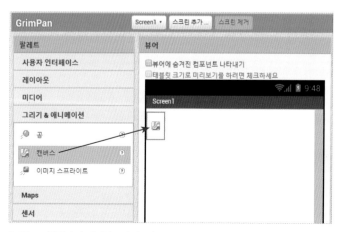

[그림 2-4] [캔버스] 컴포넌트 가져오기

이번에는 [캔버스] 아래쪽에 버튼을 가져오겠습니다. [팔레트] 패널의 [사용자 인터페이스]를 클릭해 메뉴를 확장한 후 그 안에 있는 [버튼] 컴포넌트를 드래그해서 스크린에 드롭합니다.

[그림 2-5] [버튼] 컴포넌트 가져오기

[버튼] 컴포넌트를 드래그해서 스크린으로 가져오면 스크린에 파란색 선이 생기는 것을 확인할 수 있습니다. 이때 마우스 버튼을 놓으면 파란색 선 아래쪽에 컴포넌트가 들어가게 됩니다. 스크린에는 기본적으로 컴포넌트를 수직 방향으로만 배치할 수 있습니다. 수평 방향으로 배치하고 싶으면 [팔레트] 패널의 [레이아웃]에 있는 [수평배치]를 사용하면 됩니다.

컴포넌트 속성 설정

이제 각 컴포넌트의 속성을 설정해 컴포넌트를 원하는 크기와 모양으로 바꿔보겠습니다. 먼저 [컴포넌트] 패널에 있는 [캔버스1]을 선택한 후 [속성] 패널에 있는 [높이]와 [너비]를 "부모에 맞추기"로 바꿉니다.

[그림 2-6] [캔버스1] 속성 변경

[속성] 패널에 있는 [높이]의 기본 속성인 "자동"을 클릭하면 속성을 설정할 수 있는 확장 메뉴가 나타납니다. 여기서 "부모에 맞추기"를 선택하고 [확인] 버튼을 클릭합니다. 마찬가지로 [너비]도 "부모에 맞추기"로 바꿔줍니다. [캔버스1]의 [너비]와 [높이]를 "부모에 맞추기"로 설정하면 [캔버스1]이 스크린의 빈 공간을 가득 채우도록 늘어납니다.

이제 컴포넌트에 있는 [버튼1]을 선택한 후 [속성] 패널에 있는 [너비]를 "부모에 맞추기"로 바꿉니다. 버튼의 속성을 바꾸는 방법은 [캔버스1] 속성을 바꾸는 방법과 같습니다. 그리고 [버튼1]이 지우개 기능을 하는 버튼임을 표시하기 위해 [텍스트]를 "지우개"로 바꿉니다.

[그림 2-7] [버튼1]의 텍스트 바꾸기

최종적으로 완성된 그림판 앱의 화면 디자인은 [그림 2-8]과 같습니다.

[그림 2-8] 그림판 앱의 화면 디자인 완성

2.3 _ 블록 편집기로 생명 불어넣기

이제 블록을 조립해 그림판 앱이 작동하도록 만들어 보겠습니다. 화면 우측 상단에 있는 [블록] 버튼을 클릭합니다.

[그림 2-9] 블록 버튼

[블록] 버튼을 클릭하면 블록 조립 작업이 이뤄지는 블록 편집기로 이동합니다.

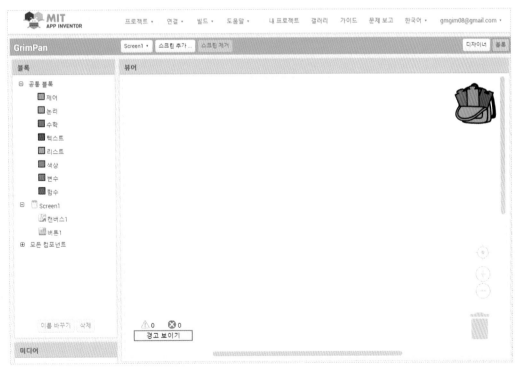

[그림 2-10] 블록 편집기 화면

블록 조립 작업은 화면 왼쪽 [블록] 패널에 있는 블록을 [뷰어] 패널로 가져와 논리적 구조에 맞게 연결하는 방식으로 진행됩니다.

그림 그리기 기능 만들기

[블록] 패널에 있는 [캔버스1]을 클릭하면 [캔버스] 컴포넌트가 가지고 있는 블록이 화면에 나타납니다.

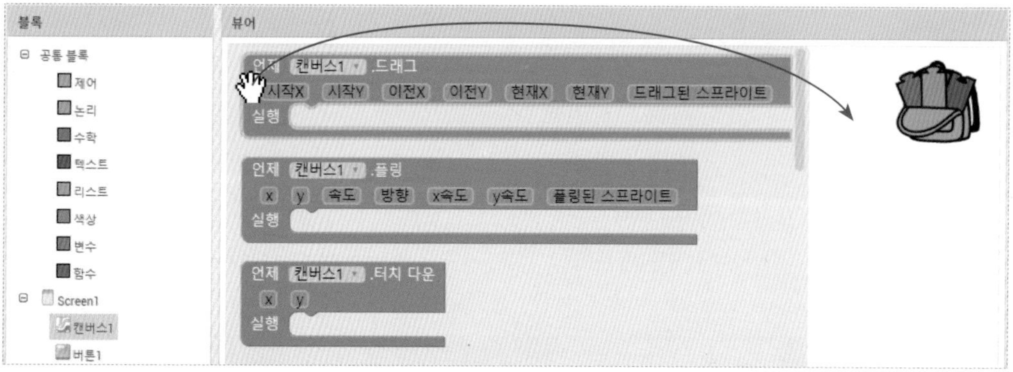

[그림 2-11] [캔버스] 컴포넌트의 블록들

마침 손가락을 드래그했을 때 그림을 그릴 수 있게 만들어주는 블록이 맨 위에 있습니다. [언제 캔버스1.드래그] 블록을 클릭하거나 블록을 마우스 포인터로 잡고 끌어서 [뷰어] 패널의 적당한 위치에 가져다 놓습니다.

[그림 2-12] [캔버스]의 [드래그] 이벤트 핸들러 블록

[그림 2-12]와 같이 블록 이름이 "언제"로 시작하고 황토색인 블록을 이벤트 핸들러 블록이라고 합니다. 사용자가 그림을 그리기 위해 캔버스 위에 손가락을 드래그하는 행동은 이벤트이고 이러한 이벤트를 다루는 데 사용되는 블록이 이벤트 핸들러 블록입니다. 이벤트 핸들러 블록에 관한 자세한 사항은 5장에서 다룰 예정이므로 여기서는 캔버스에 손가락을 드래그했을 때 반응하는 블록 정도로 이해하고 넘어가면 됩니다. [캔버스1]을 손가락으로 드래그했을 때 그림이 그려지게 하려면 이벤트 핸들러 블록 안쪽에 있는 "실행"으로 시작하는 영역에 선을 그려주는 블록을 넣으면 됩니다. 선을 그려주는 블록도

[캔버스] 컴포넌트에 있습니다. [블록] 패널에 있는 [캔버스1]을 클릭하면 나타나는 확장 메뉴에서 선을 그리는 데 사용할 블록을 찾아봅니다.

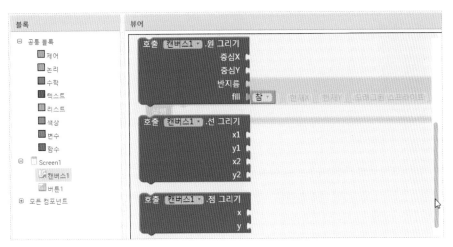

[그림 2-13] [캔버스] 컴포넌트에서 블록 찾기

[캔버스] 컴포넌트가 가지고 있는 블록이 많아서 한 화면에서 블록을 모두 볼 수 없습니다. 블록이 많을 경우 마우스의 휠을 아래로 스크롤하거나 블록 메뉴 화면 오른쪽에 생기는 스크롤바를 잡아서 아래로 내리면 화면 아래쪽에 숨어서 보이지 않던 블록을 볼 수 있습니다. 확장 메뉴에서 스크롤을 내리다 보면 [호출 캔버스1.선 그리기] 블록을 찾을 수 있습니다. 이 블록을 드래그해서 [뷰어] 패널로 가져옵니다.

[그림 2-14] [캔버스1]의 [선 그리기] 함수 호출 블록

[그림 2-14]처럼 블록 이름이 "호출"로 시작하고 보라색인 블록은 함수 호출 블록입니다. 함수 호출 블록은 앱 인벤터에서 미리 함수로 구현해 놓은 기능을 불러올 때 사용합니다. 함수 호출 블록인 [호출 캔버스1.선 그리기] 블록을 이용해 [선 그리기] 함수를 호출하면 쉽게 선을 그릴 수 있습니다. 함수 호출 블록도 5장에서 다룰 예정입니다. 함수 호출 블록을 이용하면 복잡한 기능을 쉽게 만들 수 있다는 정도만 알고 넘어가면 됩니다.

이제 이벤트 핸들러 블록과 함수 호출 블록을 결합해 보겠습니다.

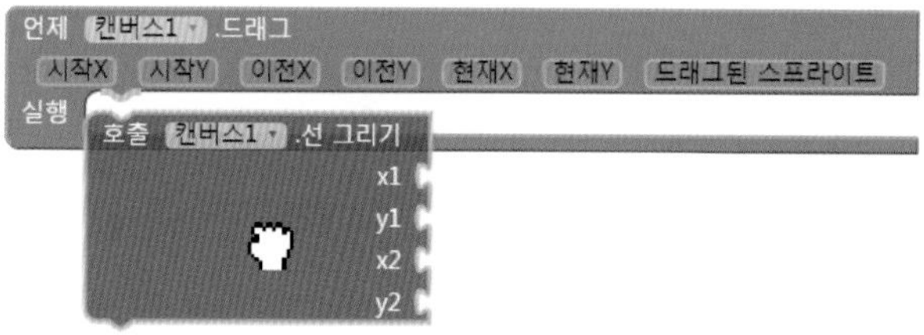

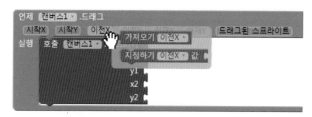

[그림 2-15] 블록과 블록의 결합

두 블록을 잘 살펴보면 보라색 블록의 위쪽에는 쏙 들어간 홈이 있고 황토색 블록 안쪽에는 살짝 튀어나온 부분이 있습니다. 보라색 블록을 마우스로 잡고 끌어서 블록의 홈 부분을 황토색 블록의 튀어나온 부분에 가까이 가져가면 어느 순간 황토색 블록의 튀어나온 부분에 노란색 테두리가 생기는 것을 볼 수 있습니다. 이때 마우스 버튼을 놓으면 두 블록이 결합하게 됩니다. 굳이 결합 부위를 신경 쓰지 않더라도 몇 번 연습해 보면 쉽게 블록을 결합할 수 있습니다.

두 블록을 결합했으면 이제 [선 그리기] 함수 블록의 [x1], [y1], [x2], [y2]에 적절한 값을 넣어주면 됩니다. 우리의 목표는 손가락을 따라 선이 그려지도록 만드는 것입니다. 목표를 달성하기 위해서는 드래그 이벤트 핸들러를 좀 더 자세히 관찰할 필요가 있습니다. 이벤트 핸들러 블록을 잘 살펴보면 주황색 버튼이 7개 있습니다. 이 버튼 위에 마우스 포인터를 올려놓으면 버튼 오른쪽에 확장 메뉴가 생깁니다.

[그림 2-16] 블록 안의 블록

이벤트 핸들러 블록 안에 있는 [이전X], [이전Y], [현재X], [현재Y]는 손가락의 위치를 나타내는 일종의 변수, 즉 변하는 수로서 손가락을 드래그할 때마다 값이 변합니다. 캔버스에 선을 그리기 위해서는 손가락의 과거 위치(이전X, 이전Y)와 현재 위치(현재X, 현재Y)를 사용해야 합니다. 손가락의 과거 위치와 현재 위치를 사용하려면 각 주황색 버튼 위에 마우스 포인터를 올려놓았을 때 생기는 확장 메뉴에 있는 [가져오기 이전X], [가져오기 이전Y], [가져오기 현재X], [가져오기 현재Y] 블록을 드래그해서 [선 그리기] 함수 호출 블록의 [x1], [y1], [x2], [y2]에 각각 연결합니다.

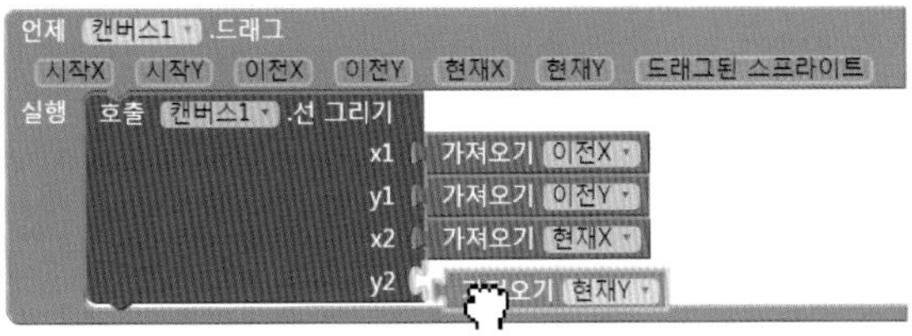

[그림 2-17] 손가락의 과거와 현재 위치를 [선 그리기] 함수에 전달하기

[선 그리기] 함수 호출 블록에 [그림 2-17]과 같이 블록을 연결하고 스마트폰 화면에 있는 [캔버스1] 영역을 드래그하면 과거의 손가락 위치에서 현재의 손가락 위치까지 선분을 그려줄 것입니다. 손가락이 움직이는 동안 이벤트가 짧은 간격으로 계속 발생하기 때문에 현재의 위치는 계속 과거가 되고 새로운 위치가 현재 위치에 들어와서 과거의 위치에서 현재의 위치까지 아주 짧은 선분을 계속 그리게 됩니다. 이 작업이 손가락을 드래그하는 동안 반복 실행되면 아주 짧은 선분들이 모여서 곡선을 그리게 됩니다. 이것으로 [캔버스]에 그림을 그리는 기능이 완성됐습니다.

지우개 기능 만들기

이번에는 [지우개] 버튼을 클릭하면 [캔버스1]에 그려진 그림이 모두 지워지도록 만들겠습니다. [블록] 패널에 있는 [버튼1]을 클릭하면 버튼 컴포넌트가 가지고 있는 블록들이 화면에 나타납니다.

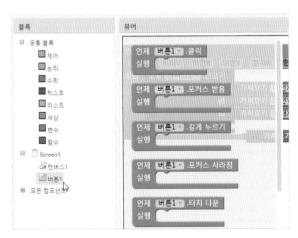

[그림 2-18] [버튼] 컴포넌트의 블록들

앞서 이벤트 핸들러 블록을 한 번 만들어 봤으므로 이제는 버튼을 클릭했을 때 그림이 지워지도록 만들려면 [언제 버튼1.클릭] 블록을 사용하면 될 것 같다는 감이 올 것입니다. [언제 버튼1.클릭] 블록을 [뷰어] 패널로 가져옵니다.

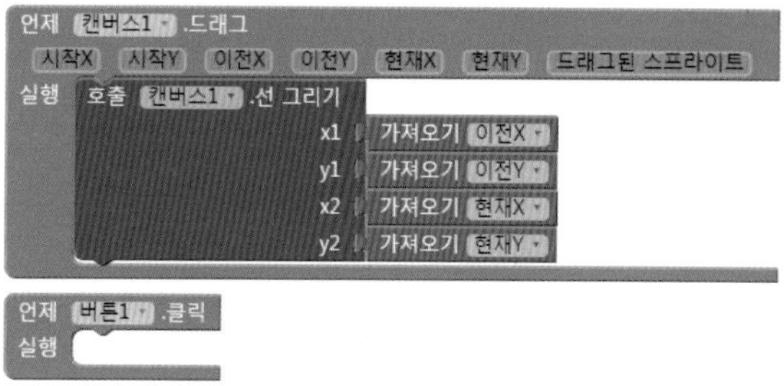

[그림 2-19] [버튼] 컴포넌트의 [클릭] 이벤트 핸들러 블록

[언제 버튼1.클릭] 블록은 기존 블록의 옆에 놓아도 되고, 위나 아래에 놓아도 되며, 심지어 겹쳐 놓아도 상관없습니다. 그래도 정렬해 두는 것이 보기에 좋으므로 [뷰어] 패널의 적당한 곳에 가져다 놓습니다. 지금처럼 간단한 앱을 만들 때는 블록 정렬이 중요하지 않지만 블록의 양이 많은 앱을 만들 때는 블록을 잘 정렬해 둬야 앱을 유지 보수하기 쉬워집니다.

사용자가 [지우개] 버튼을 클릭하는 동작을 하면 [클릭] 이벤트가 발생해 이벤트 핸들러 블록이 실행되므로 이벤트 핸들러 블록 안에 그림을 지우는 기능을 가진 블록을 넣어주면 버튼의 기능이 완성됩니다. 그림을 지우는 것과 관련된 블록도 [캔버스] 컴포넌트에 있습니다. [블록] 패널에 있는 [캔버스1]을 클릭한 후 확장 메뉴에서 필요한 블록을 찾아봅니다.

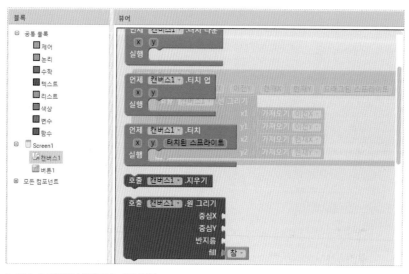

[그림 2-20] [캔버스] 컴포넌트의 블록들

앱 인벤터의 동작 원리에 대해 어느 정도 감을 잡았다면 [호출 캔버스1.지우기] 블록을 사용하면 될 것 같다는 생각이 들 것입니다. [호출 캔버스1.지우기] 블록을 잡아서 [언제 버튼1.클릭] 블록 안에 넣습니다.

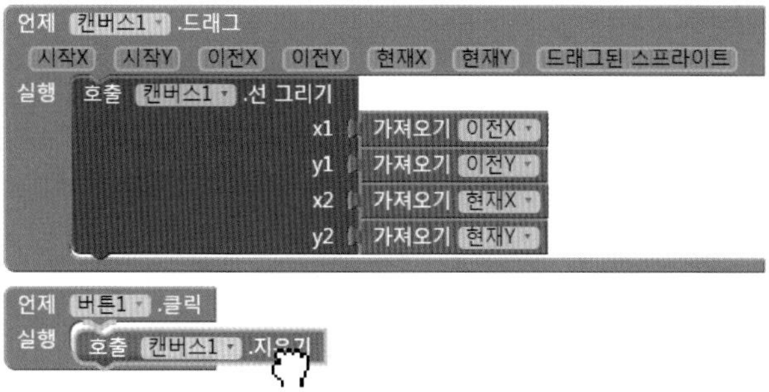

[그림 2-21] 지우개 버튼 기능 완성

[호출 캔버스1.지우기] 블록은 이름에서 알 수 있듯이 캔버스에 있는 모든 그림을 다 지워줍니다. 사용자가 [지우개] 버튼을 클릭하는 순간 [캔버스1]의 모든 그림이 삭제될 것입니다.

이것으로 그림판 앱의 모든 기능이 완성됐습니다.

2.4 _ 스마트폰에서 확인하기

이제 그림판 앱이 스마트폰에서 잘 작동되는지 확인해 보겠습니다. 앱 인벤터와 스마트폰을 연결하면 앱을 스마트폰에 설치하지 않아도 앱을 테스트할 수 있습니다. 앱 인벤터와 스마트폰을 연결하는 방법 중 가장 편리한 방법인 무선 네트워크 연결을 통해 앱을 테스트해 보겠습니다. 무선 네트워크 연결을 위해서는 MIT에서 제공하는 앱을 스마트폰에 설치해야 합니다. 스마트폰의 플레이스토어를 실행한 후 검색창에 "MIT AI2"라고 입력하고 검색합니다. 그리고 검색된 앱 중 MIT AI2 Companion 앱을 선택해 설치합니다.

또는 앱 인벤터의 상단 메뉴 중 [도움말]-[컴패니언 정보]를 클릭하면 나타나는 링크와 QR코드를 이용하여 가장 최신 버전의 컴패니언 앱을 직접 다운로드 받아 설치할 수도 있습니다.

이 앱을 이용해 앱 인벤터와 스마트폰을 무선으로 연결하려면 Wi-Fi나 모바일 데이터를 사용할 수 있는 상태여야 합니다. 만약 네트워크 접속이 불가능하다면 다음 장에 나오는 스마트폰과 연결하기를 참고해서 다른 방법으로 연결해도 됩니다.

[그림 2-22] MIT AI2 Companion 앱 설치

스마트폰의 Wi-Fi 또는 모바일 데이터가 켜져 있는지 확인한 후 앱 인벤터의 상단 메뉴 중 [연결] →
[AI 컴패니언]을 차례로 선택합니다.

[그림 2-23] AI 컴패니언과 연결하기 위한 메뉴 실행

잠시 뒤 화면 중앙에 QR 코드창이 나타납니다.

[그림 2-24] MIT AI2 Companion 앱과 연결하기 위한 QR 코드

이제 스마트폰에서 조금 전에 설치한 MIT AI2 Companion 앱을 실행합니다. Wi-Fi가 꺼진 상태로 앱을 실행하면 'No WiFi'라는 경고창이 나타나는데 [CONTINUE WITHOUT WIFI] 버튼을 클릭하면 문제없이 앱을 사용할 수 있습니다. 앱이 실행되면 앱 화면에 있는 [scan QR code] 버튼을 클릭합니다.

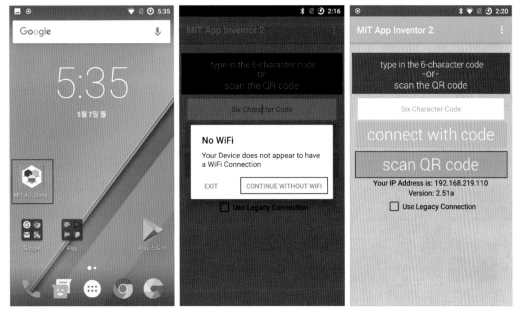

[그림 2-25] MIT AI2 Companion 앱 실행

[그림 2-26] MIT AI2 Companion 앱으로 QR 코드를 스캔한 후 앱이 실행된 모습

[scan QR code] 버튼을 클릭하면 QR 코드를 인식하기 위한 카메라 기능이 실행되고 카메라로 QR 코드를 스캔하면 잠시 후에 그림판 앱이 자동으로 실행됩니다. 그림판에 그림이 잘 그려지는지 그려보고 [지우개]를 클릭하면 그림이 모두 지워지는지 확인합니다.

03
앱 인벤터 메뉴 이해하기

이번 장에서는 앱 인벤터의 메뉴를 하나하나 살펴보면서 각 메뉴가 어떤 기능을 하는지 살펴보겠습니다. 앱 인벤터의 좌측 상단을 보면 [프로젝트], [연결], [빌드], [도움말]의 총 4가지 메뉴가 있습니다. 각 메뉴를 선택하면 해당 메뉴에 속한 하위 메뉴가 나타납니다.

[그림 3-1] 앱 인벤터의 좌측 상단 메뉴

3.1 _ 프로젝트 관리하기

[프로젝트]에는 프로젝트 파일을 관리하기 위한 메뉴가 있습니다. [프로젝트]를 선택하면 하위 항목이 나타납니다.

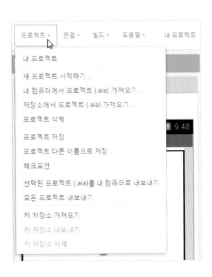

[그림 3-2] [프로젝트] 메뉴와 하위 항목

- **[내 프로젝트]**: 지금까지 만든 내 프로젝트 목록을 보여줍니다.

- **[새 프로젝트 시작하기]**: 새로운 프로젝트를 생성합니다.

- **[내 컴퓨터에서 프로젝트(.aia) 가져오기]**: 내 컴퓨터 저장된 앱 인벤터 소스 파일(*.aia)을 불러옵니다.

- **[저장소에서 프로젝트(.aia) 가져오기]**: 앱인벤터에서 제공하는 간단한 예제 소스 파일(*.aia)을 불러옵니다.

- **[프로젝트 삭제]**: 프로젝트를 삭제합니다.

- **[프로젝트 저장]**: 프로젝트를 저장합니다. 앱 인벤터는 프로젝트에 변동 사항이 있을 때마다 자동으로 프로젝트를 저장하기 때문에 따로 저장 기능을 실행할 필요는 없습니다.

- **[프로젝트 다른 이름으로 저장]**: 다른 이름으로 프로젝트를 저장합니다. 프로젝트가 다른 이름으로 저장되면 다른 이름으로 저장된 프로젝트의 디자인 편집 화면으로 이동합니다.

- **[체크포인트]**: [프로젝트 다른 이름으로 저장하기]와 비슷한 기능을 합니다. [프로젝트 다른 이름으로 저장하기]와 다른 점은 새로운 프로젝트가 생성돼도 현재 프로젝트의 편집 화면이 그대로 유지된다는 것입니다. 프로젝트에 중대한 변화가 있을 때 이전 작업을 백업하기 위한 용도로 사용합니다.

- **[선택된 프로젝트(.aia)를 내 컴퓨터로 내보내기]**: aia 파일을 내 컴퓨터에 저장합니다.

- **[모든 프로젝트 내보내기]**: 프로젝트 목록에 있는 모든 프로젝트를 zip 파일로 압축해 컴퓨터에 저장합니다. 파일의 용량에 따라 다소 시간이 걸릴 수 있습니다.

- **[키 저장소 가져오기]**: 컴퓨터에 저장된 키 저장소 파일을 가져와서 현재 앱의 키 저장소 파일에 덮어씁니다.

- **[키 저장소 내보내기]**: 현재 프로젝트의 키 저장소 파일을 컴퓨터에 저장합니다.

- **[키 저장소 삭제]**: 현재 프로젝트의 키 저장소 파일을 삭제합니다.

⊕ 키 저장소(keystore)란?

키 저장소는 일종의 서명입니다. 앱을 완성한 후 apk 파일을 구글 플레이스토어에 배포하거나 배포된 앱을 업데이트하려면 키 저장소가 반드시 필요합니다. 앱 인벤터는 키 저장소 파일을 자동으로 만들어 주기 때문에 특별히 키 저장소를 따로 만드는 작업을 할 필요는 없습니다.

3.2 _ 스마트폰과 연결하기

[연결] 메뉴를 이용하면 인벤터로 만든 앱을 apk 파일 형태로 설치하지 않고 실시간으로 바로 실행해 볼 수 있습니다. 앱 인벤터와 스마트폰을 연결하는 방법은 [AI 컴패니언]을 이용한 무선 연결, 컴퓨터

에 설치된 에뮬레이터에서 앱 실행, USB를 이용한 유선 연결 방법 등 총 세 가지가 있습니다. 이 세 가지 방법을 이용하면 엡 인벤터에서 수정한 내용이 스마트폰 또는 에뮬레이터에 실시간으로 반영되기 때문에 앱을 개발하는 과정에서 여러 가지 테스트를 할 때 유용하게 사용할 수 있습니다. 앞서 만든 그림판 프로젝트를 이용해 이 세 가지 방법을 모두 테스트해 보겠습니다. 각 연결 방법에 장단점이 있으므로 실제 앱을 개발하고 테스트할 때 이 중에서 제일 편한 방법을 선택해서 사용하면 됩니다.

[그림 3-3] 연결 메뉴와 하위 항목

AI 컴패니언을 이용한 스마트폰과의 무선 연결

[AI 컴패니언]은 앱 인벤터와 스마트폰을 이용해 무선으로 연결하는 방식입니다. 스마트폰의 Wi-Fi나 모바일 데이터가 켜져 있는 상태에서 [AI 컴패니언] 앱을 이용하면 앱 인벤터와 스마트폰의 무선 연결이 가능합니다. 그림판 앱을 만든 후 [AI 컴패니언]으로 연결하는 방법을 이미 설명했으므로 여기서는 연결 절차만 간단하게 다시 한 번 확인해 보겠습니다.

1단계 _ 휴대폰에 캠패니언(MIT AI2 Companion) 앱을 설치

2단계 _ 스마트폰의 Wi-FI 또는 모바일 데이터 켜기

3단계 _ 앱 인벤터에서 [연결] – [AI 컴패니언]을 선택해 QR 코드 생성

4단계 _ 스마트폰에 설치된 캠패니언 앱을 실행한 후 QR 코드 스캔

QR 코드 인식이 완료되면 잠시 후 스마트폰에 앱이 실행됩니다. [AI 컴패니언]을 이용한 연결은 컴퓨터에 추가로 프로그램을 설치할 필요가 없고 무선으로 연결할 수 있어 쉽고 간편하기 때문에 가장 많이 사용되는 연결 방법입니다.

에뮬레이터를 이용한 앱 실행

에뮬레이터를 이용하면 컴퓨터에서 작동되는 가상의 안드로이드 기기를 통해 앱을 실행해 볼 수 있습니다. 에뮬레이터를 사용하려면 앱 인벤터 사이트에서 제공하는 App Inventor Setup 프로그램을 컴퓨터에 설치해야 합니다. 프로그램을 설치하고 에뮬레이터를 설정하는 과정이 다소 번거롭고 시간이

오래 걸리므로 안드로이드 기기를 가지고 있다면 이 부분은 건너뛰어도 됩니다. 단, App Inventor Setup 프로그램은 USB를 이용한 연결에 필요하므로 컴퓨터에 미리 설치해 둡니다.

[그림 3-4] 에뮬레이터로 앱을 실행한 모습

에뮬레이터로 앱을 실행하는 순서는 다음과 같습니다.

1단계: App Inventor Setup 프로그램을 컴퓨터에 다운로드한 후 설치

설치 파일을 다운로드하는 절차는 다음과 같습니다

❶ 크롬 브라우저로 "appinventor.mit.edu"에 접속합니다.

❷ 화면 상단의 [Resources] → [Get Started]를 선택합니다.

❸ [1. Setup Instructions] 링크를 클릭합니다.

❹ [Option Two]의 컴퓨터 이미지를 클릭합니다.

❺ [Step1]에서 현재 사용 중인 운영체제에 해당하는 링크를 클릭합니다.

❻ [Download the installer] 링크를 클릭합니다.

위 절차가 복잡하다면 주소 입력창에 다음 주소를 직접 입력해 파일을 다운로드할 수 있습니다.

- **윈도용 설치 파일 주소:** http://appinv.us/aisetup_windows

- **맥 OS용 설치 파일 주소:** http://appinv.us/aisetup_mac

- **리눅스용 설치 파일 주소:** http://appinventor.mit.edu/explore/ai2/linux.html

다운로드한 설치 파일을 실행한 후 설치를 진행합니다. 윈도우 10에서 설치할 경우에는 반드시 설치 파일에서 마우스 오른쪽 버튼을 클릭해서 관리자 권한으로 실행해야 설치가 끝까지 진행됩니다.

[그림 3-5] aiStarter 프로그램 설치 과정

설치가 완료되면 컴퓨터 바탕 화면에 “aiStarter”라는 이름의 아이콘이 생긴 것을 확인할 수 있습니다.

2단계: 설치된 aiStarter 프로그램 실행

바탕화면에 aiStarter 프로그램의 아이콘이 없어서 프로그램을 실행할 수 없다면 컴퓨터의 C:₩Program Files₩AppInventor 폴더 안에 있는 aiStarter를 실행하면 됩니다. [그림 3-6]과 같은 창이 나타나면 정상적으로 실행된 것입니다. 이 창을 닫지 말고 그대로 둡니다.

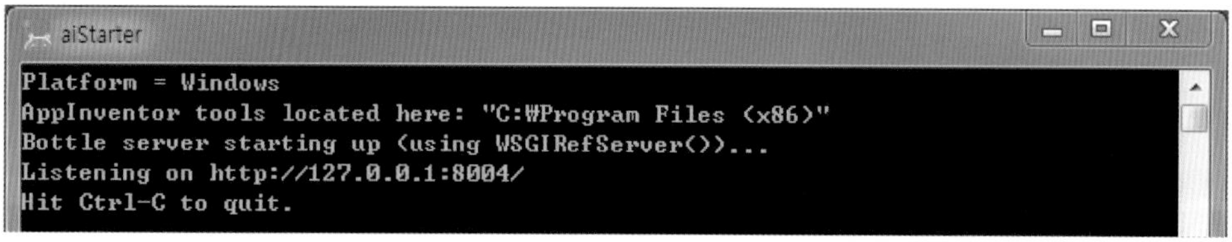

aiStarter
Platform = Windows
AppInventor tools located here: "C:₩Program Files (x86)"
Bottle server starting up (using WSGIRefServer())...
Listening on http://127.0.0.1:8004/
Hit Ctrl-C to quit.

[그림 3-6] aiStarter 실행

3단계: 앱 인벤터 상단 메뉴에서 [연결] → [에뮬레이터]를 선택해 에뮬레이터를 실행

[연결] 메뉴에서 [에뮬레이터]를 선택하면 [그림 3-7]과 같이 팝업창이 나타나고 잠시 후 에뮬레이터가 실행됩니다.

뷰어
컴포넌트
속성
Screen1
5554:<build>
연결 중...
안드로이드 에뮬레이터 시작 중
잠시만 기다려주세요: 1~2분 정도 소요됩니다.
취소하기
지우개
미디어

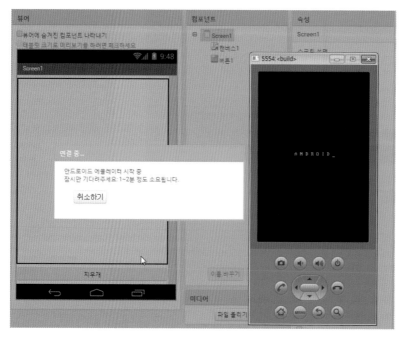

[그림 3-7] 실행 대기 중인 에뮬레이터

에뮬레이터가 정상적으로 작동하려면 시간이 오래 걸리므로 에뮬레이터 화면에서 안드로이드 운영체제가 실행되는 모습이 보일 때까지 느긋하게 기다립니다. 잠시 후 [그림 3-8]처럼 에뮬레이터에 안드로이드가 실행되는 모습이 보이고 에뮬레이터에 설치된 컴패니언 앱이 실행됩니다.

[그림 3-8] [에뮬레이터] 부팅 완료

4단계: 에뮬레이터의 컴패니언 앱 업데이트

처음 에뮬레이터를 설치하는 경우라면 에뮬레이터가 실행되는 과정이나 에뮬레이터 안에서 컴패니언 앱이 실행되는 과정에 오류가 발생해 에뮬레이터를 종료하고 다시 실행해야 할 수도 있습니다. 그리고 에뮬레이터에 설치된 컴패니언 앱의 버전이 낮아서 테스트하려는 앱이 에뮬레이터에서 바로 실행되지 않을 수도 있습니다. 컴패니언 앱의 버전을 업데이트하라는 팝업창이 나타나면 [확인] 버튼을 클릭해 에뮬레이터에 설치된 컴패니언 앱을 업데이트합니다.

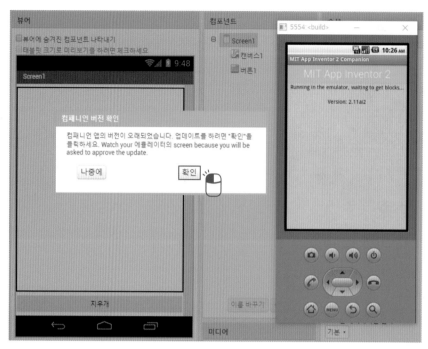

[그림 3-9] 컴패니언 앱의 버전 확인

[확인] 버튼을 클릭하면 앱 인벤터 서버로부터 업데이트를 위해 파일을 다운로드한다는 메시지가 잠시
나타났다가 사라지고 업데이트가 시작될 것임을 알리는 팝업창이 나타납니다.

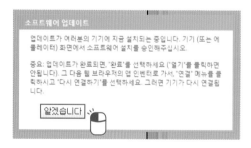

[그림 3-10] 소프트웨어 업데이트 확인

팝업창에 안내된 내용을 읽어보고 그대로 진행해야 업데이트를 무사히 마칠 수 있습니다. 팝업창의 내
용을 읽어 본 후 [알겠습니다] 버튼을 클릭합니다.

[그림 3-11] 컴패니언 앱의 업데이트 진행 과정

업데이트가 진행되고 "Application installed" 라는 문구가 나오면 업데이트 과정이 끝난 것입니다.

[그림 3-12] 컴패니언 앱의 업데이트가 완료된 모습

[Done] 버튼을 클릭합니다. 만약 여기서 [Open] 버튼을 클릭하면 업데이트를 처음부터 다시 해야 하는 상황이 발생하므로 [Open] 버튼을 클릭하지 않도록 주의합니다. 그리고 앱 인벤터의 상단 메뉴에서 [연결] → [다시 연결하기]를 선택해 에뮬레이터를 종료한 후 다시 [연결] → [에뮬레이터]를 선택하면 에뮬레이터가 실행됩니다. 에뮬레이터에 컴패니언 앱을 업데이트하라는 메시지창이 다시 나타나면 최신 버전으로의 업데이트가 완료되지 않은 것이므로 컴패니언 앱을 한 번 더 업데이트합니다. 그리고 다시 에뮬레이터를 실행하면 컴패니언 앱을 통해 앱을 테스트해볼 수 있습니다.

에뮬레이터를 이용한 연결은 안드로이드 기기가 없을 때 컴퓨터를 이용해 앱을 테스트해 볼 수 있다는 장점이 있지만 에뮬레이터를 실행하는 데 시간이 오래 걸리고 각종 센서와 전화, 문자 기능 등의 테스트가 불가능하다는 단점이 있습니다. 따라서 앱 인벤터의 기능을 제대로 사용해 보고 싶다면 안드로이드 기기를 한 대 준비해 두는 것이 좋습니다.

USB로 스마트폰과 연결하기

스마트폰과 컴퓨터를 USB 케이블로 연결한 후 USB 연결 기능을 실행하면 스마트폰에서 앱을 실시간으로 테스트해 볼 수 있습니다. 다음 순서에 따라 앱 인벤터와 스마트폰을 USB로 연결합니다.

1단계 _ App Inventor Setup 프로그램을 컴퓨터에 설치

2단계 _ 스마트폰에 컴패니언 앱 설치

3단계 _ aiStarter 실행

4단계 _ 스마트폰의 [USB 디버깅] 기능 활성화

USB 연결 기능을 사용하려면 스마트폰의 [USB 디버깅] 기능을 사용할 수 있게 설정해야 합니다. [그림 3-13]처럼 [설정] → [개발자 옵션] → [USB 디버깅] 순서로 스마트폰의 설정을 바꿉니다.

⊕ 개발자 옵션이 보이지 않을 경우

안드로이드 4.2 이상 버전에서는 개발자 옵션이 숨겨져 있습니다. 그래서 우선 개발자 옵션을 보이게 만들어야 합니다. [설정] → [휴대폰 또는 디바이스 정보] → [소프트웨어 정보(기기에 따라 소프트웨어 정보 항목이 없을 수도 있음)] → [빌드 번호]로 이동합니다. 빌드 번호를 찾았으면 빌드 번호를 계속 터치합니다. 빌드 번호를 터치할 때마다 몇 번을 더 터치해야 개발자 모드가 되는지 알려주는 메시지가 화면에 나타납니다. 개발자가 됐다는 메시지가 나타날 때까지 계속 터치합니다. 그리고 다시 설정 화면으로 이동하면 개발자 옵션 메뉴가 생긴 것을 확인할 수 있습니다.

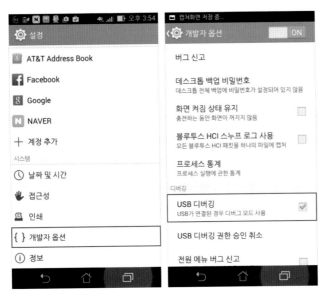

[그림 3-13] USB 디버깅 체크

5단계: USB 케이블을 이용해 컴퓨터와 스마트폰 연결

컴퓨터와 스마트폰을 연결했을 때 스마트폰의 USB 드라이버가 컴퓨터에 자동으로 설치되지 않을 경우 스마트폰 제조사에서 제공하는 USB 드라이버를 찾아서 따로 설치해야 합니다. 스마트폰의 안드로이드 버전이 4.2.2 이상이라면 USB 케이블로 컴퓨터와 연결했을 때 스마트폰 화면에 USB 디버깅을 허용할지 묻는 팝업창이 나타납니다. [이 컴퓨터에서 항상 허용] 체크박스에 체크하고 [확인] 버튼을 클릭합니다.

[그림 3-14] USB 디버깅 허용

6단계: 앱 인벤터에서 [연결] → [USB]를 선택해 스마트폰과 연결

[USB]를 클릭하면 앱 인벤터 화면에 연결 중임을 알리는 팝업창이 나타납니다. 그리고 몇 초 후에 스마트폰에 설치된 컴패니언 앱이 자동 실행되고 곧이어 그림판 앱이 실행됩니다. [USB]를 클릭했을 때 [그림 3-15]와 같은 팝업창이 나타난다면 컴퓨터에 스마트폰의 USB 드라이버가 제대로 설치됐는지, USB 케이블이 제대로 꽂혀있는지 다시 한 번 확인해 봅니다.

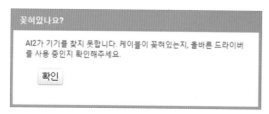

[그림 3-15] 스마트폰을 찾을 수 없음을 알리는 팝업창

USB를 이용한 연결은 Wi-Fi 연결보다 안정적이고 프로젝트에서 수정된 부분이 있을 때 실시간으로 반영되는 속도가 빠르다는 장점이 있지만 컴퓨터에 추가로 프로그램을 설치해야 하고 USB 케이블을 계속 연결해 둬야 한다는 단점이 있습니다.

연결 초기화하기

[다시 연결하기]와 [강제 초기화]는 앱 인벤터와 스마트폰(또는 에뮬레이터)의 연결을 초기화하는 역할을 합니다. 앱 테스트 도중에 앱 인벤터와 스마트폰의 연결이 끊겼을 때는 우선 [다시 연결하기]를 클릭해 기존 연결을 초기화해야 앱 인벤터와 스마트폰을 다시 연결할 수 있습니다. [강제 초기화]를 클릭하면 [에뮬레이터]의 업데이트가 삭제되고 초기화됩니다.

[그림 3-16] 다시 연결하기를 이용한 연결 초기화

3.3 _ 설치 파일 만들기

[빌드]는 앱 인벤터에서 만든 프로젝트 파일을 안드로이드 기기에 설치할 수 있는 apk 파일로 만들어 줍니다. 앱 인벤터에서는 apk 파일을 두 가지 방법으로 제공합니다. 하나는 QR 코드를 이용해 apk 파일을 스마트폰에 바로 설치하는 방법이고, 다른 하나는 apk 파일을 컴퓨터로 다운로드하는 방법입니다.

QR 코드를 이용한 앱 설치

우선 QR 코드를 통해 apk 파일을 스마트폰에 설치하는 방법부터 알아보겠습니다. 앞서 만든 그림판 앱을 빌드해서 스마트폰에 설치해보겠습니다.

상단 메뉴에서 [빌드] → [앱(.apk 용 QR 코드 제공)]을 선택합니다.

[그림 3-17] QR 코드를 이용한 apk 파일 설치

[앱(.apk 용 QR 코드 제공)]을 선택하면 빌드 진행 상태를 나타내는 팝업창이 나타납니다.

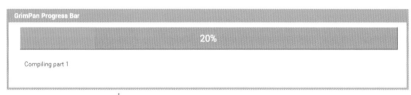

[그림 3-18] 빌드 진행 상태창

[빌드]가 완료되면 QR 코드 창이 나타납니다. 스마트폰에서 컴패니언 앱을 실행한 후 [scan QR code] 버튼을 클릭하고 QR 코드를 인식시킵니다. QR 코드 인식이 완료되면 앱 설치 화면이 나타나는데 안드로이드 오레오 버전과 그 이전 버전에서 보이는 설치 화면과 과정이 조금 다릅니다.

[그림 3-19] apk 파일 설치를 위한 QR 코드

[그림 3-20] 앱 설치 과정(안드로이드 오레오 버전 기준)

안드로이드 오레오 버전부터는 컴패니언 앱을 통해 apk 파일을 설치하려면 설치 과정에서 나타나는 알림창을 통해 [알 수 없는 앱 설치] 메뉴로 진입한 후 [앱 설치 허용] 항목을 켜야 합니다. 그리고 다시 설치 화면에서 [설치] 버튼을 클릭하면 설치가 진행됩니다. 컴패니언 앱은 앱 인벤터의 기능이 추가되거나 구글의 정책이 바뀔 때 마다 새롭게 배포되는데 구글 플레이에 등록되어 있는 컴패니언 앱의 경우 구글의 보안 정책으로 인해 기능이 제한될 수도 있습니다. 구글 플레이를 통해 설치한 컴패니언 앱으로 apk파일 설치가 잘 되지 않을때는 앱 인벤터 상단의 [도움말]-[컴패니언 정보] 메뉴에서 제공하는 링크를 통해 최신 버전의 컴패니언 앱을 설치해서 사용하면 문제가 해결되기도 합니다.

컴패니언 앱이 아닌 다른 QR 코드 앱으로 QR 코드를 스캔하면 apk 파일을 스마트폰 내부 저장소의 download 폴더에 다운로드한 후에 설치할 수도 있으므로 꼭 캠패니언 앱을 사용할 필요는 없습니다.

apk 파일을 컴퓨터에 저장

이번에는 상단 메뉴에서 [빌드] → [앱(.apk를 내 컴퓨터에 저장하기)]를 선택합니다. QR 코드가 생성되기 전과 마찬가지로 빌드 진행상태를 나타내는 상태창이 나타났다가 사라지고 GrimPan.apk 파일이 컴퓨터로 다운로드됩니다. 기기에 카메라가 없어서 QR 코드를 스캔할 수 없거나 기기와 앱인벤터의 연결이 원활하지 않을 경우 apk 파일을 컴퓨터에 다운로드 받은 후 기기로 옮겨서 앱을 설치하면 됩니다.

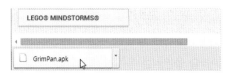

[그림 3-21] 크롬 브라우저에서 다운로드된 apk 파일이 표시된 모습

⏰ **안드로이드 오레오 이전 버전에서 출처를 알 수 없는 앱을 설치하는 방법**

안드로이드 오레오 이전 버전에서 apk 파일을 설치하려면 앱을 설치할 수 없다는 알림창이 나타날 수도 있습니다. 이때는 알림창의 [설정] 버튼을 클릭해 보안 설정으로 이동한 후 [출처를 알 수 없는 앱]에 체크해 플레이 스토어가 아닌 다른 곳에서 가져온 apk 파일도 설치할 수 있게 바꿉니다.

[그림 3-22] 출처를 알 수 없는 앱이 설치되도록 설정

3.4 _ 도움 받기

[도움말] 메뉴에서는 [설명], [라이브러리], [Extensions], [튜토리얼], [문제 해결], [포럼], [문제 보고], [컴패니언 정보], [스플래시 화면 보기] 메뉴를 통해 사용자들에게 앱 인벤터에 관한 다양한 정보를 제공하고 있습니다.

[그림 3-23] 도움말 메뉴와 하위 항목들

- **[설명]**: 현재 앱 인벤터의 버전을 알려줍니다.

- **[라이브러리]**: 앱 인벤터를 사용하기 위한 환경설정, 앱 인벤터 교육을 위한 자료, 지원과 문제해결, 블록과 컴포넌트에 관한 설명 등을 제공합니다.

- **[Extensions]**: Extension 파일을 다운로드할 수 있는 사이트로 이동합니다. Extension 파일을 프로젝트에 추가하면 팔레트 패널에 없는 다양한 컴포넌트들을 사용할 수 있습니다.

- **[튜토리얼]**: 앱 인벤터 입문자를 위해 여러 종류의 간단한 앱 제작을 소개하며, 해당 링크를 클릭하면 관련 앱을 만드는 순서 및 사용법을 볼 수 있습니다.

- **[문제 해결]**: 앱 인벤터를 사용하다가 일어날 수 있는 각종 오류에 대한 소개와 대처 방법을 설명해 놓았습니다.

- **[포럼]**: 앱 인벤터를 사용하는 사람들의 온라인 커뮤니티입니다. 이곳에서 앱 인벤터에 관한 다양한 팁을 얻을 수 있으며 궁금한 점을 질의응답을 통해 해결할 수 있습니다. 모두 영어로 돼 있어서 한국 사람이 사용하기에는 쉽지 않다는 단점이 있습니다.

- **[문제 보고]**: 포럼과 동일한 웹 페이지가 열립니다.

- **[컴패니언 정보]**: 컴패니언 앱의 최신 버전 정보와 다운로드 링크를 확인할 수 있습니다.

- **[스플래시 화면 보기]**: 앱 인벤터 버전 업데이트나 사용자가 알아야 할 정보 등을 공지하는 팝업창을 보여줍니다.

3.5 _ 스크린 이동, 추가, 삭제

화면이 여러 개인 앱을 만들고 싶으면 스크린을 추가할 수 있습니다.

[그림 3-24] 스크린 이동, 추가, 제거 버튼

[스크린 추가] 버튼을 클릭하면 [그림 3-25]와 같은 팝업창이 나타납니다.

[그림 3-25] 새 스크린 만들기 팝업창

스크린의 이름을 입력하는 칸에 미리 "Screen2"가 입력돼 있습니다. "Screen2"를 그대로 사용하거나 "Screen2"를 지우고 원하는 이름을 입력한 후 [확인] 버튼을 클릭하면 잠시 후 새로운 스크린이 화면에 표시됩니다.

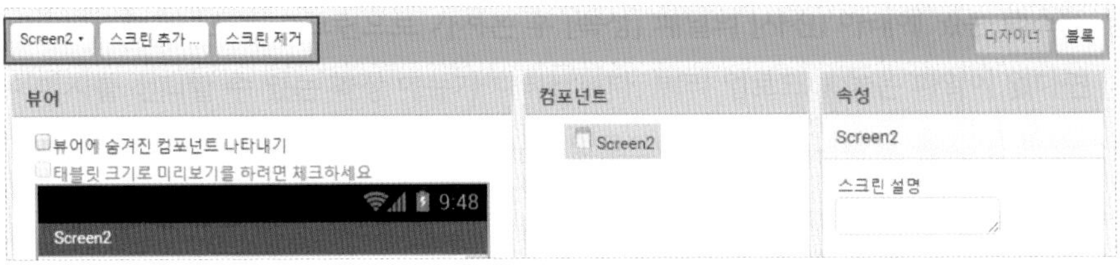

[그림 3-26] 새로 만든 스크린

스크린의 이름은 한글로 만들 수 없으며, 한 번 만들어진 스크린의 이름은 수정할 수 없습니다. 스크린이 새로 만들어지면 [스크린 제거] 버튼이 활성화됩니다. [스크린 제거] 버튼을 클릭하면 [그림 3-27]과 같은 팝업창이 나타납니다.

[그림 3-27] 스크린 삭제 팝업창

[확인] 버튼을 클릭하면 현재 화면에 보이는 스크린이 삭제되고, 기본 스크린인 [Screen1]로 이동합니다. 한 번 삭제된 스크린은 되돌릴 수 없으므로 신중하게 삭제를 결정해야 합니다. 스크린이 여러 개 있을 경우 스크린의 이름으로 된 버튼을 클릭하면 현재 프로젝트가 가지고 있는 스크린 목록이 나타납니다.

[그림 3-28] 스크린 목록

스크린 목록에서 원하는 스크린 화면을 선택해서 이동할 수 있습니다. 앱 인벤터가 지원하는 공식적인 스크린의 수는 10개입니다. 11번째 스크린을 추가하려는 순간 [그림 3-29]와 같은 팝업창이 나타납니다.

[그림 3-29] 11번째 스크린을 추가하려고 할 때 나타나는 경고

이것은 스크린의 수가 앱 인벤터가 지원하는 한계를 벗어났다는 경고창입니다. [추가] 버튼을 클릭하면 스크린이 더 추가되기는 하지만 이 프로젝트가 제대로 저장되고 빌드된다는 보장이 없으므로 가급적 스크린은 최대 10개까지만 만드는 것이 좋습니다.

3.6 _ 그 밖의 기능들

앱 인벤터의 우측 상단에 있는 6가지 메뉴의 기능을 간략히 살펴보겠습니다.

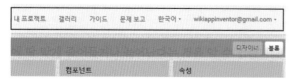

[그림 3-30] 앱 인벤터 우측 상단 메뉴

내 프로젝트

[내 프로젝트] 메뉴를 선택하면 지금까지 만든 프로젝트 목록이 표시되고 목록 중 하나를 선택하면 해당 프로젝트로 이동합니다.

이름	생성일	수정일 ▼	Published
GrimPan	2018. 5. 7. 오후 2:50:48	2018. 5. 7. 오후 3:37:32	No
flightGame2	2018. 5. 6. 오전 11:57:16	2018. 5. 6. 오후 12:26:00	No
flightGame1	2018. 5. 6. 오전 11:56:07	2018. 5. 6. 오후 12:10:05	No
flightGame	2018. 4. 23. 오전 12:17:59	2018. 5. 6. 오전 2:02:00	No
test	2017. 8. 22. 오전 11:48:12	2018. 5. 5. 오후 2:46:12	No
test2	2018. 4. 29. 오후 4:53:38	2018. 4. 29. 오후 4:53:38	No
myLocation2	2018. 4. 27. 오후 12:05:48	2018. 4. 29. 오후 2:31:28	No
myLocation1	2018. 4. 25. 오전 7:21:06	2018. 4. 27. 오후 12:03:51	No
myLocation	2018. 4. 23. 오후 3:39:31	2018. 4. 25. 오전 1:33:55	No
fineDust	2018. 3. 25. 오후 11:23:06	2018. 4. 24. 오후 12:41:33	No
ImHere	2018. 4. 23. 오후 3:38:00	2018. 4. 23. 오후 3:38:00	No
scratchQuiz	2016. 2. 14. 오후 2:07:30	2018. 4. 22. 오후 10:00:59	No
g2048_checkpoint1	2018. 1. 14. 오전 9:28:31	2018. 4. 22. 오후 9:58:48	No
pushUpRecorder	2018. 4. 14. 오전 9:58:21	2018. 4. 22. 오후 9:58:36	No
g2048	2018. 1. 12. 오후 1:30:27	2018. 4. 14. 오후 10:40:04	No
pedometer	2017. 7. 30. 오후 1:01:35	2018. 4. 13. 오전 8:47:42	No
timeTable	2018. 3. 22. 오후 3:29:02	2018. 4. 10. 오후 5:14:56	No

[그림 3-31] 프로젝트 목록 페이지

[프로젝트] 패널의 위쪽을 보면 3개의 버튼이 있습니다.

[새 프로젝트 시작하기]를 클릭하면 새로운 프로젝트를 만들 수 있습니다.

[프로젝트 삭제]는 목록에 있는 프로젝트를 삭제할 때 사용합니다. 목록에서 삭제할 파일을 선택한 후 [프로젝트 삭제] 버튼을 클릭하면 삭제할지를 묻는 팝업창이 나타나고 [확인] 버튼을 클릭하면 프로젝트가 삭제됩니다.

[Publish to Gallery]는 내 프로젝트를 갤러리에 등록할 때 사용합니다. 목록에서 파일을 선택한 후 [Publish to Gallery] 버튼을 클릭하면 갤러리에 프로젝트를 등록하는 페이지로 이동합니다.

[그림 3-32] 갤러리에 프로젝트를 등록하는 페이지

앱의 대표 이미지를 업로드하고 앱에 관한 자료나 동영상의 URL, 참고자료, 앱에 관한 설명을 입력한 후 [발행] 버튼을 클릭하면 앱 인벤터 갤러리에 내가 만든 프로젝트가 등록됩니다.

갤러리

갤러리는 전 세계 앱 인벤터 사용자들이 공유한 다양한 프로젝트들을 볼 수 있는 공간입니다. 하위 메뉴로 RECENT, TUTORIALS, FEATURED, POPULAR, SEARCH가 있습니다.

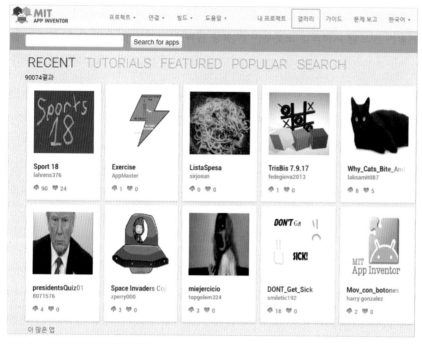

[그림 3-33] 갤러리의 RECENT 화면

화면 상단에 있는 텍스트 상자에 검색어를 넣고 [Search for apps] 버튼을 클릭하면 검색어와 관련된 프로젝트를 찾을 수 있습니다.

갤러리에서 마음에 드는 프로젝트를 찾아서 선택한 후 [앱 열기] 버튼을 클릭하면 선택한 프로젝트를 내 프로젝트 목록으로 가져올 수 있습니다.

[그림 3-34] 갤러리에 있는 프로젝트 가져오기

갤러리에서 가져온 프로젝트는 내가 만든 프로젝트와 마찬가지로 내부를 들여다보고 실행해 볼 수 있습니다.

가이드

[가이드]를 선택하면 [도움말] → [라이브러리]를 선택한 것과 같은 웹 페이지로 이동합니다.

문제 보고

[도움말]의 하위 메뉴인 문제 보고와 같은 내용입니다.

English

앱 인벤터의 기본 언어 설정은 영어로 돼 있습니다. [English]를 선택하면 앱 인벤터에서 사용할 수 있는 언어 목록이 표시됩니다. 해당 언어를 선택하면 개발 환경이 선택한 언어로 바뀝니다. 현재 [독일어], [영어], [스페인어], [프랑스어], [헝가리어], [이탈리아어], [한국어], [네덜란드어], [포르투갈어], [러시아어], [스웨덴어], [중국어]를 지원하고 있습니다. 언어를 한국어로 설정한 후 개발 환경을 살펴보면 번역되지 않고 영어로 남아있는 부분을 확인할 수 있는데 한국어 번역 작업이 완료된 이후에 새롭게 추가된 기능에 대한 번역 작업이 이뤄지지 않아 발생하는 현상입니다.

***@gmail.com

자신의 프로필을 편집하거나 로그아웃할 때 사용합니다.

04
디자인 편집기 들여다보기

디자인 편집기는 앱의 화면을 디자인하는 공간입니다. 디자인 편집기는 [팔레트] 패널, [뷰어] 패널, [컴포넌트] 패널, [속성] 패널, [미디어] 패널로 구성돼 있습니다.

[그림 4-1] 디자인 편집기 화면

앱의 화면 디자인은 [팔레트] 패널에서 컴포넌트를 가져와 [뷰어] 패널에 배치하는 방식으로 이뤄집니다. 컴포넌트는 앱의 화면을 구성하는 일종의 부품으로 화면을 구성할 뿐만 아니라 앱의 기능을 만드는 데도 사용됩니다. [컴포넌트] 패널에서는 [뷰어] 패널에 배치된 컴포넌트들의 계층 구조를 확인하고 컴포넌트의 이름을 바꾸거나 컴포넌트를 삭제할 수 있습니다. [속성] 패널에서는 각 컴포넌트의 크기, 색깔 등의 속성을 설정할 수 있습니다. [미디어] 패널에서는 앱에 사용되는 이미지, 음악 등을 앱 인벤터 서버로 업로드할 수 있습니다.

지금부터 디자인 편집기 화면 각 부분의 기능 및 특징을 좀 더 자세히 살펴보겠습니다.

4.1 _ 팔레트 패널

[팔레트] 패널은 앱 개발에 사용되는 컴포넌트를 모아 놓은 곳입니다. 이곳에 있는 컴포넌트들은 쓰임과 성격에 따라 [사용자 인터페이스], [레이아웃], [미디어], [그리기 & 애니메이션], [Maps], [센서], [소셜], [저장소], [연결], [LEGO MINDSTORMS], [실험적], [Extension]의 총 12가지 항목으로 분류됩니다. 각 항목을 클릭하면 메뉴가 확장되고 각 항목에 속한 컴포넌트들을 확인할 수 있습니다. [팔레트] 패널은 마치 서랍 안에 물건들이 분류돼 있는 것과 같은 구조이므로 [팔레트] 패널의 각 항목을 [사용자 인터페이스] 서랍, [레이아웃] 서랍, [미디어] 서랍 등으로 부르겠습니다. 여기서는 앱 화면을 구성하는 데 가장 기본이 되는 [사용자 인터페이스] 서랍과 [레이아웃] 서랍만 살펴보겠습니다. 나머지 서랍의 컴포넌트들은 둘째, 셋째 마당에서 앱을 만들 때 앱에 직접 적용해 보면서 자세히 알아보겠습니다.

사용자 인터페이스

[사용자 인터페이스] 서랍에는 사용자와 앱이 상호작용할 수 있게 하는 컴포넌트들이 모여있습니다. 여기서는 각 컴포넌트가 하는 일과 컴포넌트의 속성 중에서 공통되는 속성을 제외한 각 컴포넌트만의 고유 속성 위주로 살펴보겠습니다. 컴포넌트들을 직접 [뷰어] 패널에 있는 스크린 안으로 가져다 놓은 후 컴포넌트의 실제 모양을 살펴보고 여러 가지 속성을 설정해 보길 바랍니다. [버튼] 컴포넌트의 [모양] 속성과 같이 [뷰어] 패널의 스크린에서 속성 변화가 바로 관찰되는 경우도 있고 [텍스트 상자] 컴포넌트의 [힌트] 속성과 같이 스마트폰을 연결해서 스마트폰 화면을 통해 봤을 때 속성 변화가 관찰되는 경우도 있습니다. 그러므로 무선 네트워크 또는 USB로 스마트폰을 연결해 둔 상태에서 스마트폰을 통해 컴포넌트의 속성 변화를 살펴보길 바랍니다. 또한 [Screen1]의 [Thema] 속성에 따라 모양이 달라지는 컴포넌트들이 있으니 [Thema] 속성을 바꿔가면서 컴포넌의 모양을 관찰해보길 바랍니다.

버튼

[버튼]은 앱을 만들 때 가장 많이 사용되는 컴포넌트 중 하나로 사용자가 [버튼]을 클릭하면 지정된 기능이 수행되도록 만들 때 사용합니다. [속성] 패널에서 [모양] 값을 조정해 [버튼]의 모양을 바꿀 수 있습니다.

[그림 4-2] 네 가지 종류의 [버튼] 모양

텍스트 상자

[텍스트 상자]는 사용자로부터 텍스트를 입력받을 때 사용합니다. [속성] 패널에서 [힌트]를 사용해 사용자가 입력할 텍스트에 대한 힌트를 넣을 수 있습니다. [여러 줄]에 체크하면 텍스트를 여러 줄에 걸쳐서 입력할 수 있게 됩니다. [숫자만]에 체크하면 [텍스트 상자]를 터치했을 때 나타나는 키보드가 숫자만 있는 키보드로 바뀌어서 숫자만 입력할 수 있게 됩니다.

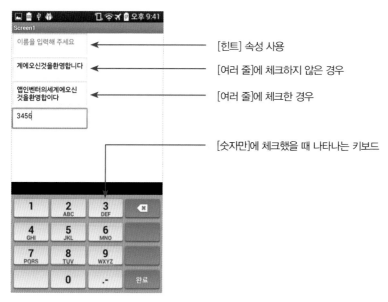

[그림 4-3] 속성에 따른 [텍스트 상자]의 모양 변화

목록 뷰

[목록 뷰]는 화면에 보여줘야 할 항목이 여러 개 있을 때 이 항목들을 목록화해서 보여주고, 이 항목 중 하나를 선택했을 때 특정한 동작을 하게 만드는 데 사용합니다. 제한된 화면 크기에 많은 정보를 표시하기 위해 세로로 나열된 항목이 컴포넌트의 높이를 벗어나면 자동으로 스크롤 기능이 추가되어 제한된 영역에 많은 정보를 표시할 수 있게 해줍니다.

[그림 4-4]는 [목록 뷰]의 속성인 [목록 문자열]에 "사과,배,포도,수박,오렌지"라고 입력한 예입니다. [목록 문자열]에 목록으로 사용할 항목들을 콤마(,)로 구분되는 텍스트 형태로 입력하면 스크린에 있는 [목록 뷰]에 텍스트가 목록으로 변해서 나타나는 것을 확인할 수 있습니다.

[그림 4-4] [목록 문자열]의 텍스트를 목록으로 만든 모습

날짜 선택

[날짜 선택]은 날짜를 설정할 수 있게 도와주는 컴포넌트입니다. [날짜 선택]을 스크린으로 가져온 후 스마트폰과 연결해 스마트폰에서 [날짜 선택] 버튼을 클릭하면 날짜를 선택할 수 있는 팝업창이 나타납니다.

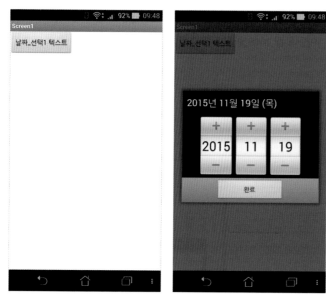

[그림 4-5] [날짜 선택] 버튼을 클릭했을 때 나타나는 팝업창

팝업창에 나타나는 날짜는 현재의 날짜이며, [+], [-] 버튼을 클릭해 원하는 날짜를 선택할 수 있습니다. 그리고 [완료] 버튼을 클릭하면 일단은 아무런 일도 일어나지 않습니다. 팝업창에서 지정한 날짜를 사용하려면 블록 작업을 해야 합니다. 팝업창의 모양과 사용법은 안드로이드 버전과 [Screen1]의 [Thema] 속성에 따라 조금씩 달라집니다.

시간 선택

[시간 선택]은 [날짜 선택]과 비슷한 형태의 컴포넌트로서 시간을 설정할 수 있게 도와줍니다. [시간 선택]을 스크린으로 가져온 후 스마트폰을 연결해 스마트폰에서 [시간 선택] 버튼을 클릭하면 시간을 선택할 수 있는 팝업창이 나타납니다.

[그림 4-6] [시간 선택] 팝업창

팝업창에 나타나는 시간은 현재 시간이며, [오후] 버튼을 클릭해 오후, 오전을 선택할 수 있습니다. 그리고 [+], [-] 버튼을 클릭해 원하는 시간을 선택할 수 있습니다. 역시 [저장] 버튼을 클릭하면 아무런 일도 일어나지 않습니다. 팝업창에서 지정한 시간을 사용하려면 블록 작업을 해야 합니다.

[날짜 선택]과 마찬가지로 팝업창의 모양과 사용법은 안드로이드 버전과 [Screen1]의 [Thema] 속성에 따라 조금씩 달라집니다.

체크 상자와 스위치(Switch)

[체크 상자]와 [Switch]는 두 가지 상태 중 한 가지를 선택할 때 사용하는 컴포넌트로서 두 컴포넌트는 모양만 다를 뿐 같은 기능을 합니다. 사용자가 클릭했을 지정된 임무를 수행하는 면에서 버튼과 비슷하나 버튼과 다른 점은 자신의 상태를 저장하고 그 상태를 화면에 표시할 수 있다는 점입니다. [체크 상자]와 [Switch]의 상태는 [그림 4-7]과 같이 단 두 가지입니다.

[체크 상자]의 [선택 여부] 속성에 따른 모양 차이

[Switch]의 [On] 속성에 따른 모양 차이

[그림 4-7] [체크 상자]와 [Switch]의 두 가지 상태

[체크 상자]는 기본적으로 체크돼 있지 않은 상태이며, 속성에서 [선택 여부]에 체크를 하면 [체크 상자]에 체크 표시가 생깁니다. 마찬가지로 [Switch]도 기본적으로 꺼진 상태이며, 속성에서 [On]에 체크하면 켜집니다. 두 컴포넌트를 스크린에 가져오고 스마트폰을 연결한 후 각 컴포넌트를 클릭해 보며 상태 변화를 확인해 봅시다.

레이블

[레이블]은 화면을 구성할 때 가장 많이 사용되는 컴포넌트로서 글자를 화면에 보여주는 역할을 합니다. [속성] 패널에 있는 [텍스트] 속성을 입력하는 칸에 출력을 원하는 텍스트를 쓰면 스크린에 바로 적용되는 것을 확인할 수 있습니다. 그리고 [텍스트]에 HTML 형식의 텍스트를 입력하고 [HTMLFormat] 속성에 체크하면 HTML 태그를 적용해 텍스트를 꾸밀 수 있습니다.

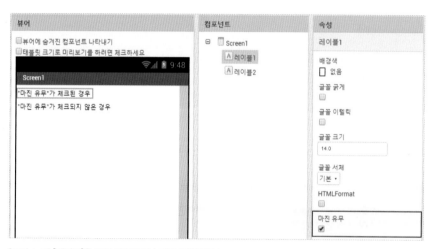

[그림 4-8] [레이블]을 통해 화면에 텍스트를 출력한 모습

[레이블]의 한 가지 특이한 점은 속성을 통해 레이블 주변에 여백을 만들 수 있다는 점입니다. 스크린에 [레이블]을 두 개 가져다 놓은 후 레이블 중 하나의 [마진 유무] 속성을 체크 해제합니다. 앱 인벤터의 스크린으로 봤을 때 두 레이블의 위치는 차이가 없는 것처럼 보입니다. 실제로 차이가 없는지 스마트폰을 연결해 확인해 봅니다.

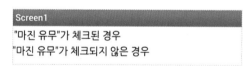

[그림 4-9] [마진 유무]의 체크 여부에 따른 차이

[그림 4-9]를 보면 첫 번째 줄의 텍스트 앞에 약간의 여백이 있는 것을 확인할 수 있습니다. 이 여백의 차이는 [마진 유무] 체크 여부에 따른 차이로서 [레이블] 속성의 [마진 유무]에 체크돼 있으면 [레이블]의 사방에 약간의 여백(정확히는 2픽셀)이 생기고 [마진 유무]에서 체크를 해제하면 [레이블] 주변에 여

백이 사라집니다. [팔레트] 패널에서 갓 가져온 [레이블]은 기본적으로 [마진 유무]에 체크돼 있는 상태입니다. [마진 유무]에 체크돼 있으므로 [레이블]에 표시되는 텍스트가 다른 컴포넌트나 스크린의 모서리에 딱 붙지 않게 되어 화면이 구성이 좀 더 자연스러워 보일 수 있다는 장점이 있으나 여백의 크기를 마음대로 설정할 수 없다는 단점이 있습니다.

목록 선택

[목록 선택]은 [목록 뷰]와 거의 같은 기능을 제공합니다. 두 컴포넌트의 다른 점은 [목록 뷰]는 앱 화면에 목록을 보여주는 영역이 자리를 차지하고 있는 반면 [목록 선택]은 앱 화면에 버튼 형태로 존재한다는 점입니다. [목록 선택]의 버튼을 클릭하면 목록이 새로운 창의 형태로 나타나게 됩니다. 스크린에 [목록 선택] 버튼을 하나 가져온 후 [속성] 패널의 [목록 문자열]에 "가,나,다,라,마,바,사,아,자,자동차, 차,카,타,파,하"를 입력합니다. 스마트폰을 연결한 후 [목록 선택] 버튼을 클릭하면 목록창이 나타나는 것을 확인할 수 있습니다.

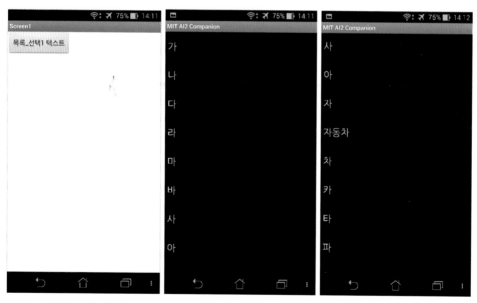

[그림 4-10] [목록 선택] 버튼을 클릭하면 나타나는 목록창

목록이 길어서 한 화면에 다 보이지 않을 경우 화면을 위로 스크롤하면 아래쪽의 항목들이 보입니다. [목록 선택]은 주로 많은 양의 자료를 제한된 앱 화면 안에서 효율적으로 보여주기 위한 용도로 사용합니다. 자료의 양이 너무 많아서 스크롤을 이용해 특정 자료를 찾기 어려울 때는 [목록 선택]이 제공하는

검색 기능을 이용하면 됩니다. [목록 선택]의 속성에서 [필터 사용]을 찾아서 체크하고, 다시 스마트폰에서 [목록 선택] 버튼을 클릭하면 목록창 상단에 검색창 형태의 필터바가 생기는 것을 확인할 수 있습니다.

[그림 4-11] 목록창에 필터바가 생성된 모습

[그림 4-11]처럼 필터바에 "자"를 입력하는 순간 목록에 "자"로 시작하는 모든 항목을 찾아서 화면에 보여줍니다.

슬라이더

[슬라이더]는 사용자가 [슬라이더] 컴포넌트의 섬네일(좌우로 움직이는 작은 막대)을 움직여서 값을 조정할 수 있게 해줍니다.

[그림 4-12] [슬라이더] 컴포넌트의 속성 설정

[슬라이더]의 속성을 살펴보면 [왼쪽 색]은 섬네일의 왼쪽 부분의 색깔을 의미하고, [오른쪽 색]은 섬네일의 오른쪽 부분의 색깔을 의미합니다. [최댓값]은 섬네일을 슬라이더 오른쪽 끝까지 움직였을 때의 값을 의미하고 [최솟값]은 섬네일을 슬라이더 왼쪽 끝까지 움직였을 때의 값을 의미합니다. [섬네일 위치]는 섬네일의 현재 위치를 나타내는 값입니다. 스크린에 [슬라이더]를 가져와서 속성을 [그림 4-12]와 같이 설정한 후 스마트폰을 연결해 [슬라이더]의 속성과 움직임을 확인해 봅니다.

[그림 4-13] 섬네일이 있을 때 슬라이더의 모양

[섬네일 위치]의 값이 10이므로 섬네일의 초기 위치는 슬라이더의 전체 길이를 100(최댓값)으로 봤을 때 왼쪽에서 1/10 정도 움직인 지점이 됩니다. 섬네일을 오른쪽으로 움직이면 [섬네일 위치]의 값이 최대 100까지 커지고 왼쪽으로 움직이면 최소 0까지 작아집니다. [슬라이더]의 속성에서 [섬네일 활성화]를 체크 해제하면 [그림 4-14]와 같이 슬라이더에서 섬네일이 사라집니다.

[그림 4-14] 섬네일을 숨겼을 때 슬라이더의 모양

섬네일이 없으면 사용자로부터 입력을 받지 못하게 되므로 [슬라이더]는 입력 도구로써의 기능을 상실합니다. 대신 이 상태의 [슬라이더]는 작업의 진행 정도를 나타내는 프로그레스바(Progress Bar)의 용도로 사용할 수 있습니다.

비밀번호 상자

[비밀번호 상자]는 사용자로부터 암호를 입력받을 때 사용합니다. 사용자가 입력한 텍스트를 주위의 다른 사람들이 보지 못하도록 점(·)으로 바꿔서 표시하는 기능을 제외하면 [텍스트 상자]와 기능 및 사용법이 거의 같습니다. 스크린에 [비밀번호 상자]를 가져온 후 스마트폰에서 기능을 테스트해 봅니다.

[그림 4-15] 텍스트가 [비밀번호 상자]에 입력된 모양

알림

[알림]은 앱 화면 위에 다양한 형태의 알림창을 띄워주는 컴포넌트입니다. [알림]을 스크린으로 가져다 놓으면 스크린 안에 표시되는 것이 아니라 스크린 아래쪽에 [보이지 않는 컴포넌트]라는 이름으로 따로 표시됩니다.

[그림 4-16] 보이지 않는 컴포넌트의 위치

[보이지 않는 컴포넌트]는 앱 화면상에 컴포넌트의 모양이 표시되지는 않지만 앱이 실행되는 동안 자신의 기능을 수행하는 컴포넌트들을 지칭해서 부르는 말입니다. [알림]을 이용하려면 블록 작업이 필요합니다. 블록 작업을 통해 간단한 메시지를 잠시 보여주는 알림창, 버튼 선택이 가능한 알림창, 텍스트 입력이 가능한 알림창 등 다양한 종류의 알림창을 화면에 띄울 수 있습니다. [속성] 패널에서 설정하는 [배경색], [알림 표시 시간], [텍스트 색상]은 모든 종류의 알림창에 다 적용되는 것이 아니라 블록 작업에서 [경고창 나타내기] 함수를 호출했을 때 나타나는 알림창에만 적용됩니다.

이미지

[이미지] 컴포넌트는 화면에 jpg, png 등의 이미지 파일을 출력하는 데 사용합니다.

[그림 4-17] [이미지] 컴포넌트의 [사진] 속성 설정

[이미지] 컴포넌트를 스크린으로 가져온 후 [속성] 패널의 [사진] 아래에 있는 텍스트 상자를 클릭하면 이미지를 선택할 수 있는 확장 메뉴가 나타납니다. 미리 업로드해 놓은 파일이 없다면 [파일 올리기] 버튼을 클릭해 컴퓨터에 있는 이미지 파일을 업로드해야 합니다. [파일 올리기] 버튼을 클릭하면 [그림 4-18]과 같은 팝업창이 나타납니다.

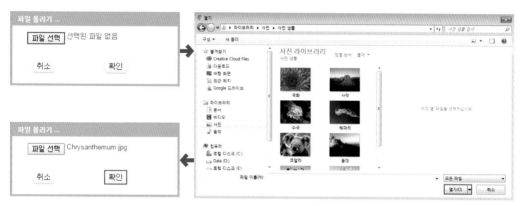

[그림 4-18] 이미지 파일 업로드 과정

[파일 선택] 버튼을 클릭하면 컴퓨터의 탐색기가 실행되어 컴퓨터에 있는 이미지 파일을 찾을 수 있습니다. 탐색기에서 적당한 이미지 파일을 선택한 후 [열기] 버튼을 클릭하면 팝업창에 선택된 파일의 이름이 나타나고 [확인] 버튼을 클릭하면 이미지가 앱 인벤터 서버에 업로드됩니다. 이때 업로드할 이미지 파일의 이름에 한글이 있으면 오류가 발생하므로 파일 이름은 영어나 숫자로만 돼 있어야 한다는 점에 주의합니다. [이미지] 컴포넌트의 기본 [너비]와 [높이] 속성은 "자동"으로 설정돼 있습니다. [높이]와 [너비] 속성을 픽셀 단위로 바꾸면 화면에 출력되는 이미지가 어떻게 달라지는지 살펴보겠습니다. 스크린에 보이는 이미지 상태와 스마트폰으로 보는 이미지 상태가 다를 수 있으므로 스마트폰을 통해 이미지의 변화를 확인해 보는 것이 좋습니다.

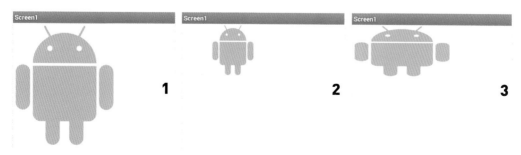

[그림 4-19] [높이]와 [너비], [사진 크기 맞추기] 속성 설정에 따른 이미지 크기 변화

1번은 이미지 컴포넌트의 [높이]와 [너비]가 "자동"인 상태입니다. 2번은 [높이]를 "100 pixels", [너비]를 "200 pixels"로 바꾼 상태입니다. 3번은 2번 상태에서 [사진 크기 맞추기] 속성을 체크한 상태입니다. 1, 2번 그림을 통해 화면에 출력되는 이미지는 [사진] 속성으로 설정된 이미지 파일의 가로/세로 비율을 유지한 상태에서 줄어들거나 늘어난다는 것을 알 수 있습니다. 그리고 3번 그림을 통해 [사진 크기 맞추기]를 체크하면 이미지의 가로/세로 비율이 유지되지 않고 이미지가 [이미지] 컴포넌트의 크기에 딱 맞게 줄어들거나 늘어난다는 것을 알 수 있습니다.

웹뷰어

[웹뷰어]는 웹 페이지를 앱 화면에서 보여주는 용도로 사용합니다. [웹뷰어]를 스크린으로 가져온 후 속성에 있는 [홈 URL]에 인터넷 주소를 입력합니다.

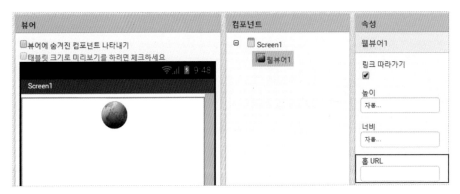

[그림 4-20] [웹뷰어]의 [홈 URL] 속성 설정

예를 들어, [홈 URL]에 "http://google.co.kr"이라고 입력하고 스마트폰에서 앱을 실행하면 앱이 실행되는 즉시 [홈 URL]로 설정한 홈페이지에 접속하게 됩니다.

[그림 4-21] [웹뷰어]를 이용한 구글 홈페이지 접속

스피너

[스피너]는 클릭했을 때 [목록 선택]처럼 여러 항목 중 하나를 선택할 수 있는 팝업창이 나타나는 컴포 넌트입니다. [스피너]를 스크린으로 가져온 후 속성의 [목록 문자열]에 "짬뽕, 짜장면, 탕수육", [창 제 목]에는 "메뉴 선택", [선택된 항목]에는 "짜장면"을 입력합니다.

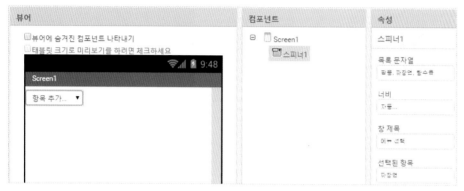

[그림 4-22] [스피너]의 속성 설정

스마트폰 화면으로 결과를 확인하면 [그림 4-23]과 같은 화면을 볼 수 있습니다.

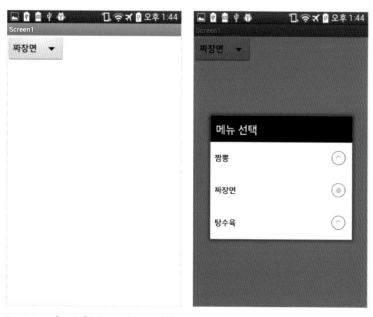

[그림 4-23] [스피너]를 클릭했을 때 나타나는 팝업창

[스피너]의 속성으로 입력한 값과 스마트폰 화면에 출력된 모양을 비교해 보면 어떤 속성이 어떤 역할을 하는지 알 수 있을 것입니다. [선택된 항목]에 아무것도 입력하지 않으면 어떻게 되는지도 한 번 실험해 보길 바랍니다.

이것으로 [사용자 인터페이스]에 속한 컴포넌트에 대한 설명을 마칩니다. 컴포넌트를 제대로 활용하려면 각 컴포넌트가 가지고 있는 블록에 대해서도 알아야 합니다. 지금까지는 디자인 편집기에서의 속성 설정에 관해서만 알아봤으므로 컴포넌트를 제대로 살펴본 것이라 할 수 없습니다. 컴포넌트들이 가지고 있는 블록들은 둘째, 셋째 마당에서 실제로 앱을 만들어 보면서 살펴볼 예정이므로 여기서는 이런 컴포넌트들이 있구나 하는 정도만 알아 두는 것만으로도 충분합니다.

레이아웃

레이아웃은 각종 컴포넌트를 배치하는 일종의 틀 역할을 합니다. 컴포넌트들이 레이아웃에 담기는 규칙에 따라 총 다섯 가지 종류의 레이아웃으로 구분할 수 있습니다. [팔레트] 패널의 [레이아웃] 서랍을 클릭하면 [수평배치], [HorizontalScrollArrangement], [표배치], [수직배치], [VerticalScrollArrangement]가 들어있는 것을 확인할 수 있습니다.

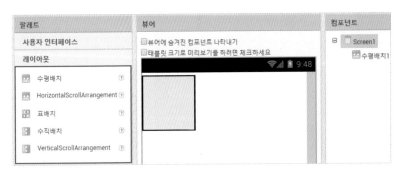

[그림 4-24] 레이아웃의 종류

각 레이아웃에 컴포넌트를 넣어서 컴포넌트들이 실제로 어떻게 배치되는지 확인해 보겠습니다.

수평배치

[수평배치]는 여러 개의 컴포넌트를 수평으로 배치할 때 사용합니다. 스크린으로 [수평배치]를 가져온 후 그 안에 컴포넌트를 몇 개 배치해 봅니다.

[그림 4-25] [수평배치]에 컴포넌트 배치

HorizontalScrollArrangement (스크롤 가능한 수평배치)

[HorizontalScrollArrangement]는 스크롤이 가능한 수평배치입니다. 이 레이아웃을 스크린으로 가져온 후 그 안에 컴포넌트를 여러 개 배치해서 [HorizontalScrollArrangement]의 너비가 스크린의 가로 너비를 벗어나도록 만들어 봅니다.

[그림 4-26] [수평배치]에 컴포넌트 배치

스마트폰을 연결해서 버튼이 있는 곳을 좌우로 스크롤해 보면 버튼 전체가 이동하는 것을 확인할 수 있습니다.

[그림 4-27] [HorizontalScrollArrangement] 동작을 스마트폰으로 확인한 모습

표배치

[표배치]는 여러 개의 컴포넌트를 표 형식으로 배치하고자 할 때 사용합니다. [표배치]의 속성인 [열]과 [행]에는 각각 가로와 세로로 각각 몇 칸을 만들지를 결정하는 숫자가 들어갑니다. [열]이 3이고 [행]이 2면 총 6칸이 포함된 표가 생깁니다. 그러나 스크린에 있는 [표배치]에 칸이 만들어진 것이 보이지는 않

습니다. [버튼] 컴포넌트를 하나 끌고 와서 [표배치] 위에 올
린 후 표 이곳저곳으로 옮겨보면 [표배치] 안쪽에 파란색 테
두리가 생기는 것을 확인할 수 있습니다. 파란색 테두리는 하
나의 칸을 나타냅니다. 이때 마우스 버튼을 놓으면 칸 안으로
버튼이 들어가게 됩니다.

[그림 4-28] [표배치]에 컴포넌트를 넣는 방법

[표배치]의 각 칸에 다양한 컴포넌트를 넣고 컴포넌트의 [높이]와 [너비]를 바꿔 보겠습니다.

[그림 4-29] [표배치]에 컴포넌트 배치

같은 열에서 가로 길이가 제일 긴 컴포넌트의 [너비]가 그 열의 [너비]가 되며, 마찬가지로 같은 행에서
세로 길이가 제일 긴 컴포넌트의 [높이]가 그 행의 [높이]가 됩니다.

수직배치

[수직배치]는 여러 개의 컴포넌트를 수직으로 배치할 때 사용합니다. 스크린으로 [수직배치]를 가져온
후 [수직배치] 안에 컴포넌트를 몇 개 배치해 봅니다.

[그림 4-30] [수직배치]에 컴포넌트 배치

VerticalScrollArrangement(스크롤 가능한 수직배치)

[VerticalScrollArrangement]는 스크롤이 가능한 수직배치입니다. 이 레이아웃을 스크린으로 가져와 그 안에 컴포넌트를 4개 이상 배치한 후 [VerticalScrollArrangement]의 높이를 80 pixels 정도로 지정해 봅니다.

[그림 4-31] [수평배치]에 컴포넌트 배치

스마트폰을 연결해서 버튼이 있는 곳을 상하로 스크롤해 보면 버튼 전체가 이동하는 것을 확인할 수 있습니다.

[그림 4-32] [VerticalScrollArrangement] 동작을 스마트폰으로 확인한 모습

[표배치]를 제외한 모든 레이아웃의 속성으로 [수평 정렬]과 [수직 정렬]이 있습니다. [수평 정렬]의 기본 설정은 "왼쪽"이며, "중앙" 또는 "오른쪽"으로 바꿀 수 있습니다.

[그림 4-33] [수평 정렬] 설정에 따른 컴포넌트의 수평 정렬 변화

[수직 정렬]의 기본 설정은 "위"이며 "가운데" 또는 "아래"로 바꿀 수 있습니다.

"위"로 정렬한 경우   "가운데"로 정렬한 경우   "아래"로 정렬한 경우

[그림 4-34] [수직 정렬] 설정에 따른 컴포넌트의 수직 정렬 변화

레이아웃 안에 레이아웃을 넣을 수도 있으므로 [수평배치]에 [수직배치]를 넣어서 컴포넌트를 다양한 형태로 배치할 수 있습니다.

스마트폰 화면에 [그림 4-35]처럼 구성되도록 스크린에 레이아웃과 컴포넌트를 배치해 화면을 구성하는 연습을 해보기 바랍니다.

[그림 4-35] 레이아웃 안에 레이아웃을 넣어서 [버튼]을 배치한 모습

⊕ 컴포넌트에 관한 도움말 바로 보기

[팔레트] 패널에 있는 모든 컴포넌트의 오른쪽에는 물음표 모양의 아이콘이 있습니다. 이 아이콘을 클릭하면 해당 컴포넌트에 관한 간단한 설명이 있는 팝업창이 나타납니다.

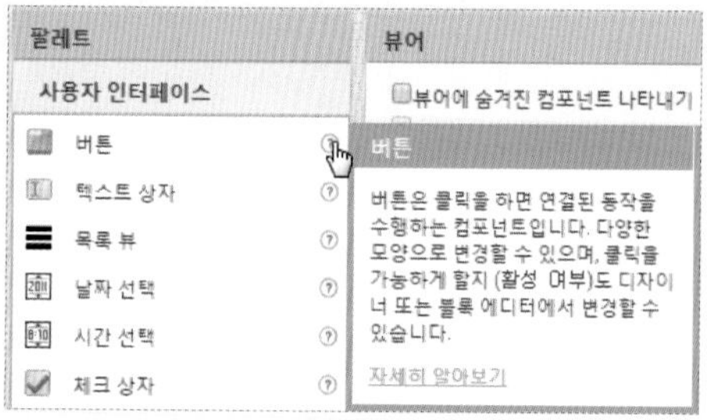

[그림 4-36] 컴포넌트 도움말 보기

이 팝업창 아래쪽에 있는 [자세히 알아보기]를 클릭하면 해당 컴포넌트의 기능과 사용법에 관한 설명이 있는 웹 페이지가 크롬 브라우저의 새 탭에 나타납니다.

4.2 _ 뷰어 패널

[뷰어] 패널은 앱을 만드는 데 필요한 모든 컴포넌트를 가져다 놓는 공간으로서 휴대폰 화면 모양인 스크린과 스크린 바깥 영역으로 구분할 수 있습니다. 스크린에는 앱 화면을 구성하는 컴포넌트들이 배치되고 스크린 아래에는 [보이지 않는 컴포넌트]가 배치됩니다.

[그림 4-37] 숨겨진 컴포넌트 보이게 만들기

스크린 위를 보면 두 개의 체크 상자가 있는 것을 확인할 수 있습니다. 이 가운데 [뷰어에 숨겨진 컴포넌트 나타내기] 체크 상자를 체크하면 [보이기] 속성을 체크 해제해서 숨겨두었던 컴포넌트가 스크린에 보이게 됩니다.

[Screen1]의 [크기] 속성 설정을 통해 앱 인벤터로 만드는 앱의 화면 크기를 기기 해상도에 상관없이 한 가지 크기로 고정할지 아니면 기기의 해상도에 대응해 앱 화면 크기를 늘릴지를 결정할 수 있습니다.

[Screen1]의 [크기] 속성을 "반응형"으로 바꾼 후 스크린 상단에 나타나는 메뉴에서 [태블릿 크기로 미리보기를 하려면 체크하세요]를 선택하면 태블릿에서 앱 화면이 어떻게 보이는지 미리 확인해 볼 수 있습니다.

스마트폰 스크린 미리보기

태블릿 스크린 미리보기

[그림 4-38] 폰 크기와 태블릿 크기로 미리보기 비교

4.3 _ 컴포넌트 패널

[컴포넌트] 패널은 [뷰어] 패널에 있는 모든 컴포넌트의 이름이 표시되는 공간입니다. [컴포넌트] 패널
은 계층 구조를 통해 컴포넌트들의 관계를 알 수 있게 해주고 컴포넌트의 이름을 바꾸거나 삭제하는 기
능을 제공합니다.

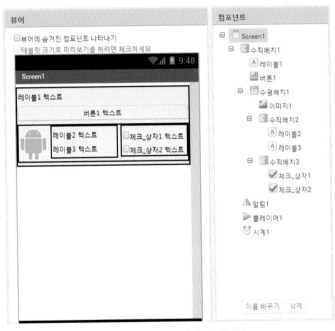

[그림 4-39] 컴포넌트의 계층 구조를 보여주는 [컴포넌트] 패널

[컴포넌트] 패널에서 이름을 바꾸려는 컴포넌트를 선택한 후 [이름 바꾸기] 버튼을 클릭하면 [그림
4-40]과 같은 팝업창이 뜹니다.

[그림 4-40] 컴포넌트 이름 변경 팝업창

컴포넌트 이름 변경 팝업창의 새 이름 텍스트 상자에 새로운 이름을 쓰고 [확인] 버튼을 클릭하면 컴포넌트의 이름이 새로운 이름으로 바뀝니다. [이름 바꾸기] 버튼을 이용해 모든 컴포넌트의 이름을 바꿀 수 있지만 Screen1, Screen2 등 이미 만들어진 스크린의 이름은 바꿀 수 없습니다.

[컴포넌트] 패널에서 삭제하려는 컴포넌트를 선택한 후 [삭제] 버튼을 클릭하면 [그림 4-41]과 같은 팝업창이 나타납니다.

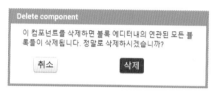

[그림 4-41] 컴포넌트 삭제 확인

컴포넌트 삭제 팝업창의 [삭제] 버튼을 클릭하면 선택한 컴포넌트가 삭제됩니다.

[컴포넌트] 패널에서 다른 컴포넌트들을 포함하고 있는 [Screen1]이나 레이아웃 앞을 보면 작은 [–] 버튼이 있습니다. [–] 버튼을 클릭하면 어떻게 되는지 직접 클릭해 보기 바랍니다.

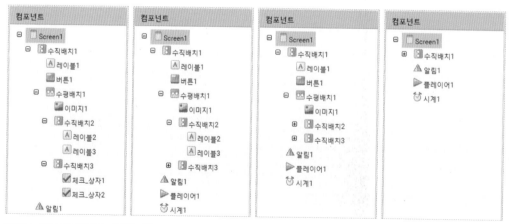

[그림 4-42] [+] [–] 버튼을 이용한 계층 구조 확장과 축소

앱 화면을 구성하는 컴포넌트의 수가 많고 화면 구조가 복잡할 경우 볼 필요가 없는 레이아웃은 [–] 버튼을 클릭해 축소하고, 자세히 볼 필요가 있는 레이아웃은 [+] 버튼을 클릭해 확장하는 식으로 활용하면 복잡한 앱을 개발할 때 유용하게 사용할 수 있습니다.

4.4 _ 미디어 패널

[미디어] 패널은 앱에 사용되는 이미지, 사운드, 동영상 파일을 업로드하고 업로드된 파일 목록을 확인할 수 있는 공간입니다.

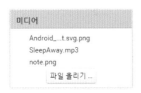

[그림 4-43] 서버에 업로드된 미디어 목록

[미디어] 패널에 있는 [파일 올리기] 버튼을 클릭하면 [그림 4-44]와 같은 팝업창이 나타납니다.

[그림 4-44] 파일 올리기 팝업창

팝업창의 [파일 선택] 버튼을 클릭하면 컴퓨터에 있는 파일 탐색기가 실행됩니다. 파일 탐색기에서 올릴 파일을 선택한 후 팝업창의 [확인] 버튼을 클릭하면 앱 인벤터 서버에 미디어 파일이 올라갑니다.

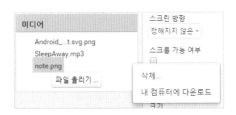

[그림 4-45] 파일 삭제 또는 컴퓨터에 내려받기

[미디어] 패널의 파일 목록에서 파일을 클릭하면 [그림 4-45]와 같이 두 가지 메뉴가 나타납니다. [삭제]를 선택하면 파일이 삭제되고 [내 컴퓨터에 다운로드]를 선택하면 파일이 컴퓨터에 저장됩니다. [내 컴퓨터에 다운로드]는 갤러리에 공개된 앱 인벤터 프로젝트에서 사용하고 싶은 미디어 파일을 다운로드할 때 유용하게 사용할 수 있습니다.

4.5 _ 속성 패널

[속성] 패널은 [뷰어] 패널에 있는 컴포넌트들의 속성을 설정하는 공간입니다.

[그림 4-46] 여러 컴포넌트의 속성

[뷰어] 패널이나 [컴포넌트] 패널에서 컴포넌트를 선택하면 [속성] 패널에 선택된 컴포넌트의 속성이 표시됩니다. [그림 4-46]을 보면 여러 컴포넌트가 공통으로 가지고 있는 속성도 있고 특정 컴포넌트에만 있는 고유 속성도 있습니다. 여기서는 대부분의 컴포넌트가 가지고 있는 공통 속성을 살펴보겠습니다.

컴포넌트의 공통 속성

[그림 4-47] Custom을 이용한 색 선택

- **배경색**: 컴포넌트의 배경색을 설정합니다. 기본적으로 14가지 색깔을 지정할 수 있으며 Custom을 클릭하면 색을 세밀하게 조절해서 만들 수 있습니다.

  색상 팔레트와 조절바를 이용해 원하는 색상을 선택하거나 텍스트 상자에 직접 16진수 색상 코드를 입력하여 색상을 선택할 수 있습니다. 예를 들어 텍스트 상자에 "#6eef9b7d"라고 입력돼 있다면 처음 두 자리 "6e"는 빨간색, 그다음 두 자리 "ef"는 녹색, 그다음 두 자리 "9b"는 파란색의 값을 나타냅니다. 그리고 마지막 두 자리는 "7d"는 색의 투명도를 나타내는 값입니다.

- **텍스트 색상**: 컴포넌트에 표시되는 글자의 색깔을 설정합니다.

- **활성화**: 컴포넌트의 기능 사용 여부를 설정합니다. 이 속성이 체크돼 있으면 컴포넌트의 기능이 작동하고 체크가 해제돼 있으면 컴포넌트의 기능이 작동하지 않습니다.

- **글꼴 굵게**: 체크하면 컴포넌트에 표시되는 글자가 굵은 글자로 변합니다.

- **글꼴 이탤릭**: 체크하면 컴포넌트에 기울어진 글자가 표시됩니다. 한글에는 적용되지 않습니다.

- **글꼴 서체**: 컴포넌트에 표시되는 글자의 글꼴을 설정할 수 있습니다. 한글에는 적용되지 않습니다.

- **글꼴 크기**: 컴포넌트에 표시되는 글자의 크기를 숫자를 입력해서 설정합니다.

- **텍스트 정렬**: 컴포넌트에 표시되는 글자의 정렬을 방식을 설정합니다. 왼쪽 정렬, 중앙 정렬, 오른쪽 정렬이 있습니다.

- **높이와 너비**: 컴포넌트의 [높이]와 [너비]를 설정합니다. [높이]와 [너비]를 설정하는 방법은 총 4가지입니다.

[그림 4-48] [높이]와 [너비]를 설정하기 위한 4가지 메뉴

❶ **자동**: 모든 컴포넌트의 [높이]와 [너비]는 기본적으로 "자동"입니다. 버튼이나 레이블의 크기가 "자동"으로 설정돼 있으면 컴포넌트의 크기가 그 안에 있는 글자의 크기에 맞춰서 커지거나 작아집니다. [이미지] 컴포넌트는 속성으로 설정된 이미지의 크기에 맞춰서 커지거나 작아지고 레이아웃은 그 안에 있는 컴포넌트들의 크기에 맞춰서 크기가 자동으로 설정됩니다.

[그림 4-49] 글자 수와 글자 크기에 따른 버튼 크기의 변화

❷ **부모에 맞추기:** 말 그대로 컴포넌트의 크기를 부모의 크기에 맞추는 옵션입니다. 컴포넌트 패널의 계층 구조를 살펴보면 [Screen]은 그 안에 속한 컴포넌트와 레이아웃의 부모가 되고 레이아웃은 안에 있는 컴포넌트의 부모가 됩니다. 컴포넌트의 속성을 "부모에 맞추기"로 설정하면 자식 컴포넌트가 부모 컴포넌트의 남아있는 여유 공간을 모두 채우게 됩니다.

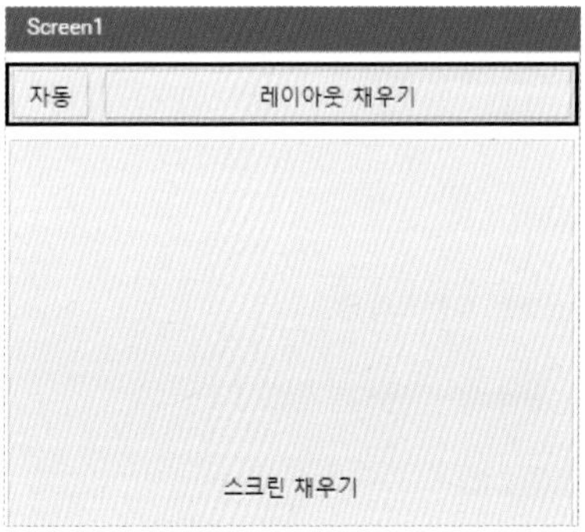

[그림 4-50] "부모에 맞추기"를 이용한 남은 공간 채우기

[그림 4-50]에서 [레이아웃 채우기] 버튼이 [수평배치]의 나머지 공간을 가득 채우고 있는 것으로 봐서 이 버튼의 [너비] 속성이 "부모에 맞추기"임을 알 수 있습니다. [스크린 채우기] 버튼은 스크린에서 [수평배치]가 있는 공간을 제외한 나머지 공간을 가득 채우고 있으므로 [높이]와 [너비] 모두 "부모에 맞추기"임을 알 수 있습니다.

❸ **pixels:** 컴포넌트의 크기를 픽셀 단위의 고정된 크기로 설정하는 옵션입니다. [Screen1]의 [크기] 속성이 "고정형"으로 설정된 상태에서 앱 인벤터 화면에 보이는 스크린의 기본 크기는 [너비]가 320픽셀, [높이]가 460픽셀입니다. 스크린 [너비]의 반을 차지하는 버튼을 만들고 싶다면 버튼의 [너비] 속성을 "pixels"로 설정한 후 "160"을 입력하면 됩니다.

[그림 4-51] [너비]가 "160pixels"인 버튼

❹ percent: 컴포넌트의 크기를 스크린 크기의 몇 퍼센트로 지정할 수 있습니다. 예를 들어, 버튼의 너비가 스크린 너비의 반만큼 차지하도록 만들고 싶다면 [너비] 속성에 "percent"를 선택한 후 "50"을 입력하면 됩니다. 주의할 점은 "percent"의 기준이 되는 크기는 컴포넌트를 포함하고 있는 레이아웃의 크기가 아니라 스크린의 크기입니다. 레이아웃 안에 들어있는 컴포넌트에 "percent" 옵션을 적용하면 레이아웃의 크기에 상관없이 스크린의 크기에 따라 컴포넌트의 크기가 결정됩니다.

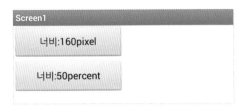

[그림 4-52] 버튼의 [너비]를 "pixels"와 "percent"로 설정한 경우 비교

[그림 4-52]에서 첫 번째 버튼의 [너비] 속성은 "160 pixels"이고 두 번째 버튼의 [너비] 속성은 "50 percent"입니다. 그림에서 볼 수 있듯이 두 버튼의 너비는 같습니다. 단 [Screen1]의 [크기] 속성이 "고정형"일 때만 두 버튼의 너비가 같습니다. [Screen1]의 [크기] 속성을 "반응형"으로 바꾼 후 [뷰어] 패널의 스크린 위에 있는 [태블릿 크기로 미리보기를 하려면 체크하세요]에 체크하면 화면에 보이는 버튼의 너비가 달라집니다.

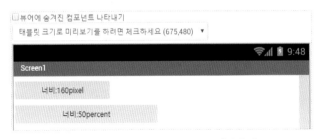

[그림 4-53] 태블릿 크기로 미리보기했을 때 두 버튼의 [너비] 비교

[그림 4-53]에서 볼 수 있듯이 [너비] 속성을 "pixels"로 설정한 [버튼]은 화면 크기가 달라지더라도 [버튼]의 너비는 고정돼 있지만 [너비] 속성을 "percent"로 설정한 [버튼]은 화면 크기가 달라지면 화면의 크기에 비례해 버튼의 너비도 늘어납니다. [Screen]의 [크기] 속성을 "반응형"으로 설정하고 앱을 만들 때 스마트폰과 태블릿에서 화면 디자인이 동일하게 유지되게 하려면 컴포넌트의 크기를 "퍼센트" 단위로 설정하는 것이 좋습니다. 실제로 두 개의 버튼을 [뷰어] 패널로 가져와서 하나는 "pixels" 단위로 [너비]를 설정하고 하나는 "percent" 단위로 [너비]를 설정한 후 스마트폰 또는 태블릿을 연결해 두 버튼이 어떻게 보이는지 확인해보기 바랍니다.

▪ 보이기: 스크린에 있는 컴포넌트를 숨기고 싶다면 체크를 해제합니다.

스크린 속성

스크린의 주요 속성에 대해 알아보겠습니다. [컴포넌트] 패널의 제일 상위 계층에 있는 [Screen1]을 클릭하면 [속성] 패널에서 스크린의 속성을 확인하고 수정할 수 있습니다.

- **스크린 설명**: 앱에 관한 간단한 설명을 입력할 수 있습니다. 이곳에 입력된 설명은 스마트폰으로 앱을 실행한 후 메뉴 버튼 (안드로이드 스마트폰 화면 아래에 있는 물리키)을 누르면 나타나는 메뉴에서 [About this application] 버튼을 클릭하면 확인할 수 있습니다. 거의 사용하지 않는 기능입니다.

- **AccentColor**: 알림이나 날짜 선택 컴포넌트에 등에 의해 생성된 대화창의 특정 부분을 강조하는 색상을 설정합니다. 안드로이드 버전에 따라 적용 여부가 확인되지 않을 수 있습니다.

- **앱 이름**: 앱이 설치됐을 때 스마트폰 화면의 앱 아이콘 아래에 표시되는 앱의 이름을 설정합니다.

- **스크린 애니메이션 닫기**: 스크린이 닫힐 때 사용할 애니메이션 효과를 설정합니다.

- **아이콘**: 스마트폰 화면에 표시될 앱의 아이콘 이미지를 설정합니다.

- **스크린 애니메이션 열기**: 스크린이 열릴 때 사용할 애니메이션 효과를 설정합니다.

- **PrimaryColor**: 타이틀 바를 포함한 테마의 색상을 설정합니다.

- **PrimaryColorDark**: 테마가 Dark일 때 사용되는 색상을 설정합니다. 스마트폰 기종과 안드로이드 버전에 따라 적용 여부가 확인되지 않을 수 있습니다.

- **스크린 방향**: 앱 화면의 방향을 설정합니다. 보통은 기본 설정 그대로 두고 앱 화면을 고정할 필요가 있을 때 "세로" 또는 "가로"로 설정합니다.

  ❶ **정해지지 않은**: 속성의 기본값으로 앱이 실행되는 기기에서 방향을 결정합니다. 기기마다 방향이 다를 수 있습니다.

  ❷ **세로**: 화면을 세로 방향으로 고정합니다. 기기를 회전시켜도 화면이 돌아가지 않게 됩니다.

  ❸ **가로**: 화면을 가로 방향으로 고정합니다. 앱 인벤터의 [뷰어] 패널에 있는 스크린도 가로 방향으로 돌아가게 됩니다.

  ❹ **센서**: 화면의 회전이 기기의 회전 센서에 의해 결정됩니다. 기기의 화면 회전 설정이 OFF 상태일 때도 화면이 회전하게 됩니다.

  ❺ **사용자**: 앱이 설치된 기기의 현재 화면 방향에 따라 앱의 화면 방향이 결정됩니다.

- **스크롤 가능 여부**: 체크해 두면 앱 화면의 높이가 기기 화면의 높이를 벗어날 때 화면이 위아래로 스크롤되게 만들어 줍니다.

- **ShowListAsJson**: 리스트가 어떤 형식으로 보이게 할지 결정하는 속성입니다. 기본은 리스프(Lisp) 형식이며 체크할 경우 Json 또는 파이썬(Python)에서 사용하는 형식으로 리스트를 보여줍니다.

▪ **상태창 표시**: 체크를 해제하면 상태창이 사라집니다. [뷰어] 패널에서는 상태창이 사라진 것이 확인되지 않고 스마트폰에 연결해서 앱을 실행하면 사라진 것을 확인할 수 있습니다.

[그림 4-54] 상태창과 제목

▪ **크기**: 앱 화면의 크기를 앱이 설치되는 기기의 화면 크기에 상관없이 고정할지 아니면 기기의 화면 크기에 대응하도록 만들지 결정합니다. [Screen1]의 [크기] 속성을 "고정형"으로 설정해 두면 앱 화면의 가로 크기가 320픽셀인 상태로 고정되기 때문에 실제 안드로이드 기기의 해상도는 무시되고 앱 화면의 크기가 기기의 화면 크기에 맞게 늘어납니다. 따라서 화면이 큰 태블릿에서 앱을 보게 되면 필요 이상으로 컴포넌트와 글씨의 크기가 커 보입니다. [Screen1]의 [크기] 속성을 "반응형"으로 바꾸면 컴포넌트와 글씨가 각 태블릿 설정에 맞는 일반적인 크기로 보이게 됩니다. 화면이 작은 스마트폰에서만 실행되는 앱을 만들 때는 [Screen1]의 [크기] 속성을 기본 속성인 "고정형"으로 두고 앱을 개발해도 상관없으나 태블릿의 큰 화면을 제대로 지원하는 앱을 만들고 싶다면 [크기] 속성을 "반응형"으로 바꿔서 디자인 작업을 진행하는 것이 좋습니다.

▪ **Theme**: 앱에 적용되는 테마를 설정합니다. 기본 속성인 Classic 대신 Device Default로 속성을 바꾸면 현재 사용 중인 안드로이드 버전에 맞는 테마를 사용할 수 있습니다. 스크린에 다양한 컴포넌트를 배치한 후 Theme 속성을 바꿔가며 스마트폰 화면의 변화를 직접 테스트해 보기 바랍니다.

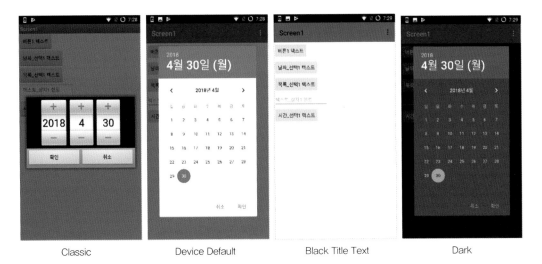

Classic   Device Default   Black Title Text   Dark

[그림 4-55] 테마 설정에 따른 화면 변화

- **제목:** 제목에 들어갈 글자를 설정합니다.

- **제목 보이기:** 체크를 해제하면 화면 상단에 제목이 표시되는 영역 전체가 사라집니다.

- **TutorialURL:** 앱의 기능과 상관없는 속성으로 자습서를 개발화면과 같이 볼 수 있게 해 줍니다. TutorialURL에 http 로 시작하는 자습서 주소를 넣으면 화면 왼쪽에 자습서 페이지가 나타나서 자습서를 보면서 따라 만들 수 있게 됩니다.

- **버전 코드:** 앱의 버전을 숫자로 설정합니다. 기본값으로 1이 들어가 있으며 보통의 경우 사용할 일이 없고 플레이 스 토어에 앱을 등록한 후 앱을 업데이트할 때 사용하게 됩니다. 플레이 스토어에 등록된 앱의 버전 코드가 1이었다면 업데이트된 앱의 버전 코드는 1이 아닌 다른 숫자로 만들어야 합니다. 업데이트된 앱의 버전 코드가 여전히 1이라 면 플레이 스토어에 apk 파일을 업로드할 때 오류가 발생하게 됩니다.

- **버전 이름:** 앱의 버전 이름을 설정합니다. 버전 코드와 마찬가지로 플레이 스토어에 등록된 앱을 업데이트할 때 사용 합니다. 보통은 앱이 조금 바뀌었으면 1.1로 고치고 앱의 내용이 많이 바뀌었으면 2.0으로 표시합니다.

05
블록 이해하기

5.1 _ 블록을 이용한 코딩

앱 인벤터 화면 우측 상단에 있는 [블록] 버튼을 클릭하면 디자인 편집기에서 블록 편집기로 이동합니다. 블록 편집기는 [블록] 패널과 [뷰어] 패널로 구성돼 있습니다. [블록] 패널은 앱의 기능을 만드는 데 사용되는 블록이 종류별로 모여있는 공간입니다. [뷰어] 패널은 [블록] 패널에 있는 블록을 가져와 앱이 사용자의 행동에 반응해서 작동하게 만드는 작업을 하는 공간입니다.

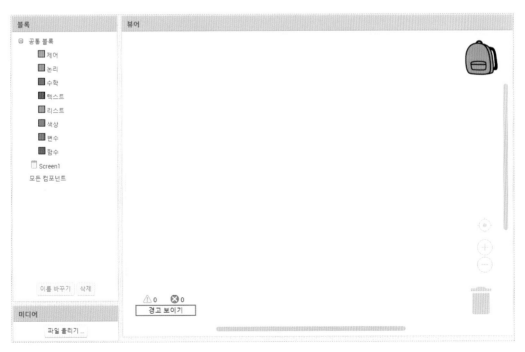

[그림 5-1] 블록 편집기 화면

블록을 이용한 코딩과 텍스트를 이용한 코딩 비교

디자인 편집기에서 스크린에 가져다 놓은 컴포넌트가 제 역할을 하게 하려면 특별한 데이터가 필요하거나 복잡한 계산이 필요할 수도 있습니다. 또한 컴포넌트에게 어떤 상황에서 어떤 동작을 해라, 또는 어떤 속성으로 바꿔라 등의 명령을 내려야 합니다. 앱을 작동시키는 데 필요한 이러한 작업들이 블록과 블록의 결합을 통해 이뤄지는 곳이 바로 블록 편집기입니다. 블록과 블록의 결합을 통해 앱의 기능을 만들 수 있다는 것은 앱 인벤터의 가장 큰 장점입니다. 안드로이드 앱을 만드는 데 일반적으로 사용되는 안드로이드 스튜디오와 같은 개발 도구로 앱을 만들려면 자바나 코틀린 언어를 이용해 텍스트 형태로 코드를 작성해야 합니다. 프로그래밍 언어를 능숙하게 다룰 줄 아는 사람이라면 텍스트 형태의 코드로 앱을 개발하는 것이 어렵지 않겠지만 프로그래밍 언어에 익숙하지 않은 사람이 영어로 된 명령어를 키보드로 타이핑해서 앱을 개발하기란 어려운 일입니다. [그림 5-2]를 보면 텍스트를 이용한 코딩과 블록을 이용한 코딩의 차이를 잘 이해할 수 있을 것입니다.

```java
package com.appinventor.test;
import android.app.Activity;
import android.os.Bundle;
import android.view.View;
import android.view.View.OnClickListener;
import android.widget.Button;
import android.widget.Toast;
public class HelloWorldActivity extends Activity{
public void onCreate(Bundle saveInstanceState){
  super.onCreate(savedInstanceState);
  setContentView(R.layout.main);
  Button startBtn=(Button)findViewById(R.id.startBtn);
  startBtn.setOnClickListener(new OnClickListener(){
    public void onClick(View v){
      Toast.makeText(getApplicationContext(),
      "안녕하세요", 1000).show(); }});
    }
  }
```

텍스트를 이용한 코딩   블록을 이용한 코딩

[그림 5-2] 버튼을 클릭했을 때 간단한 메시지를 보여주는 기능을 구현한 코드

텍스트를 이용한 코딩이나 블록을 이용한 코딩의 결과는 둘 다 버튼을 클릭했을 때 "안녕하세요"라는 간단한 메시지를 몇 초 정도 화면에 출력하는 것입니다. 텍스트를 이용한 코딩은 간단한 메시지를 출력

하기 위해 10줄이 넘는 텍스트를 입력해야 하지만 블록을 이용한 코딩은 단 3개의 블록을 결합하는 것만으로도 똑같은 결과를 출력할 수 있습니다. 물론 텍스트를 이용한 코딩을 할 때 미리 만들어져 있는 소스를 복사해서 사용하거나 개발 도구의 자동 완성 기능을 이용하면 일일이 텍스트를 입력할 필요가 없기는 하지만 초보자 입장에서 어느 쪽이 더 이해하기 쉽고 배우기 쉬운 방법인가라는 질문에 대한 대답은 당연히 블록을 이용한 코딩 쪽이 될 것입니다.

블록 조립 방법의 이해

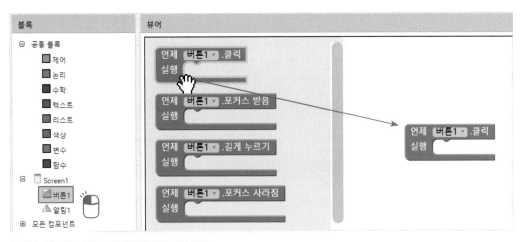

[그림 5-3] 드래그 앤드 드롭 방식을 통한 블록 작업

앱 인벤터는 글자를 입력하는 대신 블록을 드래그 앤드 드롭해서 코딩 작업을 합니다. 함수의 이름, 이벤트 처리 코드 등을 직접 키보드로 칠 필요 없이 블록 편집기 화면 왼쪽에 있는 [블록] 패널에서 사용할 블록을 끌고 와서 [뷰어] 패널에 가져다 놓기만 하면 됩니다.

각 블록은 혼자서는 아무 일도 할 수 없습니다. 각 블록은 결합을 통해 하나의 데이터 또는 명령어가 됩니다. 그래서 각 블록은 다른 블록에 결합되거나 다른 블록을 결합하기 위한 연결 부위를 가지고 있습니다.

[그림 5-4] 블록의 연결 부위 명칭

앞으로 이 책에서 블록의 결합 부분을 언급할 때 [그림 5-4]에 나오는 섹션, 소켓, 플러그라는 용어를 사용하겠습니다.

[블록] 패널에서 위 세 개의 블록을 찾아서 [뷰어] 패널로 가져와 블록을 조립해 봅시다. [언제 버튼1.클릭] 블록과 [호출 알림1.경고창 나타내기] 블록을 가져오려면 먼저 디자인 편집기에서 [뷰어] 패널에 [버튼] 컴포넌트와 [알림] 컴포넌트를 가져다 놓은 상태라야 합니다. 디자인 편집기로 이동한 후 [뷰어] 패널에 두 컴포넌트를 가져다 놓고 다시 블록 편집기로 이동합니다. [블록] 패널에서 [버튼1]을 선택한 후 [블록] 패널 왼쪽에 나타나는 블록 중에서 [언제 버튼1.클릭] 블록을 찾아서 [뷰어] 패널로 가져옵니다. 마찬가지로 [블록] 패널에서 [알림1]을 선택한 후 [호출 알림1.경고창 나타내기] 블록을 찾아 [뷰어] 패널로 가져옵니다. 마지막으로 가져올 ["안녕하세요"] 블록은 [공통 블록] 영역에서 찾을 수 있습니다. [공통 블록] 영역의 어디에 속한 블록인지는 블록의 색깔을 잘 관찰하면 쉽게 판단할 수 있습니다.

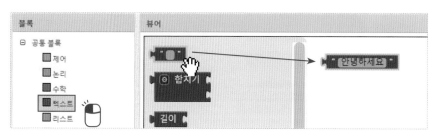

[그림 5-5] **[공통블록] 영역의 [텍스트]에서 블록 가져오기**

["안녕하세요"] 블록과 색깔이 같은 [공통 블록] 영역의 [텍스트]를 선택하면 [블록] 패널 오른쪽에 [텍스트]와 관련된 블록이 나타납니다. 이 블록 가운데 맨 위쪽에 있는 [" "]블록을 가져와 따옴표 사이의 빈 칸을 클릭한 후 "안녕하세요"를 입력합니다. 세 가지 블록을 [뷰어] 패널에 가져다 놓았으므로 본격적으로 조립을 시작해 보겠습니다. 먼저 [호출 알림1.경고창 나타내기] 블록을 [언제 버튼1.클릭] 블록의 [실행] 섹션에 넣습니다.

[그림 5-6] **섹션에 블록 넣기**

섹션은 다른 블록을 안에 넣을 수 있는 구조입니다. 섹션에 블록을 넣을 때는 섹션의 돌기에 블록의 홈을 가까이 가져가면 됩니다. 돌기와 블록이 어느 정도 가까워지면 돌기에 노란색 테두리가 생깁니다. 이때 누르고 있던 마우스 버튼을 놓으면 섹션 안으로 블록이 들어가면서 "딱" 소리가 납니다.

이제 [안녕하세요] 블록을 [호출 알림1.경고창 나타내기] 블록과 결합합니다.

[그림 5-7] 플러그와 소켓의 결합

플러그와 소켓은 서로 결합하는 구조입니다. 플러그를 소켓 가까이 가져가면 소켓 테두리가 노란색으로 변하는데, 이때 마우스 버튼을 놓으면 플러그와 소켓이 결합합니다. 플러그가 있는 블록에 들어있는 값을 소켓이 있는 블록에 전달할 때 이 같은 방법으로 결합합니다.

[그림 5-7]에서 [호출 알림1.경고창 나타내기] 블록의 아래쪽을 보면 약간 튀어나온 돌기가 있습니다. 돌기가 있다는 것은 이 블록의 아래쪽에 다른 블록을 연결할 수 있다는 의미입니다. [호출 알림1.경고창 나타내기] 블록 아래에 [스크린 닫기] 블록을 추가해 보겠습니다.

스크린 닫기

[그림 5-8] [스크린 닫기] 블록

[스크린 닫기] 블록도 색깔을 이용하면 어디에 있는지 쉽게 찾을 수 있을 것입니다.

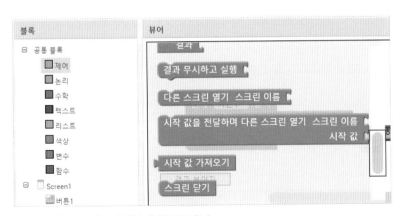

[그림 5-9] [공통 블록] 영역의 [제어]에서 블록 찾기

[스크린 닫기] 블록은 [공통 블록] 영역의 [제어]에 있습니다. [제어]에는 블록이 많아서 화면 아래쪽에 있는 블록들은 보이지 않습니다. 마우스 휠을 스크롤하거나 블록 화면 옆의 스크롤 바를 움직이면 아래쪽에 있는 블록을 볼 수 있습니다. 블록을 찾아서 [호출 알림1.경고창 나타내기] 블록 아래에 연결합니다.

[그림 5-10] 블록 아래에 블록 연결하기

블록 아래쪽에 연결하는 블록도 돌기와 홈의 위치를 잘 맞추면 쉽게 연결할 수 있습니다. [스크린 닫기] 블록은 아래쪽에 돌기가 없습니다. 돌기가 없는 블록 아래쪽에는 새로운 블록을 연결할 수 없습니다.

블록 삭제

[뷰어] 패널로 가져온 블록 가운데 필요 없는 블록을 삭제하려면 블록을 쓰레기통에 집어넣으면 됩니다. [스크린 닫기] 블록을 삭제합니다.

[그림 5-11] 쓰레기통에 블록 버리기

삭제하고 싶은 블록을 드래그해서 [뷰어] 패널 오른쪽 아래에 있는 쓰레기통에 가까이 가져가면 쓰레기통 뚜껑이 열리고 이때 마우스 버튼을 놓으면 블록이 삭제됩니다. 드래그하기가 귀찮다면 블록을 선택한 후 키보드의 [Delete] 키를 누르면 블록이 바로 삭제됩니다. 또는 블록을 선택하고 마우스 오른쪽 버튼을 클릭하면 나오는 메뉴의 [블록 삭제하기]를 선택해서 블록을 삭제할 수도 있습니다.

[그림 5-12] 여러 블록을 한꺼번에 버리기

세로로 연결된 두 줄 이상의 블록을 한 번에 삭제하고 싶으면 연결된 블록 중 맨 위쪽에 있는 블록을 끌고 와서 쓰레기통에 넣으면 됩니다. [언제 버튼1.클릭] 블록과 그 안에 있는 블록을 모두 삭제하고 싶다면 [언제 버튼1.클릭] 블록을 선택하고 [Delete] 키를 누릅니다. 바깥쪽에 다른 블록들을 감싸고 있는 블록을 삭제하면 안쪽에 있는 블록까지 함께 삭제됩니다. 만약 블록을 실수로 삭제했다면 Ctrl+Z를 눌러 삭제한 블록을 다시 되살릴 수 있습니다.

오류 처리

[뷰어] 패널의 왼쪽 하단을 보면 노란색과 빨간색 느낌표 아이콘이 있습니다. 이 아이콘들은 블록 조립 상태에 오류가 있을 때 오류의 숫자를 알려줍니다.

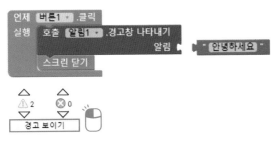

[그림 5-13] 경고 발생 위치 보기

[그림 5-13]과 같이 소켓이 비어있거나 플러그가 소켓에 꽂혀 있지 않으면 노란색 느낌표 아이콘 옆에 총 두 군데에 오류가 있음을 알려주는 숫자가 표시됩니다. 그리고 그 아래에 있는 [경고 보이기] 버튼을 클릭하면 잘못된 블록에 느낌표 아이콘이 표시되어 오류가 있는 부분을 찾을 수 있게 도와줍니다.

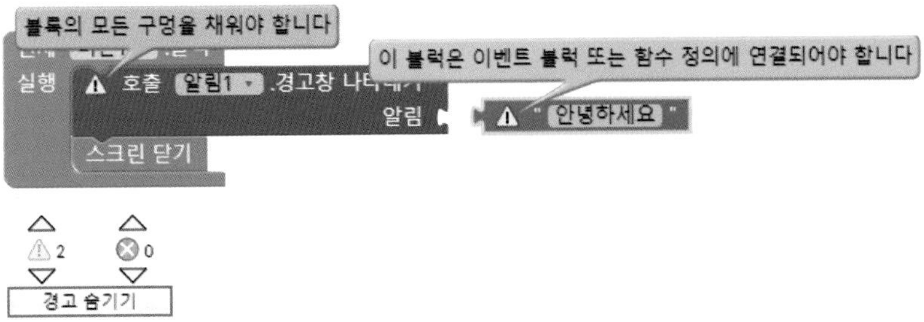

[그림 5-14] 블록에 있는 느낌표 아이콘을 클릭하면 나타나는 메시지

오류가 있는 블록에 생긴 노란색 느낌표 아이콘을 클릭하면 어떻게 하면 문제를 해결할 수 있는지 알려주는 메시지가 나타납니다. 메시지에 소켓에 블록을 연결하라고 나와 있으므로 소켓에 블록을 연결해 문제를 해결하면 됩니다.

이번에는 [언제 버튼1.클릭] 블록을 하나 더 [뷰어] 패널로 가져와 봅시다.

[그림 5-15] 에러가 발생한 경우

[그림 5-15]와 같이 [언제 버튼1.클릭] 블록이 [뷰어] 패널에 두 개 있으면 빨간색 느낌표 아이콘 옆에 총 두 군데에 오류가 있음을 알려주는 숫자가 표시됩니다. [경고 보이기] 버튼을 클릭하지 않아도 이미 [언제 버튼1.클릭] 블록에 빨란색 느낌표 아이콘이 표시돼 있습니다. 빨간색 아이콘을 클릭해 보면 문제가 발생한 원인을 알려주는 메시지가 나타납니다. 똑같은 이벤트 핸들러 블록이 [뷰어] 패널에 하나 더 있어서 발생한 문제이므로 필요 없는 이벤트 핸들러 블록을 하나 삭제하면 문제가 해결됩니다.

빨간색 아이콘은 일단 색깔이 강렬하고 강제로 표시되는 것으로 보아 노란색 아이콘보다 좀 더 심각한 문제가 발생했음을 나타내는 아이콘이라는 것을 알 수 있습니다. 노란색 아이콘과 빨간색 아이콘 모두 오류를 표시하는 아이콘이지만 구분하자면 노란색 아이콘은 경고를 나타내고, 빨간색 아이콘은 에러를 나타냅니다. 이 둘의 차이는 앱을 [빌드]할 때 나타납니다. 노란색 아이콘만 있는 상태, 즉 경고만 발생한 상태에서 화면 상단에 있는 [빌드] → [앱(.apk 용 QR 코드 제공)]를 선택하면 빌드 진행창이 나타나고 QR 코드까지 생성됩니다. 일단은 빌드가 완료됐기 때문에 앱이 스마트폰에 정상적으로 설치됩니다. 하지만 이 앱이 정상적으로 실행된다는 보장은 없습니다. 그러므로 경고 메시지를 무시하지 말고 문제를 해결해야 합니다.

이번에는 경고는 0으로 만들고 빨간색 아이콘만 있는 상태, 즉 에러만 발생한 상태로 만들어서 앱을 빌드해보겠습니다. 빌드가 진행되는 것처럼 보이다가 중단되고 [그림 5-16]과 같은 팝업창이 나타날 것입니다.

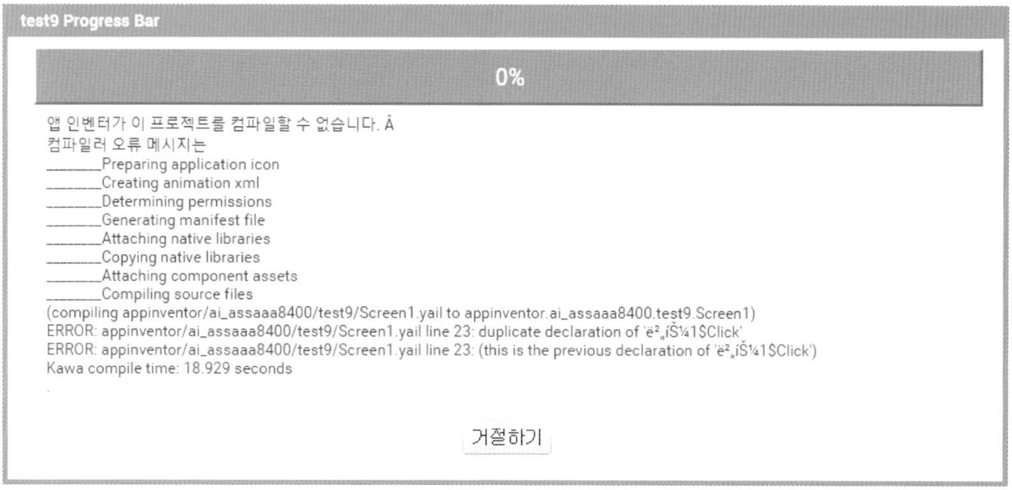

test9 Progress Bar

0%

앱 인벤터가 이 프로젝트를 컴파일할 수 없습니다. Â
컴파일러 오류 메시지는
_____Preparing application icon
_____Creating animation xml
_____Determining permissions
_____Generating manifest file
_____Attaching native libraries
_____Copying native libraries
_____Attaching component assets
_____Compiling source files
(compiling appinventor/ai_assaaa8400/test9/Screen1.yail to appinventor.ai_assaaa8400.test9.Screen1)
ERROR: appinventor/ai_assaaa8400/test9/Screen1.yail line 23: duplicate declaration of 'é²¡íŠ¼1$Click'
ERROR: appinventor/ai_assaaa8400/test9/Screen1.yail line 23: (this is the previous declaration of 'é²¡íŠ¼1$Click')
Kawa compile time: 18.929 seconds

거절하기

[그림 5-16] [빌드] 과정에 에러가 발생했음을 알리는 팝업창

팝업창에 빨간 글씨로 표시된 ERROR 부분을 잘 읽어보면 어떤 문제가 발생했는지 알 수 있습니다. 앱 인벤터는 블록을 이용해 코딩하기 때문에 오타 때문에 오류가 발생할 일은 거의 없습니다. 게다가 블록의 모양이 맞지 않으면 연결이 되지 않기 때문에 블록을 잘못 연결해서 오류가 발생하는 경우도 잘 없습니다. 따라서 섹션과 소켓에 블록이 잘 연결돼 있고 중복된 이벤트 핸들러 블록만 없다면 오류가 발생할 일은 거의 없습니다. 만약 오류가 발생했을 때는 경고 메시지나 에러 메시지를 잘 읽어보면 대부분의 문제를 해결할 수 있습니다. 가끔 원인 모를 오류가 발생한다면 앱 인벤터 창을 닫은 후 다시 앱 인벤터에 접속하면 문제가 해결되기도 합니다.

5.2 _ 블록의 구분

[블록] 패널에서 블록은 [공통 블록], [Screen], [모든 컴포넌트]로 구분됩니다.

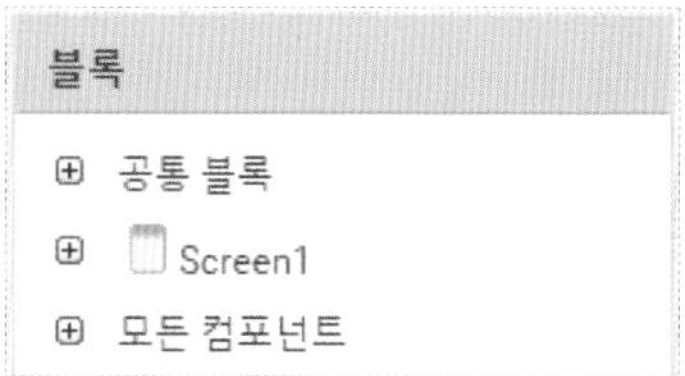

블록

⊕ 공통 블록
⊕ 🗔 Screen1
⊕ 모든 컴포넌트

[그림 5-17] 블록의 구분

[공통 블록]에는 블록의 기능에 따라 [제어], [논리], [수학], [텍스트], [리스트], [색상], [변수], [함수]로 블록이 분류돼 있습니다. 분류된 각 항목을 클릭하면 [블록] 패널 오른쪽에 선택된 항목에 들어있는 블록들이 모두 표시됩니다. [공통 블록]에 있는 각 항목이 블록을 담고 있는 서랍과 같은 역할을 하므로 이 책에서는 각 항목을 [제어] 서랍, [논리] 서랍, [수학] 서랍 등으로 부르겠습니다.

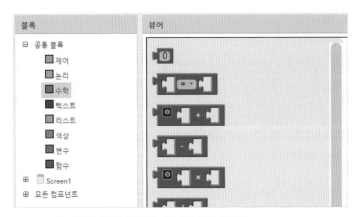

[그림 5-18] [공통 블록] 영역의 [수학] 서랍에 들어있는 블록들

[Screen]에는 디자인 편집기의 [뷰어] 패널에 있는 컴포넌트들이 들어있습니다. [Screen]을 클릭하거나 [Screen] 안에 있는 컴포넌트를 클릭하면 [블록] 패널 오른쪽에 선택된 컴포넌트에 들어있는 블록이 모두 표시됩니다. 이 책에서는 이 블록들을 컴포넌트 블록이라 하겠습니다.

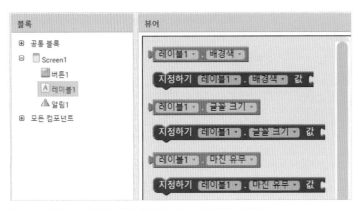

[그림 5-19] [Screen] 영역의 [레이블1] 컴포넌트에 들어있는 블록들

[모든 컴포넌트]는 [Screen]에 있는 같은 종류의 컴포넌트들을 한꺼번에 제어할 때 주로 사용합니다.

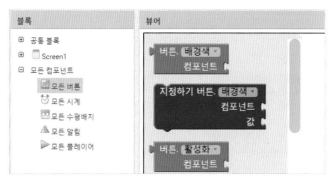

[그림 5-20] [모든 컴포넌트] 영역의 모든 버튼에 들어있는 블록들

[모든 컴포넌트]의 항목 구성은 [Screen] 영역의 항목 구성에 따라 변합니다. [그림 5-20]을 보면 [Screen]에 있는 컴포넌트들이 [모든 컴포넌트]에 컴포넌트 이름 앞에 "모든"이 추가된 형태로 있는 것을 확인할 수 있습니다. 만약 디자인 편집기에서 스크린에 [텍스트 상자]를 추가하면 [모든 컴포넌트]에 [모든 텍스트 상자]가 생길 것입니다. [Screen] 영역에 [버튼]이 두 개 있어도 [모든 컴포넌트] 영역에는 [모든 버튼]이 하나인 것은 [모든 버튼] 하나로 [Screen]에 있는 [버튼] 두 개를 모두 제어할 수 있다는 의미로 해석하면 됩니다. [Screen]에 [버튼]이 몇 개 있든 [모든 버튼]에 있는 블록을 이용하면 스크린에 있는 모든 [버튼]을 한꺼번에 제어할 수 있습니다. 셋째 마당에서 만드는 앱에서는 [모든 컴포넌트]에 있는 블록을 사용할 예정이므로 셋째 마당의 예제를 통해 [모든 컴포넌트]에 대해 자세히 알아보겠습니다.

5.3 _ 컴포넌트 블록

컴포넌트 블록에 대해 좀 더 자세히 알아보겠습니다. 컴포넌트 블록은 [블록] 패널의 [Screen] 영역에서 컴포넌트를 선택했을 때 나타나는 블록으로, 이벤트 핸들러 블록, 함수 호출 블록, 속성 블록으로 나눌 수 있습니다.

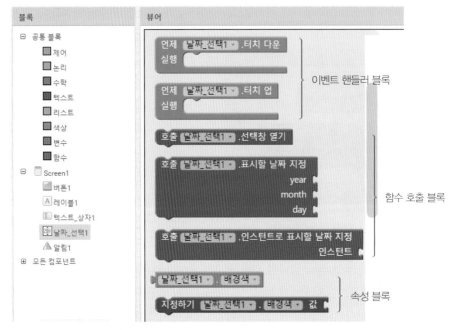

[그림 5-21] 컴포넌트 블록의 종류

이벤트 핸들러 블록

이벤트는 특별한 사건을 의미합니다. 앱을 사용할 때 특별한 사건이란 사용자가 앱의 버튼을 클릭하거나 스마트폰을 흔들거나 하는 행동들입니다. 사용자가 특정 행동을 했을 때 앱이 지정된 동작을 하게 만드는 데 사용되는 블록이 바로 이벤트 핸들러 블록입니다. 이벤트는 사용자가 발생시키기도 하지만 앱이 내부적으로 특정한 일 처리를 끝냈거나 혹은 어떤 일을 하기 전에 발생시키기도 합니다.

[그림 5-22] 다양한 이벤트 핸들러 블록

이벤트 핸들러 블록의 구조를 살펴보면 일단 이벤트 핸들러 블록의 색깔은 모두 황토색입니다. 그리고 블록 안의 텍스트가 "언제"로 시작되고 다음으로 컴포넌트 이름이 나옵니다. 컴포넌트 이름 뒤에 점(.)이 있고 그 뒤에 이벤트 이름이 있습니다. 그리고 다음 줄은 "실행"으로 시작하고 그 옆으로 섹션이 있습니다. 이벤트 핸들러 블록의 구조를 파악하면 이벤트 핸들러 블록의 의미도 파악할 수 있습니다. 예를 들어, [언제 버튼1.터치다운] 블록의 의미를 해석하자면 "[버튼1]을 눌렀을 때 섹션에 있는 블록을 실행하라"가 됩니다.

[그림 5-22]를 보면 이벤트 핸들러 블록 안에 주황색 버튼이 있는 블록도 있고 없는 블록도 있습니다. 이 주황색 버튼에 마우스 포인터를 올리면 새로운 블록이 나타납니다.

[그림 5-23] 블록 안에 있는 블록

예를 들어, [언제 캔버스1.터치 다운] 블록의 [y] 버튼 위에 마우스 포인터를 올리면 [그림 5-23]과 같이 [가져오기 y], [지정하기 y 값] 블록이 나타납니다. [x] 버튼에도 마찬가지로 [가져오기 x], [지정하기 x 값] 블록이 있습니다. 이 블록들도 다른 블록과 마찬가지로 마우스로 드래그해서 원하는 위치에 넣어서 사용할 수 있습니다. 단 [언제 캔버스1.터치 다운] 블록의 실행 섹션 안에서만 사용할 수 있습니다.

함수 호출 블록

함수는 컴포넌트가 수행해야 할 동작을 미리 만들어서 분류해 둔 것입니다. [캔버스]에 원을 그리거나 글자를 음성으로 읽어주는 등의 복잡한 기능은 앱 인벤터에 이미 만들어져 있으므로 이러한 기능이 필요한 곳에 함수 호출 블록을 넣어서 함수를 불러오기만 하면 복잡한 기능을 쉽게 사용할 수 있습니다.

[그림 5-24] 다양한 함수 호출 블록

함수 호출 블록의 구조를 살펴보면 일단 블록의 색깔이 모두 보라색입니다. 그리고 블록 안의 텍스트가 "호출"로 시작되고 다음으로 컴포넌트 이름이 나옵니다. 컴포넌트 이름 뒤에 점(.)이 있고 그 뒤에 함수의 이름이 있습니다. 함수 호출 블록의 의미도 블록의 구조를 잘 살펴보면 파악할 수 있습니다. 예를 들어, [호출 음성_변환1.말하기] 블록의 의미를 해석하자면 "[음성_변환1] 컴포넌트가 가지고 있는 [말하기] 함수를 호출하고 이때 [메시지] 소켓에 연결된 값을 호출하는 함수에 전달하라"가 됩니다.

몇 가지 함수의 기능을 간단히 살펴보면서 각 함수 호출 블록의 특징을 알아보겠습니다.

![호출 텍스트_상자1 .키보드 숨기기]

[그림 5-25] [키보드 숨기기] 함수 호출 블록

[키보드 숨기기] 함수는 키보드를 숨기는 기능을 가진 함수입니다. 호출 블록에 소켓이 없으므로 함수로 값을 전달할 수 없습니다. 이러한 형태의 호출 블록은 함수에 전달하는 값이 필요 없고 함수로부터 어떤 값도 돌려받지 않습니다.

![호출 음성_변환1 .말하기 / 메시지 "안녕하세요"]

[그림 5-26] [말하기] 함수 호출 블록

[말하기] 함수는 텍스트를 음성으로 읽어줍니다. 어떤 텍스트를 읽어야 하는지를 함수에 알려주기 위해 [메시지] 소켓에 읽어야 할 텍스트를 넣어야 합니다. 이러한 형태의 호출 블록은 함수에 전달하는 값이 1개 필요하며 함수는 이 값을 이용해 동작합니다. 동작을 마친 후에 함수는 아무런 값도 돌려주지 않습니다.

[그림 5-27] [원그리기] 함수 호출 블록

[원그리기] 함수는 [캔버스]에 원을 그립니다. 원을 그리려면 중심점의 x, y좌표, 반지름을 해당 소켓에 넣어야 합니다. 이러한 형태의 호출 블록은 함수에 전달하는 값이 여러 개이며, 함수는 이 값을 이용해 동작합니다. 동작 후에 함수가 돌려주는 값은 없습니다.

[그림 5-28] [기간] 함수 호출 블록

[기간] 함수는 [시작] 소켓과 [끝] 소켓에 연결된 날짜 사이의 기간을 계산해서 알려줍니다. 함수 호출 블록에 플러그가 있으면 호출된 함수는 전달받은 값을 이용해 동작을 수행하고 그 결괏값을 함수 호출 블록에 돌려줍니다. 함수가 날짜를 계산한 결과를 알려 주면 그 값은 호출 블록의 플러그로 들어온다고 생각하면 됩니다.

정리하자면 함수 호출 블록은 전달하는 값과 돌려받는 값을 가질 수 있습니다. 함수에 값을 전달할 때는 소켓을 통해 전달하고 함수가 돌려주는 값은 플러그를 통해 돌려받을 수 있습니다.

속성 블록

모든 컴포넌트는 속성을 가지고 있습니다. [높이], [너비], [보이기]처럼 대부분의 컴포넌트가 가지는 공통적인 속성이 있는가 하면 [언어], [페인트 색상], [말하기 속도]처럼 특정 컴포넌트만 가지고 있는 속성도 있습니다. 속성 블록을 이용하면 디자인 편집기에서 작업할 때 설정해둔 컴포넌트의 속성을 실시간으로 바꿀 수 있습니다. 또한 컴포넌트의 속성값을 가져와서 사용할 수도 있습니다. 속성 블록은 속성값을 설정하는 속성 설정 블록과 속성값 자체를 의미하는 속성값 블록으로 나눌 수 있습니다.

먼저 속성 설정 블록부터 살펴보겠습니다.

[그림 5-29] 다양한 속성 설정 블록

[그림 5-29]에서 볼 수 있듯이 속성 설정 블록의 색깔은 모두 녹색입니다. 블록 안의 텍스트가 "지정하기"로 시작되고 다음으로 컴포넌트 이름이 나옵니다. 컴포넌트 이름 뒤에 점(.)이 있고 그 뒤에 속성의 이름이 있습니다. 그리고 속성의 이름 다음에 "값"이 나오고 블록의 오른쪽 끝에는 소켓이 있습니다. 속성 설정 블록의 구조를 살펴보면 속성 설정 블록의 의미를 금방 파악할 수 있을 것입니다. 예를 들어, [지정하기 레이블1.텍스트] 블록의 의미를 해석하자면 "[레이블1]의 텍스트 값을 소켓에 연결된 값으로 정하라"가 됩니다.

블록을 통해 컴포넌트 속성을 설정하려면 속성 설정 블록의 소켓에 속성값으로 사용할 블록을 끼우기만 하면 됩니다.

[그림 5-30] 컴포넌트 속성 설정에 주로 사용되는 블록들

[그림 5-30]에서 보이는 것처럼 컴포넌트의 속성 설정에 주로 사용되는 블록은 [색깔] 블록, [참] 또는 [거짓] 블록, [텍스트] 블록, [숫자] 블록입니다. 설정하려는 속성에 들어가야 할 값의 형태를 파악한 후 거기에 맞는 블록을 소켓에 끼우면 속성 설정이 완료됩니다. 속성 설정 블록의 소켓(예를 들어 [지정하기 버튼1.활성화 블록])에 맞지 않는 값 블록(예를 들어 [색깔] 블록)을 연결하려고 하면 속성 설정 블록이 값 블록을 튕겨낼 것입니다.

다음으로 속성값 블록을 살펴보겠습니다.

[그림 5-31] 다양한 속성값 블록

속성값 블록의 색깔은 모두 연녹색입니다. 블록 앞쪽에 플러그가 있고 블록 안 텍스트의 시작은 컴포넌트의 이름입니다. 컴포넌트 이름 뒤에 점(.)이 있고 그 뒤에 속성의 이름이 나옵니다.

속성값 블록은 말 그대로 값 그 자체입니다. 예를 들어, [버튼1.활성화] 블록은 [참] 블록 또는 [거짓] 블록과 같고 [시계1.타이머 간격] 블록은 [숫자] 블록과 같습니다. 따라서 앱을 개발할 때 속성값 블록은 [숫자], [텍스트], [참], [거짓] 블록 등과 같은 방식으로 사용하면 됩니다.

5.4 _ 공통 블록

[공통 블록]에는 일반적인 프로그래밍 언어가 제공하는 대부분의 명령어와 함수가 블록의 형태로 들어
있습니다. 다음 마당에서 실제 앱을 만드는 과정에서 [공통 블록]에 있는 블록들을 적용해 보고 기능을
파악하는 것이 더 효율적이므로 이번 장에서는 주요 블록만 간략히 살펴보겠습니다.

[제어] 서랍

[제어] 서랍에 있는 블록 중에서 가장 많이 사용되는 블록은 [만약 그러면], [각각 반복], [~하는 동안]
블록입니다. 프로그래밍 언어에서 이 블록들은 대개 제어문이라고 합니다.

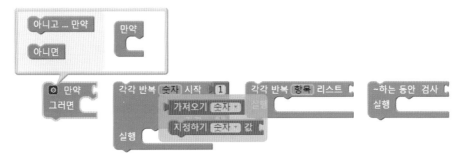

[그림 5-32] [제어] 서랍에 있는 블록들

[만약 그러면] 블록은 조건에 따라 프로그램의 흐름을 제어하고 [각각 반복 숫자] 블록과 [각각 반복 항
목] 블록은 조건에 따라 특정 동작을 반복 실행합니다.

[논리] 서랍

[만약 그러면] 블록과 [~하는 동안 검사] 블록을 사용하려면 조건이 필요하고 이 조건에 사용되는 블록
들은 [논리] 서랍에 있습니다.

[그림 5-33] [논리] 서랍에 있는 블록들

예를 들어, 알림창에서 사용자가 [예]라는 버튼을 선택했을 때 앱을 종료하라는 명령문을 만들고 싶다면 [그림 5-34]와 같이 만들면 됩니다.

[그림 5-34] [예] 버튼을 클릭하면 앱을 종료하는 명령문

[만약] 소켓에는 "참" 또는 "거짓" 외에 숫자나 문자 값이 들어있는 플러그를 연결할 수 없습니다. [만약] 소켓에 연결된 [=] 블록은 [=] 연산자의 양쪽 소켓에 있는 블록의 값이 같으면 "참"을 돌려주고, 다르면 "거짓"을 돌려줍니다. [언제 알림1.선택 후] 블록의 [선택]에는 알림창에서 선택한 버튼의 텍스트가 저장됩니다. 알림창에서 [예] 버튼을 클릭하면 [선택]에는 "예"가 저장되고 [아니오] 버튼을 클릭하면 [선택]에는 "아니오"가 저장됩니다. 사용자가 알림창에 있는 [예] 버튼을 클릭했다면 [=] 블록 연산자의 양쪽에 있는 블록의 값이 같아지므로 [만약] 소켓에 연결된 조건은 "참"이 됩니다. [만약] 소켓에 연결된 조건이 '참'이므로 [그러면] 섹션에 있는 [앱 종료] 블록이 실행되어 앱이 종료됩니다. 만약 사용자가 [아니오]라는 버튼을 클릭했다면 [=] 블록이 "거짓" 값을 돌려주기 때문에 [그러면] 섹션에 있는 블록이 실행되지 않고 실행될 블록이 없으므로 아무 일도 일어나지 않습니다.

[아니오] 버튼을 클릭했을 때도 어떤 일이 실행되게 만들고 싶다면 조건을 바꿔야 합니다. [만약 그러면] 블록의 "만약" 앞에 파란색 아이콘을 클릭하면 [그림 5-35]와 같이 블록이 들어있는 말풍선이 나타납니다.

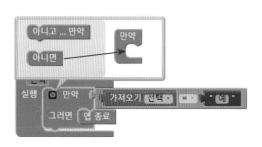
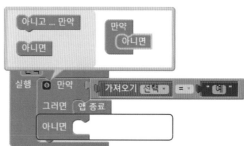

[그림 5-35] 블록 모양 바꾸기

말풍선의 왼쪽에 있는 [아니면] 블록을 오른쪽에 있는 [만약] 블록 안에 집어넣으면 [만약 그러면] 블록에 [아니면] 섹션이 새롭게 생깁니다. 이렇게 블록의 모양이 바뀌기 때문에 앱 인벤터에서는 이 파란색 아이콘이 있는 블록을 mutator(돌연변이 유발 유전자) 블록이라고 합니다. 파란색 아이콘을 다시 클릭하면 말풍선이 닫힙니다. [아니면] 섹션에는 [만약] 소켓에 연결된 조건이 "거짓"일 때 실행될 블록을 넣으면 됩니다.

[수학] 서랍

[수학] 서랍에는 기본적으로 숫자 자체를 나타내는 블록부터 사칙 연산 블록, 비교 연산 블록, 난수 발생 블록 등 연산에 관한 다양한 블록들이 있습니다.

[그림 5-36] [수학] 서랍에 있는 블록들

[각각 반복 숫자] 블록과 [수학] 서랍에 있는 블록을 이용해 1부터 10까지 숫자의 합을 계산하는 간단한 예제를 만들어 보겠습니다.

화면 만들기

화면은 레이블 1개와 버튼 1개로 구성해 버튼을 클릭하면 레이블에 계산 결과가 출력되도록 만들어 보겠습니다. 디자인 편집기에서 [팔레트] 패널의 [사용자 인터페이스]에 있는 [레이블] 컴포넌트와 [버튼] 컴포넌트를 하나씩 스크린으로 가져다 놓습니다.

[그림 5-37] 1부터 10까지 숫자의 합을 출력하기 위한 화면 구성

명령문 만들기

다음으로 블록 편집기로 이동해 1부터 10까지 숫자의 합을 계산하기 위한 명령문을 만듭니다.

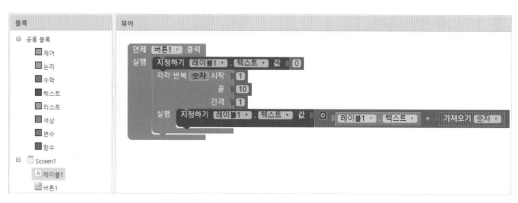

[그림 5-38] 1부터 10까지 숫자의 합을 계산하는 블록 조합

[블록] 패널에서 [뷰어] 패널로 블록을 가져오는 순서는 다음과 같습니다.

❶ [블록] 패널의 [버튼1]을 클릭하면 나타나는 블록 중 [언제 버튼1.클릭] 블록을 [뷰어] 패널로 가져옵니다.

❷ [블록] 패널의 [레이블1]을 클릭하면 나타나는 블록 중 [지정하기 레이블1.텍스트] 블록을 가져와서 [언제 버튼1.클릭] 블록의 [실행] 섹션에 넣습니다.

❸ [블록] 패널의 [공통 블록]에 있는 [수학] 서랍에서 [0] 블록을 가져와 [지정하기 레이블1.텍스트] 블록의 [값] 소켓에 끼웁니다.

❹ [블록] 패널의 [공통 블록]에 있는 [제어] 서랍에서 [각각 반복 숫자] 블록을 가져와 [지정하기 레이블1.텍스트] 블록 아래에 연결합니다. 그리고 [각각 반복 숫자] 블록의 [끝] 소켓에 연결된 숫자를 10으로 고칩니다.

❺ [레이블1]에서 [지정하기 레이블1.텍스트]블록을 가져와 [각각 반복 숫자] 블록의 [실행] 섹션에 넣습니다.

❻ [블록] 패널의 [수학] 서랍에서 [+] 블록을 가져와 [지정하기 레이블1.텍스트] 블록의 [값] 소켓에 끼웁니다. 그리고 + 연산자의 왼쪽 소켓에 [레이블1]에서 가져온 [레이블1.텍스트] 블록을 끼우고 오른쪽 소켓에 [각각 반복 숫자] 블록의 [숫자]에서 가져온 [가져오기 숫자] 블록을 끼웁니다.

[각각 반복 숫자] 블록은 [숫자]가 [시작]부터 [끝]까지 [간격]씩 증가하는 동안 [실행] 섹션에 있는 블록을 반복해서 실행합니다. 위 명령문을 통해 1부터 10까지 숫자의 합이 계산되는 과정은 자세히 살펴보면 아래와 같습니다.

❶ [버튼1]을 클릭하면 [레이블1]의 [텍스트]에 숫자 0이 저장됩니다.

❷ [각각 반복 숫자] 블록이 처음 실행되면 [숫자]의 값은 [시작] 소켓에 연결된 숫자인 1이 됩니다. [각각 반복 숫자] 블록은 [실행] 섹션의 블록을 실행하기 전에 [숫자] 값이 [끝] 소켓에 연결된 숫자보다 작거나 같은지 검사합니다. [숫자] 값이 [끝] 소켓에 연결된 숫자보다 작거나 같으면 [실행] 섹션의 블록을 실행합니다. 현재 [숫자] 값은 10보다 작은 수 1이므로 [실행] 섹션에 있는 블록이 실행되어 [레이블1]의 [텍스트] 값 0에 [숫자] 값 1을 더합니다. 그리고 이 덧셈의 결과를 [레이블1]의 [텍스트]에 다시 저장합니다. 그러면 [레이블1]의 [텍스트] 값은 1이 되고 [각각 반복 숫자] 블록의 첫 번째 실행이 끝납니다.

❸ [각각 반복 숫자] 블록의 실행이 한 번 끝날 때 마다 [숫자] 값은 [간격] 소켓에 연결된 숫자만큼 증가합니다. 따라서 [숫자] 값은 2가 됩니다. [숫자] 값 2는 [끝] 소켓에 연결된 10보다 작은 숫자이므로 [실행] 섹션의 블록이 다시 실행됩니다.

❹ 두 번째로 [실행] 섹션의 블록이 실행되면 [레이블1]의 [텍스트] 값 1에 [숫자] 값 2를 더한 결과를 다시 [레이블1]의 [텍스트]에 저장합니다. 이제 [레이블1]의 [텍스트] 값은 3이 되고 [각각 반복 숫자] 블록의 두 번째 실행이 끝납니다.

❺ 이제 [숫자] 값은 1 증가한 3이 되고 세 번째로 [실행] 섹션의 블록이 실행됩니다. [실행] 섹션에 있는 블록에 의해 3 더하기 3의 계산 결과인 6이 [레이블1]의 [텍스트]에 저장되고 [각각 반복 숫자] 블록의 세 번째 실행이 끝납니다. 이런 과정이 [숫자] 값이 10일 때까지 반복 실행되면 [레이블1]의 [텍스트] 값은 1부터 10까지의 숫자를 모두 더한 값인 55가 됩니다.

❻ [숫자]가 10일 때 [실행] 섹션에 있는 블록이 실행되고 난 후 [숫자] 값이 1 증가하면 [끝] 소켓에 연결된 숫자 10보다 크게 되므로 [각각 반복 숫자] 블록의 실행이 최종적으로 끝나게 됩니다

[텍스트] 서랍

[텍스트] 서랍에는 기본적으로 문자열 자체를 나타내는 블록부터 문자열을 자르고, 합치고, 바꿔주는 기능을 하는 다양한 블록들이 있습니다.

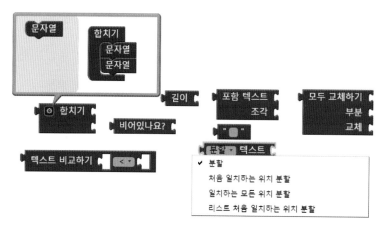

[그림 5-39] [텍스트] 서랍에 있는 블록들

[리스트] 서랍

[리스트] 서랍에는 리스트를 만드는 블록과 리스트의 특정 위치에 값을 넣는 블록, 특정 위치의 값을 지우는 블록, 특정 위치의 값을 가져오는 블록 등 다양한 블록이 있습니다.

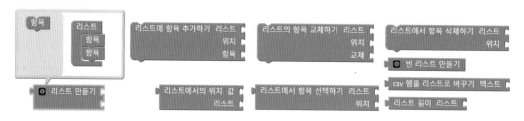

[그림 5-40] [리스트] 서랍에 있는 블록들

리스트는 여러 데이터를 관리하기 쉽게 하나로 묶어둔 것입니다. 잠시 후 리스트를 직접 만들어 보면 의미를 확실하게 알 수 있을 것입니다.

[변수] 서랍

[변수] 서랍에는 변수를 만드는 블록, 변숫값을 설정하는 블록, 변숫값을 가져오는 블록이 있습니다.

[그림 5-41] [변수] 서랍에 있는 블록들

변수는 데이터를 담는 일종의 상자와 같은 역할을 합니다. 이 상자에는 문자, 숫자, 리스트, 컴포넌트 등 다양한 데이터를 넣어서 저장해 둘 수 있으며, 기존 데이터를 지우고 다른 데이터를 넣을 수도 있습니다. "초기화"라는 단어가 포함된 블록은 변수를 만드는 블록으로 [변수_이름]에 만들고자 하는 변수의 용도에 맞게 이름을 정해서 입력하고 [값] 소켓에 변수의 초깃값을 넣으면 새로운 변수가 만들어집니다. "지정하기"로 시작하는 블록은 변수의 값을 바꿀 때 사용하고 "가져오기"로 시작하는 블록은 변수의 값을 가져올 때 사용합니다.

변수의 종류는 변수가 사용되는 범위에 따라 전역 변수와 지역 변수로 나눌 수 있습니다. "전역변수"로 시작하는 블록은 전역 변수를 만드는 블록이고 "지역변수"로 시작하는 블록은 지역 변수를 만드는 블록입니다. 전역 변수는 말 그대로 소스 코드 전역에서 사용 가능한 변수이고 지역 변수는 특정 지역([지역 변수 초기화] 블록에 있는 [실행] 섹션) 안에서만 사용 가능한 변수입니다. 다음 마당에서 앱을 만들 때 실제로 전역 변수와 지역 변수를 사용해 보면 더 잘 이해할 수 있으므로 여기서는 변수에는 전역 변수와 지역 변수가 있다는 정도만 알아 두면 됩니다.

리스트와 변수에 관한 이해를 돕기 위해 리스트의 항목을 선택, 삭제, 추가하는 간단한 예제를 만들어 보겠습니다.

화면 만들기

화면은 레이블 1개와 버튼 3개로 구성해 각 버튼을 클릭하면 리스트의 항목을 선택, 삭제, 추가한 결과가 레이블에 출력되도록 만들어 보겠습니다. 디자인 편집기에서 [팔레트] 패널의 [사용자 인터페이스] 서랍에 있는 [레이블] 컴포넌트 1개와 [버튼] 컴포넌트 3개를 스크린으로 가져다 놓습니다.

[그림 5-42] 리스트의 선택, 삭제, 추가 기능을 테스트하기 위한 화면 구성

버튼 세 개의 기능을 구분하기 위해 각 버튼의 [텍스트] 속성을 바꿉니다. 스크린 또는 [컴포넌트] 패널에서 [버튼1]을 선택한 후 [속성] 패널에서 [텍스트] 속성을 "리스트에서 선택"으로 바꿉니다. 같은 방법으로 버튼2의 [텍스트] 속성은 "리스트에서 삭제"로, 버튼3의 [텍스트] 속성은 "리스트에 추가"로 바꿉니다.

리스트 만들기

블록 편집기로 이동해 리스트를 하나 만들어 보겠습니다.

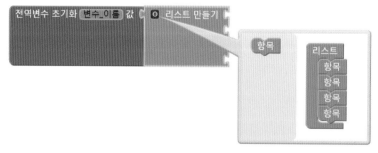

[그림 5-43] 리스트 만들기

❶ [블록] 패널의 [공통 블록]에 있는 [변수] 서랍에서 [전역변수 초기화] 블록을 [뷰어] 패널로 가져옵니다.

❷ [전역변수 초기화] 블록의 "변수_이름"을 클릭해 변수의 이름을 "스마트폰"으로 바꿉니다.

❸ [블록] 패널의 [공통 블록]에 있는 [리스트] 서랍에서 [리스트 만들기] 블록을 가져와 [값] 소켓에 끼웁니다. [리스트 만들기] 블록의 파란색 아이콘을 클릭하면 나타나는 확장 메뉴에서 [항목] 블록을 2개 더 추가해 소켓을 총 4개로 만듭니다.

[그림 5-44] 리스트에 값 넣기

❹ [블록] 패널의 [공통 블록]에 있는 [텍스트] 서랍에서 [" "]블록을 4개 가져와 [리스트 만들기] 블록의 빈 소켓에 끼웁니다.

❺ 첫 번째 [" "]블록의 따옴표 사이를 클릭해 커서가 깜박이게 만든 후 "피처폰"을 입력합니다. 나머지 [" "] 블록에도 순서대로 "안드로이드폰", "아이폰", "윈도우폰"을 입력합니다.

이제 항목을 4개 가지고 있는 [스마트폰]이라는 리스트가 생겼습니다. [리스트 만들기] 블록으로 [스마트폰] 리스트를 만들 때 "피처폰"을 가장 먼저 넣었기 때문에 "피처폰"은 [스마트폰] 리스트의 1번 위치에 있습니다. 다음으로 넣어준 "안드로이드폰"은 2번 위치, "블랙베리"는 3번 위치, "윈도우폰"은 4번 위치에 있습니다. 리스트를 여러 개의 상자가 연결돼 있고 상자에는 순서대로 번호가 있는 구조라고 생각하면 됩니다.

리스트에서 특정 항목 선택하기

리스트에서 원하는 항목을 가져와서 화면에 출력해 보겠습니다.

[그림 5-45] 리스트에서 2번 위치에 있는 항목 가져오기

❶ [블록] 패널에 있는 [버튼1]에서 [언제 버튼1.클릭] 블록을 [뷰어] 패널로 가져옵니다.

❷ [블록] 패널에 있는 [레이블1]에서 [지정하기 레이블1.텍스트] 블록을 가져와 [언제 버튼1.클릭] 블록의 [실행] 섹션에 넣습니다.

❸ [리스트] 서랍에서 [리스트에서 항목 선택하기] 블록을 가져와 [지정하기 레이블1.텍스트] 블록의 [값] 소켓에 끼웁니다.

[변수] 서랍에서 가져오기

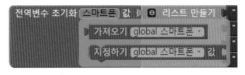

[전역변수 초기화] 블록에서 가져오기

[그림 5-46] 변수 값 블록을 가져오는 방법

❹ [가져오기 global 스마트폰] 블록을 가져와 [리스트에서 항목 선택하기] 블록의 [리스트] 소켓에 끼웁니다. [가져오기 global 스마트폰] 블록은 [변수] 서랍에 있는 [가져오기] 블록을 가져온 후 [가져오기] 블록 안에 있는 아이콘(▼)을 클릭하면 나타나는 확장 메뉴에서 "global 스마트폰"을 선택해서 만들 수 있습니다. 또는 [전역변수 초기화 스마트폰] 블록의 [스마트폰] 위에 마우스 커서를 올려놓으면 나타나는 확장 메뉴에서 [가져오기 global 스마트폰]를 선택해 가져올 수도 있습니다.

❺ [블록] 패널의 [수학] 서랍에서 [0] 블록을 가져와 [리스트에서 항목 선택하기] 블록의 [위치] 소켓에 끼웁니다. 그리고 숫자를 2로 바꿉니다.

[리스트에서 항목 선택하기] 블록은 [리스트] 소켓에 연결된 리스트에서 [위치] 소켓에 연결된 숫자 번째 항목의 값을 돌려줍니다. [스마트폰] 리스트의 두 번째 위치에 있는 값은 "안드로이드폰"이므로 [레이블1]에는 "안드로이드폰"이 출력됩니다.

스마트폰을 연결한 후 [리스트에서 선택] 버튼을 클릭하면 아래와 같은 결과를 확인할 수 있습니다.

Screen1

안드로이드폰

[그림 5-47] [리스트에서 선택] 버튼을 클릭했을 때 화면에 출력되는 값

리스트의 특정 항목 삭제하기

리스트에서 항목을 하나 삭제해 보겠습니다.

[그림 5-48] 리스트에서 1번 위치에 있는 항목 삭제

❶ [블록] 패널의 [버튼2]에서 [언제 버튼2.클릭] 블록을 [뷰어] 패널로 가져옵니다.

❷ [리스트] 서랍에서 [리스트에서 항목 삭제하기] 블록을 가져와 [언제 버튼2.클릭] 블록의 [실행] 섹션에 넣습니다.

❸ [리스트에서 항목 삭제하기] 블록의 [리스트] 소켓에 [가져오기 global 스마트폰] 블록을 끼우고 [위치] 소켓에 [1] 블록을 끼웁니다.

❹ [레이블1]에서 [지정하기 레이블1.텍스트] 블록을 가져와 [리스트에서 항목 삭제하기] 블록 아래에 넣고 [값] 소켓에 [가져오기 global 스마트폰] 블록을 끼웁니다.

[리스트에서 항목 삭제하기] 블록은 [리스트] 소켓에 연결된 리스트에서 [위치] 소켓에 연결된 숫자 번째에 있는 항목을 삭제합니다. 스마트폰을 연결한 후 [리스트에서 삭제] 버튼을 클릭하면 [스마트폰] 리스트의 1번째 위치에 있는 "피처폰"이 리스트에서 삭제됩니다.

Screen1
(안드로이드폰 아이폰 윈도우폰)

[그림 5-49] [리스트에서 삭제] 버튼을 클릭했을 때 화면에 출력되는 값

리스트의 첫 번째 위치에 있는 항목이 삭제되면 두 번째 위치에 있는 항목이 1번 위치가 되고 그 뒤에 있던 항목들도 한 칸씩 앞으로 당겨집니다. 즉, [스마트폰] 리스트의 1번 위치에는 "안드로이드폰", 2번 위치에는 "아이폰", 3번 위치에는 "윈도우폰"이 들어있게 됩니다.

리스트의 특정 위치에 항목 추가

리스트의 특정 위치에 항목을 하나 추가해 보겠습니다.

[그림 5-50] 리스트의 3번 위치에 항목 추가

❶ [블록] 패널의 [버튼3]에서 [언제 버튼3.클릭] 블록을 [뷰어] 패널로 가져옵니다.

❷ [리스트] 서랍에서 [리스트에 항목 추가하기] 블록을 가져와 [언제 버튼3.클릭] 블록의 [실행] 섹션에 넣습니다.

❸ [리스트에 항목 추가하기] 블록의 [리스트] 소켓에 [가져오기 global 스마트폰] 블록, [위치] 소켓에 [3] 블록, [항목] 소켓에 ["블랙베리"] 블록을 끼웁니다.

❹ [지정하기 레이블1.텍스트] 블록을 [리스트에 항목 추가하기] 블록 아래에 넣고 [값] 소켓에 [가져오기 global 스마트폰] 블록을 끼웁니다.

[리스트에 항목 추가하기] 블록은 [리스트] 소켓에 연결된 리스트의 [위치] 소켓에 연결된 숫자 번째 위치에 [항목] 소켓에 연결된 값을 넣어줍니다. 현재 [스마트폰] 리스트의 3번째 위치에는 "윈도우폰"이 들어있습니다. [리스트에 항목 추가하기] 블록을 이용해 세 번째 위치에 "블랙베리"를 넣으면 기존에 세 번째 위치에 있던 "윈도우폰"은 네 번째 위치로 밀려납니다.

[리스트에 추가] 버튼을 클릭하면 [그림 5-51]과 같은 결과를 확인할 수 있습니다.

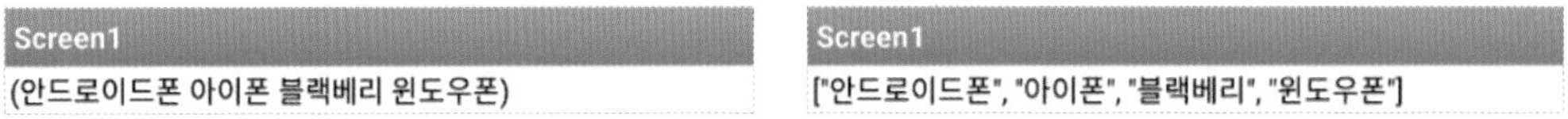

Screen1
(안드로이드폰 아이폰 블랙베리 윈도우폰)

기본적인 리스트 출력 형태

Screen1
["안드로이드폰", "아이폰", "블랙베리", "윈도우폰"]

Screen1의 [ShowListAsJson]속성을 체크했을 때

[그림 5-51] [리스트에 추가] 버튼을 클릭했을 때 화면에 출력되는 값

리스트를 화면에 출력하면 [그림 5-51]의 왼쪽 그림처럼 보이는데 Screen1의 [ShowListAsJson] 속성에 체크하면 오른쪽 그림처럼 리스트의 출력 형태가 달라집니다.

색상 서랍

[색상] 서랍에 있는 블록들은 컴포넌트의 배경 색깔, 글자 색깔 등을 설정할 때 사용합니다. 서랍 안에는 13가지 색깔 블록과 색깔을 직접 만들어 쓸 수 있는 [색상 만들기] 블록이 있습니다. 색깔 블록의 색깔을 클릭해 좀 더 다양한 색깔을 설정할 수 있습니다.

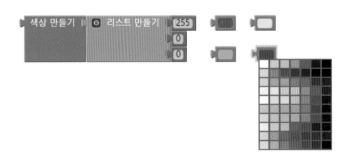

[그림 5-52] [색상] 서랍에 있는 블록들

검은색, 빨간색 블록과 같은 색깔 블록 자체만으로는 다양한 색깔을 표현하지 못합니다. 다양한 색깔을 표현하고 싶다면 [색상 만들기] 블록을 사용해야 합니다. [색상 만들기] 블록으로 색깔을 만들려면 [리스트 만들기] 블록의 소켓에 연결된 3개의 블록에 0 ~ 255에 해당하는 숫자를 입력해야 합니다. [리스트 만들기] 블록의 첫 번째 소켓에 연결된 숫자는 Red(빨강)을, 두 번째 소켓에 연결된 숫자는 Green(초록)을, 세 번째 소켓에 연결된 숫자는 Blue(파랑)를 나타냅니다. 이 세 가지 값이 합쳐져서 색깔을 표현하게 되는데, 이 색깔을 RGB 컬러라고 합니다. 실제로 숫자를 입력해서 색깔을 만들어 보면 쉽게 이해할 수 있을 것입니다. 버튼을 클릭하면 클릭한 버튼의 배경색이 바뀌도록 만들어 보겠습니다.

[그림 5-53] 버튼을 클릭했을 때 버튼의 배경색 바꾸기

[리스트 만들기] 블록에 다양한 숫자를 연결해 색깔이 어떻게 바뀌는지 직접 확인해 보기 바랍니다.

함수 서랍

[함수] 서랍에는 함수를 만드는 블록과 함수를 호출하는 블록이 있습니다.

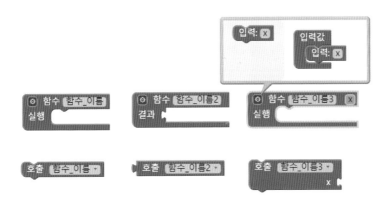

[그림 5-54] [함수] 서랍에 있는 블록들

여러 곳에서 반복적으로 사용되는 기능을 미리 묶어서 함수로 만들어 두면 함수 기능을 사용할 때 함수를 호출하는 블록 하나만 가져와서 사용하면 되기 때문에 블록 조립 작업이 줄어들어 작업의 효율성이 높아지고 조합된 블록의 모양도 간결해집니다.

함수를 만드는 블록은 모양에 따라 두 종류로 구분할 수 있습니다. [실행] 섹션이 있는 블록은 반환값이 없는 형태의 함수를 만들 때 사용하고, [결과] 소켓이 있는 블록은 반환값이 있는 형태의 함수를 만들 때 사용합니다. [함수] 블록에 있는 파란색 아이콘을 클릭하면 매개변수를 추가할 수 있습니다. 반환값과 매개변수의 개념은 잠시 후 만들어 볼 예제를 통해 확인해 보겠습니다.

호출 블록은 함수를 호출하는 블록입니다. 호출 블록은 [함수] 블록을 이용해 함수를 만든 이후에야 [함수] 서랍에 나타납니다. 호출 블록의 모양은 [함수] 블록 형태 따라 달라집니다. [함수] 블록에 매개변수를 만들면 호출 블록에 매개변수에 값을 전달하기 위한 소켓이 생기고 함수를 반환값이 있는 형태로 만들면 호출 블록은 반환값을 받아오기 위한 플러그가 있는 형태가 됩니다. 함수에 대한 이해를 돕기 위해 두 수의 덧셈 결과를 구하는 간단한 예제를 두 가지 형태의 함수를 이용해 만들어 보겠습니다.

화면 만들기

디자인 편집기에서 [팔레트] 패널의 [사용자 인터페이스] 서랍에 있는 레이블 1개와 버튼 1개를 [뷰어] 패널로 가져옵니다. 그리고 다시 한 번 레이블 1개와 버튼 1개를 [뷰어] 패널로 가져옵니다. [버튼1]을 클릭하면 반환값이 없는 함수를 이용해 계산한 결과가 [레이블1]에 출력되게 하고, [버튼2]를 클릭하면 반환값이 있는 함수를 이용해 계산한 결과가 [레이블2]에 출력되도록 만들어 보겠습니다.

[그림 5-55] 계산 결과를 출력하기 위한 화면 구성

각 버튼의 기능을 구분하기 위해 [버튼1]의 [텍스트] 속성을 "더하기1"로 바꾸고 버튼2의 [텍스트] 속성을 "더하기2"로 바꿉니다.

반환값이 없는 함수 만들기

블록 편집기로 이동해 먼저 반환값이 없는 형태의 함수를 만들어 보겠습니다.

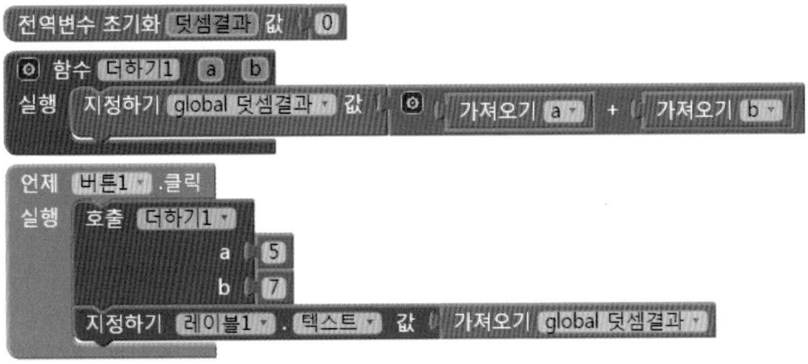

[그림 5-56] 반환값이 없는 함수를 이용한 덧셈 예제

❶ [변수] 서랍에서 [전역변수 초기화] 블록을 [뷰어] 패널로 가져옵니다. "변수_이름"을 선택해 변수의 이름을 "덧셈결과"로 바꾸고 [값] 소켓에 [수학] 서랍에서 가져온 [0] 블록을 끼웁니다.

❷ [함수] 서랍에서 [함수 실행] 블록을 [뷰어] 패널로 가져옵니다. "함수_이름"을 선택해 함수의 이름을 "더하기1"로 바꿉니다. 블록의 파란색 아이콘을 클릭해 [입력] 블록을 2개 추가하고 추가된 "x"와 "x2"를 "a"와 "b"로 바꿉니다.

❸ [변수] 서랍 또는 [전역변수 초기화 덧셈결과] 블록에서 [지정하기 global 덧셈결과] 블록을 가져와 [함수 더하기1] 블록의 [실행] 섹션에 넣습니다. [수학] 서랍에서 [+] 블록을 가져와 [지정하기 global 덧셈결과] 블록의 [값] 소켓에 끼웁니다.

❹ [함수 더하기1] 블록의 [a] 위에 마우스 커서를 올리면 나타나는 확장 메뉴에서 [가져오기 a] 블록을 가져와 + 연산자의 왼쪽 소켓에 끼웁니다. 같은 방법으로 [가져오기 b] 블록을 가져와 + 연산자의 오른쪽 소켓에 끼웁니다.

❺ [버튼1]에서 [언제 버튼1.클릭] 블록을 [뷰어] 패널로 가져옵니다.

❻ [함수] 서랍에서 [호출 더하기1] 블록을 가져와 [언제 버튼1.클릭] 블록의 [실행] 섹션에 넣고 [a] 소켓에 [5] 블록, [b] 소켓에 [7] 블록을 끼웁니다.

❼ [레이블1]에서 [지정하기 레이블1.텍스트] 블록을 가져와 [호출 더하기1] 블록 아래에 넣고 [값] 소켓에 [가져오기 global 덧셈결과] 블록을 끼웁니다.

[버튼1]을 클릭하면 함수 호출 블록이 [더하기1] 함수를 호출합니다. 함수를 호출할 때 2개의 숫자를 전달하게 됩니다. 이렇게 함수에 전달하는 값을 인자라고 합니다. [더하기1] 함수가 호출되면 호출 블록에서 넘겨준 두 숫자가 변수 a와 b에 저장됩니다. 이렇게 인자를 넘겨받는 변수 a, b를 매개변수라고 합

니다. [더하기1] 함수는 두 매개변수를 더하고 그 결과를 전역변수인 [덧셈결과]에 저장하는 것으로 실행을 마칩니다. [더하기1] 함수의 실행이 끝나면 함수를 호출한 [호출 더하기1] 블록 아래에 있는 블록이 실행됩니다. [덧셈결과]에는 [더하기1] 함수에서 계산한 값이 들어있으므로 이 값을 [레이블1]의 [텍스트] 속성에 대입하면 5+7의 결과가 화면에 출력됩니다.

반환값이 있는 함수 만들기

다음으로 반환값이 있는 형태의 함수를 만들어 보겠습니다.

[그림 5-57] 반환값이 있는 함수를 이용한 덧셈 예제

❶ [함수] 서랍에서 [함수 결과] 블록을 [뷰어] 패널로 가져옵니다. "함수_이름"를 선택해 함수의 이름을 "더하기2"로 바꿉니다. 블록의 파란색 아이콘을 클릭해 [입력] 블록을 2개 추가하고 추가된 "x"와 "x2"를 "a"와 "b"로 바꿉니다.

❷ [수학] 서랍에서 [+] 블록을 가져와 함수 블록의 [결과] 소켓에 끼웁니다. [함수 더하기2] 블록에 있는 [a]에서 [가져오기 a] 블록, [b]에서 [가져오기 b] 블록을 가져와 + 연산자의 양쪽 소켓에 끼웁니다.

❸ [버튼2]에서 [언제 버튼1.클릭] 블록을 [뷰어] 패널로 가져옵니다.

❹ [레이블2]에서 [지정하기 레이블2.텍스트] 블록을 가져와 [언제 버튼2.클릭] 블록의 [실행] 섹션에 넣습니다.

❺ [지정하기 레이블2.텍스트] 블록의 [값] 소켓에 [함수] 서랍에서 가져온 [호출 더하기2] 블록을 끼웁니다.

❻ [호출 더하기2] 블록의 [a], [b] 소켓에 각각 [5] 블록과 [7] 블록을 끼웁니다.

[버튼2]를 클릭하면 [더하기2] 함수가 호출되고 이때 함수에 숫자 2개를 인자로 넘겨줍니다. 호출된 [더하기2] 함수는 전달받은 값을 매개변수 a, b에 저장합니다. 그리고 a와 b를 더한 후 그 값을 [결과] 소켓에 대입하고 이 값을 [더하기2] 함수를 호출한 블록에 돌려줍니다. 이렇게 함수가 자신을 호출한 쪽에 돌려주는 값을 반환값이라고 합니다. 함수 호출이 완료되면 [호출 더하기2] 블록에 반환값이 들어오며, 이 값을 [레이블1]의 [텍스트] 속성에 대입하면 5+7의 결과가 화면에 출력됩니다. 스마트폰을 연결한 후 화면에 있는 두 버튼을 클릭하면 [그림 5-58]과 같은 결과를 확인할 수 있습니다.

[더하기1] 함수와 [더하기2] 함수를 이용한 계산 결과는 같지만 코드의 효율성 측면과 함수의 독립성 측면에서 [더하기1] 함수는 [더하기2] 함수보다 비효율적입니다. 하지만 [더하기1] 함수에 사용된 전역변수를 이용해 덧셈 결과를 여러 함수나 이벤트 핸들러가 공유하는 상황이라면 [더하기1] 함수와 같은 형태로 함수를 만드는 편이 더 나을 수도 있습니다. 함수를 만들 때 인자의 수와 반환값의 유무는 함수가 사용되는 상황에 맞게 결정하면 됩니다.

[그림 5-58] 각 버튼을 클릭했을 때 화면에 출력되는 값

5.5 _ 알아두면 유용한 기능들

블록 작업을 할 때 유용하게 사용할 수 있는 몇 가지 편의 기능을 알아보겠습니다.

줌과 리셋 버튼

블록 편집기 작업창의 오른쪽 아래에 있는 +/- 버튼을 클릭하거나 Ctrl + 마우스 휠을 이용하면 블록 코드를 확대하거나 축소할 수 있습니다. + 버튼 위에 있는 리셋 버튼을 클릭하면 줌을 1:1로 되돌리고 작업창의 가운데로 이동합니다. 이 버튼들은 코드의 양이 많아서 전체 코드를 한눈에 보기 힘든 상황에서 코드를 탐색할 때 유용하게 활용할 수 있습니다.

[그림 5-59] 줌과 리셋 버튼

블록 우클릭 메뉴

이벤트 핸들러 블록 위에 마우스 포인터를 두고 마우스 오른쪽 버튼을 클릭하면 [그림 5-60]과 같은 8가지 메뉴가 나타납니다. 이 메뉴는 어떤 블록 위에서 마우스 오른쪽 버튼을 클릭하느냐에 따라 9가지, 10가지, 11가지가 되기도 합니다. 블록을 우클릭했을 때 나타나는 메뉴에 대해 살펴보겠습니다.

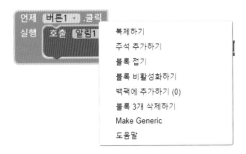

[그림 5-60] 블록 우클릭 메뉴

복제하기

[복제하기]는 블록을 선택해 복사하는 기능입니다. 새로 만들어야 할 블록 조합의 구조가 기존에 만들어둔 블록 조합의 구조와 비슷할 때 기존 블록 조합을 복사해서 사용하면 블록 작업을 좀 더 효율적으로 할 수 있습니다.

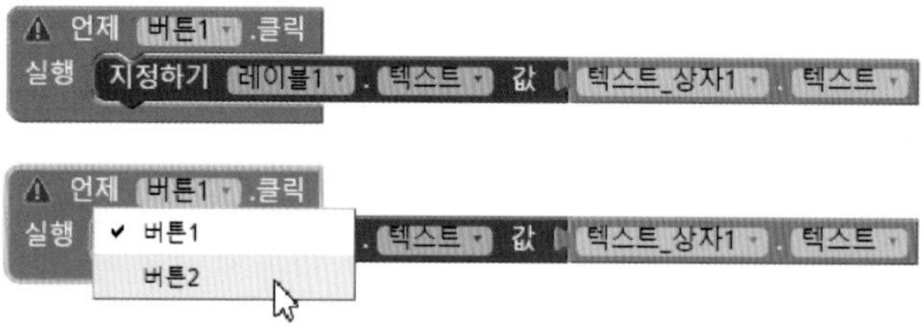

[그림 5-61] 블록 조합 복사

기존 블록 조합을 복사한 후 복사된 블록에서 컴포넌트의 이름이나 속성 등을 바꿔주면 쉽고 빠르게 새로운 블록 조합을 만들 수 있습니다. 블록을 선택한 후 Ctrl + C, Ctrl + V를 차례로 눌러도 블록이 복사됩니다.

주석 추가/삭제

[주석 추가하기]는 말풍선을 이용해 블록에 주석을 달 수 있는 기능입니다.

[그림 5-62] 블록에 주석 달기

우클릭 메뉴에서 [주석 추가하기]를 선택하면 블록에 물음표 아이콘이 생깁니다. 물음표 아이콘을 클릭하면 말풍선이 나타나고 이 말풍선에 블록에 대한 설명을 입력하면 됩니다. 블록에 설명을 추가해 두면 현재 만든 소스를 나중에 봤을 때 그 기능을 한눈에 파악할 수 있어서 편리합니다. 그리고 다른 사람들이 내가 만든 소스를 봤을 때 이해하기가 쉬워집니다. 물음표 아이콘을 다시 클릭하면 설명이 숨김으로 변합니다. 주석을 완전히 삭제하고 싶으면 다시 우클릭 메뉴를 열어서 [주석 삭제하기]를 선택하면 됩니다.

블록 접기/펼치기

[블록 접기]는 여러 줄의 블록을 한 줄로 줄여줍니다. 블록이 줄어든 상태에서 다시 우클릭을 해서 [블록 펼치기]를 선택하면 블록이 원래의 모양으로 돌아옵니다.

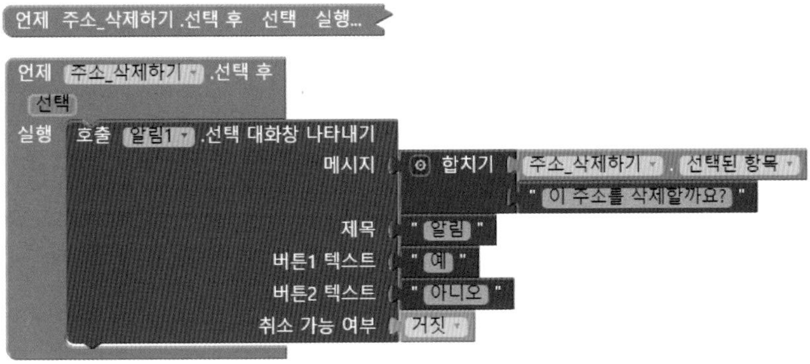

[그림 5-63] 블록 조합이 줄어든 모양과 블록 조합의 원래 모양

[뷰어] 패널에 블록이 너무 많아서 작업에 방해될 때 당분간 볼 필요가 없는 블록들을 줄여 놓으면 쾌적한 화면에서 작업을 계속할 수 있습니다.

블록 활성화/비활성화

[블록 비활성화하기]는 앱이 실행될 때 특정 블록이나 블록 조합이 실행되지 않게 만듭니다. 블록이 실행 금지된 상태에서 마우스 우클릭을 해서 [블록 활성화하기]를 선택하면 다시 블록이 실행됩니다.

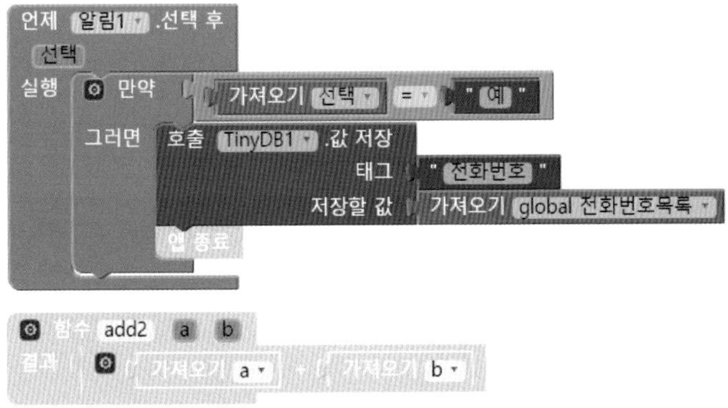

[그림 5-64] 블록 조합의 일부분만 사용 금지한 경우와 전체를 사용 금지한 경우

앱을 만들면서 기능을 테스트할 때 블록 중 실행될 필요가 없는 블록들을 사용 금지 상태로 만들어 두고 테스트하면 굳이 블록을 지우지 않아도 되기 때문에 편리합니다. 이벤트 핸들러 블록과 같이 다른 블록을 감싸는 형태인 블록을 사용 금지 상태로 만들면 안쪽에 있는 블록까지 사용 금지 상태로 변합니다. 블록이 사용 금지 상태가 되면 [그림 5-64]처럼 블록이 회색으로 변합니다.

백팩에 추가

[백팩에 추가하기]를 선택한 블록 조합을 [뷰어] 패널 오른쪽 상단에 있는 백팩으로 복사해 넣습니다. 백팩은 복사된 블록을 저장해두는 임시 저장공간으로 사용되며, 백팩에 넣어둔 블록은 다른 스크린 또는 다른 프로젝트에서 가져와서 사용할 수 있습니다.

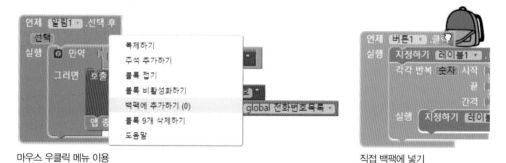

마우스 우클릭 메뉴 이용   직접 백팩에 넣기

[그림 5-65] 백팩에 블록을 넣는 방법

가방에 블록을 넣을 때는 마우스 우클릭 메뉴를 이용하거나 직접 블록을 가방 위에 끌어다 놓으면 됩니다. 가방에 넣어둔 블록을 사용하고자 할 때는 가방을 클릭하면 나타나는 확장 메뉴에서 원하는 블록을 클릭하거나 끌어서 [뷰어] 패널로 가져오면 됩니다.

블록 삭제

[블록 삭제하기]는 선택한 블록 및 선택한 블록에 포함된 모든 블록을 삭제합니다.

Make Generic

컴포넌트 블록의 형태를 [모든 컴포넌트] 영역에서 가져올 수 있는 블록의 형태로 바꿔줍니다.

도움말

[도움말]을 선택하면 앱 인벤터 사이트에 있는 해당 블록에 대한 도움말 페이지가 새 창으로 나타납니다.

블록 내부 입력값/외부 입력값

[블록 내부 입력값]과 [외부 입력값]은 소켓을 가지고 있는 블록을 대상으로 마우스 오른쪽 버튼을 클릭했을 때 나타납니다.

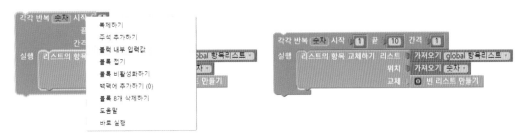

[그림 5-66] 블록 내부 입력값을 사용한 예

[블록 내부 입력값]은 [각각 반복 숫자] 블록과 같이 소켓이 바깥쪽에 노출된 블록을 대상으로 마우스 오른쪽 버튼을 클릭했을 때 나타납니다. [블록 내부 입력값]을 선택하면 소켓이 블록 안으로 들어오고 모든 소켓이 한 줄로 정렬되어 블록 조합의 높이가 낮아집니다.

[그림 5-67] 외부 입력값을 사용한 예

[외부 입력값]은 [그리고] 블록과 같이 소켓이 안쪽에 있는 블록에 마우스 오른쪽 버튼을 클릭했을 때 나타납니다. [외부 입력값]을 선택하면 소켓이 바깥쪽에 노출되고 소켓 하나당 한 줄을 차지하게 되어 블록 조합의 너비가 줄어듭니다.

[블록 내부 입력값]과 [외부 입력값]을 적절히 활용해 블록 조합의 높이나 너비를 조절하면 블록 코드의 가독성을 높일 수 있습니다.

바로 실행

[바로 실행] 메뉴는 이벤트 핸들러 블록과 함수 블록을 제외한 다른 블록에 마우스 오른쪽 버튼을 클릭했을 때 나타납니다. 이 기능을 이용하면 스마트폰을 앱 인벤터와 연결해둔 상태에서 앱을 테스트할 때 이벤트를 발생시키지 않고도 이벤트의 동작을 확인할 수 있습니다.

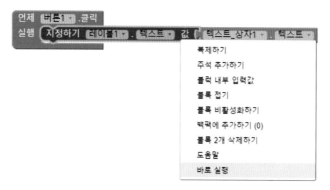

[그림 5-68] 선택한 블록을 바로 실행

[그림 5-68]과 같은 블록 조합의 실행을 테스트할 때 레이블에 [텍스트 상자]에 입력한 텍스트가 출력되게 만들려면 스마트폰에 있는 버튼을 클릭해야 하지만 [바로 실행]을 이용하면 버튼을 클릭하지 않고도 이벤트 핸들러 블록 안의 블록을 실행할 수 있습니다.

하이라이트 프로시저

[하이라이트 프로시저] 메뉴는 사용자가 만든 함수를 호출하는 블록에 마우스 오른쪽 버튼을 클릭했을 때 나타납니다.

[하이라이트 프로시저]를 클릭하면 호출되는 함수 블록에 노란색 테두리가 생겨서 함수 블록이 [뷰어] 패널의 어디에 있는지 쉽게 찾을 수 있습니다.

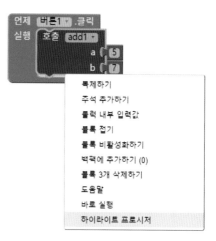

[그림 5-69] 함수 블록을 찾아서 표시

블록 작업창의 우클릭 메뉴

블록 작업창의 빈 공간에 마우스 포인터를 놓고 마우스 오른
쪽 버튼을 클릭하면 [그림 5-69]와 같은 메뉴가 나타납니다.
각 메뉴를 기능별로 묶어서 간략히 살펴보겠습니다.

실행 취소/다시 실행

블록을 삭제하고 [실행 취소]를 선택하면 삭제한 블록이 다시
살아납니다. 이때 [다시 실행]을 선택하면 블록이 삭제됩니
다. 블록 삭제, 코드 변경 등 잘못된 상황을 되돌리고 싶을 때
활용하면 됩니다.

블록 정리

[블록 정리]를 선택하면 어지럽게 흩어져 있던 블록들이 위에
서 아래 순서로 가지런히 한 줄로 정리됩니다.

실행 취소
다시 실행
블록 정리
블록을 이미지로 다운로드하기
블록 모두 접기
블록 모두 펼치기
블록 10개 삭제하기
Hide Workspace Controls
블록 가로로 배열하기
블록 세로로 배열하기
블록 카테고리별로 정렬하기
Enable All Blocks
Disable All Blocks
Show All Comments
Hide All Comments
모든 블록을 백팩으로 복사하기
백팩에 있는 모든 블록 붙여넣기 (0)
Gitter im Arbeitsbereich einblenden
도움말

[그림 5-70] 블록 작업창의 우클릭 메뉴

블록을 이미지로 다운로드하기

[블록을 이미지로 다운로드하기]를 선택하면 [뷰어] 패널에 있는 모든 블록 조합을 한눈에 볼 수 있는
이미지 파일이 컴퓨터로 다운로드됩니다.

블록 모두 접기/모두 펼치기

[블록 모두 접기]는 [뷰어] 패널에 있는 모든 블록 조합을 줄입니다. [블록 모두 펼치기]는 줄어든 상태
에 있는 모든 블록 조합을 원래 상태로 되돌립니다.

블록 ~개 삭제

작업창에 있는 모든 블록을 삭제합니다.

Hide Workspace Controls/Show Workspace Controls

작업창에 있는 경고 메뉴, 휴지통, 줌 버튼, 리셋 버튼, 백팩을 숨깁니다/보이게 만듭니다.

블록 배열과 정렬

[블록 가로로 배열하기], [블록 세로로 배열하기], [블록 카테고리별로 정렬하기]는 화면에 있는 블록을 보기 좋게 줄을 맞춰 정렬합니다. 단 블록 조합들이 여기저기로 이동해 정렬되기 때문에 나만의 기준으로 정리해둔 블록 조합들의 위치가 엉망이 되어 오히려 더 혼란스러울 수도 있습니다.

Enable All Blocks/Disable All Blocks

작업창에 있는 모든 블록을 실행 할 수 있는 상태로 만듭니다/실행 할 수 없는 상태로 만듭니다.

Show All Comments/Hide All Comments

각 블록에 달아 놓은 모든 주석을 보여줍니다/숨깁니다.

백팩 기능의 활용

[백팩에 있는 모든 블록 붙여넣기]를 선택하면 백팩 안에 있는 모든 블록이 화면에 붙여넣기 됩니다. [모든 블록을 백팩으로 복사하기]를 선택하면 현재 [뷰어] 패널에 있는 모든 블록이 백팩으로 복사되어 들어갑니다. 백팩을 우클릭한 후 [백팩 비우기]을 선택하면 백팩 안에 있는 모든 블록이 삭제됩니다.

Enable Workspace Grid

[Enable Workspace Grid]를 선택하면 작업창에 격자 무늬가 생기고 [Disable Workspace Grid]와 [Disable Snap to Grid] 메뉴가 추가로 나타납니다. 격자 무늬가 생긴 상태에서 블록을 이동시키면 블록이 격자 무늬에 딱 붙어서 정렬되는데 [Disable Snap to Grid]를 선택하면 이러한 현상이 사라집니다. [Disable Workspace Grid]를 선택하면 격자 무늬가 사라집니다.

텍스트 입력으로 블록 만들기

블록 편집기에서 작업 도중 키보드로 글자를 입력하면 작업창 왼쪽 상단에 텍스트를 입력할 수 있는 상자가 나타납니다. 이 상자를 이용하면 [블록] 패널에서 블록을 가져오지 않아도 [뷰어] 패널에 블록이 생기도록 만들 수 있습니다.

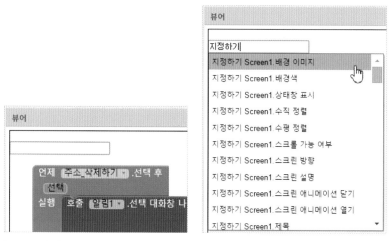

[그림 5-71] 텍스트 입력 상자에 "지정하기"를 입력했을 때 나타나는 블록 목록

예를 들어, 입력 상자에 "지정하기"를 입력하면 "지정하기"로 시작하는 블록 목록이 입력 상자 아래로 쭉 나타납니다. "지정하기"로 시작하는 블록들이 워낙 많아서 모든 블록이 다 표시되지는 않습니다. 텍스트를 좀 더 입력해서 범위를 좁히면 원하는 블록을 찾기가 더 쉬워집니다. 키보드 위쪽, 아래쪽 화살표를 이용해 원하는 블록을 찾아서 엔터 키를 치면 선택한 블록이 [뷰어] 패널에 바로 만들어집니다.

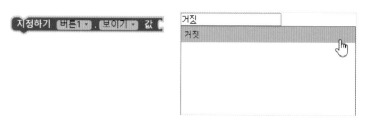

[그림 5-72] 타이핑을 이용한 블록 자동 결합

타이핑으로 만든 블록이 결합될 위치를 미리 지정해 두고 타이핑이 끝난 후 자동으로 결합되게 만들 수도 있습니다. 예를 들어, [뷰어] 패널에 [지정하기 버튼1.보이기] 블록이 있을 때 [값] 소켓에 타이핑으로 만든 [거짓] 블록이 자동으로 결합되게 만들고 싶다면 [지정하기 버튼1.보이기] 블록을 선택해 블록 주변에 노란색 테두리가 생기도록 만듭니다. 그리고 바로 키보드로 "거짓"을 입력하고 엔터 키를 치면 [값] 소켓에 [거짓] 블록이 바로 연결됩니다. 타이핑으로 블록을 가져오고 결합하는 방법에 익숙해지면 [블록] 패널에서 블록을 [뷰어] 패널로 가져와 조립하는 것보다 훨씬 더 빨리 블록 조립 작업을 할 수 있습니다.

이로써 앱 인벤터를 이용해 앱을 만들기 위한 기초 학습을 마칩니다.

둘째 마당

도전! 앱 인벤터

첫째 마당을 통해 앱 인벤터의 기본 기능과 사용법을 알아봤습니다. 이
번 마당에서는 간단한 형태의 앱에서 다소 복잡한 형태의 앱까지 총 8
개의 앱을 만들어 보면서 다양한 컴포넌트와 블록의 사용법을 살펴보
겠습니다. 다양한 앱을 만들어 가는 과정에서 앱 인벤터의 기능과 원리
를 이해하고 자신만의 앱을 만들기 위한 실력을 길러보길 바랍니다.

06
웹 브라우저 앱

가장 먼저 만들어볼 앱은 스마트폰의 기본 앱 중의 하나인 웹 브라우저 앱입니다. 웹 사이트의 주소를 입력해 해당 웹사이트에 접속하거나 자주 가는 사이트를 북마크에 추가하는 기능은 웹 브라우저의 기본 기능입니다. 이번 장에서는 이러한 기본 기능을 가진 웹 브라우저를 앱 인벤터를 이용해 만들어 보겠습니다. 웹 브라우저 앱을 포함해 앞으로 이 책을 통해 만들어 보게 될 모든 앱은 다음과 같은 단계를 거쳐 완성됩니다.

구현 과정

1. 준비하기 _ 웹 브라우저 구상하기, 앱 구현에 필요한 주요 컴포넌트의 기능 알기

2. 화면 구성 _ 앱 화면 구상에 따라 각종 컴포넌트를 화면에 배치하기

3. 기본 기능 _ 주소 입력을 통한 웹사이트 접속 기능, 페이지 이동 기능 만들기

4. 기능 추가 _ 북마크 추가, 북마크된 사이트로 이동, 북마크 삭제 기능 추가하기

5. 도전하기 _ 뒤로 가기 버튼을 이용해 이전 페이지로 이동하는 기능 만들기

완성된 앱의 모습

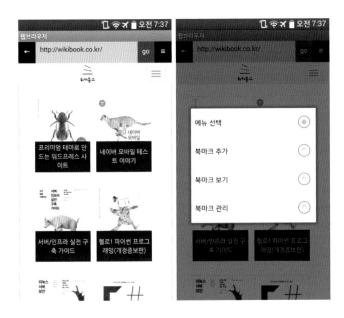

6.1 _ 앱 개발 준비

앱 구상

어떤 앱을 만들지 정해졌으면 앱을 어떻게 만들 것인지 구상해야 합니다. 앱 구상 단계에서는 앱 화면의 대략적인 모양, 앱의 이름, 화면의 개수, 앱 제작에 사용할 컴포넌트를 결정하고 앱의 기능을 설계해 보겠습니다. 앱 구상을 통해 이번 장에서 최종적으로 만들어질 앱의 모습 파악해 볼 수 있습니다.

[그림 6-1] 앱 화면 구상

- **앱 이름:** 웹 브라우저

- **스크린:** 1개

- **사용할 컴포넌트:** 버튼, 텍스트 상자, 목록 선택, 알림, 웹뷰어, 스피너, 수평배치, 시계, TinyDB

- **설계 내용**

❶ 앱을 실행하면 홈으로 지정된 웹사이트에 접속합니다.

❷ 텍스트 상자에 웹 주소를 입력하고 [이동] 버튼을 클릭하면 텍스트 상자에 입력된 주소로 이동합니다.

❸ [◀] 버튼 또는 [▶] 버튼을 클릭하면 웹 페이지를 이동했던 경로를 따라서 이전 페이지 또는 다음 페이지로 이동합니다. [◀] 버튼과 [▶] 버튼은 페이지 이동이 가능할 경우에만 보이고 이동할 수 없으면 보이지 않습니다.

❹ [메뉴] 버튼을 클릭하면 [북마크 추가], [북마크 보기], [북마크 관리] 메뉴가 나타납니다.

❺ [북마크 추가]를 선택하면 현재 화면에 보이는 웹 페이지의 제목과 주소를 TinyDB에 저장합니다.

❻ [북마크 보기]를 선택하면 TinyDB에 저장된 웹 페이지를 보여줍니다. 그중 하나를 선택하면 선택한 웹 페이지로 이동합니다.

❼ [북마크 관리]를 선택하면 TinyDB에 저장된 웹 페이지를 보여줍니다. 그중 하나를 선택하면 선택한 웹 페이지를 삭제합니다.

❽ 뒤로가기 버튼(안드로이드 기기 하단에 있는 하드웨어 키)을 누르면 이전 페이지로 이동합니다. 뒤로가기 버튼을 눌렀을 때 이동할 이전 페이지가 없다면 앱을 종료합니다.

앱 제작에 필요한 컴포넌트 살펴보기

이번 장에서 만들어 볼 앱에 실제로 사용되는 주요 컴포넌트에 대해 알아보겠습니다. 첫 번째 마당에서 이미 살펴본 [사용자 인터페이스] 서랍에 있는 컴포넌트에 대한 설명은 생략하고 이번 장에서 만들 앱에 사용되는 컴포넌트 블록을 위주로 각 컴포넌트의 기능을 살펴보겠습니다. 컴포넌의 사용법과 기능은 실제 앱 제작에 사용된 사례를 보면 더 잘 이해할 수 있으므로 컴포넌트 살펴보기에서는 앱을 제작하는 데 어떤 컴포넌트가 사용되고 어떤 기능을 하는지 훑어본다는 생각으로 가볍게 읽어보길 바랍니다.

- **[웹뷰어] 컴포넌트**

❶ **위치:** 사용자 인터페이스

❷ **기능:** 웹 페이지를 보여주는 컴포넌트로 URL(인터넷 주소) 설정을 통해 원하는 웹 페이지를 앱 화면으로 불러올 수 있게 합니다.

❸ 속성

블록	기능
웹뷰어1 . 현재 페이지 제목	현재 웹뷰어에 보이는 페이지의 제목을 나타냅니다.
웹뷰어1 . 현재 Url	현재 웹뷰어에 보이는 페이지의 URL을 나타냅니다.
지정하기 웹뷰어1 . 링크 따라가기 값	"참" 또는 "거짓"으로 설정할 수 있는 속성으로, "참"이면 브라우저의 접속 기록에 따라 이전 또는 다음 페이지로 이동할 수 있게 해줍니다.

❹ 함수

블록	기능
호출 웹뷰어1 .뒤로 가기 가능 여부	뒤로(이전 페이지로) 가기가 가능하다면 "참", 불가능하다면 "거짓" 값을 돌려줍니다.
호출 웹뷰어1 .앞으로 가기 가능 여부	앞으로 (다음 페이지로) 가기가 가능하다면 "참", 불가능하다면 "거짓" 값을 돌려줍니다.
호출 웹뷰어1 .뒤로 가기	접속기록 리스트에 이전 페이지가 있다면 페이지 이동을 하고 없다면 아무 일도 하지 않습니다.
호출 웹뷰어1 .앞으로 가기	접속기록 리스트에 다음 페이지가 있다면 페이지 이동을 하고 없다면 아무 일도 하지 않습니다.
호출 웹뷰어1 .URL로 이동 url	[url] 소켓에 지정된 웹 주소를 이용해 웹 페이지를 불러옵니다.

- **[시계] 컴포넌트**

  ❶ 위치: 센서

  ❷ 기능: 일정한 시간 간격을 주기로 이벤트를 발생시킵니다. 설정을 통해 이벤트 발생 간격을 조절할 수 있습니다.

  ❸ 속성

블록	기능
지정하기 시계1 . 타이머 항상 작동 값	값을 "참"으로 설정하면 앱이 화면상에 보이지 않는 동안(단, 앱이 종료되지 않고 백그라운드에서 실행 중일 때)에도 [타이머] 이벤트가 계속 작동합니다.
지정하기 시계1 . 타이머 활성 여부 값	값을 "참"으로 설정하면 [타이머] 이벤트가 실행되며 "거짓"으로 설정하면 [타이머] 이벤트가 중지됩니다.
지정하기 시계1 . 타이머 간격 값	[타이머] 이벤트의 발생 간격을 숫자로 설정합니다. 단위는 밀리초(millisecond)이며 1000으로 지정할 경우 1초에 한 번씩 [타이머] 이벤트가 발생합니다.

④ 이벤트

블록	기능
언제 시계1 .타이머 실행	[타이머 활성 여부] 속성이 "참"일 경우 [타이머 간격]으로 설정한 값에 따라 [실행] 섹션에 있는 블록이 반복 실행됩니다. 예를 들어, [타이머 간격]이 2000이면 2초에 한 번씩 [실행] 섹션에 있는 블록이 실행됩니다.

- **[TinyDB] 컴포넌트**

  ① 위치: 저장소

  ② 기능: 현재 실행 중인 앱에서 지정한 데이터를 저장합니다. 변수에 저장된 데이터는 앱을 종료하면 사라지지만 TinyDB에 저장된 데이터는 앱을 종료한 후에도 사라지지 않으며 앱을 다시 실행했을 때 불러와서 사용할 수 있습니다.

  ③ 함수

블록	기능
호출 TinyDB1 .모두 지우기	TinyDB에 저장된 모든 데이터를 지웁니다.
호출 TinyDB1 .태그 지우기 태그	[태그] 소켓에 지정된 특정 데이터만 지웁니다.
호출 TinyDB1 .태그 리스트 가져오기	TinyDB에 저장된 모든 태그를 가져와 리스트 형태로 돌려줍니다.
호출 TinyDB1 .값 저장 태그 저장할 값	TinyDB에 데이터를 저장합니다. 데이터를 구분하는 데 사용되는 값을 [태그] 소켓에 지정하고 저장할 데이터를 [저장할 값] 소켓에 지정합니다.
호출 TinyDB1 .값 가져오기 태그 찾는 값이 없을 경우 " "	TinyDB에 저장된 데이터를 가져옵니다. [태그] 소켓에 태그를 지정하면 태그를 이용해 찾은 데이터를 가져와서 돌려줍니다. 만약 [태그] 소켓에 지정된 태그가 TinyDB에 저장돼 있지 않은 태그라면 [찾는 값이 없을 경우] 소켓에 지정된 값을 돌려줍니다.

새로운 프로젝트 만들기

앱 인벤터 개발 페이지에 접속한 후 [새 프로젝트 시작하기]를 클릭해 새로운 프로젝트를 만듭니다. 프로젝트의 이름은 "myBrowser"로 하겠습니다.

6.2 _ 화면 디자인

새로운 프로젝트를 만든 후 맨 먼저 할 일은 화면을 디자인하는 작업입니다. 화면 디자인 단계에서는
앱 구상 단계에서 대략 그려본 화면의 모양을 디자인 편집기의 뷰어 패널에 구현해 보겠습니다.

[그림 6-2] 웹 브라우저의 기본 화면 디자인

웹 브라우저의 기본 화면 디자인은 [그림 6-2]와 같습니다. 화면 디자인 작업은 화면을 구상한 대로
[팔레트] 패널에 있는 컴포넌트를 [뷰어] 패널에 있는 스크린으로 가져와 배치하고 컴포넌트의 속성을
설정해 크기와 모양을 바꿔주는 방식으로 진행합니다. 컴포넌트의 속성을 설정할 때는 바꿀 필요가 있
는 속성만 골라서 바꾸고 나머지 속성은 그대로 두면 됩니다. 지금부터 [Screen1]의 화면을 구성해 보
겠습니다.

[Screen1] 속성 설정

❶ [컴포넌트] 패널의 [Screen1]을 선택한 후 [속성] 패널에서 [앱 이름]을 "웹브라우저"로 바꿉니다.

❷ [크기]을 "반응형"으로 바꿉니다.

❸ [제목]을 "웹브라우저"로 바꿉니다.

화면 구성

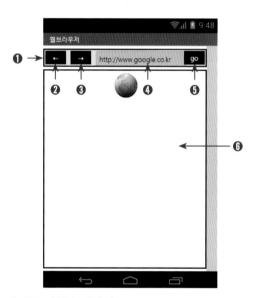

[그림 6-3] 화면 구성 순서

❶ [팔레트] 패널의 [레이아웃] 서랍에 있는 [수평배치]를 스크린으로 가져옵니다. 스크린으로 가져온 [수평배치]의 이름은 자동으로 "수평배치1"이 됩니다. [수평배치1]이 선택된 상태에서 [속성] 패널에 있는 [너비]를 "부모에 맞추기"로 바꿉니다.

❷ [팔레트] 패널의 [사용자 인터페이스] 서랍에 있는 [버튼]을 가져와 [수평배치1] 안에 넣고 [컴포넌트] 패널에 있는 [이름 바꾸기] 버튼을 클릭해 [버튼1]의 이름을 "버튼_뒤로"로 바꿉니다. [버튼_뒤로]의 [속성] 패널에서 [배경색]을 "검정", [글꼴 굵게]에 체크, [글꼴 크기]를 "15", [높이]를 "부모에 맞추기", [너비]를 "40 pixels", [모양]을 "직사각형", [텍스트]를 "←", [텍스트 색상]을 "흰색"으로 바꿉니다. 특수문자 "←"는 한글 "ㅁ"을 입력하고 키보드의 한자 키를 누르면 나타나는 창에서 선택해 입력할 수 있습니다.

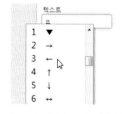

[그림 6-4] 텍스트 입력란에 "ㅁ"을 입력하고 한자 키를 누르면 나타나는 창

컴포넌트 이름 바꾸기

컴포넌트를 스크린으로 가져왔을 때 앱 인벤터는 자동으로 컴포넌트의 이름을 만들어 줍니다. 예를 들어, 버튼을 스크린으로 가져오면 앱 인벤터가 자동으로 "버튼1", "버튼2", "버튼3"과 같은 이름을 만들어 줍니다. 이렇게 만들어진 버튼의 이름은 버튼을 가져온 순서만을 의미할 뿐 버튼의 기능을 나타내지는 못합니다. ❶에서 스크린으로 가져온 [수평배치1]과 같이 블록 조립 작업에서 사용될 일이 없는 컴포넌트들은 자동으로 만들어진 이름을 굳이 바꾸지 않아도 되지만 ❷에서 스크린으로 가져온 버튼과 같이 블록 조립 작업에서 사용되는 블록은 버튼의 이름을 가급적 바꿔주는 것이 좋습니다. 블록 조립 작업을 할 때는 스크린을 함께 볼 수 없으므로 버튼의 이름만으로 버튼이 하는 일을 판단할 수 있어야만 블록 조립 작업을 쉽게 진행할 수 있기 때문입니다.

❸ [팔레트] 패널에서 버튼을 하나 더 가져와 [버튼_뒤로]의 오른쪽에 넣고 이름을 "버튼_앞으로"로 바꿉니다. [버튼_앞으로]의 [속성] 패널에서 [배경색]을 "검정", [글꼴 굵게]에 체크, [글꼴 크기]를 "15", [높이]를 "부모에 맞추기", [너비]를 "40 pixels", [모양]을 "직사각형", [텍스트]를 "→", [텍스트 색상]을 "흰색"으로 바꿉니다.

❹ [팔레트] 패널의 [사용자 인터페이스] 서랍에서 [텍스트 상자]를 가져와 [버튼_앞으로]의 오른쪽에 넣고 이름을 "텍스트상자_URL"로 바꿉니다. [텍스트상자_URL]의 [속성] 패널에서 [배경색]을 "밝은 회색", [글꼴 크기]를 "15", [높이]를 "부모에 맞추기", [너비]를 "부모에 맞추기", [힌트]를 "URL", [텍스트]를 "http://www.google.co.kr"로 바꿉니다.

❺ [팔레트] 패널에서 버튼을 하나 더 가져와 [텍스트상자_URL]의 오른쪽에 넣고 이름을 [버튼_go]로 바꿉니다. [버튼_go]의 [속성] 패널에서 [배경색]을 "어두운 회색", [글꼴 크기]를 "15", [높이]를 "부모에 맞추기", [너비]를 "40 pixels", [모양]을 "직사각형", [텍스트]를 "go", [텍스트 색상]을 "흰색"으로 바꿉니다.

컴포넌트 이름을 만드는 규칙

컴포넌트의 이름은 컴포넌트의 종류와 하는 일을 동시에 나타낼 수 있게 만드는 것이 좋습니다. 예를 들어, 뒤로(이전 페이지로) 이동하는 기능을 가진 버튼의 이름은 "버튼"과 "뒤로"를 연결해 "버튼 뒤로"로 만들면 됩니다. [이름 바꾸기] 버튼을 클릭해 컴포넌트의 이름을 바꿀 때 단어 사이를 띄어쓰기하면 띄어쓴 부분이 자동으로 "_"로 교체되어 "버튼_뒤로"라는 컴포넌트 이름이 만들어집니다. 같은 원리로 URL을 입력받는 텍스트 상자의 이름은 "텍스트상자_URL"로 만들 수 있습니다. 이 규칙은 절대적인 것이 아니므로 이 규칙이 마음에 들지 않는다면 다른 규칙을 적용해 컴포넌트 이름을 만들어도 무방합니다. 어떤 규칙을 적용하든 컴포넌트의 이름을 통해 컴포넌트가 하는 일을 알 수 있게 만들면 됩니다.

❻ [팔레트] 패널의 [사용자 인터페이스] 서랍에서 [웹뷰어]를 가져와 [수평배치1] 아래쪽에 놓고 속성의 [홈 URL]에 "http://www.google.co.kr"을 입력합니다. [홈 URL]에 웹 페이지 주소를 입력해 두면 앱을 시작했을 때 해당 URL에 자동으로 접속하게 됩니다.

보이지 않는 컴포넌트 배치

[팔레트] 패널의 [센서] 서랍에 있는 [시계]를 스크린으로 가져온 후 [속성] 패널의 [타이머 간격]을 "2000"으로 바꿉니다. [타이머 간격]에 입력되는 숫자의 단위는 밀리초로 2000을 입력하면 2초에 한 번씩 [타이머] 이벤트가 발생합니다. 이것으로 [Screen1]의 화면 디자인 작업을 마치겠습니다.

컴포넌트 속성 정리

컴포넌트의 속성을 정리해 놓은 표를 통해 지금까지의 작업을 정리해 보겠습니다.

컴포넌트	이름	변경해야 할 속성
스크린	Screen1	**앱 이름**: 웹브라우저 **크기**: 반응형 **제목**: 웹브라우저
수평배치	수평배치1	**너비**: 부모에 맞추기
버튼	버튼_뒤로	**배경색**: 검정 **글꼴 굵게**: 체크 **글꼴 크기**: 15 **높이**: 부모에 맞추기 **너비**: 40 pixels **모양**: 직사각형 **텍스트**: ← **텍스트 색상**: 흰색
버튼	버튼_앞으로	**배경색**: 검정 **글꼴 굵게**: 체크 **글꼴 크기**: 15 **높이**: 부모에 맞추기 **너비**: 40 pixels **모양**: 직사각형 **텍스트**: → **텍스트 색상**: 흰색
	버튼_go	**배경색**: 어두운 회색 **글꼴 크기**: 15 **높이**: 부모에 맞추기 **너비**: 40 pixels **모양**: 직사각형 **텍스트**: go **텍스트 색상**: 흰색
텍스트 상자	텍스트상자_URL	**배경색**: 밝은 회색 **글꼴 크기**: 15 **너비**: 부모에 맞추기 **힌트**: URL **텍스트**: http://www.google.co.kr

컴포넌트	이름	변경해야 할 속성
웹뷰어	웹뷰어1	홈 URL: http://www.google.co.kr
시계	시계1	타이머 간격: 2000

화면 디자인 작업을 완료했으면 [블록] 버튼을 클릭해 블록 편집기로 이동합니다.

6.3 _ 블록 조립

블록 조립 단계에서는 다양한 블록을 조합해 앱의 기본 기능을 만들어 보겠습니다.

초기 설정 작업

우선 URL을 저장해두기 위한 전역 변수를 만듭니다.

전역변수 초기화 URL 값 " "

[예제 6-1] 전역 변수 선언 및 초기화

❶ [변수] 서랍에서 [전역 변수 초기화] 블록을 [뷰어] 패널로 가져온 후 변수 이름을 "URL"로 바꿉니다.

❷ [값] 소켓에 [텍스트] 서랍에서 가져온 [" "] 블록을 끼웁니다.

해설 [URL] 변수는 몇 군데 이벤트 핸들러에 사용될 예정이므로 전역 변수로 선언하고 빈 텍스트로 초기화해 둡니다.

다음으로 [초기화] 이벤트를 이용해 컴포넌트의 초기 속성을 설정해 보겠습니다.

언제 Screen1 .초기화 ❶
실행 지정하기 버튼_뒤로 . 보이기 값 거짓 ❷
     지정하기 버튼_앞으로 . 보이기 값 거짓 ❸
지정하기 global URL 값 웹뷰어1 . 현재 URL ❹

[예제 6-2] [Screen1]이 열리면 실행되는 블록

❶ [블록] 패널의 [Screen1]을 클릭하면 오른쪽에 나타나는 블록 중 [언제 Screen1.초기화] 블록을 선택해 [뷰어] 패널로 가져옵니다.

해설 [초기화] 이벤트는 스크린이 열릴 때 최초에 딱 한 번 실행되는 이벤트로서 각종 컴포넌트와 변수의 초깃값을 설정하는 용도로 사용합니다.

❷ [블록] 패널의 [버튼_뒤로] 컴포넌트에서 [지정하기 버튼_뒤로.보이기] 블록을 가져와 이벤트 핸들러 블록의 [실행] 섹션에 넣고 [값] 소켓에 [논리] 서랍에서 가져온 [거짓] 블록을 끼웁니다.

❸ [블록] 패널의 [버튼_앞으로] 컴포넌트에서 [지정하기 버튼_앞으로.보이기] 블록을 가져와 이벤트 핸들러 블록의 [실행] 섹션에 넣고 [값] 소켓에 [논리] 서랍에서 가져온 [거짓] 블록을 끼웁니다.

해설 [버튼_뒤로]와 [버튼_앞으로]는 클릭했을 때 이전 페이지와 다음 페이지로 이동할 수 있게 해주는 버튼으로, 앱이 막 시작된 상태에서는 웹 페이지에 접속한 기록이 없으므로 버튼이 제 기능을 하지 못합니다. 페이지 이동 버튼이 기능하지 못할 때는 숨겨두고 기능할 때만 보이도록 만들기 위해 일단은 화면에 보이지 않도록 숨겨둡니다. 버튼의 [보이기] 속성을 "거짓"으로 설정하면 화면상에 버튼이 보이지 않게 됩니다.

❹ [전역변수 초기화 URL] 블록의 URL에 마우스 커서를 올리면 나타나는 [지정하기 global URL] 블록을 가져와서 [실행] 섹션에 넣고 [값] 소켓에 [웹뷰어1] 컴포넌트에서 가져온 [웹뷰어1.현재 URL] 블록을 끼웁니다.

해설 전역변수 [URL]의 값을 웹 뷰어의 현재 URL 값인 구글 주소와 같게 만들어 둡니다.

⊕ 블록 조립 작업의 효율성을 높이는 법

비슷한 구조의 블록을 반복해서 조립하는 경우 [복제하기] 기능을 이용하면 블록 조립 작업의 효율성을 높일 수 있습니다. ❷에서 작업이 완료된 블록 조합을 마우스 오른쪽 버튼을 클릭해 복제한 후 컴포넌트의 이름만 [버튼_앞으로]로 바꾸면 ❸의 작업을 쉽게 완료할 수 있습니다. 이처럼 비슷한 형태의 작업이 반복되는 경우 필요한 블록을 [블록] 패널에서 찾은 후 가져와서 하나씩 끼우는 방식으로 블록을 조립하는 것보다 이미 작업이 완료된 블록 조합을 복제한 후 복제된 블록의 값이나 설정을 바꾸는 방식으로 블록 조립 작업을 하는 것이 훨씬 빠르고 효율적입니다.

[go] 버튼 기능 만들기

다음으로 [go] 버튼을 클릭하면 텍스트 상자에 입력된 URL로 이동하도록 만들어 보겠습니다.

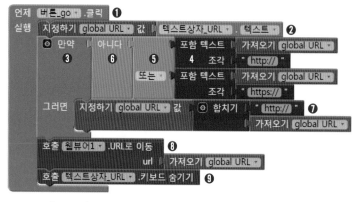

[예제 6-3] [버튼_go]을 클릭했을 때 실행되는 블록

❶ [버튼_go] 컴포넌트에서 [언제 버튼_go.클릭] 블록을 [뷰어] 패널로 가져옵니다.

해설 버튼의 [클릭] 이벤트는 사용자가 버튼을 누른 후 손가락을 떼는 순간 실행되는 이벤트로서 버튼의 기능을 만들 때 사용합니다.

❷ [변수] 서랍에서 [지정하기 ( ) 값]을 가져와 이벤트 핸들러 블록의 [실행] 섹션에 넣고 변수 이름을 "global URL"로 바꿉니다. 그리고 [지정하기 global URL] 블록의 [값] 소켓에 [텍스트상자_URL] 컴포넌트에서 가져온 [텍스트상자_URL.텍스트] 블록을 끼웁니다.

해설 [텍스트상자_URL.텍스트]는 [텍스트상자_URL]의 텍스트 입력란에 적혀있는 텍스트를 의미합니다. [go] 버튼을 클릭하면 텍스트 입력란에 적혀있는 값이 [URL] 변수에 대입됩니다.

❸ [제어] 서랍에서 [만약 그러면] 블록을 가져와 [지정하기 global URL] 블록 아래에 넣습니다.

해설 [만약 그러면] 블록의 [만약] 소켓에는 "참" 또는 "거짓"으로 판단할 수 있는 조건이 들어가고 [그러면] 섹션에는 조건이 "참"일 경우 실행될 블록이 들어갑니다.

❹ [텍스트] 서랍에서 [포함] 블록을 가져와 [뷰어] 패널의 빈 공간에 놓습니다. [포함] 블록의 [텍스트] 소켓에 [변수] 서랍에서 가져온 [가져오기 ( )] 블록을 끼우고 변수 이름을 global URL로 지정합니다. [포함] 블록의 [조각] 소켓에 [텍스트] 서랍에서 가져온 [" "] 블록을 끼우고 빈칸에 "http://"를 써줍니다.

해설 [포함] 블록은 [텍스트] 소켓에 지정된 문자열에 [조각] 소켓에 지정된 문자열이 포함돼 있으면 "참" 값을 돌려주고, 포함돼 있지 않다면 "거짓" 값을 돌려줍니다.

❺ [논리] 서랍에서 [또는] 블록을 가져와 [뷰어] 패널의 빈 공간에 놓습니다. [또는] 블록의 첫 번째 소켓에 앞서 만든 [포함] 블록 조합을 끼웁니다. 그리고 [포함] 블록 조합을 복제한 후 [또는] 블록의 두 번째 소켓에 끼웁니다. 그리고 복제된 [포함] 블록의 [조각] 소켓에 지정된 값을 "https://"로 바꿉니다.

해설 [또는] 블록은 두 곳의 소켓에 지정된 조건 중 하나 이상의 조건이 "참"이면 "참" 값을 돌려줍니다.

❻ [만약] 소켓에 [논리] 서랍에서 [아니다] 블록을 가져와 끼우고 [아니다] 블록의 소켓에 방금 만든 [또는] 블록 조합을 끼웁니다.

해설 [아니다] 블록은 소켓에 지정된 조건이 "참"이면 "거짓"을 돌려주고 "거짓"이면 "참"을 돌려줍니다. 즉, 조건을 반대로 만들어 주는 역할을 합니다. 사용자가 웹 페이지에 접속하기 위해 텍스트 상자에 URL을 입력할 때 "http://" 또는 "https://"를 입력하지 않았다면 [만약] 소켓의 조건이 "참"이 되어 [그러면] 섹션의 블록이 실행됩니다.

❼ [변수] 서랍에서 [지정하기 global URL] 블록을 가져와 [그러면] 섹션에 끼우고 [값] 소켓에 [텍스트] 서랍에서 가져온 [합치기] 블록을 끼웁니다. [합치기] 블록의 첫 번째 소켓에 [텍스트] 서랍에서 가져온 [" "] 블록을 끼우고 빈칸에 "http://"를 써줍니다. 두 번째 소켓에 [가져오기 global URL] 블록을 가져와 끼웁니다. ["http://"] 블록과 [가져오기 global URL] 블록은 앞서 만든 블록 조합에 있는 것을 복제해서 사용하는 것이 효율적입니다.

해설 [합치기] 블록은 소켓에 지정된 문자열들을 연결해 하나의 문자열로 만듭니다. [호출 웹뷰어.URL로 이동] 블록을 이용해 웹 페이지에 접속하려면 URL 주소에 "http://"가 반드시 들어가야 하므로 사용자가 URL에 "http://"나 "https://"를 쓰지 않았다면 URL 앞에 "http://"를 붙여줍니다. 예를 들어, 사용자가 URL에 "naver.com"만 썼다면 URL 앞에 "http://"를 붙여서 "http://naver.com"으로 만듭니다.

❽ [웹뷰어1] 컴포넌트에서 [호출 웹뷰어1.URL로 이동] 블록을 가져와 [만약 그러면] 블록 아래에 넣고 [url] 소켓에 [가져오기 global URL] 블록을 끼웁니다.

해설 "호출"로 시작하는 블록은 컴포넌트가 가지고 있는 함수를 호출하는 블록으로 호출된 함수가 가진 고유의 기능이 실행되게 만듭니다. [URL로 이동] 함수는 [url] 소켓에 지정된 주소로 이동해 웹뷰어 화면에 해당 웹 페이지를 표시합니다.

❾ [텍스트상자_URL] 컴포넌트에서 [호출 텍스트상자_URL.키보드 숨기기] 블록을 가져와 [호출 웹뷰어1.URL로 이동] 블록 아래에 넣습니다.

해설 주소를 입력하기 위해 [텍스트상자_URL]을 클릭하면 화면에 키보드가 나타납니다. [버튼_go] 버튼을 클릭하면 더는 화면에 보일 필요가 없는 키보드를 숨기기 위해 [키보드 숨기기] 함수를 호출합니다.

지금까지 만든 기능이 제대로 작동하는지 스마트폰을 연결해 테스트해봅시다. 체크리스트 항목에 따라 앱을 테스트해보고 기능에 문제가 없으면 체크 표시를 하고 문제가 있으면 블록 조립 과정이나 디자인 편집기에서 설정한 컴포넌트 속성에 오류가 없는지 다시 한 번 확인해 봅시다.

---

01 _ 앱 테스트

1. 앱을 실행하면 [←], [→] 버튼이 보이지 않음 ☐

2. 주소 입력창에 "http://www.daum.net"을 입력하고 [go] 버튼을 클릭하면 웹페이지에 정상적으로 접속됨 ☐

3. 주소 입력창에 "www.daum.net"을 입력하고 [go] 버튼을 클릭하면 웹페이지에 정상적으로 접속됨 ☐

4. 주소 입력창에 주소를 입력한 후 [go] 버튼을 클릭하면 키보드가 사라짐 ☐

웹 페이지와 주소창 주소 일치시키기

웹뷰어 화면에 표시된 웹 페이지 안에 있는 링크를 클릭하면 화면에 새로운 웹 페이지가 표시되지만 주소창(텍스트상자_URL)에는 이전 페이지의 주소가 그대로 남아있게 됩니다. 주소창에 있는 주소와 실제 화면에 표시되는 웹 페이지가 달라서 발생하는 혼란을 없애기 위해 화면상에 웹 페이지가 바뀌면 주소창의 주소도 따라서 바뀌도록 만들어야 합니다. 하지만 [웹뷰어] 컴포넌트는 웹 페이지가 바뀌었을 때와 관련된 이벤트를 가지고 있지 않기 때문에 웹 페이지가 바뀌는 순간을 인식하지 못합니다. 그래서 [타이머] 이벤트를 이용해 화면상에 보이는 웹 페이지와 주소창의 주소가 일치하는지 수시로 검사해서 웹 페이지가 바뀌면 주소창의 주소도 바뀌게 하는 기능을 만들어 보겠습니다.

[예제 6-4] [타이머] 이벤트를 이용한 웹 페이지 주소 일치시키기

❶ [시계1] 컴포넌트에서 [언제 시계1.타이머] 블록을 [뷰어] 패널로 가져옵니다.

해설 [타이머] 이벤트는 [타이머 활성 여부]가 "참"이면 [타이머 간격]으로 설정한 시간마다 한번씩 발생합니다. 앞서 디자인 편집기에서 [시계1]의 속성을 설정할 때 [타이머 활성 여부]를 체크하고 [타이머 간격]에 "2000"을 입력해 뒀으므로 이 블록은 2초에 한 번씩 실행됩니다.

❷ [제어] 서랍에서 [만약 그러면] 블록을 가져와 이벤트 핸들러 블록의 [실행] 섹션에 넣습니다. [만약] 소켓에 [논리] 서랍에서 가져온 [=] 블록을 끼운 후 연산자 옆에 있는 ▼ 아이콘을 클릭해 연산자를 ≠로 바꿉니다. ≠ 연산자의 왼쪽 소켓에는 [가져오기 global URL] 블록을 끼우고 오른쪽 소켓에는 [웹뷰어1] 컴포넌트에서 가져온 [웹뷰어1.현재 Url] 블록을 끼웁니다.

해설 [웹뷰어1.현재 Url] 블록에는 현재 화면에 보이는 웹 페이지 주소가 들어있습니다. [URL] 변수에 저장된 주소와 [웹뷰어1.현재 Url]에 있는 주소가 다르면 [≠] 블록은 "참" 값을 돌려줍니다.

❸ [지정하기 global URL] 블록을 [그러면] 섹션에 넣고 [값] 소켓에 [웹뷰어1.현재 Url] 블록을 끼웁니다. [텍스트상자_ URL] 컴포넌트에서 [텍스트상자_URL.텍스트] 블록을 가져와 [지정하기 global URL] 블록 아래에 넣고 [값] 소켓에 [가져오기 global URL] 블록을 끼웁니다.

해설 주소창의 주소와 현재 화면에 보이는 웹 페이지의 주소가 다르면 현재 화면의 주소를 [URL] 변수에 저장하고 이 값을 주소창(텍스트상자_URL)의 텍스트 값으로 지정합니다. 이를 통해 웹 페이지 안에 있는 링크를 클릭해 화면에 표시되는 웹 페이지가 바뀌게 되면 늦어도 2초 안에 주소창에 입력된 주소가 바뀐 웹 페이지의 주소로 변하게

됩니다. [타이머] 이벤트의 발생 주기인 2초는 웹 페이지가 로딩되는 시간을 고려해 임의로 정한 값으로 직접 테스트해 보면서 이벤트 발생 주기를 조절해 보길 바랍니다.

❹ [만약 그러면] 블록을 가져와 [지정하기 텍스트상자_URL.텍스트] 블록 아래에 넣은 후 파란색 아이콘을 클릭해 [아니면] 블록을 추가합니다. 그리고 [웹뷰어1] 컴포넌트에서 [호출 웹뷰어1.앞으로 가기 가능 여부] 블록을 가져와 [만약] 소켓에 끼웁니다.

해설 [호출 웹뷰어1.앞으로 가기 가능 여부] 블록은 다음 페이지가 있으면 "참" 값을 돌려주고 다음 페이지가 없으면 "거짓" 값을 돌려줍니다.

⊕ **파란색 아이콘을 이용해 소켓 또는 섹션 추가하기**

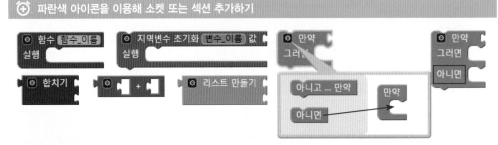

[그림 6-5] 파란색 아이콘이 있는 블록들

[그림 6-5]에 있는 블록들의 공통점은 블록 왼쪽 상단에 파란색 아이콘이 있다는 것입니다. 예를 들어, [만약 그러면] 블록의 파란색 아이콘을 누르면 말풍선 모양의 메뉴가 나타납니다. 말풍선의 왼쪽에 있는 [아니면] 블록을 오른쪽에 있는 [만약] 블록 안에 집어넣으면 [만약 그러면] 블록에 [아니면] 섹션이 새롭게 생깁니다. 다른 블록도 마찬가지로 파란색 아이콘을 누르면 나타나는 말풍선 메뉴를 이용해 새로운 소켓을 추가할 수 있습니다. 이렇게 파란색 아이콘이 있는 블록은 모양을 바꿀 수 있기 때문에 mutator(사전적 의미: 돌연변이 유발 유전자) 블록이라고 부릅니다. 블록의 모양을 바꾼 후 파란색 아이콘을 다시 클릭하면 말풍선이 닫힙니다.

❺ [버튼_앞으로] 컴포넌트에서 가져온 [지정하기 버튼_앞으로.보이기] 블록을 [그러면] 섹션에 넣은 후 [값] 소켓에 [참] 블록을 끼웁니다. 방금 만든 블록 조합을 복제한 후 [아니면] 섹션에 끼우고 "참"을 "거짓"으로 바꿉니다.

해설 [➡] 버튼의 [보이기] 속성 설정을 통해 다음 페이지가 있어서 이동이 가능한 경우에만 화면에 보이고 다음 페이지로 이동할 수 없는 경우 화면에서 보이지 않게 만듭니다.

❻ 앞서 완성한 [만약 그러면 아니면] 블록 조합을 복제한 후 원본 아래에 넣습니다. 복제된 블록의 [만약] 소켓에 지정된 블록을 삭제하고 [웹뷰어1] 컴포넌트에서 가져온 [호출 웹뷰어1.뒤로 가기 가능 여부] 블록을 끼웁니다. [그러면] 섹션과 [아니면] 섹션에 있는 블록의 비튼 이름을 둘 다 "버튼_뒤로"로 바꿔줍니다.

해설 [호출 웹뷰어1.뒤로 가기 가능 여부] 블록은 이전 페이지가 있으면 "참" 값을 돌려주고 이전 페이지가 없으면 "거짓" 값을 돌려줍니다. 이전 페이지로 이동할 수 있으면 버튼을 보이게 해서 사용자가 사용할 수 있게 하고 이전 페이지로 이동할 수 없으면 버튼 자체를 숨깁니다.

페이지 이동 버튼 기능 만들기

마지막으로 이전 페이지 버튼과 다음 페이지 버튼이 제 기능을 하도록 만들어 보겠습니다.

[예제 6-5] [버튼_뒤로]와 [버튼_앞으로]를 클릭했을 때 실행되는 블록

❶ [버튼_뒤로] 컴포넌트에서 [언제 버튼_뒤로.클릭] 블록을 [뷰어] 패널로 가져옵니다.

❷ [웹뷰어1] 컴포넌트에서 [호출 웹뷰어1.뒤로 가기] 블록을 가져와 이벤트 핸들러 블록의 [실행] 섹션에 넣습니다.

　해설 [버튼_뒤로] 버튼을 클릭하면 이전 페이지로 이동합니다.

❸ [호출 텍스트상자_URL.키보드 숨기기] 블록을 가져와 [호출 웹뷰어1.뒤로 가기] 블록 아래에 넣습니다.

　해설 만약 텍스트 상자에 글자를 입력하던 도중 [←] 버튼을 클릭하면 키보드가 사라지지 않고 남아 있어 화면을 가리게 됩니다. 이러한 상황에 대비해 [←] 버튼을 클릭하면 키보드가 사라지게 만듭니다.

❹ 방금 만든 [언제 버튼_뒤로.클릭] 블록을 통째로 복제한 후 이벤트 핸들러 블록의 버튼 이름을 "버튼_앞으로"로 바꿉니다. 복제된 이벤트 핸들러 블록 안쪽의 [호출 웹뷰어1.뒤로 가기] 블록을 삭제하고 그 자리에 [호출 웹뷰어1.앞으로 가기] 블록을 가져와 넣습니다.

　해설 [버튼_앞으로] 버튼을 클릭하면 다음 페이지로 이동합니다.

지금까지 만든 기능들이 제대로 작동하는지 테스트해 봅시다.

02 _ 앱 테스트

1. 주소창에 입력한 주소로 웹 페이지 접속이 원활하게 이뤄짐　☐

2. 새로운 웹 페이지에 접속했을 때 [←] 버튼이 생김　☐

3. [←] 버튼을 클릭해 페이지를 이동했을 때 [→] 버튼이 생김　☐

4. [←] 버튼과 [→] 버튼을 클릭하면 웹 페이지 이동이 원활하게 이뤄짐　☐

이것으로 웹 브라우저의 기본 형태 만들기를 마치겠습니다.

6.4 _ 기능 추가

앞서 완성한 기본 앱에 새로운 기능을 추가해 보겠습니다. 웹 브라우저를 사용할 때 가장 많이 사용하는 기능 중의 하나가 북마크 기능이므로 기본 웹 브라우저에 북마크 추가, 북마크 보기, 북마크 삭제 기능을 추가해 보겠습니다.

컴포넌트 추가

[디자이너] 버튼을 클릭해 디자인 편집기로 이동한 후 북마크 기능을 만드는 데 필요한 몇 가지 컴포넌트를 추가합니다.

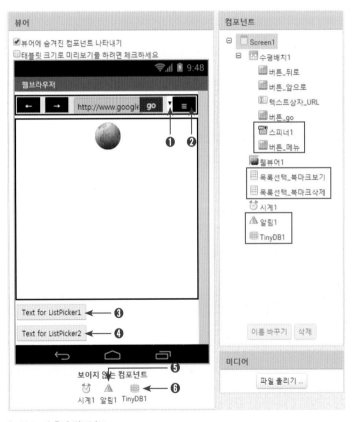

[그림 6-6] 추가 컴포넌트

북마크 기능을 구현하기 위해 [그림 6-6]과 같이 총 6개의 컴포넌트를 추가했습니다. 다음 순서에 따라 추가 컴포넌트들을 화면에 배치합니다.

❶ [팔레트] 패널의 [사용자 인터페이스] 서랍에서 [스피너]를 가져와서 [버튼_go]의 오른쪽에 넣습니다. [스피너1]의 [속성] 패널에서 [목록 문자열]에 "메뉴 선택, 북마크 추가, 북마크 보기, 북마크 삭제"를 입력합니다. [스피너1]의 기본 모양은 보이지 않게 하고 [스피너1]이 만들어 주는 팝업 메뉴만 사용할 예정이므로 [너비]는 "0 pixels"로 만들어서 [스피너1]이 앱 화면에서 보이지 않게 만듭니다. [스피너1]의 [너비]가 "0 pixels"일 경우 기본 모양은 보이지 않더라도 팝업 메뉴는 불러올 수 있습니다. 참고로 [보이기] 속성을 체크 해제해서 스피너를 숨기면 팝업 메뉴도 보이지 않게 됩니다.

❷ [버튼]을 가져와 [스피너1]의 오른쪽에 넣고 버튼의 이름을 "버튼_메뉴"로 바꿉니다. [버튼_메뉴]의 [속성] 패널에서 [배경색]을 "검정", [글꼴 크기]를 "20", [높이]를 "부모에 맞추기", [너비]를 "40 pixels", [모양]을 "직사각형", [텍스트]를 "≡", [텍스트 색상]을 "흰색"으로 바꿉니다. "≡"는 한글 "ㄷ"을 입력하고 한자 키를 누르면 입력할 수 있습니다. 앞서 [스피너1]을 보이지 않게 만들었기 때문에 [스피너1]을 클릭해 팝업 메뉴를 호출하는 것이 불가능합니다. [버튼_메뉴]는 [스피너1]의 기본 모양을 대신해 팝업 메뉴를 호출하는 데 사용됩니다.

❸ [팔레트] 패널의 [사용자 인터페이스] 서랍에서 [목록 선택]을 가져와 [웹뷰어1] 아래에 넣고 [컴포넌트] 패널의 [이름 바꾸기] 버튼을 클릭해 이름을 "목록선택_북마크보기"로 바꿉니다. [목록선택_북마크보기]의 [속성] 패널에서 [제목]을 "북마크 보기", [보이기]를 체크 해제로 바꿉니다. 그리고 [뷰어] 패널의 [뷰어에 숨겨진 컴포넌트 나타내기]에 체크합니다. 여기에 체크하면 [보이기] 속성을 체크 해제한 컴포넌트가 스크린 상에 보이게 되어 숨어있는 컴포넌트를 확인할 수 있습니다.

❹ [목록 선택]을 하나 더 가져와 [목록선택_북마크보기] 아래에 넣고 [이름 바꾸기] 버튼을 클릭해 이름을 "목록선택_북마크삭제"로 바꿉니다. [목록선택_북마크삭제]의 [속성] 패널에서 [제목]을 "북마크 삭제", [보이기]를 체크 해제로 바꿉니다. [목록선택_북마크보기]와 [목록선택_북마크삭제]는 [목록 선택] 컴포넌트가 만들어주는 리스트 선택창을 사용하기 위한 목적으로 가져온 것으로, 버튼 자체가 앱 실행 화면에 보일 필요가 없습니다. 따라서 각 컴포넌트의 [속성] 패널에서 [보이기]의 체크를 해제합니다.

❺ [팔레트] 패널의 [사용자 인터페이스] 서랍에서 [알림]을 스크린으로 가져옵니다.

❻ [팔레트] 패널의 [저장소] 서랍에서 [TinyDB]를 스크린으로 가져옵니다.

컴포넌트 속성을 정리해 놓은 표를 통해 지금까지 한 작업을 정리해 보겠습니다.

컴포넌트	이름	변경해야 할 속성
버튼	버튼_메뉴	배경색 검정 글꼴 굵게: 체크 글꼴 크기: 20 높이: 부모에 맞추기 너비: 40 pixels 모양: 직사각형 텍스트: ≡ 텍스트 색상: 흰색
스피너	스피너1	목록 문자열: 메뉴 선택, 북마크 추가, 북마크 보기, 북마크 관리 너비: 0 pixels
목록 선택	목록선택_북마크보기	제목: 북마크 보기　　　보이기: 체크 해제
	목록선택_북마크삭제	제목: 북마크 삭제　　　보이기: 체크 해제
알림	알림1	변경사항 없음
TinyDB	TinyDB1	변경사항 없음

이제 블록 편집기로 가서 북마크 기능을 만들어 보겠습니다.

북마크 메뉴 만들기

우선 메뉴 버튼을 클릭하면 스피너의 팝업 메뉴가 나타나도록 만들어 보겠습니다.

[예제 6-6] [버튼_메뉴]을 클릭했을 때 실행되는 블록

❶ [버튼_메뉴] 컴포넌트에서 [언제 버튼_메뉴.클릭] 블록을 [뷰어] 패널로 가져옵니다.

❷ [스피너1] 컴포넌트에서 [호출 스피너1.드롭다운 표시] 블록을 가져와 이벤트 핸들러 블록의 [실행] 섹션에 넣습니다.

해설 [버튼_메뉴]를 클릭하면 [그림 6-7]과 같은 팝업 메뉴가 화면에 나타납니다.

디자인 편집기에서 [스피너1]의 [목록 문자열]에 "메뉴 선택, 북마크 추가, 북마크 보기, 북마크 관리"를 입력했으므로 총 4개의 메뉴가 생성됩니다. [속성] 패널에서 [선택된 항목]을 특별히 설정해 주지 않으면 첫 번째 항목이 기본으로 선택된 상태가 됩니다.

[그림 6-7] 스피너1의 팝업 메뉴

다음으로 팝업 메뉴의 각 항목을 선택하면 북마크와 관련된 기능이 실행되도록 만들어 보겠습니다.

[예제 6-7] 스피너1의 팝업 메뉴 중 하나를 선택했을 때 실행되는 블록

❶ [스피너1] 컴포넌트에서 [언제 스피너1.선택 후] 블록을 [뷰어] 패널로 가져옵니다.

> **해설** 스피너의 [선택 후] 이벤트는 스피너의 팝업 메뉴 중 하나를 선택하면 실행됩니다. 이벤트 핸들러 블록에 있는 [선택]은 [실행] 섹션 안쪽에서만 사용할 수 있는 일종의 지역 변수로 팝업 메뉴에서 선택된 항목의 이름이 들어있습니다. 이번 예제에서는 팝업 메뉴에서 선택된 항목의 번호를 나타내는 [선택된 항목 번호]를 사용할 예정이므로 [선택]은 사용하지 않습니다.

❷ [만약 그러면] 블록을 가져와 이벤트 핸들러 블록의 [실행] 섹션에 넣고 [수학] 서랍에서 가져온 [=] 블록 [만약] 소켓에 끼웁니다. = 연산자의 왼쪽 소켓에는 [스피너1] 컴포넌트에서 가져온 [스피너1.선택된 항목 번호] 블록을 끼우고 오른쪽 소켓에는 [수학] 서랍에서 가져온 [0] 블록을 끼운 후 숫자를 2로 바꿉니다.

> **해설** [스피너1.선택된 항목 번호]에는 팝업 메뉴에 있는 4가지 항목 중 선택한 항목의 순서 값이 들어옵니다. 만약 이 값이 2와 같다면 메뉴의 2번째 항목인 "북마크 추가"를 선택한 것이므로 [그러면] 섹션에 연결된 북마크 추가를 위한 블록이 실행됩니다.

❸ [TinyDB1] 컴포넌트에서 가져온 [호출 TinyDB1.값 저장] 블록을 [그러면] 섹션에 넣습니다. 그리고 [태그] 소켓과 [저장할 값] 소켓에 [웹뷰어1] 컴포넌트에서 가져온 [웹뷰어1.페이지 제목] 블록과 [웹뷰어1.현재 Url] 블록을 각각 끼웁니다.

> **해설** 현재 화면상에 보이는 웹 페이지의 제목을 태그로 사용해 웹 페이지의 주소를 TinyDB에 저장합니다.

⏰ TinyDB에서 태그의 의미

TinyDB에는 저장할 값과 이 값을 구분하는 태그가 같이 저장됩니다. 서류철에 이름표를 붙여 놓으면 서류철을 열어보지 않고도 원하는 서류를 쉽게 찾을 수 있는 것과 같이 태그는 TinyDB에 저장된 데이터를 가져올 때 원하는 데이터를 쉽게 찾을 수 있게 해주는 일종의 이름표 역할을 합니다.

❹ 방금 만든 [만약 그러면] 블록 조합을 복제한 후 원본 블록의 아래쪽에 넣습니다. 복제된 블록 조합에서 [=] 블록 안에 있는 숫자를 3으로 바꿉니다. [그러면] 섹션에 연결된 블록을 삭제하고 [목록선택_북마크보기] 컴포넌트에서 가져온 [호출 목록선택_북마크보기.열기] 블록을 끼웁니다.

해설 만약 [스피너1.선택된 항목 번호]의 값이 3과 같다면 "북마크 보기"를 선택한 경우이므로 [목록선택_북마크보기.열기] 함수를 호출합니다. 이 함수는 [요소] 속성으로 지정된 값을 선택 가능한 목록 형태로 만들어 화면에 출력합니다. [요소]를 지정하는 방법은 [예제 6-8]에서 확인할 수 있습니다.

❺ 방금 완성한 [만약 그러면] 블록 조합을 복제한 후 원본 블록 아래쪽에 넣습니다. [=] 블록 안에 있는 숫자를 4로 바꾸고 [그러면] 섹션에 있는 블록의 ▼아이콘을 클릭해 [목록선택_북마크삭제]로 바꿉니다.

해설 [스피너1.선택된 항목 번호]의 값이 4와 같다면 "북마크 삭제"를 선택한 경우이므로 [목록선택_북마크삭제.열기] 함수를 호출합니다.

❻ [스피너1] 컴포넌트에서 가져온 [지정하기 스피너1.선택된 항목 번호] 블록을 이벤트 핸들러 블록 제일 아래에 넣고 [값] 소켓에 [수학] 서랍에서 가져온 [0] 블록을 끼운 후 숫자를 1로 바꿉니다.

해설 [스피너1]의 팝업 메뉴를 선택해 기능을 실행한 후 팝업 메뉴 중 첫 번째 항목을 선택 상태로 만듭니다. 스피너의 팝업 메뉴는 선택된 상태로 있는 항목을 다시 선택하면 [선택 후] 이벤트가 발생하지 않는 특성이 있습니다. 만약 [선택된 항목 번호]를 1로 지정하는 블록 조합이 없다면 팝업 메뉴에서 "북마크 보기"를 선택한 후 다음번에 다시 팝업 메뉴를 불러오게 되면 "북마크 보기" 항목이 선택된 상태가 됩니다. "북마크 보기"가 선택된 상태에서는 다시 "북마크 보기"를 선택해도 [선택 후] 이벤트가 발생하지 않기 때문에 "북마크 보기" 기능이 작동하지 않게 됩니다. 팝업 메뉴의 첫 번째 항목은 특별한 기능이 없는 항목으로 두고 [선택 후] 이벤트 마지막에 항상 첫 번째 항목이 선택되게 만들면 다음번에 팝업 메뉴를 열었을 때 이전에 선택했던 항목들을 다시 선택해서 실행할 수 있게 됩니다.

북마크 페이지로 이동 기능 만들기

다음으로 북마크 리스트를 보여주고 북마크 페이지로 이동하는 기능을 만들어 보겠습니다.

언제 [목록선택_북마크보기].선택 전 ❶
실행 지정하기 [목록선택_북마크보기]. 요소 값 ▸ 호출 TinyDB1.태그 리스트 가져오기 ❷

언제 [목록선택_북마크보기].선택 후 ❸
실행 호출 [웹뷰어1].URL로 이동
url ▸ 호출 TinyDB1.값 가져오기 ❹
태그 ▸ [목록선택_북마크보기]. 선택된 항목
찾는 값이 없을 경우 ▸ " ▫ "

[예제 6-8] 북마크 보기 기능을 만들기 위한 이벤트 핸들러 블록

❶ [목록선택_북마크보기] 컴포넌트에서 [언제 목록선택_북마크보기.선택 전] 블록을 [뷰어] 패널로 가져옵니다.

> **해설** [스피너1]의 팝업 메뉴에서 "북마크 보기"항목을 선택하면 [목록선택_북마크보기.열기] 함수가 호출됩니다
> (167쪽 예제 6-7 참조). 이 함수가 호출되면 목록 선택 창이 열리는데 목록 선택 창이 열리기 직전에 [목록선택_북
> 마크보기.선택 전] 이벤트가 발생합니다. 이 이벤트는 주로 목록 선택 창에 출력될 목록의 요소를 설정하는 용도로
> 사용됩니다.

❷ [목록선택_북마크보기] 컴포넌트에서 [지정하기 목록선택_북마크보기.요소] 블록을 가져와 이벤트 핸들러 블록의
[실행] 섹션에 넣고 [값] 소켓에 [TinyDB1] 컴포넌트에서 가져온 [호출 TinyDB1.태그 리스트 가져오기] 블록을 끼웁
니다.

> **해설** [목록 선택] 컴포넌트의 [요소] 값으로 지정되는 자료는 리스트 형태여
> 야 합니다. [TinyDB1.태그 리스트 가져오기] 함수는 TinyDB에 저장된 모든
> 태그를 모아서 리스트 형태로 만들어 돌려줍니다. [목록선택_북마크보기]의
> [요소] 값으로 [TinyDB1]에 저장된 태그로 만든 리스트를 대입하면 목록 선
> 택 창에 [TinyDB1]에 저장돼 있던 태그가 출력됩니다. 앞서 TinyDB에 자료
> 를 저장할 때 태그에 웹 페이지의 제목을 지정했으므로 목록 선택 창에는 [그
> 림 6-8]과 같이 웹 페이지의 제목이 나타나게 됩니다.

[그림 6-8] 목록 선택 창

❸ [목록선택_북마크보기] 컴포넌트에서 [언제 목록선택_북마크보기.선택 후] 블록을 [뷰어] 패널로 가져옵니다.

해설 [목록선택_북마크보기.선택 후] 이벤트는 [목록선택_북마크보기]의 목록 선택 창에 있는 항목 중 하나를 선택하면 발생합니다.

❹ [웹뷰어1] 컴포넌트에서 [호출 웹뷰어1.URL로 이동] 블록을 가져와 이벤트 핸들러 블록의 [실행] 섹션에 넣습니다. [url] 소켓에 [TinyDB1] 컴포넌트에서 가져온 [호출 TinyDB1.값 가져오기] 블록을 끼우고 [태그] 소켓에 [목록선택_북마크보기] 컴포넌트에서 가져온 [목록선택_북마크보기.선택된 항목] 블록을 끼웁니다.

해설 [목록선택_북마크보기.선택된 항목] 블록에는 목록 선택 창에서 사용자가 선택한 항목이 들어있습니다. 이 항목은 [TinyDB1]에 저장된 값을 가져오기 위한 태그로 사용되는데 앞서 [TinyDB1]에 값을 저장할 때 웹 페이지의 제목을 태그로 사용해 웹 페이지의 주소를 저장했으므로 가져오는 값은 웹 페이지의 주소가 됩니다. 이 주소를 [웹뷰어1.URL로 이동] 함수의 [url] 값으로 지정하면 북마크 보기에서 선택한 웹 페이지로의 이동이 이뤄집니다.

지금까지 만든 기능들이 제대로 작동하는지 테스트해 봅시다.

03_ 앱 테스트

1. [북마크 메뉴]의 [북마크 추가]를 선택하면 현재 화면에 보이는 웹 페이지가 북마크에 추가됨 ☐

2. [북마크 메뉴]의 [북마크 보기]를 선택하면 웹 페이지 제목을 선택할 수 있는 목록 선택창이 나타나며 목록 선택창의 항목 중 하나를 선택하면 해당 웹 페이지로 이동함 ☐

북마크 삭제 기능 만들기

다음으로 북마크 리스트에서 필요 없는 북마크를 삭제하는 기능을 만들어 보겠습니다.

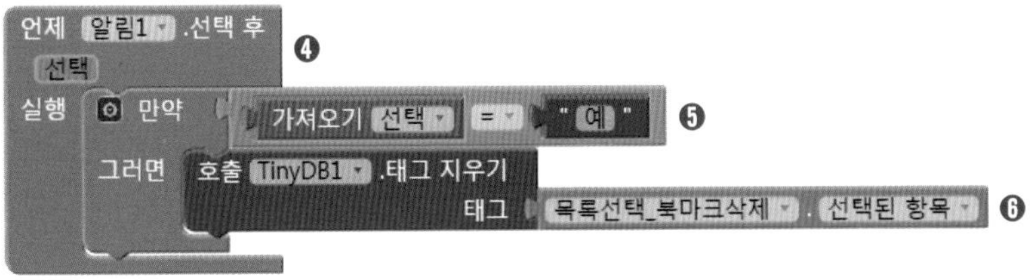

[예제 6-9] 북마크 삭제 기능을 만들기 위한 이벤트 핸들러 블록

❶ [예제 6-8]에서 만든 [언제 목록선택_북마크보기.선택 전] 블록 조합을 복제한 후 이벤트 핸들러 블록과 [지정하기] 블록의 ▼ 아이콘을 클릭해 컴포넌트 이름을 [목록선택_북마크삭제]로 바꿉니다.

해설 이 블록 조합은 [목록선택_북마크삭제]의 목록 선택 창이 화면에 표시되기 직전에 실행되어 목록 선택창에 보일 리스트를 지정하는 역할을 합니다.

❷ [목록선택_북마크삭제] 컴포넌트에서 [언제 목록선택_북마크삭제.선택 후] 블록을 [뷰어] 패널로 가져옵니다.

해설 [목록선택_북마크삭제]의 선택 후 이벤트는 목록 선택 창에 있는 요소 중 하나를 선택하면 실행됩니다.

❸ [알림1] 컴포넌트에서 [호출 알림1.선택 대화창 나타내기] 블록을 가져와 [언제 목록선택_북마크삭제.선택 후] 블록의 [실행] 섹션에 넣습니다. [메시지] 소켓에 [텍스트] 서랍에서 가져온 [합치기] 블록을 끼웁니다. 그리고 [합치기] 블록에 있는 파란색 아이콘을 눌러서 [문자열] 블록을 하나 더 추가해 소켓을 총 3개로 만듭니다. [합치기] 블록의 첫 번째 소켓에 [텍스트] 서랍에서 가져온 [" "] 블록을 끼우고 빈칸에 "["를 입력합니다. [합치기] 블록의 두 번째 소켓에 [목록선택_북마크삭제.선택된 항목] 블록을 끼우고 세 번째 소켓에 [" "] 블록을 끼우고 빈칸에 "] ←이 북마크를 삭제할까요?"를 입력합니다. [" "] 블록을 3개 더 가져와 [호출 알림1.선택 대화창 나타내기] 블록의 나머지 빈 소켓에 끼우고 [제목]에는 "알림", [버튼1 텍스트]에는 "예", [버튼2 텍스트]에는 "아니요"를 입력합니다. [취소 가능 여부]에 연결된 "참"은 "거짓"으로 바꿉니다.

해설 목록 선택 창에서 선택한 항목을 바로 삭제하는 것이 아니라 대화창을 이용해 데이터를 삭제할지 다시 한 번 생각해 볼 수 있게 만들어 실수로 데이터를 삭제하는 것을 방지합니다. 북마크 삭제를 선택했을 때 화면에 나타나는 선택 대화창의 모습은 [그림 6-9]와 같습니다.

[그림 6-9] 선택 대화창

[호출 알림1.선택 대화창 나타내기] 블록의 각 소켓에 지정된 텍스트들과 [그림 6-9]의 텍스트를 비교해 보면 소켓에 지정된 텍스트의 역할이 무엇인지 알 수 있습니다. [합치기] 블록은 두 개의 문자열을 연결해 하나의 문자열로

만드는 역할을 합니다. [취소 가능 여부]을 "참"으로 설정하면 [아니요] 버튼 옆에 [Cancel] 버튼이 하나 더 생깁니다. [Cancel] 버튼은 버튼1과 버튼2 각각에 고유의 기능을 설정해 둔 경우에 버튼의 기능을 실행하지 않고 대화창 자체를 닫을 때 사용합니다. 이번 예제에서는 버튼2에 특별한 기능을 부여하지 않을 예정이어서 버튼2가 [Cancel] 버튼과 같은 기능을 할 예정입니다. 따라서 [Cancel] 버튼이 대화창에 보일 필요가 없으므로 [취소 가능 여부]을 "거짓"으로 바꿉니다.

❹ [알림1] 컴포넌트에서 [언제 알림1.선택 후] 블록을 가져옵니다.

해설 [알림1.선택 후] 이벤트는 [선택 대화창 나타내기] 함수와 쌍으로 사용되는 이벤트로 대화창의 2개의 버튼 중 하나를 선택했을 때 발생합니다.

❺ [만약 그러면] 블록을 [언제 알림1.선택 후] 블록 안쪽에 넣고 [만약] 소켓에 [논리] 서랍에서 가져온 [=] 블록을 끼웁니다. [=] 블록의 빈 소켓에 [가져오기 선택] 블록과 ["예"] 블록을 넣습니다.

해설 [선택]에는 대화창에서 사용자가 선택한 버튼의 텍스트가 들어있습니다. 사용자가 "예"를 선택했다면 조건문을 만족하므로 [그러면] 섹션의 블록이 실행되고 "아니요"를 선택했다면 대화창이 닫힌 후 아무런 일도 일어나지 않습니다.

❻ [TinyDB1] 컴포넌트에서 가져온 [호출 TinyDB1.태그 지우기] 블록을 [그러면] 섹션에 넣고 [태그] 소켓에 [목록선택_북마크삭제] 컴포넌트에서 가져온 [목록선택_북마크삭제.선택된 항목] 블록을 끼웁니다.

해설 [TinyDB1.태그 지우기] 함수는 TinyDB에서 특정 태그를 찾아서 삭제합니다. 목록 선택창에서 선택된 항목을 태그로 사용해 [TinyDB1]에 저장된 태그(웹 페이지 제목)와 값(웹 페이지의 URL)을 삭제합니다.

지금까지 만든 기능들이 제대로 작동하는지 테스트해 봅시다.

04 _ 앱 테스트

1. [북마크 메뉴]의 [북마크 관리]를 선택하면 웹 페이지 제목이 있는 목록 창이 나타나며 목록의 항목 중 하나를 선택하면 대화창이 나타남　□

2. 대화창에서 [예] 버튼을 선택한 후 [북마크 보기]나 [북마크 관리]에서 북마크가 삭제된 것을 확인함　□

지금까지 간단한 형태의 웹 브라우저를 만들어 봤습니다. 안드로이드 기본 웹 브라우저보다 제약 사항이 많기는 하지만 간단한 웹 서핑 정도는 충분히 할 수 있는 수준의 웹 브라우저가 탄생했습니다. 여기에 여러분의 아이디어를 더해 특별한 기능을 가진 나만의 웹 브라우저를 만들어 보길 바랍니다.

뒤로 가기 버튼으로 페이지 이동하기

미션 해결을 통해 지금까지 만들어본 앱의 기능을 한 단계 더 업그레이드해 봅시다. 이번 미션을 해결하면 맨 처음 앱 구상 단계에서 설계했던 앱의 기능이 최종적으로 완성됩니다.

지금까지 만든 웹 브라우저는 뒤로 가기 버튼을 누르면 앱이 종료됩니다. 안드로이드 스마트폰의 하드웨어 버튼 중 하나인 뒤로 가기 버튼은 웹 서핑을 할 때 이전 페이지로 이동하는 용도로 유용하게 사용됩니다. 뒤로 가기 버튼을 눌렀을 때 앱이 종료되지 않고 이전 페이지 이동하도록 만들어 봅시다.

1. 추가할 기능

❶ 뒤로 가기 버튼을 누르면 이전 페이지로 이동합니다.

❷ 뒤로 가기 버튼을 눌렀을 때 이전 페이지가 없어서 이동할 수 없다면 앱을 종료합니다.

2. 참고 사항

아래의 두 블록을 잘 이용하면 페이지 이동과 앱 종료 기능을 만들 수 있습니다.

블록	기능
언제 Screen1 ▾ .뒤로가기 누름 실행	뒤로 가기 버튼을 눌렀을 때 실행됩니다.
앱 종료	앱의 모든 창을 닫고 앱을 중지합니다.

프로젝트 소스

지금까지 만든 앱과 미션에 관한 예제는 앱 인벤터 갤러리에서 myBrowser로 검색하면 확인할 수 있습니다.

07
한 번에 전화 걸기 앱

이번 장에서는 바탕화면의 앱 아이콘을 터치하는 순간 바로 지정해둔 전화번호로 전화를 거는 스마트폰 전용앱을 만들어 보겠습니다. 한 번에 전화 걸기 앱은 최초로 실행했을 때 전화번호를 지정하기 위한 화면이 나타나고 전화번호가 한 번 지정되면 다음 실행부터는 앱 화면이 나타나지 않고 바로 지정된 번호로 전화를 거는 앱입니다.

구현 과정

1. 준비하기 _ 한 번에 전화 걸기 앱 구상. 앱 구현에 필요한 주요 컴포넌트의 기능 파악

2. 화면 구성 _ 앱 화면 구상에 따라 각종 컴포넌트를 화면에 배치

3. 기본 기능 _ 입력된 전화번호로 바로 전화 걸기 기능 만들기

4. 기능 추가 _ 전화번호부에서 전화번호 가져오기 기능 추가

5. 도전하기 _ 앱 아이콘 만들기 만들기

완성된 앱의 모습

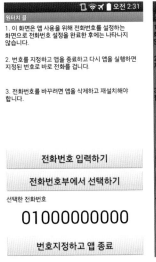  

7.1 _ 앱 개발 준비

앱 구상

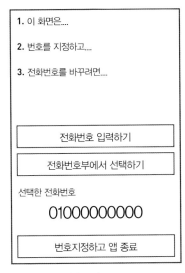

[그림 7-1] 앱 화면 구상

- **앱 이름:** 원터치콜

- **스크린:** 1개

- **사용할 컴포넌트:** 버튼, 레이블, 알림, 웹뷰어, 전화번호 선택, 전화, TinyDB

- **설계 내용**

  ❶ 앱을 설치하고 최초로 실행하면 전화번호 입력 화면이 나타납니다.

  ❷ [전화번호 입력하기] 버튼을 클릭하면 전화번호를 입력받는 대화창이 나타납니다. 대화창의 텍스트 상자에 전화번호를 입력하고 [OK] 버튼을 클릭하면 대화창이 사라지고 화면에 입력한 전화번호가 표시됩니다.

  ❸ [전화번호부에서 선택하기] 버튼을 클릭하면 사용자의 스마트폰에 입력된 전화번호가 나열돼 있는 전화번호 선택창이 나타납니다. 선택창의 전화번호 중 하나를 선택하면 선택창이 사라지고 화면에 선택한 전화번호가 표시됩니다.

  ❹ [번호지정하고 앱 종료]을 클릭했을 때 입력한 전화번호가 없으면 전화번호를 다시 입력하라는 대화창이 나타났다 사라집니다. 입력된 전화번호가 있으면 전화번호를 저장할지 묻는 대화창이 나타나고 [예] 버튼을 클릭하면 전화번호가 저장되고 앱이 종료됩니다.

  ❺ 앱이 종료된 후 앱을 다시 실행하면 처음 앱을 실행했을 때 저장해둔 번호로 바로 전화를 겁니다.

앱 제작에 필요한 컴포넌트 살펴보기

이번 장에 새롭게 등장하는 컴포넌트와 앱 제작에 사용될 블록을 미리 살펴보겠습니다.

- **[전화번호 선택] 컴포넌트**

  ❶ **위치:** 소셜

  ❷ **기능:** 스마트폰에 저장된 연락처 목록을 보여주고 연락처의 이름, 휴대폰 번호, 이메일 주소, 사진을 앱으로 가져와서 사용할 수 있게 해 줍니다. 안드로이드 3.0 이하 버전에서는 일부 기능이 정상적으로 작동하지 않을 수 있습니다.

  ❸ **속성**

블록	기능
전화번호_선택1 . 전화번호	연락처 목록에서 선택한 전화번호가 들어있습니다.

❹ 함수

블록	기능
호출 전화번호_선택1 ▾ .열기	연락처 목록 화면을 엽니다.

❺ 이벤트

블록	기능
언제 전화번호_선택1 ▾ .선택 후 실행	연락처 목록에서 연락처를 하나 선택하면 실행됩니다.

- [전화] 컴포넌트

❶ 위치: 소셜

❷ 기능: 지정된 전화번호로 전화를 걸 수 있게 해줍니다.

❸ 속성

블록	기능
지정하기 전화1 ▾ . 전화번호 ▾ 값	전화를 걸 전화번호를 지정하는 데 사용됩니다. 전화번호에 /, -, 괄호, 공백이 있다면 무시합니다.

❹ 함수

블록	기능
호출 전화1 ▾ .MakePhoneCallDirect	[전화번호] 속성 값으로 설정된 번호에 바로 전화를 겁니다. 비슷한 기능을 하는 [전화 걸기] 함수는 스마트폰의 기본 전화 앱을 실행시켜 전화를 걸 수 있게 만들어 줍니다.

❺ 이벤트

블록	기능
	전화 걸기가 시작되면 실행됩니다. [상태]는 전화를 수신하는 경우에 1이 되고 발신하는 경우에 2가 됩니다. [phoneNumber]에는 수/발신 전화번호가 들어있습니다.

새로운 프로젝트 만들기

앱 인벤터 개발 페이지에 접속한 후 [새 프로젝트 시작하기]를 클릭해 새 프로젝트를 만듭니다. 프로젝트의 이름은 "oneTouchCall"로 하겠습니다.

7.2 _ 화면 디자인

[그림 7-2] 한 번에 전화 걸기 앱의 기본 화면 디자인

한 번에 전화 걸기 앱의 기본 화면 디자인은 [그림 7-2]와 같습니다. 최초에 전화번호를 설정할 때만 실행되는 화면으로 앱의 기능이 단순한 만큼 화면 구성도 단순합니다. 지금부터 [Screen1]의 화면을 구성해 보겠습니다.

- [Screen1] 속성 설정

  ❶ [컴포넌트] 패널의 [Screen1]을 선택한 후 [속성] 패널에서 [앱 이름]을 "원터치콜"로 바꿉니다.

  ❷ [제목]을 "원터치콜"로 바꿉니다.

화면 구성

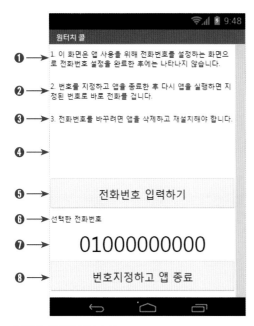

[그림 7-3] 화면 구성 순서

❶ [팔레트] 패널의 [사용자 인터페이스] 서랍에서 [레이블]을 [뷰어] 패널의 스크린으로 가져온 후 [속성] 패널에서 [높이]와 [너비]를 "부모에 맞추기", [텍스트]를 "1. 이 화면은 앱 사용을 위해 전화번호를 설정하는 화면으로 전화번호 설정을 완료한 후에는 나타나지 않습니다."로 바꿉니다.

❷ [레이블]을 추가하고 [속성] 패널에서 [높이]와 [너비]를 "부모에 맞추기", [텍스트]를 "2. 번호를 지정하고 앱을 종료한 후 다시 앱을 실행하면 지정된 번호로 바로 전화를 겁니다."로 바꿉니다.

❸ [레이블]을 추가하고 [속성] 패널에서 [높이]와 [너비]를 "부모에 맞추기", [텍스트]를 "3. 전화번호를 바꾸려면 앱을 삭제하고 재설치해야 합니다."로 바꿉니다.

❹ [레이블]을 추가하고 [속성] 패널에서 [높이]와 [너비]를 "부모에 맞추기", [텍스트]를 빈칸으로 바꿉니다. 이 레이블은 화면에 여백을 만드는 역할을 합니다.

❺ [버튼]을 추가하고 [컴포넌트] 패널에 있는 [이름 바꾸기] 버튼을 클릭해 이름을 "버튼_전화번호입력"으로 바꿉니다. [버튼_전화번호입력]의 [속성] 패널에서 [글꼴 크기]를 "20", [높이]를 "50 pixels", [너비]를 "부모에 맞추기", [텍스트]를 "전화번호 입력하기"로 바꿉니다.

❻ [레이블]을 추가하고 [속성] 패널에서 [텍스트]를 "선택한 전화번호"로 바꿉니다.

❼ [레이블]을 추가하고 이름을 "레이블_전화번호"로 바꿉니다. [레이블_전화번호]의 [속성] 패널에서 [글꼴 크기]를 "40", [높이]와 [너비]를 "부모에 맞추기", [텍스트]를 "01000000000"으로 바꿉니다.

❽ 새로운 버튼을 추가하고 이름을 "버튼_번호지정"으로 바꿉니다. [버튼_번호지정]의 [속성] 패널에서 [글꼴 크기]를 "20", [높이]를 "50 pixels", [너비]를 "부모에 맞추기", [텍스트]를 "번호지정하고 앱 종료"로 바꿉니다.

보이지 않는 컴포넌트 배치

❶ [팔레트] 패널의 [소셜] 서랍에서 [전화]를 스크린으로 가져옵니다.

❷ [TinyDB]를 스크린으로 가져옵니다.

❸ [알림]을 스크린으로 가져옵니다.

이것으로 [Screen1]의 화면 디자인 작업을 마치겠습니다.

컴포넌트 속성 정리

컴포넌트의 속성을 정리해 놓은 표를 통해 지금까지의 작업을 정리해 보겠습니다.

컴포넌트	이름	변경해야 할 속성
스크린	Screen1	앱 이름: 원터치콜 제목: 원터치콜
버튼	버튼_전화번호입력, 버튼_번호지정	글꼴 크기: 20 높이: 50 pixels 너비: 부모에 맞추기 텍스트: 전화번호 입력하기, 번호지정하고 앱 종료
레이블	레이블1	높이: 부모에 맞추기 너비: 부모에 맞추기 텍스트: 1. 이 화면은 앱 사용을 위해 전화번호를 설정하는 화면으로 전화번호 설정을 완료한 후에는 나타나지 않습니다.
	레이블2	높이: 부모에 맞추기 너비: 부모에 맞추기 텍스트: 2. 번호를 지정하고 앱을 종료하고 다시 앱을 실행하면 지정된 번호로 바로 전화를 겁니다.

컴포넌트	이름	변경해야 할 속성
레이블	레이블3	높이: 부모에 맞추기 너비: 부모에 맞추기 텍스트: 3. 전화번호를 바꾸려면 앱을 삭제하고 재설치해야 합니다.
	레이블4	높이: 부모에 맞추기 너비: 부모에 맞추기 텍스트: 빈칸
	레이블5	텍스트: 선택한 전화번호
	레이블_전화번호	글꼴 크기: 40 높이: 부모에 맞추기 너비: 부모에 맞추기 텍스트: 01000000000
전화	전화1	변경사항 없음
TinyDB	TinyDB1	변경사항 없음
알림	알림1	변경사항 없음

화면 디자인 작업을 완료했으면 [블록] 버튼을 클릭해 블록 편집기로 이동합니다.

7.3 _ 블록 조립

이번 장부터는 블록 조립 과정을 설명할 때 [블록] 패널의 어디에서 블록을 가져와서 어느 블록 아래에 넣으라는 자세한 설명은 생략하겠습니다. 컴포넌트 블록은 컴포넌트의 이름을 확인한 후 해당 컴포넌트의 서랍을 열어서 가져오면 되고 공통 블록은 블록의 색깔을 확인한 후 색깔이 같은 서랍을 열어서 가져오면 됩니다. 그리고 블록 조합 한 줄이 완성된 후 다음으로 가져오는 블록은 특별한 설명이 없는 한 방금 완성된 블록 조합 아래쪽에 연결하면 됩니다.

전화 번호 입력 기능 만들기

우선 전화번호를 저장해두기 위한 전역 변수를 만듭니다.

[전역 변수 초기화] 블록을 [뷰어] 패널로 가져온 후 이름을 "전화번호"로 바꾸고 [값] 소켓에 [" "] 블록을 끼웁니다.

전역변수 초기화 전화번호 값 " ▢ "

[예제 7-1] 전역 변수 선언 및 초기화

다음으로 [전화번호 입력하기] 버튼의 기능을 만들어 보겠습니다.

[예제 7-2] [버튼_전화번호입력]을 클릭했을 때 실행되는 블록

❶ [언제 버튼_전화번호입력.클릭] 블록을 [뷰어] 패널로 가져옵니다.

❷ [호출 알림1.텍스트 대화창 나타내기] 블록을 이벤트 핸들러 블록의 [실행] 섹션에 넣고 [메시지] 소켓에 ["전화번호를 입력해 주세요"] 블록, [제목] 소켓에 ["전화번호입력"] 블록을 끼웁니다.

해설 [전화번호 입력하기] 버튼을 클릭하면 [그림 7-4]와 같은 대화창이 나타납니다.

전화번호입력

-기호를 빼고 전화번호를 입력해 주세요

OK   Cancel

[그림 7-4] 텍스트 대화창

[호출 알림1.텍스트 대화창 나타내기] 블록의 각 소켓에 지정된 텍스트와 [그림 7-4]의 텍스트를 비교해 각 소켓에 지정된 텍스트의 역할이 무엇인지 알 수 있습니다. [취소 가능 여부]를 "거짓"으로 바꾸면 대화창에 보이는 [Cancel] 버튼이 사라집니다. 대화창의 텍스트 입력란에 전화번호를 입력하고 [OK] 버튼을 클릭하면 텍스트 입력 후 이벤트가 발생합니다.

텍스트 대화창을 통해 입력받은 전화번호를 화면에 표시되도록 만들어 보겠습니다.

[예제 7-3] 텍스트 대화창을 통해 입력받은 전화번호를 화면에 표시

❶ [언제 알림1.텍스트 입력 후] 블록을 [뷰어] 패널로 가져옵니다.

> **해설** 이 블록은 텍스트 대화창이 닫히고 텍스트 입력 후 이벤트가 발생하면 실행되는 이벤트 핸들러 블록으로 [텍스트 대화창 나타내기] 함수와 항상 같이 사용됩니다. 텍스트 대화창에 텍스트를 입력하고 [OK] 버튼을 클릭했다면 [응답]에 텍스트 대화창에 입력했던 텍스트가 저장되고 [Cancel] 버튼을 클릭했다면 [응답]에 버튼의 이름인 "Cancel"이 저장됩니다.

❷ [지정하기 global 전화번호] 블록을 이벤트 핸들러 블록의 [실행] 섹션에 넣고 [값] 소켓에 [가져오기 응답] 블록을 끼웁니다.

> **해설** 텍스트 대화창에서 입력받은 전화번호를 전역 변수 [전화번호]에 넣어 둡니다.

❸ [지정하기 레이블_전화번호.텍스트] 블록을 추가하고 [값] 소켓에 [가져오기 global 전화번호] 블록을 끼웁니다.

> **해설** 입력받은 전화번호를 화면에 출력합니다.

전화 번호 저장 및 종료 기능 만들기

다음으로 [번호지정하고 앱 종료] 버튼의 기능을 만들어 보겠습니다.

[예제 7-4] [버튼_번호지정]을 클릭했을 때 실행되는 블록

❶ [언제 버튼_번호지정.클릭] 블록을 [뷰어] 패널로 가져옵니다.

❷ [만약 그러면] 블록을 이벤트 핸들러 블록의 [실행] 섹션에 넣고 파란색 아이콘을 클릭해 [아니면] 블록을 추가합니다. [만약] 소켓에 [비어있나요?] 블록을 끼우고 이 블록의 소켓에 [가져오기 global 전화번호] 블록을 끼웁니다.

> **해설** [비어있나요?] 블록은 연결된 텍스트가 비어있으면 "참", 비어있지 않으면 "거짓" 값을 돌려줍니다.

❸ [호출 알림1.경고창 나타내기] 블록을 [그러면] 섹션에 넣고 [알림] 소켓에 ["전화번호가 없습니다. 전화번호를 입력해주세요"] 블록을 끼웁니다.

해설 전역 변수 [전화번호]의 초깃값으로 빈 텍스트를 설정해 뒀으므로 전화번호를 아직 입력하지 않은 상태라면 전화번호가 없음을 알리는 대화창을 띄웁니다.

❹ [호출 알림1.선택 대화창 나타내기] 블록을 [아니면] 섹션에 넣고 [메시지] 소켓에 [합치기] 블록을 끼웁니다. [합치기] 블록의 첫 번째 소켓에 [가져오기 global 전화번호] 블록, 두 번째 소켓에 ["이 번호를 원터치콜 번호로 지정하시겠습니까?"] 블록을 끼웁니다. [제목] 소켓에 ["확인"] 블록, [버튼1 텍스트] 소켓에 ["예"] 블록, [버튼2 텍스트] 소켓에 ["아니요"] 블록을 끼웁니다.

해설 전역 변수 [전화번호]에 전화번호가 들어 있다면 이 전화번호를 전화를 걸 번호로 지정할지를 묻는 선택 대화창을 띄웁니다.

다음으로 선택 대화창에서 선택한 버튼에 따라 앱의 동작이 달라지도록 만들어 보겠습니다.

[예제 7-5] 대화창에서 버튼을 선택했을 때 실행되는 블록

❶ [언제 알림1.선택 후] 블록을 [뷰어] 패널로 가져옵니다.

해설 이 블록은 [선택 대화창 나타내기] 함수와 쌍으로 사용되는 이벤트 핸들러 블록으로 대화창의 버튼을 선택하면 실행됩니다. [선택]에는 대화창에서 선택한 버튼의 이름이 들어있습니다.

❷ [만약 그러면] 블록을 이벤트 핸들러 블록 안쪽에 넣고 [만약] 소켓에 [논리] 서랍에서 가져온 [=] 블록을 끼웁니다. = 연산자의 왼쪽에 [가져오기 선택] 블록, 오른쪽에 ["예"] 블록을 넣습니다.

해설 대화창에서 [예] 버튼을 선택했다면 조건문을 만족하므로 [그러면] 섹션의 블록이 실행되고 [아니요] 버튼을 선택했다면 대화창이 닫힌 후 아무런 일도 일어나지 않습니다.

❸ [호출 TinyDB1.값 저장] 블록을 [그러면] 섹션에 넣고 [태그] 소켓에 ["태그_전화번호"] 블록, [저장할 값] 소켓에 [가져오기 global 전화번호] 블록을 끼웁니다.

해설 사용자가 입력한 전화번호를 [TinyDB1]에 "태그_전화번호"라는 태그로 저장합니다.

❹ [앱 종료] 블록을 추가합니다.

> 해설 [앱 종료] 블록은 말 그대로 앱을 닫습니다. 전화를 걸 번호의 저장이 완료되면 앱의 일차적인 임무를 다 한 것이므로 앱을 종료합니다.

지금까지 만든 기능들이 제대로 작동하는지 확인해 봅시다. AI 컴패니언을 이용한 실시간 앱 실행은 [앱 종료] 블록을 지원하지 않으므로 빌드한 파일을 스마트폰에 설치한 후 앱을 실행해 체크리스트 항목에 따라 앱의 기능을 테스트해 봅시다. 앱의 기능에 문제가 없으면 체크 표시를 하고 문제가 있으면 블록 조립 과정에 오류가 없었는지 다시 한 번 확인해 봅시다.

01_ 앱 테스트	
1. [전화번호 입력하기] 버튼을 클릭하면 텍스트 입력 대화창이 나타남	☐
2. 대화창에 전화번호를 입력하고 [OK] 버튼을 클릭하면 앱 화면에 입력한 전화번호가 출력됨	☐
3. [번호지정하고 앱 종료] 버튼을 클릭하면 선택 대화창이 나타남	☐
4. 선택 대화창의 [예] 버튼을 클릭하면 앱이 종료됨	☐

전화 걸기 기능 만들기

다음으로 앱을 실행했을 때 조건에 따라 앱 화면을 보여주거나 앱 화면을 보여주지 않고 바로 전화를 걸도록 만들어 보겠습니다.

[예제 7-6] [Screen1]이 열리면 실행되는 블록

❶ [언제 Screen1.초기화] 블록을 [뷰어] 패널로 가져옵니다.

> 해설 앱이 시작할 때마다 자동으로 발생하는 [초기화] 이벤트를 이용해 앱을 어떤 모드로 실행할지를 결정합니다.

❷ [지정하기 global 전화번호] 블록을 이벤트 핸들러 블록의 [실행] 섹션에 넣고 [값] 소켓에 [호출 TinyDB1.값 가져오기] 블록을 끼웁니다. [태그] 소켓에 ["태그_전화번호"] 블록을 끼웁니다.

해설 [TinyDB1]에 저장된 전화번호를 가져옵니다. 이전에 앱을 실행해 전화번호를 지정해 뒀다면 전역 변수 [전화번호]에 [TinyDB1]에 저장돼 있던 전화번호가 들어옵니다. 전화번호를 지정한 적이 없다면 "태그_전화번호"라는 태그는 존재하지 않으므로 [전화번호]의 값은 [찾는 값이 없을 경우] 소켓에 지정된 빈 텍스트가 됩니다.

❸ [만약 그러면] 블록을 추가하고 [만약] 소켓에 [아니다] 블록을 끼웁니다. [아니다] 블록의 소켓에 [비어있나요?] 블록을 끼우고 이 블록의 소켓에 [가져오기 global 전화번호] 블록을 끼웁니다.

해설 전역 변수 [전화번호]가 비어있지 않다면, 즉 전화번호가 TinyDB에 입력돼 있다면 [그러면] 섹션이 실행됩니다.

❹ [지정하기 전화1.전화번호] 블록을 [그러면] 섹션에 넣고 [값] 소켓에 [가져오기 global 전화번호] 블록을 끼웁니다.

해설 전화를 걸 전화번호를 설정합니다.

❺ [호출 전화1.MakePhoneCallDirect] 블록을 추가합니다.

해설 설정된 전화번호로 전화를 겁니다.

전화를 걸었을 때 앱이 종료되도록 만들어 보겠습니다.

[예제 7-7] 전화걸기가 시작되면 앱 종료

❶ [언제 전화1.전화 시작] 블록을 [뷰어] 패널로 가져옵니다.

해설 [전화 시작] 이벤트는 전화를 걸면 발생합니다. 만약 저장된 전화번호가 없다면 전화를 걸지 않으므로 [전화 시작] 이벤트는 발생하지 않습니다.

❷ [앱 종료] 블록을 이벤트 핸들러 블록의 [실행] 섹션에 넣습니다.

해설 앱을 시작했을 때 TinyDB에 저장된 전화번호가 있다면 그 전화번호로 전화를 걸고 전화 걸기가 시작되면 앱을 종료합니다. 즉 앱을 실행시키면 앱의 화면은 아주 잠깐 나타났다가 사라지고 바로 전화 걸기가 시작됩니다.

지금까지 만든 기능들이 제대로 작동하는지 테스트해 봅시다.

1. 전화번호를 지정하지 않은 상태에서 앱을 실행하면 앱 화면이 나타남 ☐

2. 전화번호를 지정한 후 다시 앱을 실행하면 앱 화면이 잠깐 보였다가 사라지고 지정된 전화번호로 전화를 걸기 시
작함 ☐

이것으로 한 번에 전화 걸기 앱의 기본 형태 만들기를 마치겠습니다.

7.4 _ 기능 추가

전화번호를 설정할 때 전화번호를 직접 입력하지 않고 사용자의 스마트폰에 저장된 연락처 정보에서
전화번호를 가져올 수 있도록 만들어 보겠습니다.

컴포넌트 추가

연락처 정보에서 전화번호를 가져오는 기능을 구현하려면 스크린에 [전화번호 선택] 컴포넌트를 추가
해야 합니다.

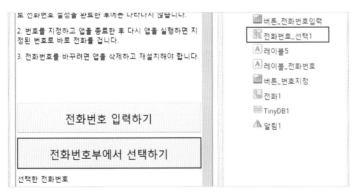

[그림 7-5] 추가 컴포넌트

[전화번호 선택] 컴포넌트를 추가하기 위해 디자인 편집기로 이동합니다. [팔레트] 패널의 [소셜] 서랍
에서 [전화번호 선택]을 가져와 [버튼_전화번호입력] 아래에 넣습니다. [전화번호_선택1]의 [속성] 패널
에서 [글꼴 크기]를 "20", [높이]를 "50 pixels", [너비]를 "부모에 맞추기", [텍스트]를 "전화번호부에서
선택하기"로 바꿉니다.

전화번호 선택 기능 만들기

이제 블록 편집기로 가서 전화번호 선택 기능을 완성해 보겠습니다.

[예제 7-8] 연락처 리스트에서 연락처를 선택하면 실행되는 블록

❶ [언제 전화번호_선택1.선택 후] 블록을 [뷰어] 패널로 가져옵니다.

해설 [전화번호_선택1]의 버튼을 클릭하면 특별히 기능을 설정하지 않아도 연락처 목록창이 나타납니다. 연락처에 서 한 명을 선택했을 때 [선택 후] 이벤트가 발생하고 이 블록이 실행됩니다.

❷ [지정하기 global 전화번호] 블록을 이벤트 핸들러 블록의 [실행] 섹션에 넣고 [값] 소켓에 [전화번호_선택1.전화번 호] 블록을 끼웁니다.

해설 연락처 목록에서 선택한 사람의 전화번호를 전역 변수 [전화번호]에 저장해 둡니다.

❸ [지정하기 레이블_전화번호.텍스트] 블록을 추가하고 [값] 소켓에 [가져오기 global 전화번호] 블록을 끼웁니다.

해설 연락처 목록에서 선택한 사람의 전화번호를 화면에 출력합니다.

지금까지 만든 기능들이 제대로 작동하는지 테스트해 봅니다. 이미 앱에 전화번호가 입력돼 있어서 앱 설정화면이 바로 사라진다면 기존에 설치된 앱을 삭제한 후 앱을 새로 설치합니다.

03_앱 테스트

1. [전화번호부에서 선택하기] 버튼을 클릭하면 연락처 목록창이 나타남 ☐

2. 연락처에서 전화번호를 선택하면 선택한 전화번호가 화면에 출력됨 ☐

3. [번호지정하고 앱 종료] 버튼을 클릭해 앱을 종료한 후 다시 앱을 실행하면 방금 지정한 전화번호로 전화를 걸기 시작함 ☐

지금까지 한 번에 전화 걸기 앱을 만들어 보았습니다. 앱의 아이콘을 실제 전화를 받을 사람의 사진으로 설정하고 앱의 이름도 전화를 받을 사람의 이름으로 바꿔서 스마트폰에 설치해 봅시다. 나와 가장 가까운 사람에게 전화를 걸 때 유용하게 사용할 수 있을 것입니다.

앱에 어울리는 아이콘 만들기

한 번에 전화 걸기 앱에 어울리는 아이콘을 만들어 보겠습니다. 전화 받을 사람의 사진을 앱의 아이콘으로 이용하면 앱의 완성도가 더욱 높아질 것입니다.

1. 추가할 기능

앱 아이콘으로 사용할 이미지를 만든 후 앱 인벤터에 업로드해서 [Screen1]의 아이콘으로 설정합니다. 그리고 앱을 빌드해 스마트폰에 설치한 후 설치된 앱의 아이콘을 확인해 봅시다.

2. 앱 아이콘 설정

[그림 7-6] 앱 아이콘 설정

❶ [미디어] 패널의 [파일 올리기] 버튼을 누릅니다.

❷ 팝업창의 [파일 선택] 버튼을 누른 후 내 컴퓨터에 있는 아이콘 파일을 선택합니다.

❸ 파일을 선택한 후 [확인] 버튼을 클릭해 파일을 앱 인벤터 서버에 업로드합니다.

❹ [Screen1]의 [속성] 패널에 있는 [아이콘]에서 방금 업로드한 파일을 선택하고 [OK] 버튼을 누릅니다.

3. 참고 사항

포토샵과 같은 그래픽 툴을 잘 다룰 줄 안다면 아이콘 이미지 파일을 쉽게 만들 수 있겠지만 그래픽 툴에 익숙하지 않다면 아이콘 파일을 쉽게 만들 수 있게 도와주는 웹 사이트를 이용하면 됩니다. Android Asset Studio(http://romannurik.github.io/AndroidAssetStudio)를 이용하면 안드로이드 앱에 사용되는 다양한 아이콘을 쉽게 만들 수 있습니다.

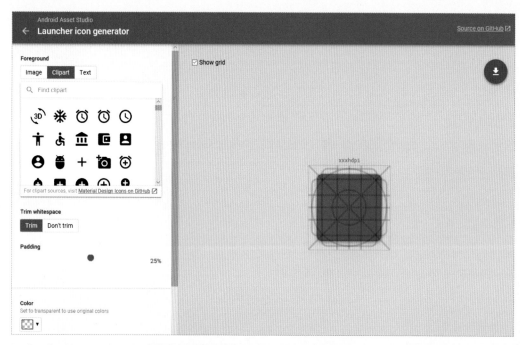

[그림 7-7] Android Asset Studio의 앱 아이콘 만들기 화면

크롬 브라우저로 Android Asset Studio 사이트에 접속한 후 Launcher icon generator를 클릭하면 [그림 7-7]과 같이 앱 아이콘을 만들 수 있는 화면이 나타납니다. [IMAGE] 버튼을 클릭하고 아이콘으로 사용할 이미지를 업로드하면 다른 설정을 건드리지 않아도 자동으로 아이콘 모양을 만들어 줍니다. 아이콘의 모양을 다르게 바꾸고 싶다면 각종 설정 버튼을 클릭하고 수치를 조절하면 됩니다. 화면 오른쪽에 있는 아이콘 미리 보기에 즉시 설정이 반영되기 때문에 몇 번만 사용해보면 쉽게 아이콘을 만들 수 있습니다. 설정을 마친 후 화면 오른쪽 위에 있는 다운로드 버튼을 클릭하면 다양한 크기의 아이콘을 한꺼번에 내려받을 수 있습니다. 내려받은 압축 파일에는 5가지 크기의 아이콘이 들어있습니다.

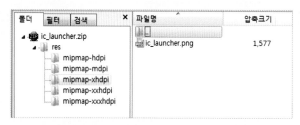

[그림 7-8] 내려받은 압축 파일의 폴더 구조

내려받은 압축 파일의 xhdpi 폴더 안에 있는 아이콘은 크기가 96x96픽셀로 해상도가 HD(1280x720)인 스마트폰에 사용하기에 적당합니다. xhdpi보다 위쪽에 있는 폴더에는 HD 이하의 해상도를 가진 기기용 아이콘이 들어있으며 xhdpi보다 아래쪽에 있는 폴더에는 HD 이상의 해상도를 가진 기기용 아이콘이 들어 있습니다. 안드로이드 스튜디오와 같은 전문 개발 툴로 만든 안드로이드 앱 설치 파일에는 이 5가지 크기의 아이콘이 다 들어 있어서 앱이 설치될 때 스마트폰의 해상도에 대응하는 아이콘이 자동으로 선택됩니다. 하지만 앱 인벤터로는 아이콘 이미지를 딱 1개만 지정할 수 있으므로 내려받은 5가지 크기의 이미지 중 하나를 선택해서 사용해야 합니다. 보통은 xhdpi 폴더에 있는 이미지를 아이콘으로 사용하면 무난합니다.

프로젝트 소스

지금까지 만든 앱과 미션에 관한 예제는 앱 인벤터 갤러리에서 oneTouchCall로 검색하면 확인할 수 있습니다.

08
금연 도우미 앱

이번 장에서는 금연 도우미 앱을 만들어 보겠습니다. 금연 도우미는 금연을 시작한 날짜부터 현재까지 금연한 기간, 피우지 않은 담배의 수, 절약한 돈, 늘어난 수명을 계산해서 보여줌으로써 금연에 대한 다짐이 약해지지 않도록 도와주는 앱입니다.

구현 과정

1. 준비하기 _ 금연 도우미 구상, 앱 구현에 필요한 주요 컴포넌트의 기능 파악

2. 화면 구성 _ 앱 화면 구상에 따라 각종 컴포넌트 화면에 배치

3. 기본 기능 _ 금연 기간, 피우지 않은 담배 수, 절약한 돈, 늘어난 수명 계산 기능 만들기

4. 기능 추가 _ 오류 검사 기능 추가

5. 도전하기 _ 화면에 사진 넣기

완성된 앱의 모습

8.1 _ 앱 개발 준비

앱 구상

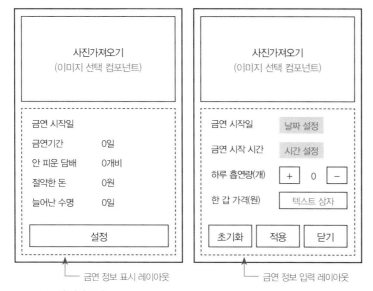

[그림 8-1] 앱 화면 구상

- **앱 이름:** 금연 도우미
- **스크린:** 1개
- **사용할 컴포넌트:** 버튼, 텍스트 상자, 날짜 선택, 시간 선택, 레이블, 수직배치, 수평배치, 이미지 선택, 시계, TinyDB
- **설계 내용**

  ❶ 스크린 하나를 이용해 2개의 스크린을 사용하는 효과를 내기 위해 앱을 실행하면 [금연 정보 입력 레이아웃]은 숨김 상태로 보이지 않게 합니다. [설정] 버튼을 클릭하면 [금연 정보 표시 레이아웃]이 사라지고 [금연 정보 입력 레이아웃]이 나타나게 해서 화면 전환이 이뤄진 것처럼 보이게 합니다.

  ❷ [금연 정보 입력 레이아웃]의 [날짜설정] 버튼을 클릭하면 날짜 설정 창이 나타나고 날짜 설정을 완료하면 [날짜설정] 버튼의 텍스트가 선택한 날짜로 바뀝니다.

  ❸ [시간설정] 버튼을 클릭하면 시간 설정 창이 나타나고 시간 설정을 완료하면 [시간설정] 버튼의 텍스트가 선택한 시간으로 바뀝니다.

  ❹ [+] 버튼을 클릭하면 하루 흡연량을 나타내는 숫자가 1씩 증가하고 [-] 버튼을 클릭하면 숫자가 1씩 감소합니다.

❺ 한 갑 가격을 입력하는 텍스트 상자에는 숫자만 입력할 수 있게 설정합니다.

❻ [초기화] 버튼을 클릭하면 화면상의 수치들이 초깃값으로 돌아가고 TinyDB에 입력된 값들이 다 지워집니다.

❼ [적용] 버튼을 클릭하면 입력된 자료에 대한 오류를 검사한 후 오류가 있으면 경고 메시지 창이 나타납니다.

❽ 입력된 자료에 오류가 없다면 [금연 정보 입력 레이아웃]이 사라지고 [금연 정보 표시 레이아웃]이 나타납니다. 이 때 입력된 자료를 이용해 계산한 금연 정보가 화면에 표시됩니다.

❾ [닫기] 버튼을 클릭하면 자료 입력 여부에 상관없이 [금연 정보 입력 레이아웃]이 사라지고 [금연 정보 표시 레이아웃]이 나타납니다.

❿ [사진가져오기] 버튼을 클릭하면 스마트폰에 설치된 갤러리 앱이 실행됩니다. 갤러리에서 사진을 선택하면 [사진 가져오기] 버튼의 배경으로 사진이 들어옵니다.

앱 제작에 필요한 컴포넌트 살펴보기

이번 장에 새롭게 등장하는 컴포넌트와 앱 제작에 사용될 블록들을 미리 살펴보겠습니다.

- **[이미지 선택] 컴포넌트**

❶ **위치**: 미디어

❷ **기능**: [이미지 선택] 컴포넌트의 버튼을 클릭하면 스마트폰의 사진 갤러리로 이동하며 사진 갤러리에서 원하는 사진을 선택해 앱 화면으로 불러올 수 있습니다.

❸ **속성**

블록	기능
`이미지_선택1 . 선택된 항목`	갤러리에서 선택한 이미지의 파일 경로를 나타냅니다. 갤러리에서 선택한 파일은 스마트폰의 내부 저장소의 Pictures/_app_inventor_image_picker 폴더에 복제되며 [선택된 항목] 속성은 이 폴더에 있는 파일의 경로를 나타냅니다. 이 폴더에는 최대 10개의 파일이 저장되며 10개가 넘어가면 오래된 파일부터 삭제됩니다.
`지정하기 이미지_선택1 . 텍스트 값`	[이미지 선택] 버튼의 텍스트를 설정합니다.
`지정하기 이미지_선택1 . 이미지 값`	[이미지 선택] 버튼의 배경 이미지를 설정합니다.

❹ 이벤트

블록	기능
언제 **이미지_선택1** .선택 후 실행	사진 갤러리에서 사진 선택이 완료되면 실행됩니다.

▪ [시계] 컴포넌트

❶ 위치: 센서

❷ 기능: 스마트폰 내부의 시계를 이용해 현재 시간에 관한 정보를 나타내는 인스턴트(instant)를 제공합니다. 또한 특정 시점의 인스턴트를 사용자가 만들 수도 있습니다. 인스턴트는 [시계] 컴포넌트가 가지고 있는 함수를 이용해 시간과 관련된 계산을 하거나 시간을 다양한 형식으로 출력할 때 사용됩니다.

> **인스턴트란?**
>
> 인스턴트는 특정 시점의 년도, 월, 일, 요일, 시간 등의 정보를 담고 있는 자료로서 [시계]의 [지금] 함수를 이용해 출력한 인스턴트의 모습은 아래와 같습니다.
>
> ```
> java.util.GregorianCalendar[time=1555720026525,areFieldsSet=true,areAllFieldsSet=true,lenient
> =true,zone=libcore.util.ZoneInfo[id="Asia/Seoul",mRawOffset=32400000,mEarliestRawOffset=3060
> 0000,mUseDst=false,mDstSavings=0,transitions=21],firstDayOfWeek=1,minimalDaysInFirstWeek=1,E
> RA=1,YEAR=2019,MONTH=3,WEEK_OF_YEAR=16,WEEK_OF_MONTH=3,DAY_OF_MONTH=20,DAY_OF_YEAR=110,DAY_OF_
> WEEK=7,DAY_OF_WEEK_IN_MONTH=3,AM_PM=0,HOUR=9,HOUR_OF_DAY=9,MINUTE=27,SECOND=6,MILLISECOND=525,
> ZONE_OFFSET=32400000,DST_OFFSET=0]
> ```
>
> 위 텍스트는 2019년 4월 20일 토요일 오전 9시 27분 6초에 [지금] 함수가 돌려준 값으로서 자세히 살펴보면 시간과 날짜에 관한 다양한 정보가 포함돼 있음을 알 수 있습니다.

❸ 함수

블록	기능
호출 **시계1** .기간 시작 끝	[시작] 소켓에 지정된 시간부터 [끝] 소켓에 지정된 시간 사이에 얼마나 시간이 흘렀는지를 밀리초(1/1000초) 단위로 계산해서 돌려줍니다. 각 소켓에는 인스턴트 형식의 자료가 연결돼야 합니다.
호출 **시계1** .날짜 형식 인스턴트 pattern " MMM d, yyyy "	인스턴트에 있는 날짜를 가져와 지정된 양식으로 돌려줍니다. 함수 블록의 [pattern] 소켓에 기본으로 연결된 날짜 양식은 영어권 날짜 표시에 최적화돼 있으므로 우리나라의 날짜 표시 양식에 맞게 바꿔서 사용하면 됩니다.

블록	기능
호출 시계1 ▾ .인스턴트 만들기 부터	MM/DD/YYYY hh:mm:ss 또는 MM/DD/YYYY 또는 hh:mm 형식의 텍스트를 입력받아 인스턴트를 돌려줍니다. 예를 들어, "2/25/2019 14:34:22"와 같은 형식의 텍스트를 [부터] 소켓에 지정하면 인스턴트를 만들어서 돌려줍니다.
호출 시계1 ▾ .지금	스마트폰의 내부 시계에서 읽어온 현재 시간을 인스턴트로 만들어서 돌려줍니다.

새로운 프로젝트 만들기

앱 인벤터 개발 페이지에 접속한 후 [새 프로젝트 시작하기]를 클릭해 새로운 프로젝트를 만듭니다. 프로젝트의 이름은 "stopSmoking"으로 하겠습니다.

8.2 _ 화면 디자인

[그림 8-2] 금연 도우미 앱의 기본 화면 디자인

금연 도우미 앱의 기본 화면 디자인은 [그림 8-2]와 같습니다. 지금부터 [Screen1]의 화면을 구성해 보겠습니다.

[Screen1] 속성 설정

❶ [Screen1]을 선택한 후 [속성] 패널에서 [앱 이름]을 "금연도우미"로 바꿉니다.

❷ [제목]을 "금연도우미"로 바꿉니다.

정보 표시 레이아웃 만들기

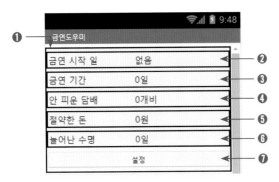

[그림 8-3] 정보표시 레이아웃 구성 순서

❶ [레이아웃] 서랍에서 [수직배치]를 스크린으로 가져온 후 이름을 "정보표시레이아웃"으로 바꾸고 [너비] 속성을 "부모에 맞추기"로 바꿉니다. 이후 스크린으로 가져오는 컴포넌트들은 반드시 [정보표시레이아웃] 안에 포함돼야 합니다.

❷ [수평배치]를 [정보표시레이아웃] 안에 넣고 [속성] 패널에서 [너비]를 "부모에 맞추기"로 바꿉니다. [레이블]을 가져와서 방금 만든 [수평배치] 안에 넣고 [속성] 패널에서 [글꼴 크기]를 "17", [너비]를 "140 pixels", [텍스트]를 "금연 시작 일"로 바꿉니다. [레이블]을 하나 더 가져와 방금 만든 레이블의 오른쪽에 넣고 이름을 "레이블_금연시작일"로 바꿉니다. [레이블_금연시작일]의 [속성] 패널에서 [글꼴 크기]를 "17", [너비]를 "부모에 맞추기", [텍스트]를 "없음"으로 바꿉니다.

❸ [수평배치]를 추가하고 [속성] 패널에서 [너비]를 "부모에 맞추기"로 바꿉니다. [레이블]을 가져와서 방금 만든 [수평배치] 안에 넣고 [속성] 패널에서 [글꼴 크기]를 "17", [너비]를 "140 pixels", [텍스트]를 "금연 기간"으로 바꿉니다. [레이블]을 하나 더 가져와 방금 만든 레이블의 오른쪽에 넣고 이름을 "레이블_금연기간"으로 바꿉니다. [레이블_금연기간]의 [속성] 패널에서 [글꼴 크기]를 "17", [너비]를 "부모에 맞추기", [텍스트]를 "0일"로 바꿉니다.

❹ [수평배치]를 추가하고 [속성] 패널에서 [너비]를 "부모에 맞추기"로 바꿉니다. [레이블]을 가져와 방금 만든 [수평배치] 안에 넣고 [속성] 패널에서 [글꼴 크기]를 "17", [너비]를 "140 pixels", [텍스트]를 "안 피운 담배"로 바꿉니다.

[레이블]을 하나 더 가져와 방금 만든 레이블의 오른쪽에 넣고 이름을 "레이블_안피운담배"로 바꿉니다. [레이블_안피운담배]의 [속성] 패널에서 [글꼴 크기]를 "17", [너비]를 "부모에 맞추기", [텍스트]를 "0 개비"로 바꿉니다.

❺ [수평배치]를 추가하고 [속성] 패널에서 [너비]를 "부모에 맞추기"로 바꿉니다. [레이블]을 가져와서 방금 만든 [수평배치] 안에 넣고 [속성] 패널에서 [글꼴 크기]를 "17", [너비]를 "140 pixels", [텍스트]를 "절약한 돈"으로 바꿉니다. [레이블]을 하나 더 가져와 방금 만든 레이블의 오른쪽에 넣고 이름을 "레이블_절약한돈"으로 바꿉니다. [레이블_절약한돈]의 [속성] 패널에서 [글꼴 크기]를 "17", [너비]를 "부모에 맞추기", [텍스트]를 "0원"으로 바꿉니다.

❻ [수평배치]를 추가하고 [속성] 패널에서 [너비]를 "부모에 맞추기"로 바꿉니다. [레이블]을 가져와서 방금 만든 [수평배치] 안에 넣고 [속성] 패널에서 [글꼴 크기]를 "17", [너비]를 "140 pixels", [텍스트]를 "늘어난 수명"으로 바꿉니다. [레이블]을 하나 더 가져와 방금 만든 레이블의 오른쪽에 넣고 이름을 "레이블_늘어난수명"으로 바꿉니다. [레이블_늘어난수명]의 [속성] 패널에서 [글꼴 크기]를 "17", [너비]를 "부모에 맞추기", [텍스트]를 "0일"로 바꿉니다.

❼ [버튼]을 추가하고 이름을 "버튼_설정"으로 바꿉니다. [버튼_설정]의 [속성] 패널에서 [너비]를 "부모에 맞추기", [텍스트]를 "설정"으로 바꿉니다.

정보 입력 레이아웃 만들기

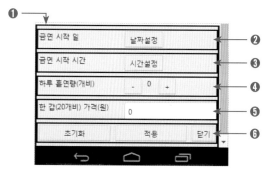

[그림 8-4] 정보 입력 레이아웃 구성 순서

❶ [수직배치]를 [정보표시레이아웃] 아래에 넣고 이름을 "정보입력레이아웃"으로 바꿉니다. [정보입력레이아웃]의 [속성] 패널에서 [너비]를 "부모에 맞추기"로 바꿉니다. 이후 스크린으로 가져오는 컴포넌트들은 반드시 [정보입력레이아웃] 안에 포함돼야 합니다.

❷ [수평배치]를 [정보입력레이아웃] 안에 넣고 [속성] 패널에서 [너비]를 "부모에 맞추기"로 바꿉니다. [레이블]을 가져와 방금 만든 [수평배치] 안에 넣고 [속성] 패널에서 [너비]를 "140 pixels", [텍스트]를 "금연 시작 일"로 바꿉니다. [사용자 인터페이스] 서랍에 있는 [날짜 선택]을 방금 만든 레이블의 오른쪽에 넣고 [속성] 패널에서 [텍스트]를 "날짜설정"으로 바꿉니다.

❸ [수평배치]를 추가하고 [속성] 패널에서 [너비]를 "부모에 맞추기"로 바꿉니다. [레이블]을 가져와 방금 만든 [수평배치] 안에 넣고 [속성] 패널에서 [너비]를 "140 pixels", [텍스트]를 "금연 시작 시간"으로 바꿉니다. [사용자 인터페이스] 서랍에 있는 [시간 선택]을 방금 만든 레이블의 오른쪽에 넣고 [속성] 패널에서 [텍스트]를 "시간설정"으로 바꿉니다.

❹ [수평배치]를 추가하고 [속성] 패널에서 [너비]를 "부모에 맞추기"로 바꿉니다. [레이블]을 가져와 방금 만든 [수평배치] 안에 넣고 [속성] 패널에서 [너비]를 "140 pixels", [텍스트]를 "하루 흡연량(개비)"으로 바꿉니다. [버튼]을 방금 만든 레이블의 오른쪽에 넣고 이름을 "버튼_빼기"로 바꿉니다. [버튼_빼기]의 [속성] 패널에서 [너비]를 "30 pixels", [텍스트]를 "-"로 바꿉니다. [레이블]을 [버튼_빼기]의 오른쪽에 넣고 이름을 "레이블_하루흡연량"으로 바꿉니다. [레이블_하루흡연량]의 [속성] 패널에서 [텍스트]를 "0"으로 바꿉니다. [버튼]을 [레이블_하루흡연량] 오른쪽에 넣고 이름을 "버튼_더하기"로 바꿉니다. [버튼_더하기]의 [속성] 패널에서 [너비]를 "30 pixels", [텍스트]를 "+"로 바꿉니다.

❺ [수평배치]를 추가하고 [속성] 패널에서 [너비]를 "부모에 맞추기"로 바꿉니다. [레이블]을 가져와 방금 만든 [수평배치] 안에 넣고 [속성] 패널에서 [너비]를 "140 pixels", [텍스트]를 "한 갑(20개비) 가격(원)"으로 바꿉니다. [텍스트 상자]를 방금 만든 레이블의 오른쪽에 넣고 이름을 "텍스트상자_한갑가격"으로 바꿉니다. [텍스트 상자_한갑가격]의 [속성] 패널에서 [숫자만]에 체크, [텍스트]를 "0"으로 바꿉니다. [숫자만]에 체크를 해두면 텍스트 상자를 선택했을 때 숫자로만 이뤄진 키보드가 나타나서 숫자를 제외한 문자 입력이 불가능해집니다.

❻ [수평배치]를 추가하고 [속성] 패널에서 [너비]를 "부모에 맞추기"로 바꿉니다. [버튼]을 가져와서 방금 만든 [수평배치] 안에 넣고 이름을 "버튼_초기화"로 바꿉니다. [버튼_초기화]의 [속성] 패널에서 [너비]를 "부모에 맞추기", [텍스트]를 "초기화"로 바꿉니다. [버튼]을 하나 더 가져와 [버튼_초기화]의 오른쪽에 넣고 이름을 "버튼_적용"으로 바꾼 후 [속성] 패널에서 [너비]를 "부모에 맞추기", [텍스트]를 "적용"으로 바꿉니다. 마지막으로 [버튼]을 가져와 [버튼_적용]의 오른쪽에 넣고 이름을 "버튼_닫기"로 바꾼 후 [속성] 패널에서 [텍스트]를 "닫기"로 바꿉니다.

보이지 않는 컴포넌트 배치

❶ [TinyDB]를 스크린으로 가져옵니다.

❷ [시계]를 스크린으로 가져옵니다.

이것으로 [Screen1]의 화면 디자인 작업을 마치겠습니다.

컴포넌트 속성 정리

컴포넌트의 속성을 정리해 놓은 표를 통해 지금까지의 작업을 정리해 보겠습니다.

컴포넌트	이름	변경해야 할 속성
스크린	Screen1	앱 이름: 금연도우미 제목: 금연도우미
수직배치	정보표시레이아웃, 정보입력레이아웃	너비: 부모에 맞추기
수평배치	수평배치1~수평배치10	너비: 부모에 맞추기
버튼	버튼_설정, 버튼_초기화, 버튼_적용	너비: 부모에 맞추기 텍스트: 설정, 초기화, 적용
	버튼_닫기	텍스트: 닫기
	버튼_빼기 버튼_더하기	너비: 30 pixels 텍스트: -, +
날짜 선택	날짜선택	텍스트: 날짜설정
시간 선택	시간_선택1	텍스트: 시간설정
레이블	레이블1, 레이블2, 레이블3, 레이블4, 레이블5	글꼴 크기: 17 너비: 140 pixels 텍스트: 금연 시작 일, 금연 기간, 안 피운 담배, 절약한 돈, 늘어난 수명
	레이블6, 레이블7, 레이블8, 레이블9	너비: 140 pixels 텍스트: 금연 시작 일, 금연 시작 시간, 하루 흡연량(개비), 한 갑(20개비) 가격(원)
	레이블_금연시작일 레이블_금연기간 레이블_안피운담배 레이블_절약한돈 레이블_늘어난수명	글꼴 크기: 17 너비: 부모에 맞추기 텍스트: 없음, 0일, 0개비, 0원, 0일
	레이블_하루흡연량	텍스트: 0
텍스트 상자	텍스트상자_한갑가격	숫자만: 체크 텍스트: 0
TinyDB	TinyDB1	변경사항 없음
시계	시계1	변경사항 없음

화면 디자인 작업을 완료했으면 [블록] 버튼을 클릭해 블록 편집기로 이동합니다.

8.3 _ 블록 조립

초기 설정 및 화면 전환 기능 만들기

우선 [초기화] 이벤트를 이용해 앱의 초기 화면을 설정해 보겠습니다.

[예제 8-1] [Screen1]이 열리면 실행되는 블록

❶ [언제 Screen1.초기화] 블록을 [뷰어] 패널로 가져옵니다.

❷ [함수] 서랍에서 [함수 실행] 블록을 가져와 [뷰어] 패널의 적당한 곳에 놓고 이름을 "금연정보계산하기"로 바꿉니다.

> **해설** [함수] 서랍을 열면 [호출 금연정보계산하기]이라는 블록이 없습니다. [금연정보계산하기] 함수를 호출하는 블록을 사용하려면 먼저 [뷰어] 패널에 [금연정보계산하기] 함수가 만들어져 있어야 합니다. 당장 함수의 전체 기능을 다 만들지 않아도 되므로 일단 함수의 껍데기만 만들어 둡니다.

❸ 다시 [언제 Screen1.초기화] 블록으로 돌아옵니다. [함수] 서랍에서 [호출 금연정보계산하기] 블록을 가져와 이벤트 핸들러 블록 안쪽에 끼웁니다.

> **해설** [뷰어] 패널에 [금연정보계산하기] 함수의 껍데기를 만들어 뒀으므로 [함수] 서랍에 [호출 금연정보계산하기] 블록이 생긴 것을 확인할 수 있습니다. [금연정보계산하기] 함수는 TinyDB에 저장된 기초 자료를 토대로 금연 정보를 계산하고 금연 정보를 화면에 표시해 줍니다.

❹ [지정하기 정보입력레이아웃.보이기] 블록을 추가하고 [값] 소켓에 [거짓] 블록을 끼웁니다.

> **해설** [정보입력레이아웃]은 기초 자료를 입력할 때 외에는 보일 필요가 없으므로 [보이기] 속성을 "거짓"으로 설정해 숨겨둡니다.

다음으로 [설정] 버튼의 기능을 만들어 보겠습니다.

[예제 8-2] [버튼_설정]을 클릭했을 때 실행되는 블록

❶ [언제 버튼_설정.클릭] 블록을 선택해 [뷰어] 패널로 가져옵니다.

❷ [지정하기 정보표시레이아웃.보이기] 블록을 이벤트 핸들러 블록의 [실행] 섹션에 넣고 [값] 소켓에 [거짓] 블록을 끼웁니다. [지정하기 정보입력레이아웃.보이기] 블록을 추가하고 [값] 소켓에 [참] 블록을 끼웁니다.

해설 레이아웃의 [보이기] 속성이 "거짓"이면 레이아웃 안에 있던 모든 컴포넌트가 화면에서 보이지 않고 "참"이면 레이아웃과 함께 안쪽에 있던 컴포넌트가 보이게 됩니다. [설정] 버튼을 클릭하면 [정보표시레이아웃]이 화면에서 사라지고 [정보입력레이아웃]이 화면에 나타납니다.

다음으로 [닫기] 버튼의 기능을 만들어 보겠습니다.

[예제 8-3] [버튼_닫기]를 클릭했을 때 실행되는 블록

❶ 앞서 만든 [언제 버튼_설정.클릭] 블록 조합을 복제한 후 [뷰어] 패널의 적당한 곳에 가져다 놓습니다.

❷ 이벤트 핸들러 블록의 버튼 이름을 "버튼_닫기"로 바꾸고 이벤트 핸들러 블록 안쪽의 [참] 블록을 "거짓"으로, [거짓] 블록을 "참"으로 바꿉니다.

해설 [닫기] 버튼은 [설정] 버튼과는 반대의 기능을 합니다. [닫기] 버튼을 클릭하면 [정보표시레이아웃]이 화면에 다시 나타나고 [정보입력레이아웃]이 화면에서 사라집니다. 이렇게 해서 하나의 스크린으로 2개의 스크린을 사용하는 것과 비슷한 효과를 낼 수 있습니다.

지금까지 만든 기능들이 제대로 작동하는지 스마트폰을 연결해 테스트해 봅시다. 체크리스트 항목에 따라 앱을 테스트해보고 기능에 문제가 없으면 체크 표시를 하고 문제가 있으면 블록 조립 과정이나 디자인 편집기에서 설정한 컴포넌트 속성에 오류가 없는지 다시 한 번 확인해 봅니다.

01 _ 앱 테스트

1. 앱을 실행하면 [정보입력수직레이아웃]이 보이지 않음 ☐

2. [설정] 버튼을 클릭하면 [정보표시수직레이아웃]이 사라지고 [정보입력수직레이아웃]이 나타남 ☐

3. [닫기] 버튼을 클릭하면 [정보표시수직레이아웃]이 나타나고 [정보입력수직레이아웃]이 사라짐 ☐

[금연정보계산하기] 함수 만들기

다음으로 사용자로부터 입력받은 자료를 이용해 금연정보를 계산하는 함수를 만들어 보겠습니다.

[예제 8-4] [금연정보계산하기] 함수

❶ 미리 만들어둔 [금연정보계산하기] 함수의 껍데기가 있는 곳으로 이동합니다(202쪽 예제 8-1 참조).

❷ [함수 금연정보계산하기] 블록의 [실행] 섹션에 [지역변수 초기화] 블록을 끼우고 파란색 아이콘을 클릭해 [이름] 블록을 3개 더 추가해서 지역 변수를 총 4개 만듭니다. 변수의 이름을 위에서부터 차례대로 "금연시작시간", "하루흡연량", "담배한갑가격", "안피운담배수"로 바꿉니다.

❸ [호출 TinyDB1.값 가져오기] 블록을 [지역변수 초기화 금연시작시간]의 [값] 소켓에 끼웁니다. [태그] 소켓에 ["태그_금연시작일"] 블록, [찾는 값이 없을 경우] 소켓에 ["1/1/2015"] 블록을 끼웁니다. 그리고 [호출 TinyDB1.값 가져오기] 블록에 마우스 포인터를 두고 마우스 오른쪽 버튼을 클릭해 블록의 모양을 [블록 내부 입력값]으로 변형합니다.

해설 [TinyDB1]에서 태그가 "태그_금연시작시간"인 값을 가져와 지역 변수 [금연시작시간]에 저장해둡니다. 앱을 최초로 실행한 경우 [TinyDB1]에 값을 저장한 적이 없으므로 태그가 "태그_금연시작시간"인 값은 존재하지 않습니다. 이때에는 [찾는 값이 없을 경우] 소켓에 지정해 둔 값인 "1/1/2015"가 변수에 저장됩니다. "1/1/2015"는 [금연기간계산하기] 함수에서 인스턴트를 만드는 데 필요한 양식에 맞춰서 만든 임의의 값입니다. 블록 모양을 [블록 내부 입력값]로 바꾼 까닭은 소스가 세로로 너무 길어져서 한눈에 읽기 어려워지는 것을 방지하기 위해서입니다.

❹ ❸에서 만든 블록 조합을 복제한 후 복제된 블록을 [지역변수 초기화 하루흡연량]의 [값] 소켓에 끼웁니다. [태그] 소켓의 텍스트를 "태그_하루흡연량"으로, [찾는 값이 없을 경우] 소켓의 텍스트를 "0"으로 바꿉니다.

해설 [TinyDB1]에 저장된 하루 흡연량을 가져와 지역 변수 [하루흡연량]에 저장해 둡니다. [TinyDB1]에 하루 흡연량이 저장돼 있지 않다면 변수에 0을 대입합니다.

❺ ❹에서 만든 블록 조합을 복제한 후 복제된 블록을 [지역변수 초기화 담배한갑가격]의 [값] 소켓에 끼웁니다. [태그] 소켓의 텍스트를 "태그_담배한갑가격"으로 바꿉니다.

해설 [TinyDB1]에 저장된 담배 한 갑의 가격을 가져와 지역 변수 [담배한갑가격]에 대입합니다. TinyDB에 담배 한 갑의 가격이 저장돼 있지 않다면 변수에 0을 대입합니다.

❻ [지역변수 초기화 안피운담배수]의 [값] 소켓에 [0] 블록을 끼웁니다.

❼ [지정하기 레이블_금연시작일.텍스트] 블록을 [실행] 섹션에 넣고 [값] 소켓에 [호출 시계1.날짜 형식] 블록을 끼운 후 [인스턴트] 소켓에 [호출 시계1.인스턴트 만들기] 블록, [pattern] 소켓에 ["y년M월d일"] 블록을 끼웁니다. 그리고 [인스턴트 만들기] 블록의 [부터] 소켓에 [가져오기 금연시작시간] 블록을 끼웁니다.

해설 전역 변수 [금연시작시간]을 바로 레이블에 대입해서 날짜를 표시해도 됩니다. 하지만 [금연시작시간]에 들어 있는 값의 형식이 "월/일/년"라서 우리나라의 일반적인 날짜 표기 방식과 달라 자연스럽지 못합니다. 화면에 출력되는 금연 시작 날짜의 표기 방식을 바꾸기 위해 금연시작일을 [인스턴트 만들기] 함수를 이용해 인스턴트로 만듭니다. 이 인스턴트를 [날짜 형식] 함수에 대입하고 [pattern] 소켓에 양식을 지정하면 원하는 양식으로 날짜를 화면에 출력할 수 있게 됩니다. [pattern] 소켓에 지정되는 양식은 년도를 나타내고 싶은 곳에 "y", 월을 나타내고 싶은 곳에 "M", 일을 나타내고 싶은 곳에 "d"를 써서 자유롭게 만들면 됩니다.

❽ [함수 결과] 블록을 가져와 [뷰어] 패널의 적당한 곳에 놓고 이름을 "금연기간계산하기"로 바꿉니다. 함수 블록의 파란색 아이콘을 클릭해 [입력] 블록을 1개 추가한 후 매개변수의 이름을 "시작시간"으로 바꿉니다.

해설 [금연기간계산하기] 함수를 호출하는 블록을 가져오기 위해 함수의 껍데기를 미리 만들어둡니다.

❾ [금연기간계산하기] 함수의 구현은 잠시 후에 하기로 하고, 다시 [금연정보계산하기] 함수로 돌아옵니다. [지정하기 레이블_금연기간.텍스트] 블록을 추가한 후 [값] 소켓에 [호출 금연기간계산하기] 블록을 끼웁니다. 그리고 [시작시간] 소켓에 [가져오기 금연시작시간] 블록을 끼웁니다.

해설 [금연기간계산하기] 함수는 [금연시작시간]을 인자로 전달하면 금연을 시작한 시간부터 현재까지 지난 시간을 몇 일 몇 시간 형식으로 돌려줍니다. 이 돌려받은 값을 [레이블_금연기간.텍스트]에 대입해 화면에 출력합니다.

❿ [지정하기 안피운담배수] 블록을 추가하고 [값] 소켓에 [×] 블록을 끼웁니다. [×] 블록을 [외부 입력값] 형태로 바꾸고 첫 번째 소켓에 [리스트에서 항목 선택하기] 블록을 끼웁니다. [리스트] 소켓에 [분할] 블록을 끼우고 [위치] 소켓에 [1] 블록을 끼웁니다. [분할] 블록의 [텍스트] 소켓에 [레이블_금연기간.텍스트] 블록, [구분] 소켓에 ["일"] 블록을 끼웁니다.

해설 [안피운담배수]는 '금연기간 × 하루흡연량'으로 계산합니다. 금연기간이 몇 일 몇 시간 형식이라서 [안피운담배수]의 값이 정수로 나오지 않을 수 있으므로 금연기간에서 시간 부분은 제거합니다. 이때 금연기간에서 시간 값을 제거하기 위해 [분할] 블록을 사용합니다. [분할] 블록은 [구분] 소켓에 지정된 값을 기준으로 [텍스트] 소켓에 지정된 문자열을 자른 후 잘린 문자열들을 리스트로 만듭니다. 예를 들어, [레이블_금연기간.텍스트]의 값이 "3일 5시간"이라면 이 값을 "일"을 기준으로 자르면 "3"과 "5시간"으로 나뉘고 이 두 값은 리스트의 첫 번째와 두 번째 요소가 됩니다. [리스트에서 항목 선택하기] 블록을 이용해 이 리스트의 첫 번째 위치에 있는 값을 선택하면 최종적으로 [안피운담배수]를 계산하는 데 사용되는 값은 3이 되고 5시간은 버려집니다.

⓫ [지정하기 레이블_안피운담배.텍스트] 블록을 추가하고 [값] 소켓에 [합치기] 블록을 끼웁니다. [합치기] 블록의 첫 번째 소켓에 [가져오기 안피운담배수] 블록을 끼우고 두 번째 소켓에 ["개비"]를 끼웁니다.

해설 [안피운담배수] 계산을 완료했으므로 [안피운담배수] 뒤에 "개비"를 덧붙여 화면에 출력합니다.

⓬ [지정하기 레이블_절약한돈.텍스트] 블록을 추가하고 [값] 소켓에 [합치기] 블록을 끼웁니다. [합치기] 블록의 첫 번째 소켓에 [×] 블록을 끼우고 [외부 입력값] 형태로 바꿉니다. [×] 블록의 첫 번째 소켓에 [/] 블록을 끼운 후 / 연산자의 왼쪽 소켓에 [가져오기 안피운담배수] 블록, 오른쪽 소켓에 [20] 블록을 끼웁니다. [×] 블록의 두 번째 소켓에 [가져오기 담배한갑가격] 블록을 끼웁니다.

해설 담배를 피우지 않아서 절약한 돈은 '안피운담배수 ÷ 20 × 담배한갑가격'으로 계산합니다. 20은 담배 한 갑에 들어있는 담배의 수를 의미합니다. 절약한 돈을 계산 결과에 "원"을 덧붙여 화면에 출력합니다.

⓭ [지정하기 레이블_늘어난수명.텍스트] 블록을 추가하고 [값] 소켓에 [합치기] 블록을 끼웁니다. [합치기] 블록의 파란색 아이콘을 클릭해 [문자열] 블록을 2개 더 추가해서 총 4개의 소켓이 되도록 만듭니다. 첫 번째 소켓에 [모듈로] 블록을 끼우고 "모듈로"를 "몫"으로 바꾼 후 블록을 [외부 입력값] 형태로 바꿉니다. [몫] 블록의 첫 번째 소켓에 [×] 블록을 끼우고 [×] 블록의 빈 소켓에 [가져오기 안피운담배수] 블록과 [0.25] 블록을 끼웁니다. [몫] 블록의 두 번째 소켓에 [24] 블록을 끼웁니다. [합치기] 블록의 두 번째 소켓에 ["일"] 블록을 끼웁니다. [합치기] 블록의 세 번째 소켓에 첫 번째 소켓의 블록 조합을 복제해서 끼운 후 "몫"을 "모듈로"로 바꿉니다. [합치기] 블록의 네 번째 소켓에 ["시간"] 블록을 끼웁니다.

해설 "몫"은 나눗셈의 몫을 구하는 연산자이고 "모듈로"는 나눗셈의 나머지를 구하는 연산자 입니다. 담배 한 개비를 안 피울 때마다 수명이 15분(0.25시간)씩 수명이 늘어난다는 가정하에 늘어난 수명은 '안피운담배수 × 0.25시간'이 됩니다. 몫과 나머지를 구하는 연산을 이용해 시간 단위로 표시되는 계산 결과가 한눈에 잘 들어오도록 며칠 몇 시간 형식으로 바꾸기 위한 연산을 합니다. 예를 들어, 늘어난 수명이 123시간이라면 123를 24로 나눴을 때 몫은 5이고 나머지는 3이 됩니다. 몫에 "일"을 연결하고 나머지에 "시간"을 연결하면 최종적으로 출력되는 늘어난 수명은 "5일3시간"이 됩니다.

[금연기간계산하기] 함수 만들기

다음으로 금연기간을 계산하는 함수를 만들어 보겠습니다.

[예제 8-5] [금연기간계산하기] 함수

❶ 미리 만들어 둔 [금연기간계산하기] 함수의 껍데기가 있는 곳으로 이동합니다(204쪽 예제 8-4 참조).

❷ [함수 금연기간계산하기] 블록의 [결과] 소켓에 플러그가 있는 [지역변수 초기화] 블록을 끼우고 [값] 소켓에 [호출 시계1.기간] 블록을 끼웁니다.

해설 [기간] 함수는 시작과 끝에 연결된 값 사이의 시간 간격을 밀리초, 즉 1/1000초 단위로 돌려줍니다. [시작]과 [끝] 소켓에는 인스턴트 형태의 자료가 연결돼야 합니다. 예를 들어, [시작] 소켓에 "2015년1월1일0시0분0초"를 나타내는 인스턴트를 지정하고 [끝] 소켓에 "2015년1월1일0시0분1초"를 나타내는 인스턴트를 지정하면 [기간] 함수가 돌려주는 값은 1000이 됩니다.

❸ [호출 시계1.기간] 블록의 [시작] 소켓에 [호출 시계1.인스턴트 만들기] 블록을 끼웁니다. 그리고 [호출 시계1.인스턴트 만들기] 블록의 [부터] 소켓에 [가져오기 시작시간] 블록을 끼웁니다.

해설 [인스턴트 만들기] 함수는 시간을 나타내는 일정한 형식의 문자열을 인스턴트로 만들어줍니다. 인스턴트를 만들려면 [부터] 소켓에 "월/일/년 시:분:초" 나 "월/일/년" 또는 "시:분:초" 형식을 갖춘 문자열을 지정해야 합니다. 따라서 [금연기간계산하기] 함수의 매개변수인 [시작시간]에는 이러한 형식을 갖춘 문자열이 저장돼 있어야 합니다.

❹ [호출 시계1.기간] 블록의 [끝] 소켓에 [호출 시계1.지금] 블록을 끼웁니다.

해설 [지금] 함수는 스마트폰의 현재 시간을 인스턴트 형식으로 돌려줍니다.

❺ [실행] 블록을 [지역변수 초기화 금연기간] 블록의 [실행] 소켓에 끼웁니다. 그리고 [실행] 블록의 빈 섹션에 [지정하기 금연기간] 블록을 끼우고 [값] 소켓에 [/] 블록을 끼웁니다. / 연산자의 왼쪽에 [가져오기 금연기간] 블록을 끼우고 오른쪽에 [1000] 블록을 끼웁니다.

해설 [기간] 함수로 계산한 [금연기간]의 값은 1000분의 1초 단위의 숫자이므로 이것을 초 단위로 바꾸기 위해 1000으로 나눈 후 다시 [금연기간]에 대입합니다.

❻ ❺에서 완성한 [지정하기 금연기간] 블록 조합을 복제해 아래쪽에 넣고 [내림] 블록을 [값] 소켓과 [/] 블록 연결 부위에 끼웁니다. / 연산자 왼쪽의 숫자를 3600으로 바꿉니다.

해설 초 단위의 금연기간을 시간 단위로 바꾸기 위해 '60분×60초'로 나눕니다. [내림] 블록은 연결된 숫자에서 소수점 아래의 값을 버리는 기능을 합니다. [내림] 블록을 이용해 나누어떨어지지 않는 소수점 값, 즉 분 단위는 버리고 시간 단위만 남겨둡니다.

❼ [지정하기 금연기간] 블록을 [실행] 섹션의 제일 마지막에 넣고 [값] 소켓에 [합치기] 블록을 끼웁니다. [합치기] 블록의 파란색 아이콘을 클릭해 [문자열] 블록을 2개 더 추가한 후 첫 번째 소켓에 [모듈로] 블록을 끼웁니다. "모듈로"를 "몫"으로 바꾸고 ÷ 연산자의 왼쪽에 [가져오기 금연기간] 블록, 오른쪽에 [24] 블록을 끼웁니다. [합치기] 블록의 두 번째 소켓에 ["일"] 블록을 끼우고 세 번째 소켓에 첫 번째 소켓에 지정된 블록을 복제해서 끼운 후 "몫"를 "나머지"로 바꿉니다. [합치기] 블록의 네 번째 소켓에 ["시간"] 블록을 끼웁니다.

해설 현재 시간 단위로 돼 있는 금연기간을 며칠 몇 시간으로 나타내기 위해 24시간으로 나눌 때 며칠은 몫 연산을 이용해 구하고 몇 시간은 나머지 연산을 이용해 구합니다. 각 연산의 결과에 "일"과 "시간"을 덧붙인 후 연결해 [금연기간]에 저장합니다.

⊕ 모듈로(modulo)와 나머지의 차이

"모듈로"와 "나머지"는 모두 나눗셈의 나머지를 구하는 연산자입니다. 피제수(나뉘는 수)와 제수(나누는 수)가 모두 양수이거나 모두 음수일 때는 두 연산자를 이용한 연산 결과가 같지만 피제수와 제수 중 하나가 음수일 경우에는 연산 결과가 달라집니다.

연산자 피제수, 제수	모듈로	나머지
11, 5	1	1
-11, 5	4	-1
11, -5	-4	1
-11, -5	-1	-1

양수끼리의 나눗셈에서 나머지를 구하는 경우라면 둘 중 어느 연산자를 사용해도 상관없습니다.

❽ [실행] 블록의 [결과] 소켓에 [가져오기 금연기간] 블록을 끼웁니다.

해설 [기간] 함수를 이용해 계산한 [금연기간]은 밀리초 단위였습니다. 그리고 3번의 변형 과정을 거쳐 며칠 몇 시간 단위로 변형됐습니다. 이 [금연기간]을 [실행] 블록의 [결과] 소켓에 지정하면 이 값은 [지역변수 초기화] 블록의 [실행] 소켓을 거쳐 최종적으로 [금연기간계산하기] 함수의 [결과] 소켓과 연결됩니다. [금연기간계산하기] 함수는 [결과] 소켓에 지정된 값인 [금연기간]을 [금연기간계산하기] 함수를 호출한 곳에 되돌려 줍니다.

날짜 및 시간 선택 기능 만들기

다음으로 [날짜 선택] 컴포넌트를 이용해 날짜를 선택하는 기능을 만들어 보겠습니다.

[예제 8-6] [날짜_선택1]을 이용해 선택한 날짜를 화면에 표시

❶ [언제 날짜_선택1.날짜 선택 후] 블록을 [뷰어] 패널로 가져옵니다.

해설 [날짜_선택1]의 날짜 선택 창에서 날짜를 선택하고 [확인]을 클릭했을 때 실행됩니다.

❷ [지정하기 날짜_선택1.텍스트] 블록을 이벤트 핸들러 블록의 [실행] 섹션에 넣고 [값] 소켓에 [합치기] 블록을 끼웁니다. 파란색 아이콘을 클릭한 후 [문자열] 블록을 3개 더 추가해 소켓을 총 5개로 만듭니다. 각 소켓에 위에서부터 차례대로 [날짜_선택1.월] 블록, ["/"] 블록, [날짜_선택1.날짜] 블록, ["/"] 블록, [날짜_선택1.년] 블록을 끼웁니다.

해설 [날짜_선택1.월]은 선택한 월, [날짜_선택1.날짜]는 선택한 일, [날짜_선택1.년]은 선택한 연도를 나타냅니다. [날짜_선택1.텍스트]의 값은 [금연기간계산하기] 함수에서 인스턴트를 만들기 위한 값으로 사용되므로 [인스턴트 만들기] 함수가 요구하는 양식인 "월/일/년"이 되도록 만듭니다.

다음으로 [시간 선택] 컴포넌트를 이용해 시간을 선택하는 기능을 만들어 보겠습니다.

[예제 8-7] [시간_선택1]을 이용해 선택한 시간을 화면에 표시

❶ [언제 시간_선택1.시간 설정 후] 블록을 [뷰어] 패널로 가져옵니다.

해설 [시간_선택1]의 시간 선택 창에서 시간을 선택하고 [확인]을 클릭했을 때 실행됩니다.

❷ [지정하기 시간_선택1.텍스트] 블록을 이벤트 핸들러 블록의 [실행] 섹션에 넣고 [값] 소켓에 [합치기] 블록을 끼웁니다. 파란색 아이콘을 클릭한 후 [문자열] 블록을 2개 더 추가해 소켓을 총 4개로 만듭니다. 각 소켓에 위에서 부터 차례대로 [시간_선택1.시간] 블록, [":"] 블록, [시간_선택1.분] 블록, [":00"] 블록을 끼웁니다.

해설 [시간_선택1.시간]은 선택한 시간, [시간_선택1.분]은 선택한 분을 나타냅니다. [시간_선택1.텍스트]는 [금연기간계산하기] 함수에서 인스턴트를 만들기 위한 값으로 사용되므로 [인스턴트 만들기] 함수가 요구하는 양식인 "시:분:초"가 되도록 만듭니다. [시간 선택] 컴포넌트에 선택한 초를 나타내는 블록은 없으므로 "시:분"에 ":00"을 연결해 양식을 완성합니다.

하루 흡연량 설정 기능 만들기

다음으로 하루 흡연량을 설정할 수 있게 [−] 버튼과 [+] 버튼의 기능을 만들어 보겠습니다.

[예제 8-8] [버튼_빼기]와 [버튼_더하기]로 하루 흡연량 설정하기

❶ [언제 버튼_빼기.클릭] 블록을 [뷰어] 패널로 가져옵니다.

❷ [만약 그러면] 블록을 이벤트 핸들러 블록의 [실행] 섹션에 넣고 [만약] 소켓에 [수학] 서랍에서 가져온 [=] 블록을 끼웁니다. = 연산자를 〉로 바꾼 후 연산자의 왼쪽 소켓에는 [레이블_하루흡연량.텍스트] 블록을 끼우고 오른쪽 소켓에는 [0] 블록을 끼웁니다.

해설 하루 흡연량이 0보다 작을 수 없으므로 하루 흡연량을 나타내는 숫자가 0보다 클 경우에만 버튼이 작동하게 만듭니다.

❸ [지정하기 레이블_하루흡연량.텍스트] 블록을 [그러면] 섹션에 넣고 [값] 소켓에 [−] 블록을 끼웁니다. − 연산자의 왼쪽 소켓에 [레이블_하루흡연량.텍스트] 블록을 끼우고 오른쪽 소켓에 [1] 블록을 끼웁니다.

해설 [레이블_하루흡연량.텍스트]에서 1을 뺀 값을 다시 [레이블_하루흡연량.텍스트]에 대입해 화면에 보이는 하루 흡연량을 나타내는 숫자가 1만큼 줄어들게 만듭니다.

❹ [언제 버튼_더하기.클릭] 블록을 [뷰어] 패널로 가져옵니다.

❺ [실행] 섹션에 [지정하기 레이블_하루흡연량.텍스트] 블록을 넣고 [값] 소켓에 [+] 블록을 끼웁니다. + 연산자의 왼쪽 소켓에 [레이블_하루흡연량.텍스트] 블록을 끼우고 오른쪽 소켓에 [1] 블록을 끼웁니다.

해설 [레이블_하루흡연량.텍스트]에서 1을 더한 값을 다시 [레이블_하루흡연량.텍스트]에 대입해서 화면에 보이는 하루 흡연량을 나타내는 숫자가 1만큼 늘어나게 만듭니다.

화면 및 TinyDB 초기화 기능 만들기

다음으로 [초기화] 버튼을 클릭하면 화면과 TinyDB가 모두 초기화되도록 만들어 보겠습니다.

[예제 8-9] [버튼_초기화]를 클릭했을 때 실행되는 블록

❶ [언제 버튼_초기화.클릭] 블록을 [뷰어] 패널로 가져옵니다.

❷ [지정하기 날짜_선택1.텍스트] 블록을 이벤트 핸들러 블록의 [실행] 섹션에 넣고 [값] 소켓에 ["날짜설정"] 블록을 끼웁니다. [지정하기 시간_선택1.텍스트] 블록을 추가하고 [값] 소켓에 ["시간설정"] 블록을 끼웁니다.

해설 [초기화] 버튼을 클릭하면 [날짜_선택1] 버튼과 [시간_선택1] 버튼의 텍스트를 초기 상태로 만들어 줍니다.

❸ [지정하기 레이블_하루흡연량.텍스트] 블록을 추가하고 [값] 소켓에 ["0"] 블록을 끼웁니다. [지정하기 텍스트상자_한갑가격.텍스트] 블록을 추가하고 [값] 소켓에 ["0"] 블록을 끼웁니다.

해설 [초기화] 버튼을 클릭하면 하루 흡연량과 한 갑 가격을 나타내는 레이블의 [텍스트] 속성값을 0으로 초기화합니다.

❹ [호출 TinyDB1.모두 지우기] 블록을 추가합니다.

해설 [모두 지우기] 함수는 [TinyDB1]에 저장된 모든 데이터를 삭제합니다.

자료 저장 기능 만들기

다음으로 [적용] 버튼을 클릭하면 사용자가 입력한 값을 TinyDB에 저장하고 금연정보가 화면에 출력되도록 만들어 보겠습니다.

[예제 8-10] [버튼_적용]을 클릭했을 때 실행되는 블록

❶ [언제 버튼_적용.클릭] 블록을 [뷰어] 패널로 가져옵니다.

❷ [호출 TinyDB1.값 저장] 블록을 이벤트 핸들러 블록의 [실행] 섹션에 넣고 [태그] 소켓에 ["태그_금연시작시간"] 블록, [저장할 값] 소켓에 [합치기] 블록을 끼웁니다. [합치기] 블록의 파란색 아이콘을 클릭해 [문자열] 블록을 1개 추가해서 소켓이 총 3개가 되도록 만든 후 빈 소켓에 위에서부터 차례대로 [날짜_선택1.텍스트] 블록, [" "] 블록, [시간_선택1.텍스트] 블록을 끼웁니다. [" "] 블록에는 스페이스 바를 눌러 빈칸이 하나 생기도록 만듭니다. [" "] 블록의 안쪽을 마우스로 드래그했을 때 선택 영역이 생기면 빈칸이 들어간 것입니다.

해설 사용자가 선택한 날짜와 시간을 [TinyDB1]에 "태그_금연시작시간"이라는 태그로 저장합니다. [TinyDB1]에 저장되는 값은 [금연기간계산하기] 함수에서 [인스턴트 만들기] 함수의 인자로 사용되는 값이므로 [인스턴트 만들기] 함수의 인자 형식인 "월/일/년 시:분:초"로 만들어야 합니다. 이 형식에 맞도록 만들기 위해 날짜, 빈칸(스페이스), 시간을 [합치기] 블록을 이용해 연결해 줍니다.

❸ [호출 TinyDB1.값 저장] 블록을 추가하고 블록을 [내부 입력값] 형태로 바꿉니다. [태그] 소켓에 ["태그_하루흡연량"] 블록, [저장할 값] 소켓에 [레이블_하루흡연량.텍스트] 블록을 끼웁니다.

해설 사용자가 선택한 하루 흡연량을 [TinyDB1]에 저장합니다.

❹ ❸에서 만든 블록 조합을 복제한 후 원본의 아래쪽 넣고 [태그] 소켓의 텍스트를 "태그_담배한갑가격"으로 바꿉니다. [저장할 값] 소켓에 있는 기존 블록을 삭제하고 그 자리에 [텍스트 상자_한갑가격.텍스트] 블록을 끼웁니다.

해설 사용자가 입력한 담배 한 갑 가격을 [TinyDB1]에 저장합니다.

❺ [호출 금연정보계산하기] 블록을 추가합니다.

> **해설** [금연정보계산하기] 함수는 방금 [TinyDB1]에 저장한 값들을 불러와 금연정보를 계산한 후 화면에 계산된 결과를 보여줍니다.

❻ [지정하기 정보표시레이아웃.보이기] 블록을 추가하고 [값] 소켓에 [참] 블록을 끼웁니다. [지정하기 정보입력레이아웃.보이기] 블록을 추가하고 [값] 소켓에 [거짓] 블록을 끼웁니다.

> **해설** [적용] 버튼을 클릭하면 [정보표시레이아웃]이 화면에서 나타나고 [정보입력레이아웃]이 사라집니다.

❼ [호출 텍스트 상자_한갑가격.키보드 숨기기] 블록을 추가합니다.

> **해설** 담배 한 갑의 가격을 입력하기 위해 텍스트 상자를 선택하면 화면상에 키보드가 나타납니다. 키보드가 화면상에 보이는 상태에서 [적용] 버튼을 클릭하면 화면이 전환된 이후에도 필요없는 키보드가 화면상에 보이므로 이를 방지하기 위해 [적용] 버튼을 누를 때 [키보드 숨기기] 함수를 호출해 키보드를 숨깁니다.

지금까지 만든 기능이 제대로 작동하는지 테스트해 봅시다.

	02 _ 앱 테스트
1. 자료 입력 화면의 각종 자료 입력 인터페이스들이 정상 작동함	☐
2. [적용] 버튼을 클릭하면 정보 입력 화면에서 정보 표시 화면으로 전환되며 입력된 자료를 근거로 계산된 값들이 제대로 표시됨	☐
3. 정보 입력 화면에서 [초기화] 버튼을 클릭하면 정보 입력란의 자료들과 데이터베이스의 자료가 삭제됨	☐

이것으로 금연 도우미 앱의 기본 형태 만들기를 마치겠습니다. 앱을 여러 번 테스트해보고 오류와 개선해야 할 점을 찾아봅시다.

8.4 _ 기능 추가

지금까지 만든 앱을 여러 번 테스트해봤다면 몇 가지 문제점을 발견할 수 있을 것입니다. 자료 입력 화면에서 날짜를 선택하지 않고 [적용]을 클릭했을 때나 담배 한 갑의 가격이 빈칸인 상태에서 [적용]을 클릭했을 때 [그림 8-5]와 같은 오류 메시지를 볼 수 있습니다.

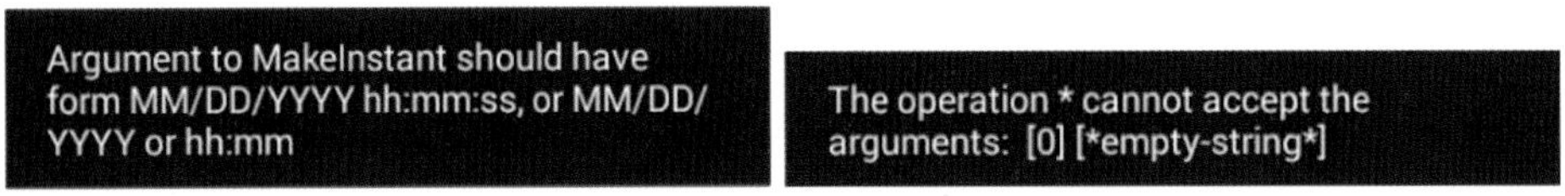

> Argument to MakeInstant should have form MM/DD/YYYY hh:mm:ss, or MM/DD/YYYY or hh:mm

> The operation * cannot accept the arguments: [0] [*empty-string*]

[그림 8-5] 입력 자료가 잘못됐을 때 스마트폰에 나타나는 각종 경고 메시지

컴퓨터와 스마트폰을 AI 컴패니언으로 연결한 상태로 앱을 테스트한다면 앱 인벤터 화면에도 같은 내용의 오류 메시지 창이 나타납니다.

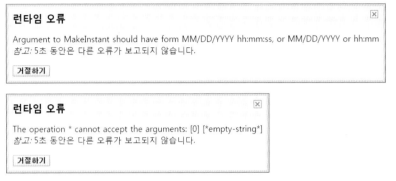

[그림 8-6] 입력 자료가 잘못됐을 때 앱 인벤터 화면에 나타나는 각종 경고 메시지

이러한 오류는 블록 작업 중에는 보이지 않다가 앱을 실행하면 발생하는 오류로서 런타임 오류 (Runtime Error)라고 합니다. 앱 인벤터는 오류가 발생했을 때 위와 같은 메시지를 통해 오류가 발생한 원인을 알려주어 문제점을 개선할 수 있게 도와줍니다. 첫 번째 에러 메시지를 읽어보면 MakeInstant(인스턴트 만들기) 함수에 대입한 Argument(인자)의 양식이 잘못됐기 때문에 오류가 발생했음을 알 수 있습니다. 두 번째 에러 메시지를 보면 숫자가 아닌 empty-string(빈 문자열)로 *(곱하기)를 시도하려고 했기 때문에 오류가 발생했음을 알 수 있습니다. 이제 문제점을 파악했으므로 위와 같은 경고 메시지가 나타나지 않도록 사전에 오류를 잡아낼 수 있는 기능을 추가해 금연 도우미를 좀 더 똑똑하게 만들어 보겠습니다.

[그림 8-7] 추가 컴포넌트

우선 디자인 편집기로 이동한 후 [알림]을 [뷰어] 패널로 가져다 놓습니다. [알림]은 [오류검사] 후에 문제가 있으면 문제점을 알려주는 대화창을 표시할 때 사용합니다.

이제 블록 편집기로 가서 작업을 시작해 보겠습니다. 자료가 제대로 입력됐는지 확인할 수 있는 순간은 데이터 입력을 마친 후 [적용]을 클릭했을 때이므로 [언제 버튼_적용.클릭] 블록(예제 8-10 참조)으로 이동해 오류를 판단할 수 있도록 블록을 추가합니다.

[예제 8-11] 개선된 버튼_적용 버튼의 클릭 이벤트 핸들러

❶ [언제 버튼_적용.클릭] 블록의 안쪽에 있는 기존 블록들을 모두 바깥으로 잠시 빼 둡니다.

❷ [지역변수 초기화] 블록을 이벤트 핸들러 블록의 [실행] 섹션에 넣은 후 변수 이름을 "오류검사"로 바꾸고 [값] 소켓에 [" "] 블록을 끼웁니다.

해설 지역 변수 [오류검사]는 오류 내용을 누적 기록하기 위한 용도로 사용합니다.

❸ [만약 그러면] 블록을 [지역 변수 초기화] 블록의 [실행] 섹션에 넣고 [만약] 소켓에 [논리] 서랍에서 가져온 [=] 블록을 끼웁니다. [=] 블록의 빈 소켓에 [날짜_선택1.텍스트] 블록과 ["날짜설정"] 블록을 끼웁니다. [지정하기 오류검사] 블록을 [그러면] 섹션에 넣고 [값] 소켓에 [합치기] 블록을 끼웁니다. [합치기] 블록을 [내부 입력값] 형태로 바꾼 후 첫 번째 소켓에 [가져오기 오류검사] 블록, 두 번째 소켓에 ["날짜 설정 안됨₩n"] 블록을 끼웁니다.

해설 [날짜선택] 버튼을 클릭해 날짜를 선택했다면 [날짜선택] 버튼의 텍스트는 "월/일/년" 형식이어야 합니다. [날짜_선택1.텍스트]가 "날짜설정"이라면 아직 날짜를 설정하지 않은 초기 상태이므로 [오류검사]의 값에 "날짜 설정 안됨₩n"을 연결합니다. [오류검사]의 초깃값은 빈 텍스트이므로 여기에 "날짜 설정 안됨₩n"을 연결하면 [오류검사]의 값은 "날짜 설정 안됨₩n"이 됩니다. "₩n"은 실제 출력에서 문자 형태로 보이지 않고 키보드에서 엔터 키를 친 것과 같은 효과, 즉 한 줄을 내려주는 역할을 합니다.

❹ ❸에서 만든 [만약 그러면] 블록 조합을 복제한 후 원본 블록의 아래쪽에 넣습니다. 복제된 블록 조합에서 [날짜_선택1.텍스트] 블록을 지우고 그 자리에 [시간_선택1.텍스트] 블록을 끼웁니다. [=] 블록 안에 있는 [" "] 블록의 텍스트를 "시간설정"으로 바꾸고 [합치기] 블록 안에 있는 [" "] 블록의 텍스트를 "시간 설정 안됨₩n"으로 바꿉니다.

해설 [시간_선택1] 버튼을 클릭해 시간을 선택했다면 [시간_선택1] 버튼의 텍스트는 "시:분:초" 형식이어야 합니다. [시간_선택1.텍스트]가 "시간설정"이라면 아직 시간을 설정하지 않은 상태이므로 [오류검사]에 "시간 설정 안됨₩n"을 추가합니다. 만약 날짜 설정과 시간 설정 모두 하지 않은 상태라면 [오류검사]의 값은 "날짜 설정 안됨₩n 시간 설정 안됨₩n"이 됩니다.

❺ ❹에서 만든 [만약 그러면] 블록 조합을 복제한 후 원본 블록 아래쪽에 넣습니다. [만약] 소켓에 지정된 블록 조합을 삭제하고 그 자리에 [비어있나요?] 블록을 끼운 후 이 블록의 빈 소켓에 [텍스트 상자_한갑가격.텍스트] 블록을 끼웁니다. [합치기] 블록 안에 있는 [" "] 블록의 텍스트를 "한 갑 가격 오류"로 바꿉니다.

해설 [텍스트 상자_한갑가격]의 [텍스트]가 비어있다면 담배 한 갑의 가격을 입력하지 않은 상태이므로 [오류검사]에 "한 갑 가격 오류"를 추가합니다. 이 후에 추가될 텍스트가 없으므로 "한 갑 가격 오류" 뒤에 "₩n"을 추가하지 않아도 됩니다.

❻ 새로운 [만약 그러면] 블록을 이전 [만약 그러면] 블록 조합 아래에 넣고 파란색 아이콘을 클릭해 [아니면] 블록을 추가합니다. [만약] 소켓에 [비어있나요?] 블록을 끼우고 이 블록의 빈 소켓에 [가져오기 오류검사] 블록을 끼웁니다. [그러면] 섹션에 처음에 바깥으로 빼두었던 기존 블록 조합 중 [호출 텍스트 상자_한갑가격.키보드 숨기기] 블록을 제외한 나머지 블록을 모두 넣습니다.

해설 위쪽에 있는 3개의 [만약 그러면] 블록의 조건을 모두 만족하지 않는다면 [오류검사]는 초깃값 그대로 비어있게 됩니다. [오류검사] 값이 빈 텍스트라는 말은 오류가 없다는 말이므로 원래 [적용] 버튼이 가지고 있던 기능을 실행합니다.

❼ [아니면] 섹션에 [호출 알림1.경고창 나타내기] 블록을 끼우고 [알림] 소켓에 [가져오기 오류검사] 블록을 끼웁니다.

해설 만약 오류 검사를 위한 3개의 [만약 그러면] 블록의 조건 중 하나라도 만족해서 [오류검사] 값이 빈 텍스트가 아니라면 대화창에 [오류검사]의 값을 출력해 어떤 부분에 오류가 있는지 알려줍니다.

❽ 바깥에 남아있던 [호출 텍스트 상자_한갑가격.키보드 숨기기] 블록을 [지역변수 초기화] 블록 아래에 넣습니다.

해설 화면이 전환된 후 필요 없는 키보드가 화면상에 보이지 않도록 키보드를 숨깁니다.

지금까지 만든 기능이 제대로 작동하는지 테스트해 봅니다.

02 _ 앱 테스트

1. 자료 입력 화면에서 날짜와 시간을 설정하지 않은 상태에서 [적용] 버튼을 클릭하면 오류 알림 창이 나타남 ☐

2. 텍스트 상자가 비어있는 상태에서 [적용] 버튼을 클릭하면 오류 알림 창이 나타남 ☐

지금까지 금연 도우미 앱을 만들어 봤습니다. 가족이나 친구 중 담배를 피우는 사람에게 직접 만든 금연 도우미 앱을 선물해 봅시다.

앱 화면에 사진 추가하기

앱 화면에 사랑하는 사람의 사진이 나온다면 앱을 볼 때마다 더욱 금연의지를 다질 수 있을 것입니다. 앱 화면에 휴대폰에 저장된 사진을 선택해서 넣는 기능을 추가해 봅시다.

1. 추가할 기능

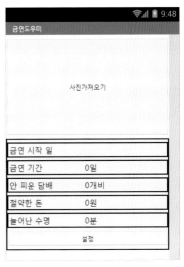

❶ 화면에 사진이 들어갈 공간을 [이미지 선택] 컴포넌트를 사용해 확보하고 버튼의 [텍스트]를 "사진가져오기"로 바꿉니다.

❷ [사진가져오기] 버튼을 클릭하면 갤러리로 이동합니다.

❸ 갤러리에서 사진을 선택하면 선택된 사진이 [사진가져오기] 버튼의 배경으로 설정됩니다. 그리고 사진을(정확히 말하면 사진이 스마트폰의 내부에 저장된 위치를 나타내는 파일 경로를) TinyDB에 저장합니다.

❹ 앱을 종료한 뒤에 다시 실행하면 TinyDB에 저장된 사진을 [사진가져오기] 버튼의 배경으로 가져와 화면에 출력합니다.

[그림 8-8] 사진 영역을 추가한 화면

2. 참고 사항

❶ [이미지 선택] 컴포넌트를 이용하면 스마트폰에 저장돼 있는 사진을 갤러리 앱을 통해 가져올 수 있습니다.

❷ [TinyDB] 컴포넌트를 이용해 이미지 파일의 경로를 저장하고 불러올 수 있습니다.

프로젝트 소스

지금까지 만든 앱과 미션에 관한 예제는 앱 인벤터 갤러리에서 stopSmoking으로 검색하면 확인할 수 있습니다.

09
사진 꾸미기 앱

이번 장에서는 사진 꾸미기 앱을 만들어 보겠습니다. 일반적으로 플레이 스토어에 올라와 있는 사진 꾸미기 관련 앱은 필터, 스탬프, 글꼴 등 사진을 예쁘게 꾸미기 위한 다양한 기능을 제공합니다. 앱 인벤터로 플레이 스토어에 있는 사진 꾸미기 앱과 같은 다양한 기능을 가진 앱을 만들 수는 없겠지만 앱 인벤터의 기능을 최대한 활용해 사진에 그림을 그리고 글자를 쓸 수 있는 앱을 만들어 보겠습니다.

구현 과정

1. 준비하기 _ 사진 꾸미기 앱 구상, 앱 구현에 필요한 주요 컴포넌트의 기능 파악

2. 화면 구성 _ 앱 화면 구상에 따라 각종 컴포넌트 화면에 배치

3. 기본 기능 _ 사진에 그림 그리기, 펜 색깔 및 굵기 설정, 그림 지우기, 사진 저장 기능 만들기

4. 기능 추가 _ 사진에 글자 쓰기 기능 추가

5. 도전하기 _ 저장 경로 및 파일명을 지정해 사진을 저장하는 기능 만들기

완성된 앱의 모습

9.1 _ 앱 개발 준비

앱 구상

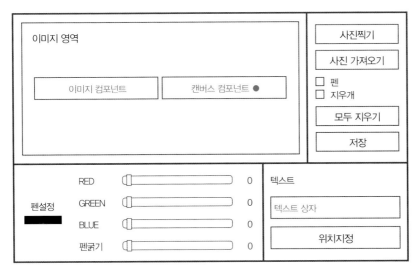

[그림 9-1] 앱 화면 구성

- **앱 이름: 사진 꾸미기**

- **스크린:** 1개

- **사용할 컴포넌트:** 버튼, 텍스트 상자, 체크 상자, 레이블, 슬라이더, 알림, 표배치, 수평배치, 카메라, 이미지 선택, 캔버스, 공, TinyDB

- **설계 내용**

  ❶ 스크린 방향을 가로보기 상태로 설정한 후 앱의 화면을 구성합니다.

  ❷ [사진찍기] 버튼을 클릭해 사진을 촬영하면 촬영된 사진이 [이미지] 컴포넌트로 들어옵니다. [이미지] 컴포넌트가 화면에 보이는 동안 [캔버스] 컴포넌트는 잠시 숨겨둡니다.

  ❸ [사진가져오기] 버튼을 클릭해 갤러리 앱을 실행한 후 사진을 선택하면 선택된 사진이 [이미지] 컴포넌트로 들어 옵니다. [이미지] 컴포넌트가 화면에 보이는 동안 [캔버스] 컴포넌트는 잠시 숨겨둡니다. [이미지] 컴포넌트는 외 부에서 가져오는 이미지의 가로 세로 비율을 파악하기 위해 이미지를 잠시 담아두는 역할을 합니다.

  ❹ [체크상자_펜]에 체크를 하면 [캔버스] 컴포넌트를 보이게 만듭니다. 이때 [캔버스]의 너비는 이미지 영역의 너비 와 같게 만들고 [캔버스]의 높이는 이미지의 가로 세로 비율에 따라 결정됩니다. 그리고 [이미지] 컴포넌트의 이미 지를 [캔버스] 컴포넌트의 배경 이미지로 설정합니다. 작업이 완료되면 [이미지] 컴포넌트를 숨깁니다.

❺ [체크상자_펜]이 체크돼 있는 상태에서 캔버스 위를 드래그하면 선이 그려지고 터치하면 점이 그려집니다. [색깔] 슬라이더의 섬네일을 움직이면 펜 상태를 나타내는 레이블의 배경색이 변하고 펜 색깔이 레이블의 배경색과 같은 색으로 설정됩니다. [펜굵기] 슬라이더의 섬네일을 움직이면 펜 상태를 나타내는 레이블의 높이가 변하고 펜 굵기가 레이블의 높이와 같은 크기로 설정됩니다.

❻ [체크상자_지우개]를 체크하면 [체크상자_펜]의 체크가 해제됩니다. [체크상자_지우개]가 체크된 상태에서 이미지 위를 드래그하면 드래그한 곳의 그림이 지워집니다.

❼ [모두 지우기] 버튼을 클릭하면 지금까지 그렸던 그림이 한 번에 지워집니다.

❽ [저장] 버튼을 클릭하면 이미지의 이름을 설정하는 창이 나타나고 이름을 입력하면 스마트폰 내부 저장소의 지정된 폴더에 이미지가 저장됩니다.

❾ 텍스트 상자에 텍스트를 입력한 후 [위치지정] 버튼을 클릭하면 캔버스 위에 빨간색 공이 나타나며 이 공을 드래그해서 원하는 위치에 놓으면 공이 사라지고 공이 있던 위치에 텍스트 상자에 입력했던 텍스트가 나타납니다. 이 때 화면에 보이는 텍스트의 크기와 색깔은 펜의 굵기와 색깔에 의해 결정됩니다.

앱 제작에 필요한 컴포넌트 살펴보기

이번 장에 새롭게 등장하는 컴포넌트와 앱 제작에 사용될 블록을 미리 살펴보겠습니다.

▪ [카메라] 컴포넌트

❶ **위치:** 미디어

❷ **기능:** 스마트폰의 기본 카메라 앱을 사용해 사진을 찍고 찍은 사진을 앱으로 가져옵니다.

❸ **함수**

블록	기능
호출 카메라1 .사진 찍기	스마트폰의 기본 카메라 앱을 실행합니다. 카메라 앱의 사진 촬영 버튼을 클릭하면 일단 사진은 스마트폰의 기본 사진 저장 폴더에 저장됩니다. 그리고 화면에 [취소] 버튼과 [확인] 버튼이 나타납니다. [확인] 버튼을 클릭하면 사진이 내부 저장소의 Pictures 폴더에 한 번 더 저장되고 [사진 찍은 후] 이벤트가 발생하게 됩니다.

❹ **이벤트**

블록	기능
언제 카메라1 .사진 찍은 후 이미지 실행	사진을 촬영한 후 [확인] 버튼을 클릭하면 실행되는 블록입니다. [이미지]에는 촬영된 사진이 저장된 경로가 들어있습니다. [이미지]는 내부 저장소의 Picture 폴더에 있는 사진 파일을 가리킵니다.

- [캔버스] 컴포넌트

❶ **위치:** 그리기&애니메이션

❷ **기능:** 사용자의 터치와 드래그를 인식하는 2차원 패널입니다. 캔버스는 x, y 좌표체계를 가지고 있으며, 이 좌표 체계를 이용해 터치한 위치와 드래그한 경로를 파악할 수 있습니다. 캔버스는 그림을 그리거나 스프라이트(일종 의 이미지)가 움직일 수 있는 공간을 만드는 데 주로 사용합니다.

❸ **속성**

블록	기능
지정하기 캔버스1 . 배경이미지 값	캔버스의 배경 이미지를 설정합니다.
지정하기 캔버스1 . 글꼴 크기 값	캔버스에 글자를 쓸 때 글자의 크기를 설정합니다.
지정하기 캔버스1 . 선 두께 값	캔버스에 그림을 그릴 때 선의 굵기를 설정합니다.
지정하기 캔버스1 . 페인트 색상 값	캔버스에 그림을 그릴 때 선의 색깔을 설정합니다.

❹ **함수**

블록	기능
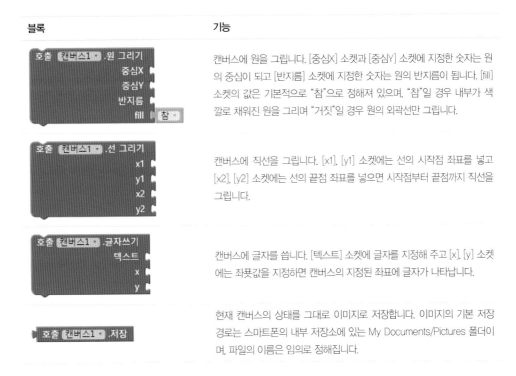 호출 캔버스1 .원 그리기 · 중심X · 중심Y · 반지름 · fill 참	캔버스에 원을 그립니다. [중심X] 소켓과 [중심Y] 소켓에 지정한 숫자는 원 의 중심이 되고 [반지름] 소켓에 지정한 숫자는 원의 반지름이 됩니다. [fill] 소켓의 값은 기본적으로 "참"으로 정해져 있으며, "참"일 경우 내부가 색 깔로 채워진 원을 그리며 "거짓"일 경우 원의 외곽선만 그립니다.
호출 캔버스1 .선 그리기 · x1 · y1 · x2 · y2	캔버스에 직선을 그립니다. [x1], [y1] 소켓에는 선의 시작점 좌표를 넣고 [x2], [y2] 소켓에는 선의 끝점 좌표를 넣으면 시작점부터 끝점까지 직선을 그립니다.
호출 캔버스1 .글자쓰기 · 텍스트 · x · y	캔버스에 글자를 씁니다. [텍스트] 소켓에 글자를 지정해 주고 [x], [y] 소켓 에는 좌푯값을 지정하면 캔버스의 지정된 좌표에 글자가 나타납니다.
호출 캔버스1 .저장	현재 캔버스의 상태를 그대로 이미지로 저장합니다. 이미지의 기본 저장 경로는 스마트폰의 내부 저장소에 있는 My Documents/Pictures 폴더이 며, 파일의 이름은 임의로 정해집니다.

블록	기능
	캔버스를 이미지로 저장할 때 파일의 이름을 정해 줄 수 있습니다. 예를 들어, [파일 이름] 소켓에 [" "] 블록을 연결하고 빈 칸에 "/photoDrawing/mypic.png"이라고 쓰면 내부 저장소에 photoDrawing 폴더가 만들어지고 그 안에 mypic.png가 저장됩니다. 이미지 파일의 확장자로는 jpg, jpeg, png를 사용할 수 있습니다.

❺ 이벤트

블록	기능
	캔버스를 드래그하면 실행됩니다. [시작X]와 [시작Y]는 최초로 드래그를 시작한 지점의 좌표, [이전X]와 [이전Y]는 바로 전에 지나간 지점의 좌표, [현재X]와 [현재Y]는 현재 좌표를 의미합니다. [드래그된 스프라이트]의 값은 캔버스에 있는 스프라이트를 드래그했으면 "참", 아니면 "거짓"이 됩니다.
	캔버스를 터치하면 실행됩니다. [x]와 [y]는 터치한 지점의 좌표를 의미합니다. [터치된 스프라이트]의 값은 캔버스에 있는 스프라이트를 터치했으면 "참", 아니면 "거짓"이 됩니다.

- **[공] 컴포넌트**

❶ 위치: 그리기&애니메이션

❷ 기능: 캔버스 위에 놓을 수 있는 원 형태의 스프라이트입니다. 터치와 드래그에 반응하며 캔버스 위에서 자유롭게 움직일 수 있습니다.

❸ 함수

블록	기능
	공을 [x], [y] 소켓에 지정한 좌표로 이동시킵니다.

❹ 이벤트

블록	기능

공을 드래그하면 실행됩니다. [시작X]와 [시작Y]는 최초로 드래그를 시작한 지점의 좌표, [이전X]와 [이전Y]는 바로 전에 지나간 지점의 좌표, [현재X]와 [현재Y]는 현재 좌표를 의미합니다.

공을 터치하면 실행됩니다. [x]와 [y]는 터치한 지점의 좌표를 의미합니다.

❺ 캔버스와 공의 좌표체계

캔버스는 [그림 9-2]와 같이 상단 왼쪽 꼭짓점의 x 좌표와 y 좌표가 0입니다. 오른쪽으로 갈수록 x 값이 증가하고 아래쪽으로 갈수록 y 값이 증가합니다. 공의 바깥쪽에 공을 감싸는 정사각형이 있다고 가정했을 때 정사각형의 상단 왼쪽 꼭짓점이 공의 좌표를 정하는 기준이 됩니다.

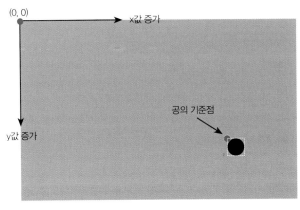

[그림 9-2] 캔버스와 공의 기준점

새 프로젝트 만들기

앱 인벤터 개발 페이지에 접속한 후 [새 프로젝트 시작하기]를 클릭해 새로운 프로젝트를 만듭니다. 프로젝트의 이름은 "photoDrawing"으로 하겠습니다.

9.2 _ 화면 디자인

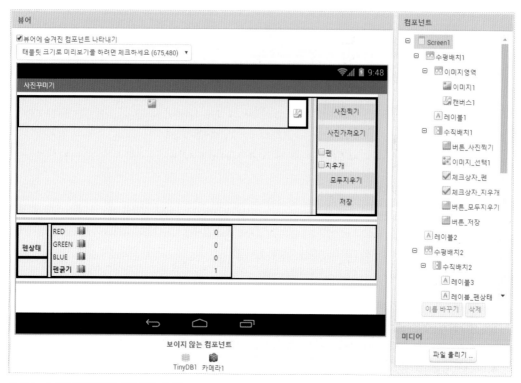

[그림 9-3] 사진 꾸미기 앱의 기본 화면 디자인

사진 꾸미기 앱은 [그림 9-3]과 같이 스크린 방향을 가로로 설정하고 태블릿 크기에서 미리보기에 체크해 화면을 구성하겠습니다. 지금부터 [Screen1]의 화면을 구성해 보겠습니다.

[Screen1] 속성 설정

❶ [Screen1]의 [속성] 패널에서 [앱 이름]을 "사진꾸미기"로 바꿉니다.

❷ [스크린 방향] 속성을 "가로"로 바꿉니다. 이 설정은 앱을 실행했을 때 스크린이 가로 방향으로 고정되게 만들어줍니다.

❸ [스크롤 가능 여부]에 체크합니다. 이 설정은 앱 화면의 높이가 스크린의 높이를 벗어날 경우 화면을 위아래로 스크롤할 수 있게 해줍니다.

❹ [크기]을 "반응형"으로 바꿉니다. [크기]를 "반응형"으로 설정해야 태블릿 크기로 미리보기가 가능해집니다.

❺ [뷰어] 패널의 [태블릿 크기로 미리보기를 하려면 체크하세요]를 선택합니다.

❻ [제목]을 "사진꾸미기"로 바꿉니다.

이미지 영역 구성

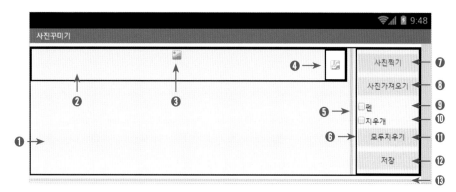

[그림 9-4] 이미지 영역 구성 순서

❶ [수평배치]를 스크린으로 가져온 후 [너비]를 "부모에 맞추기"로 바꿉니다.

❷ [수평배치]를 하나 더 가져와 ❶에서 가져온 [수평배치] 안에 넣은 후 이름을 "이미지영역"으로 바꿉니다. 그리고 [이미지영역]의 [속성] 패널에서 [수평 정렬]을 "중앙", [너비]를 "80 percent"로 바꿉니다.

❸ [이미지] 컴포넌트를 가져와 [이미지영역] 안에 넣고 [속성] 패널에서 [너비]를 "부모에 맞추기", [보이기]를 체크 해제합니다. 그리고 [뷰어] 패널의 [뷰어에 숨겨진 컴포넌트 나타내기]에 체크해 스크린 상에는 숨김 속성인 컴포넌트가 보이게 만듭니다. [이미지] 컴포넌트는 편집할 이미지의 가로 세로 비율을 파악하는 용도로만 사용하고 필요 없는 상황에서는 숨겨놓을 예정입니다. 구체적은 설명은 블록 작업에서 하겠습니다.

❹ [캔버스]를 가져와 [이미지영역] 안에 넣습니다.

❺ [레이블]을 [이미지영역]의 오른쪽에 넣고 [속성] 패널에서 [배경색]을 "밝은 회색", [마진 유무]를 체크 해제, [높이]를 "부모에 맞추기", [너비]를 "1 pixels", [텍스트]를 빈칸으로 바꿉니다. 이 레이블은 [이미지영역]과 다른 컴포넌트들을 구분하는 선 역할을 합니다.

⊕ 레이블을 이용한 선 그리기

앱 인벤터는 디자인 편집기에서 따로 선을 그리는 기능을 제공하지 않습니다. 대신 레이블을 선처럼 활용할 수 있습니다. 예를 들어, 가로 방향의 선을 그리고 싶다면 선을 그리고 싶은 곳에 레이블을 가져다 놓고 기본 텍스트를 지운 후 [너비]를 이용해 선의 길이, [높이]를 이용해 선의 두께, [배경색]을 이용해 선의 색깔을 설정하면 됩니다. 레이블의 속성에 [마진 유무]가 체크돼 있으면 선 주변에 필요 없는 여백이 생기므로 필요에 따라 [마진 유무]를 체크 해제해야 합니다.

❻ [수직배치]를 구분선 오른쪽에 넣고 [너비]를 "부모에 맞추기"로 바꿉니다. 이후 ❼∼⓬에서 추가하는 컴포넌트들은 [수직배치1] 안에 순서대로 넣습니다.

❼ [버튼]을 추가하고 이름을 "버튼_사진찍기"로 바꿉니다. [버튼_사진찍기]의 [속성] 패널에서 [너비]를 "부모에 맞추기", [텍스트]를 "사진찍기"로 바꿉니다.

❽ [이미지 선택]을 추가하고 [속성] 패널에서 [너비]를 "부모에 맞추기", [텍스트]를 "사진가져오기"로 바꿉니다.

❾ [체크 상자]를 추가하고 이름을 "체크상자_펜"으로 바꿉니다. [체크상자_펜]의 [속성] 패널에서 [텍스트]를 "펜"으로 바꿉니다.

❿ [체크 상자]를 추가하고 이름을 "체크상자_지우개"로 바꿉니다. [체크상자_지우개]의 [속성] 패널에서 [텍스트]를 "지우개"로 바꿉니다.

⓫ [버튼]을 추가하고 이름을 [버튼_모두지우기]로 바꿉니다. [버튼_모두지우기]의 [속성] 패널에서 [너비]를 "부모에 맞추기", [텍스트]를 "모두지우기"로 바꿉니다.

⓬ [버튼]을 추가하고 이름을 [버튼_저장]으로 바꿉니다. [버튼_저장]의 [속성] 패널에서 [너비]를 "부모에 맞추기", [텍스트]를 "저장"으로 바꿉니다.

⓭ [레이블]을 [수평배치1] 아래에 넣고 [배경색]을 "밝은 회색", [마진 유무]에 체크 해제, [높이]를 "1 pixels", [너비]를 "부모에 맞추기", [텍스트]를 빈칸으로 바꿉니다. 이 레이블은 [이미지영역]과 펜 설정 영역을 구분하는 선 역할을 합니다.

펜 설정 영역 구성

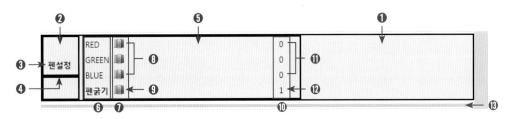

[그림 9-5] 펜 설정 영역 구성 순서

❶ [수평배치]를 구분선 아래에 넣고 [너비]를 "부모에 맞추기"로 바꿉니다.

❷ [수직배치]를 [수평배치2] 안에 넣고 [속성] 패널에서 [수평 정렬]을 "중앙", [수직 정렬]을 "가운데", [높이]를 "부모에 맞추기"로 바꿉니다.

❸ [레이블]을 [수직배치2] 안에 넣고 [속성] 패널에서 [글꼴 굵게]에 체크, [텍스트]를 "펜설정"으로 바꿉니다.

❹ [레이블]을 ❸에서 가져온 레이블 아래에 넣고 이름을 [레이블_펜상태]로 바꿉니다. [레이블_펜상태]의 [속성] 패널에서 [배경색]을 "검정", [높이]를 "1 pixels", [너비]를 "50 pixels", [텍스트]를 빈칸으로 바꿉니다.

❺ [표배치]를 [수직배치2]의 오른쪽에 넣고 [속성] 패널에서 [열]을 "3", [행]을 "4"로 바꿉니다.

❻ [레이블] 4개를 [표배치1]의 첫 번째 열 각 행에 하나씩 넣고 각 레이블의 [속성] 패널에서 [텍스트]를 위에서부터 차례대로 "RED", "GREEN", "BLUE", "펜굵기" 로 바꿉니다.

❼ [슬라이더] 4개를 [표배치1]의 두 번째 열 각 행에 하나씩 넣고 각 슬라이더의 이름을 위에서부터 차례대로 "슬라이더R", "슬라이더G", "슬라이더B", "슬라이더_펜굵기"로 바꿉니다.

❽ [슬라이더R], [슬라이더G], [슬라이더B]의 [속성] 패널에서 각 슬라이더의 [너비]를 "255 pixels", [최댓값]을 "255", [최솟값]을 "0", [섬네일 위치]를 "0"으로 바꿉니다. 이 슬라이더들의 최댓값·최솟값은 삼원색(RGB)의 각 요소가 가지는 최댓값·최솟값을 의미합니다.

❾ [슬라이더_펜굵기]의 [속성] 패널에서 [너비]를 "부모에 맞추기", [최댓값]을 "50", [최솟값]을 "1", [섬네일 위치]를 "1"로 바꿉니다. 이 슬라이더의 최댓값·최솟값은 캔버스에 그릴 선 굵기의 최댓값·최솟값을 의미합니다.

❿ [레이블] 4개를 [표배치1]의 세 번째 열 각 행에 하나씩 넣고 각 레이블의 이름을 위에서부터 차례대로 "레이블R", "레이블G", "레이블B", "레이블_펜굵기"로 바꿉니다.

⓫ [레이블R], [레이블G], [레이블B]의 [속성] 패널에서 각 레이블의 [너비]를 "30 pixels", [텍스트]를 "0"으로 바꿉니다.

⓬ [레이블_펜굵기]의 [속성] 패널에서 [텍스트]를 "1"로 바꿉니다.

⓭ [레이블]을 [수평배치2] 아래에 넣고 [배경색]을 "밝은 회색", [마진 유무]에 체크 해제, [높이]를 "1 pixels", [너비]를 "부모에 맞추기", [텍스트]를 빈칸으로 바꿉니다. 이 레이블은 선 역할을 합니다.

보이지 않는 컴포넌트 배치

❶ [미디어] 서랍에서 [카메라]를 스크린으로 가져옵니다.

이것으로 [Screen1]의 화면 디자인 작업을 마치겠습니다.

컴포넌트 속성 정리

컴포넌트의 속성을 정리해 놓은 표를 통해 지금까지의 작업을 정리해 보겠습니다.

컴포넌트	이름	변경해야 할 속성
스크린	Screen1	**앱 이름:** 사진꾸미기 **제목:** 사진꾸미기 **스크린 방향:** 가로 **스크롤 가능 여부:** 체크 **크기:** 반응형
표배치	표배치1	**열:** 3 **행:** 4
수평배치	수평배치1, 2	**너비:** 부모에 맞추기
	이미지영역	**수평 정렬:** 중앙 **너비:** 80 percent
수직배치	수직배치1	**너비:** 부모에 맞추기
	수직배치2	**수평 정렬:** 중앙 **수직 정렬:** 가운데 **높이:** 부모에 맞추기
버튼	버튼_사진찍기, 버튼_모두지우기, 버튼_저장	**너비:** 부모에 맞추기 **텍스트:** 사진찍기, 모두지우기, 저장
체크 상자	체크상자_펜, 체크상자_지우개	**텍스트:** 펜, 지우개
레이블	레이블1	**배경색:** 밝은 회색 **높이:** 부모에 맞추기 **너비:** 1 pixels **텍스트:** 빈칸 **마진 유무:** 체크 해제
	레이블2, 레이블8	**배경색:** 밝은 회색 **높이:** 1 pixels **너비:** 부모에 맞추기 **텍스트:** 빈칸 **마진 유무:** 체크 해제
	레이블3	**글꼴 굵게:** 체크 **텍스트:** 펜설정

컴포넌트	이름	변경해야 할 속성
레이블	레이블_펜상태	배경색: 검정 텍스트: 빈칸 높이: 1 pixels 너비: 50 pixels
	레이블4, 레이블5, 레이블6, 레이블7	텍스트: RED, GREEN, BLUE, 펜굵기
	레이블R, 레이블G, 레이블B	너비: 30 pixels 텍스트: 0
	레이블_펜굵기	텍스트: 1
슬라이더	슬라이더R, 슬라이더G, 슬라이더B	너비: 255 pixels 섬네일 위치: 0 최댓값: 255 최솟값: 0
	슬라이더_펜굵기	너비: 부모에 맞추기 최댓값: 50 최솟값: 1 섬네일 위치: 1
이미지	이미지1	보이기: 체크 해제
이미지 선택	이미지_선택1	너비: 부모에 맞추기 텍스트: 사진가져오기
캔버스	캔버스1	변경사항 없음
카메라	카메라1	변경사항 없음

화면 디자인 작업을 완료했으면 [블록] 버튼을 클릭해 블록 편집기로 이동합니다.

9.3 _ 블록 조립

사진을 앱 화면으로 가져오는 기능 만들기

먼저 [사진찍기] 버튼을 클릭해 카메라를 작동시키는 기능을 만들어 보겠습니다.

[예제 9-1] [버튼_사진찍기]를 클릭했을 때 실행되는 블록

❶ [언제 버튼_사진찍기.클릭] 블록을 [뷰어] 패널로 가져옵니다.

❷ [호출 카메라1.사진 찍기] 블록을 이벤트 핸들러 블록의 [실행] 섹션에 넣습니다.

해설 [사진 찍기] 함수를 호출하면 스마트폰의 기본 카메라 앱이 실행됩니다. 카메라 앱으로 촬영된 사진은 일단 스마트폰의 기본 사진 폴더에 저장됩니다.

다음으로 카메라로 촬영한 사진을 앱 화면으로 가져오는 기능을 만들어 보겠습니다.

[예제 9-2] 사진 촬영이 완료되면 [이미지설정하기] 함수 호출

❶ [언제 카메라1.사진 찍은 후] 블록을 [뷰어] 패널로 가져옵니다.

해설 카메라 앱으로 사진을 촬영한 후 화면에 나타나는 [확인] 버튼을 클릭하면 사진 파일이 스마트폰 내부 저장소의 Picture 폴더에 저장되고 [사진 찍은 후] 이벤트가 발생하게 됩니다. 이벤트 핸들러 블록에 포함돼 있는 [이미지]에는 "/Pictures/파일명.jpeg"와 같은 형식의 텍스트가 저장돼 있습니다. 이 값은 방금 촬영한 사진이 스마트폰의 어느 폴더에 어떤 파일명으로 저장돼 있는지 알려줍니다.

❷ [함수] 서랍에서 [함수 실행] 블록을 가져와 [뷰어] 패널의 적당한 곳에 놓고 이름을 "이미지설정하기"로 바꿉니다. [함수 실행] 블록의 파란색 아이콘을 클릭해 [입력] 블록을 1개 추가하고 매개변수의 이름을 [이미지]로 바꿉니다.

해설 [이미지설정하기] 함수를 호출하는 블록을 사용하기 위해 함수의 껍데기를 미리 만들어둡니다.

❸ 다시 [사진 찍은 후] 이벤트 핸들러 블록으로 돌아옵니다. [호출 이미지설정하기] 블록을 가져와 이벤트 핸들러 블록 안쪽에 넣고 함수 호출 블록의 [이미지] 소켓에 이벤트 핸들러 블록에서 가져온 [가져오기 이미지] 블록을 끼웁니다.

해설 [이미지설정하기] 함수는 [이미지] 컴포넌트와 [캔버스] 컴포넌트의 속성을 설정하고 화면에 이미지를 보여주는 역할을 합니다.

다음으로 갤러리에 있는 사진을 앱 화면으로 가져오는 기능을 만들어 보겠습니다.

[예제 9-3] 갤러리에 있는 사진을 선택하면 [이미지설정하기] 함수 호출

❶ [언제 이미지_선택1.선택 후] 블록을 [뷰어] 패널로 가져옵니다.

해설 [선택 후] 이벤트는 갤러리에서 사진을 선택하면 발생합니다.

❷ [호출 이미지설정하기] 블록을 가져와서 이벤트 핸들러 블록 안쪽에 넣고 [이미지] 소켓에 [이미지_선택1.선택된 항목] 블록을 끼웁니다.

해설 [이미지_선택1.선택된 항목]에는 갤러리에서 선택한 이미지가 스마트폰의 어느 폴더에 어떤 파일명으로 저장됐는지 알려주는 텍스트가 들어있습니다. 갤러리에서 사진을 선택하면 사진 파일은 스마트폰의 내부 저장소에 있는 Pictures/_app_inventor_image_picker 폴더에 복제되어 저장되며, [이미지_선택1.선택된 항목]에는 "/Pictures/_app_inventor_image_picke/파일명.jpeg"와 같은 형식의 텍스트가 저장됩니다.

다음으로 [이미지설정하기] 함수를 만들어 보겠습니다.

[예제 9-4] [이미지설정하기] 함수

❶ 미리 만들어둔 [이미지설정하기] 함수의 껍데기가 있는 곳으로 이동합니다(212쪽 예제 9-2 참조).

❷ [지정하기 이미지1.보이기] 블록을 함수 블록의 [실행] 섹션에 넣고 [값] 소켓에 [참] 블록을 끼웁니다.

해설 새로 찍거나 갤러리에서 가져온 사진을 [이미지1]에 넣기 위해 [이미지1]이 화면에 보이도록 만듭니다.

❸ [지정하기 캔버스1.보이기] 블록을 추가하고 [값] 소켓에 [거짓] 블록을 끼웁니다.

해설 [이미지영역]에서 [캔버스1]이 보이지 않도록 만듭니다.

❹ [지정하기 이미지1.사진] 블록을 추가하고 [값] 소켓에 [가져오기 이미지] 블록을 끼웁니다.

해설 [이미지1]의 [사진] 속성에 스마트폰에 저장된 사진의 경로 값을 대입합니다. 만약 [이미지1]로 사진을 가져오지 않고 처음부터 [캔버스1]의 배경 이미지로 사진을 가져오면 사진의 가로세로 비율이 깨져서 보이게 됩니다.

[이미지] 컴포넌트에 사진을 넣은 경우

[캔버스] 컴포넌트 배경에 사진을 넣은 경우

[그림 9-6] [이미지] 컴포넌트와 [캔버스] 컴포넌트로 가져온 이미지의 차이

[그림 9-6]과 같은 사진을 가져왔을 때 [이미지] 컴포넌트로 사진을 가져오면 사진의 비율이 유지되지만 캔버스의 배경으로 사진을 가져올 경우 사진이 캔버스의 크기에 맞게 늘어나기 때문에 사진의 비율이 유지되지 않습니다. 비율이 제각각인 다양한 사진들을 앱 화면으로 가져왔을 때 원본 사진의 비율이 지켜지도록 일단은 사진을 [이미지1] 에 넣어둡니다. [체크상자_펜]에 체크하면 [이미지1]은 숨김으로 설정하고 [이미지1]의 사진을 [캔버스1]로 옮겨서 사진에 그림을 그릴 수 있도록 만들 예정입니다.

❺ [지정하기 체크상자_펜.선택 여부] 블록을 추가하고 [값] 소켓에 [거짓] 블록을 끼웁니다.

해설 [체크상자_펜]의 체크를 해제합니다. [체크상자_펜]에 체크돼 있는 상태로 새로운 사진을 가져올 경우에 대비해 이 블록 조합을 넣어 둡니다. 사진이 [이미지1]에 들어있는 상태에서 [체크상자_펜]에 체크돼 있다면 사용자 입장에서는 사진에 그림을 그릴 수 있는 상태로 오해할 수 있기 때문입니다.

❻ [지정하기 캔버스1.배경 이미지] 블록을 추가하고 [값] 소켓에 [" "] 블록을 끼웁니다.

해설 [캔버스1]의 [배경 이미지]로 빈 텍스트, 즉 배경 이미지가 없음을 설정해 둡니다. 새롭게 가져온 사진이 [이미지1]에 들어 있는 상태에서 만약 사용자가 [저장] 버튼을 클릭하면 새로운 이미지를 가져오기 전에 편집하던(현재는 숨김으로 설정된) [캔버스1]의 [배경 이미지]가 저장됩니다. 필요없는 이미지가 불필요하게 저장되는 경우를 방지하기 위해 [캔버스1]의 [배경 이미지]를 없음으로 설정해 둡니다.

⊕ [블록 비활성화] 활용하기

특정 블록을 잠시 실행되지 않게 만들려면 해당 블록을 [블록 비활성화 하기] 상태로 설정해 두면 됩니다.

```
언제  이미지_선택1 · .선택 후
실행    호출  이미지설정하기 ·
                      이미지  이미지_선택1 ·  선택된 항목 ·
        지정하기  캔버스1 · . 배경 이미지 ·  값  이미지_선택1 · . 선택된 항목 ·
```

[그림 9-7] 블록 일부를 [블록 비활성화 하기] 상태로 설정한 모습

예를 들어, [이미지설정하기] 함수를 이용해 화면에 이미지를 출력하는 것과 캔버스를 이용해 화면에 이미지를 출력하는 것의 차이를 확인하고 싶으면 [그림 9-7]과 같이 [호출 이미지설정하기] 블록을 비활성 상태로 만든 후 캔버스의 배경 이미지 설정 블록을 잠시 [실행] 섹션에 넣어서 실행 결과를 비교해보면 됩니다.

지금까지 만든 기능들이 제대로 작동하는지 스마트폰을 연결해 테스트해 봅시다. 체크리스트 항목에 따라 앱을 테스트해보고 기능에 문제가 없으면 체크 표시를 하고 문제가 있으면 블록 조립 과정이나 디자인 편집기에서 설정한 컴포넌트 속성에 오류가 없는지 다시 한 번 확인해 봅니다.

01_앱 테스트

1. [사진찍기] 버튼을 클릭하면 사진촬영 앱이 실행되고 사진을 촬영한 후 [확인] 버튼을 클릭하면 촬영한 사진이 이미지 영역에 표시됨 ☐

2. [사진가져오기] 버튼을 클릭하면 갤러리 앱이 실행되고 사진 목록에서 사진을 선택하면 선택한 사진이 이미지 영역에 표시됨 ☐

펜과 지우개 기능 만들기

다음으로 [체크상자_펜]이 체크됐을 때 실행돼야 할 기능들을 만들어보겠습니다.

[예제 9-5] [체크상자_펜]의 체크 상태가 바뀌었을 때 실행되는 블록

❶ [언제 체크상자_펜.변경] 블록을 [뷰어] 패널로 가져옵니다.

해설 [변경] 이벤트는 [체크 상자]의 상태가 체크에서 체크 해제로 변하거나 체크 해제에서 체크로 변할 때 발생합니다.

❷ [만약 그러면] 블록을 이벤트 핸들러 블록의 [실행] 섹션에 넣고 [만약] 소켓에 [체크상자_펜.선택 여부] 블록을 끼웁니다.

해설 사용자가 [체크상자_펜]에 체크하면 [선택 여부]의 값은 "참"이 되어 [그러면] 섹션의 블록이 실행됩니다. 반대로 체크를 해제했다면 [선택 여부]의 값은 "거짓"이 되어 [변경] 이벤트가 발생하더라도 아무런 일도 일어나지 않습니다.

❸ [만약 그러면] 블록을 하나 더 가져와서 [그러면] 섹션에 넣고 [만약] 소켓에 [이미지1.보이기] 블록을 끼웁니다.

해설 사용자가 [체크 상자_펜]을 어떤 상태에서 클릭했는가를 구분하기 위해 조건을 하나 더 추가합니다. 만약 [이미지1]이 보이는 상태라면 [그러면] 섹션의 블록을 실행합니다. [이미지1]이 보이는 상태는 편집할 사진을 가져와 [이미지1]에 넣어두고 [체크상자_펜]에 체크를 하지 않았을 때입니다.

❹ [지정하기 캔버스1.보이기] 블록을 [그러면] 섹션에 넣고 [값] 소켓에 [참] 블록을 끼웁니다.

해설 사용자가 [체크상자_펜]에 체크했다면 사진 위에 그림을 그릴 수 있도록 만들어야 합니다. [이미지1] 컴포넌트 위에는 그림을 그릴 수 없으므로 그림을 그리는 기능을 제공하는 [캔버스1]이 보이도록 만듭니다.

❺ [지정하기 캔버스1.너비] 블록을 추가하고 [값] 소켓에 [이미지영역.너비] 블록을 끼웁니다.

해설 [캔버스1]의 너비를 [이미지영역]의 너비와 같게 만들어 줍니다.

❻ [지정하기 캔버스1.높이] 블록 추가하고 [값] 소켓에 [/] 블록을 끼웁니다. [/] 블록의 첫 번째 소켓에 [x] 블록, 두 번째 소켓에 [이미지1.너비] 블록을 끼웁니다. [x] 블록의 첫 번째 소켓에 [이미지영역.너비] 블록, 두 번째 소켓에 [이미지1.높이] 블록을 끼웁니다.

해설 [캔버스1]의 너비가 [이미지영역]의 너비와 같게 늘어났으므로 [캔버스1]의 높이도 [이미지1]의 가로 세로 비율에 따라 늘어나도록 만듭니다.

❼ [지정하기 캔버스1.배경 이미지] 블록을 추가하고 [값] 소켓에 [이미지1.사진] 블록을 끼웁니다.

해설 [캔버스1]의 배경 이미지를 [이미지1]의 사진으로 설정합니다.

❽ [지정하기 이미지1.보이기] 블록을 추가하고 [값] 소켓에 [거짓] 블록을 끼웁니다.

해설 [캔버스1]의 크기와 이미지 설정이 완료되면 [이미지1]은 제 역할을 다한 것입니다. 더 이상 [이미지1]이 화면에 보일 필요가 없으므로 숨김 상태로 만듭니다. 정리하자면 사진을 [캔버스1]로 바로 가져오지 않고 [이미지1]을 거쳐서 가져오는 다소 복잡한 과정을 거치는 이유는 [이미지] 컴포넌트로 가져온 사진의 가로 세로 비가 유지되는 특성을 이용해 [캔버스] 컴포넌트의 크기를 설정하기 위해서입니다. 마지막에 [이미지1]의 [보이기] 값을 "거짓"으로 설정해 뒀으므로 ❸에서 가져온 [만약 그러면] 블록은 사진을 가져온 후 처음으로 [체크상자_펜]에 체크할 때만 실행되고 이후에 다시 [체크상자_펜]에 체크하더라도 실행되지 않습니다.

❾ [지정하기 체크상자_지우개.선택 여부] 블록을 안쪽 [만약 그러면] 블록 아래에 넣고 [값] 소켓에 [거짓] 블록을 끼웁니다.

해설 펜과 지우개는 동시에 선택될 수 없도록 [체크상자_펜]에 체크하면 [체크상자_지우개]의 체크를 해제합니다.

❿ [지정하기 캔버스1.페인트 색상] 블록을 추가하고 [값] 소켓에 [레이블_펜상태.배경색] 블록을 끼웁니다.

해설 [체스상자_펜]에 체크하면 펜의 색깔(캔버스1의 페인트 색상)을 [레이블_펜상태]의 배경색과 같은 색으로 설정합니다. 디자인 편집기에서 [레이블_펜상태]의 [배경색] 속성을 "검정"으로 설정해 뒀으므로 기본 펜 색깔은 검은색이 됩니다.

다음으로 [체크상자_지우개]가 체크됐을 때 실행돼야 할 기능을 만들어보겠습니다.

[예제 9-6] [체크상자_지우개]의 체크 상태가 바뀌었을 때 실행되는 블록

❶ 방금 만든 [언제 체크상자_펜.변경] 블록 조합을 복제한 후 이벤트 핸들러 블록의 컴포넌트 이름을 "체크상자_지우개"로 바꿉니다. 그리고 이벤트 핸들러 블록의 [만약 그러면] 블록 안에 있는 [만약 그러면] 블록 조합 전체를 삭제합니다.

❷ [만약] 소켓의 "체크상자_펜"을 "체크상자_지우개"로 바꿉니다.

해설 사용자가 [체크상자_지우개]를 클릭해 체크가 표시되면 [선택 여부] 값이 "참"이 되어 [그러면] 섹션의 블록이 실행됩니다.

❸ [그러면] 섹션의 "체크상자_지우개"를 "체크상자_펜"으로 바꿉니다.

해설 펜과 지우개는 동시에 선택될 수 없도록 [체크상자_지우개]에 체크하면 [체크상자_펜]의 체크를 해제합니다.

❹ [레이블_펜상태.배경색] 블록을 삭제하고 [값] 소켓에 [색상 만들기] 블록을 끼웁니다. [리스트 만들기] 블록의 파란색 아이콘을 클릭한 후 [항목] 블록을 하나 더 추가해서 총 4개의 소켓이 되도록 만듭니다. 추가된 소켓에 [0] 블록을 끼운 후 4개의 숫자 블록의 숫자가 위에서부터 차례대로 255, 255, 255, 0이 되도록 입력합니다.

해설 [캔버스1]의 [페인트 색상]을 투명색으로 만듭니다. 투명색으로 기존 그림 위에 그림을 그리면 마치 지우개로 지운 것처럼 보이게 됩니다. [색상 만들기] 블록에 연결된 [리스트 만들기] 블록에는 기본으로 RGB 값을 의미하는 3개의 숫자가 연결돼 있습니다. 여기에 4번째 소켓을 추가해 숫자 값을 연결하면 이 값은 색깔의 투명도를 의미하게 됩니다. 4번째 소켓의 숫자가 0이면 투명도가 100%가 되며 255일 경우 투명도는 0%가 됩니다. 투명도가 100%라면 RGB 값에 어떤 숫자가 들어와도 페인트 색상은 투명해집니다.

이제 캔버스 위에 선으로 그림을 그릴 수 있게 만들어 보겠습니다.

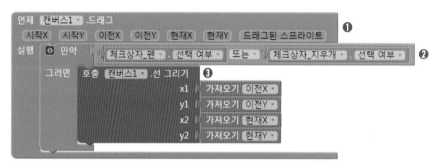

[예제 9-7] [캔버스1]을 드래그해서 선 그리기

❶ [언제 캔버스1.드래그] 블록을 [뷰어] 패널로 가져옵니다.

해설 [드래그] 이벤트는 캔버스 위에 손가락을 대고 끌면 발생합니다.

❷ [만약 그러면] 블록을 이벤트 핸들러 블록의 [실행] 섹션에 넣고 [만약] 소켓에 [또는] 블록을 끼웁니다. [또는] 블록의 빈 소켓에 [체크상자_펜.선택 여부] 블록과 [체크상자_지우개.선택 여부] 블록을 끼웁니다.

해설 [체크상자_펜] 또는 [체크상자_지우개] 중에 하나라도 체크돼 있다면 [그러면] 섹션이 실행됩니다.

❸ [호출 캔버스1.선 그리기] 블록을 [그러면] 섹션에 넣고 [x1] 소켓에 [가져오기 이전X] 블록, [y1] 소켓에 [가져오기 이전Y] 블록, [x2] 소켓에 [가져오기 현재X] 블록, [y2] 소켓에 [가져오기 현재Y] 블록을 끼웁니다.

해설 [선 그리기] 함수를 이용하면 (x1, y1)과 (x2, y2)를 잇는 선을 그릴 수 있습니다. 그림을 그리기 위해 캔버스에 손가락을 최초로 대는 곳의 좌표는 [시작X], [시작Y]에 들어있습니다. 손가락을 캔버스 위에 대고 움직일 때 조금 전에 지나온 시작 위치는 과거의 위치가 되어 [이전X], [이전Y]에 들어가고 현재 손가락이 있는 위치는 [현재X], [현재Y]에 들어갑니다. 그리고 과거의 좌표와 현재의 좌표 사이에 선이 그려집니다. 손가락이 또 움직이면 아까의 현재는 지금의 과거가 되므로 [현재X], [현재Y] 값이 [이전X], [이전Y] 값이 되고 [현재X], [현재Y]에는 다시 새로운 현재 위칫값이 들어갑니다. 그리고 다시 과거의 좌표와 현재의 좌표 사이에 선이 그려집니다. 이런 방식으로 아주 짧은 선분들이 모여서 곡선을 그리게 됩니다.

다음으로 캔버스 위에 점을 그릴 수 있게 만들어 보겠습니다.

[예제 9-8] [캔버스1]을 터치해 점 그리기

❶ [언제 캔버스1.터치] 블록을 [뷰어] 패널로 가져옵니다.

해설 [터치] 이벤트는 캔버스에 손가락을 터치했을 때 발생합니다. [x], [y]에는 터치한 위치의 좌푯값이 들어있습니다.

❷ [만약 그러면] 블록을 이벤트 핸들러 블록의 [실행] 섹션에 넣고 [만약] 소켓에 [또는] 블록을 끼웁니다. [또는] 블록의 빈 소켓에 [체크상자_펜.선택 여부] 블록과 [체크상자_지우개.선택 여부] 블록을 끼웁니다.

❸ [호출 캔버스1.원그리기] 블록을 [그러면] 섹션에 넣은 후 [중심X] 소켓에 [가져오기 x] 블록, [중심Y] 소켓에 [가져오기 y] 블록, [반지름] 소켓에 [/] 블록을 끼웁니다. 그리고 / 연산자의 왼쪽 소켓에 [레이블_펜굵기.텍스트] 블록, 오른쪽 소켓에 [2] 블록을 넣습니다.

해설 [원그리기] 함수를 이용해 캔버스의 원하는 위치에 원하는 크기의 원을 그릴 수 있습니다. 원의 중심점을 의미하는 [중심X], [중심Y]에 터치한 위치가 들어있는 [x], [y]를 대입하고 원의 반지름을 의미하는 [반지름]에 펜 굵기의 절반을 계산해서 대입합니다. 이처럼 펜 굵기의 절반으로 원의 반지름을 정해야 펜 굵기와 지름이 같은 점이 그려집니다. [fill] 소켓에 지정된 값을 "거짓"으로 바꿀 경우 원의 외곽선만 그려집니다.

다음으로 사진에 그린 모든 그림을 한 번에 지울 수 있게 만들어 보겠습니다.

[예제 9-9] [버튼_모두지우기] 버튼을 클릭해 캔버스 지우기

❶ [언제 버튼_모두지우기.클릭] 블록을 [뷰어] 패널로 가져옵니다.

❷ [호출 캔버스1.지우기] 블록을 이벤트 핸들러 블록의 [실행] 섹션에 넣습니다.

해설 [지우기] 함수는 캔버스에 그려진 모든 그림을 지웁니다.

지금까지 만든 기능들이 제대로 작동하는지 테스트해 봅니다.

02_ 앱 테스트

1. [펜]을 체크한 후에 사진을 드래그하면 사진 위에 검은색 선이 그려짐 ☐

2. [지우개]를 체크하고 사진을 드래그하면 사진 위에 그려진 선이 지워짐 ☐

3. [펜]에 체크하면 [지우개]가 체크 해제되고 [지우개]를 체크하면 [펜]이 체크 해제됨 ☐

4. 모두 지우기 버튼을 클릭하면 사진 위의 그림들이 모두 지워짐 ☐

펜 설정 기능 만들기

다음으로 펜 색깔을 설정하는 [펜색깔설정하기] 함수를 만들어 보겠습니다.

[예제 9-10] [펜색깔설정하기] 함수

❶ [함수 실행] 블록을 [뷰어] 패널로 가져온 후 이름을 "펜색깔설정하기"로 바꿉니다.

해설 [펜색깔설정하기] 함수는 펜의 상태를 나타내는 레이블인 [레이블_펜상태]의 색깔을 설정하고 이 색깔을 [캔버스1]의 [페인트 색상]으로 설정하는 작업을 수행합니다.

❷ [지정하기 레이블_펜상태.배경색] 블록을 함수 블록의 [실행] 섹션에 넣고 [값] 소켓에 [색상 만들기] 블록을 끼웁니다. [리스트 만들기] 블록의 소켓에 지정된 숫자 블록을 삭제하고 빈 소켓에 위에서부터 차례대로 [레이블R.텍스트] 블록, [레이블G.텍스트] 블록, [레이블B.텍스트] 블록을 끼웁니다.

해설 색상을 만드는 데 필요한 red, green, blue 값으로 [레이블R], [레이블G], [레이블B]에 표시되는 값을 이용합니다. [레이블R], [레이블G], [레이블B]에 표시되는 값은 화면 하단에 위치한 3개의 슬라이더에 있는 섬네일(좌우로 움직이는 작은 막대)의 위칫값으로 정할 예정입니다. 따라서 [레이블_펜상태]의 배경색은 3개의 슬라이더에 있는 각 섬네일의 위칫값에 의해 결정됩니다.

❸ [만약 그러면] 블록을 추가하고 [만약] 소켓에 [체크상자_펜.선택 여부] 블록을 끼웁니다.

❹ [지정하기 캔버스1.페인트 색상] 블록을 [그러면] 섹션에 넣고 [값] 소켓에 [레이블_펜상태.배경색] 블록을 끼웁니다.

해설 [체크상자_펜]에 체크돼 있는 상태라면 펜 색깔을 의미하는 [캔버스1]의 [페인트 색상]을 [레이블_펜상태]의 배경색과 같게 만들어 줍니다. [체크상자_지우개]가 체크돼 있는 상황에서 [페인트 색상]을 설정하면 투명색으로 설정돼 있던 [페인트 색상]이 새로 지정한 색깔로 변경되어 지우개의 기능을 상실하므로 [체크상자_펜]에 체크돼 있을 때만 [페인트 색상]을 설정하게 만듭니다.

다음으로 슬라이더를 이용해 펜 색깔을 다양하게 설정할 수 있는 블록을 만들어 보겠습니다.

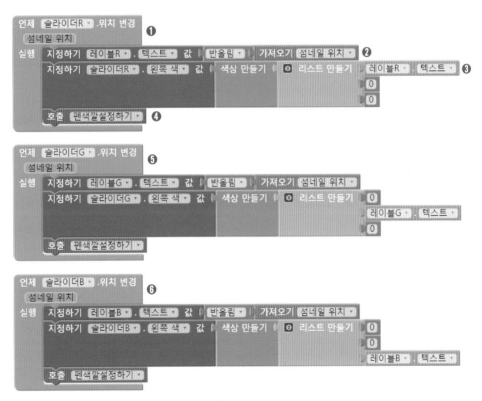

[예제 9-11] 색깔 설정 슬라이더를 움직여 펜 색깔 설정

❶ [언제 슬라이더R.위치 변경] 블록을 [뷰어] 패널로 가져옵니다.

해설 [위치 변경] 이벤트는 섬네일의 위치가 바뀔 때마다 발생합니다. 디자인 편집기에서 슬라이더 속성을 설정할 때 [최댓값]을 255, [최솟값]을 0, [섬네일 위치]를 0으로 설정했으므로 [섬네일 위치]는 0에서 255 사이의 값을 갖게 되며 최초의 값은 0이 됩니다.

❷ [지정하기 레이블R.텍스트] 블록을 이벤트 핸들러 블록의 [실행] 섹션에 넣고 [값] 소켓에 [반올림] 블록을 끼웁니다. 그리고 [반올림] 소켓에 [가져오기 섬네일 위치] 블록을 끼웁니다.

해설 [섬네일 위치]의 값은 실수형입니다. RGB 컬러를 구성하는 각 숫자는 정수형 값이어야 하므로 소수점 이하의 자리는 필요가 없습니다. 그래서 [반올림] 블록을 이용해 소수점 아래 숫자를 반올림한 값을 [레이블R]에 표시합니다. [레이블R.텍스트]의 값은 [펜색깔설정하기] 함수에서 [캔버스1]의 [페인트 색상]을 설정하는 데 사용됩니다.

❸ [지정하기 슬라이더R.왼쪽 색] 블록을 추가하고 [값] 소켓에 [색상 만들기] 블록을 끼웁니다. 그리고 [리스트 만들기] 블록의 첫 번째 소켓에 [레이블R.텍스트] 블록을 끼우고 나머지 소켓의 숫자를 0으로 만듭니다.

해설 섬네일을 움직일 때마다 [슬라이더R]의 왼쪽 색깔을 [레이블R.텍스트] 값으로 설정해 이 슬라이더가 설정하는 색깔이 어떤 색깔인지 화면에 출력되게 합니다.

❹ [호출 펜색깔설정하기] 블록을 추가합니다.

해설 슬라이더를 움직이면 [펜색깔설정하기] 함수가 호출되고 [레이블_펜상태]의 배경색이 바뀝니다. 그리고 펜이 체크돼 있다면 [레이블_펜상태]의 배경색이 펜의 색깔에 반영됩니다.

❺ 방금 만든 이벤트 핸들러 블록 조합을 복제한 후 이벤트 핸들러 블록과 [실행] 섹션에 있는 슬라이더의 이름을 "슬라이더G"로 바꾸고 [실행] 섹션에 있는 레이블의 이름을 [레이블G]로 바꿉니다. 그리고 [리스트 만들기] 블록의 두 번째 소켓에 [레이블G.텍스트] 블록을 끼우고 나머지 소켓의 숫자는 0이 되도록 만듭니다.

해설 슬라이더를 이용해 green 값을 조절할 수 있게 만듭니다.

❻ 방금 만든 이벤트 핸들러 블록 조합을 복제한 후 이벤트 핸들러 블록과 [실행] 섹션에 있는 슬라이더의 이름을 "슬라이더B"로 바꾸고 [실행] 섹션에 있는 레이블의 이름을 [레이블B]로 바꿉니다. 그리고 [리스트 만들기] 블록의 세 번째 소켓에 [레이블B.텍스트] 블록을 끼우고 나머지 소켓의 숫자는 0이 되도록 만듭니다.

해설 슬라이더를 이용해 blue 값을 조절할 수 있게 만듭니다.

다음으로 슬라이더를 이용해 펜의 굵기를 조절할 수 있게 만들어 보겠습니다.

[예제 9-12] [슬라이더_펜굵기]의 슬라이드를 움직여 펜 굵기 설정

❶ [언제 슬라이더_펜굵기.위치 변경] 블록을 [뷰어] 패널로 가져옵니다.

해설 디자인 편집기에서 [슬라이더_펜굵기]의 속성을 설정할 때 [최댓값]을 "50", [최솟값]을 "1", [섬네일 위치]를 "1"로 설정했으므로 [섬네일 위치]는 1에서 50 사이의 값을 가질 수 있게 되며 최초의 값은 1이 됩니다.

❷ [지정하기 레이블_펜굵기.텍스트] 블록을 이벤트 핸들러 블록의 [실행] 섹션에 넣고 [값] 소켓에 [반올림] 블록을 끼웁니다. 그리고 [반올림] 소켓에 [가져오기 섬네일 위치] 블록을 끼웁니다.

해설 [슬라이더_펜굵기]의 섬네일 위치가 바뀌면 위치를 나타내는 숫자를 반올림한 후 펜의 굵기를 표시하는 레이블의 [텍스트] 속성에 대입해 화면에 출력합니다.

❸ [지정하기 캔버스1.선 두께] 블록을 추가하고 [값] 소켓에 [레이블_펜굵기.텍스트] 블록을 끼웁니다.

해설 [섬네일 위치]의 값이 저장된 레이블의 텍스트 값을 [캔버스1]의 [선 두께]로 설정하면 펜의 굵기가 섬네일의 위치에 따라 달라집니다.

❹ [지정하기 레이블_펜상태.높이] 블록을 추가하고 [값] 소켓에 [레이블_펜굵기.텍스트] 블록을 끼웁니다.

해설 펜의 굵기를 나타내는 [레이블_펜굵기]의 [텍스트] 값을 펜의 상태를 나타내는 [레이블_펜상태]의 높이값으로 설정합니다. 슬라이더를 움직이면 [레이블_펜상태]의 높이가 섬네일의 위치에 따라 달라져서 펜의 굵기를 표현합니다.

사진 저장 기능 만들기

다음으로 편집한 사진을 저장하는 기능을 만들어 보겠습니다.

[예제 9-13] [버튼_저장]을 클릭했을 때 실행되는 블록

❶ [언제 버튼_저장.클릭] 블록을 [뷰어] 패널로 가져옵니다.

❷ [만약 그러면] 블록을 이벤트 핸들러 블록의 [실행] 섹션에 넣고 파란색 아이콘을 클릭해 [아니면] 블록을 추가합니다. [만약] 소켓에 [아니다] 블록, [아니다] 소켓에 [비어있나요?] 블록을 끼웁니다. 그리고 [비어있나요?] 소켓에 [캔버스1. 배경이미지] 블록을 끼웁니다.

해설 [캔버스1]의 배경 이미지가 비어있지 않다면 [그러면] 섹션의 블록이 실행되고 비어있다면 [아니면] 섹션의 블록이 실행됩니다.

❸ [지정하기 Screen1.제목] 블록을 [그러면] 섹션에 넣고 [값] 소켓에 [호출 캔버스1.저장] 블록을 끼웁니다.

해설 [저장] 함수는 캔버스의 상태를 그대로 이미지 파일로 저장하고 파일이 저장된 경로를 돌려줍니다. 파일이 저장된 경로를 [Screen1]의 [제목]에 대입해 이미지가 저장된 경로를 화면 상단에 출력합니다.

❹ [지정하기 Screen1.제목] 블록을 [아니면] 섹션에 넣고 [값] 소켓에 ["이미지 편집상태가 아닙니다."] 블록을 끼웁니다.

해설 [캔버스1]의 배경 이미지가 없는 상태는 사진을 가져와 아직 [체크상자_펜]에 체크하지 않은 상태입니다. 이때는 화면 상단에 이미지 편집 상태가 아니라는 메시지를 출력합니다.

지금까지 만든 기능이 제대로 작동하는지 테스트해 봅시다.

03 _ 앱 테스트

1. 펜 색깔 조절 슬라이더를 움직이면 펜 색깔이 설정한 색깔로 변함 ☐

2. 펜 굵기 조절 슬라이더를 움직이면 펜 굵기가 설정한 굵기로 변함 ☐

3. 저장하기 버튼을 클릭해 사진을 저장한 후 타이틀바에 표시되는 파일 저장 위치에 가서 편집한 사진이 실제로 저장됐는지 확인함 ☐

이것으로 사진 꾸미기 앱의 기본 형태를 만드는 작업을 마치겠습니다.

9.4 _ 기능 추가

사진 위에 글자를 쓸 수 있다면 사진을 좀 더 다양하게 꾸밀 수 있을 것입니다. 사용자가 입력한 글자를 색깔과 크기를 설정해 사진 위의 원하는 위치에 표시하는 기능을 만들어 보겠습니다.

컴포넌트 추가

디자인 편집기로 가서 글자 쓰기 기능을 만드는 데 필요한 몇 가지 컴포넌트를 추가합니다.

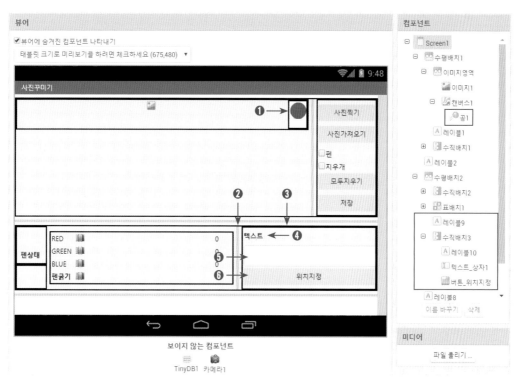

[그림 9-8] 추가 컴포넌트

글자 쓰기 기능을 추가하기 위해 [그림 9-8]과 같이 총 6개의 컴포넌트를 추가합니다. 다음 순서에 따라 추가 컴포넌트들을 화면에 배치합니다.

❶ [그리기&애니메이션] 서랍에서 [공]을 가져와 [캔버스1] 안에 넣습니다. [공1]의 [속성] 패널에서 [페인트 색상]을 "빨강", [반지름]을 "15", [보이기]를 체크 해제로 바꿉니다.

❷ [레이블]을 [표배치1]의 오른쪽에 넣고 [배경색]을 "밝은 회색", [마진 유무]를 체크 해제, [높이]를 "부모에 맞추기", [너비]를 "1 pixels", [텍스트]를 빈칸으로 바꿉니다. 이 레이블은 슬라이더 영역과 텍스트 입력 영역을 구분하는 선 역할을 합니다.

❸ [수직배치]를 선 역할을 하는 레이블의 오른쪽에 넣고 [너비]를 "부모에 맞추기"로 바꿉니다. 이후 ❹~❻에서 추가하는 컴포넌트들은 [수직배치3] 안에 순서대로 넣습니다.

❹ [레이블]을 추가하고 [속성] 패널에서 [글꼴 굵게]에 체크, [텍스트]를 "텍스트"로 바꿉니다.

❺ [텍스트 상자]를 추가하고 [속성] 패널에서 [너비]를 "부모에 맞추기", [힌트]를 "입력 후 위치지정"으로 바꿉니다.

❻ [버튼]을 추가하고 이름을 "버튼_위치지정"으로 바꿉니다. [버튼_위치지정]의 [속성] 패널에서 [너비]를 "부모에 맞추기", [텍스트]를 "위치지정"으로 바꿉니다.

추가 컴포넌트와 속성을 정리해 놓은 표를 이용해 작업을 정리해 보겠습니다.

컴포넌트	이름	변경해야 할 속성
수직배치	수직배치1	너비: 부모에 맞추기
버튼	버튼_위치지정	너비: 부모에 맞추기 텍스트: 위치지정
텍스트 상자	텍스트 상자1	너비: 부모에 맞추기 힌트: 입력 후 위치지정
레이블	레이블9	배경색: 밝은 회색 높이: 부모에 맞추기 너비: 1 pixels 텍스트: 빈칸
	레이블10	글꼴 굵게: 체크 텍스트: 텍스트
공	공1	페인트 색상: 빨강 반지름: 15 보이기: 체크 해제

이제 블록 편집기로 가서 글자 쓰기 기능을 만들어 보겠습니다.

캔버스에 글자 쓰기 기능 만들기

캔버스에 글자를 쓸 때 고려해야 할 사항은 글의 내용, 글자의 크기, 글자의 색깔, 글자의 위치입니다. 글의 내용은 텍스트 상자에 사용자가 직접 입력한 내용을 캔버스의 [글자쓰기] 함수를 통해 출력하고 글자의 색깔과 글자의 크기는 펜 색깔과 굵기 설정값을 그대로 가져와서 사용하겠습니다. 그리고 글자의 위치는 캔버스 위에 있는 공의 좌표를 이용해 지정하겠습니다. 공은 캔버스 위에서 움직임이 자유로 우므로 이 점을 이용하면 글자를 쓸 위치를 마음대로 정할 수 있습니다.

우선 [위치지정] 버튼을 클릭하면 위치를 지정하는 도구로 사용할 공이 화면에 보이도록 만들어 보겠습니다.

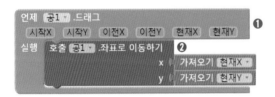

[예제 9-14] [버튼_위치지정]을 클릭했을 때 공이 보이게 만들기

❶ [언제 버튼_위치지정.클릭] 블록을 [뷰어] 패널로 가져옵니다.

❷ [만약 그러면] 블록을 이벤트 핸들러 블록의 [실행] 섹션에 넣고 [만약] 소켓에 [또는] 블록을 끼웁니다. [또는] 블록의
양쪽에 소켓에 [체크상자_펜.선택 여부] 블록과 [체크상자_지우개.선택 여부] 블록을 끼웁니다. [지정하기 공1.보이
기] 블록을 [그러면] 섹션에서 넣고 [값] 소켓에 [참] 블록을 끼웁니다.

해설 캔버스 위에 쓰는 글자는 일종의 그림이므로 [버튼_위치지정]을 클릭했을 때 [체크상자_펜]이나 [체크상자_지
우개] 중 하나가 체크돼 있는 경우에만 숨어있던 공이 나타나게 만듭니다.

다음으로 공을 드래그하면 손가락을 따라 움직이도록 만들어 보겠습니다.

[예제 9-15] [공1]을 드래그했을 때 움직이게 만들기

❶ [언제 공1.드래그] 블록을 [뷰어] 패널로 가져옵니다.

해설 공을 끌면 드래그 이벤트가 발생하며 공을 끌기 시작한 점의 좌표, 공의 이전 지점 좌표, 공의 현재 좌표를 계
속 제공합니다.

❷ [호출 공1.좌표로 이동하기] 블록을 이벤트 핸들러 블록의 [실행] 섹션에 넣고 [x] 소켓에 [가져오기 현재X] 블록, [y]
소켓에 [가져오기 현재Y] 블록을 끼웁니다.

해설 [공1]을 끌었을 때 [공1]의 좌표를 손가락의 현재 위치를 나타내는 [현재X], [현재Y]로 설정합니다. 이렇게 하
면 [공1]에서 손가락을 떼기 전까지 [공1]은 손가락을 따라오게 됩니다.

다음으로 공에서 손가락을 떼면 사진 위에 글자가 써지도록 만들어 보겠습니다.

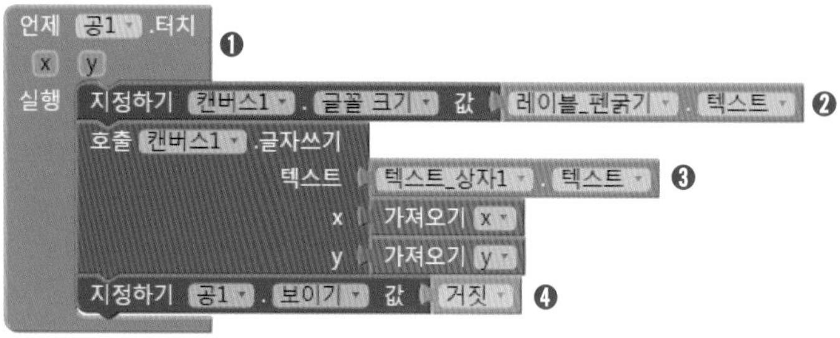

```
언제 공1 ▾ .터치  ❶
 x   y
실행  지정하기 캔버스1 ▾ . 글꼴 크기 ▾ 값  레이블_펜굵기 ▾ . 텍스트 ▾  ❷
    호출 캔버스1 ▾ .글자쓰기
                텍스트  텍스트_상자1 ▾ . 텍스트 ▾  ❸
                   x  가져오기 x ▾
                   y  가져오기 y ▾
    지정하기 공1 ▾ . 보이기 ▾ 값  거짓  ❹
```

[예제 9-16] [공1]에서 손가락을 떼면 캔버스에 글자 쓰기

❶ [언제 공1.터치] 블록을 [뷰어] 패널로 가져옵니다.

> 해설 [터치] 이벤트는 공을 눌렀다가 손가락을 떼는 순간 발생합니다. [x]와 [y]에는 손가락을 들어 올렸을 때 공의 x, y 좌표가 저장돼 있습니다.

❷ [지정하기 캔버스1.글꼴 크기] 블록을 이벤트 핸들러 블록의 [실행] 섹션에 넣고 [값] 소켓에 [레이블_펜굵기.텍스트] 블록을 끼웁니다.

> 해설 캔버스에 쓸 글자의 크기를 펜 굵기를 나타내는 값인 [레이블_펜굵기.텍스트]를 이용해 설정합니다.

❸ [호출 캔버스1.글자쓰기] 블록을 추가하고 [텍스트] 소켓에 [텍스트 상자1.텍스트] 블록, [x] 소켓에 [가져오기 x] 블록, [y] 소켓에 [가져오기 y] 블록을 끼웁니다.

> 해설 [텍스트 상자1]에 "사랑해"라는 텍스트가 입력돼 있다면 공과 글자의 위치 관계는 [그림 9-9]와 같습니다.

[그림 9-9] 글자가 써지는 위치

공의 좌표 기준은 원을 감싸는 가상의 정사각형의 좌측 상단 꼭짓점이고 글자의 좌표 기준은 글자의 좌측 하단이므로 공의 x, y 좌표를 이용해 글자를 쓸 위치를 지정하면 글자는 공의 왼쪽 위에 그려집니다.

❹ [지정하기 공1.보이기] 블록을 추가하고 [값] 소켓에 [거짓] 블록을 끼웁니다.

> 해설 [공1]의 위치에 글자가 그려졌다면 [공1]은 더는 보일 필요가 없으므로 보이기를 "거짓"으로 설정해 숨깁니다.

글자 쓰기 기능을 거의 다 완성했습니다. 그런데 스마트폰을 연결해서 글자를 써보면 한 가지 눈에 띄는 문제점을 발견할 수 있습니다. 글자의 위치를 정하기 위해 공을 잡고 움직이면 움직인 경로를 따라 선이 그려질 것입니다. 공을 드래그할 때는 그림이 그려지지 않도록 기존의 블록 조합을 약간 손보겠습니다. [언제 캔버스1.드래그] 블록 조합(237쪽 예제 9-7 참조)과 [언제 캔버스1.터치] 블록 조합(238쪽 예제 9-8 참조)이 있는 곳으로 이동합니다.

[예제 9-17] 기존 블록에 조건 추가하기

❶ [만약] 소켓에 지정돼 있던 기존 블록 조합을 빼고 [만약] 소켓에 [그리고] 블록을 끼웁니다. [그리고] 블록을 외부 입력값 형태로 바꾸고 첫 번째 소켓에 [아니다] 블록을 끼우고 [아니다] 소켓에 이벤트 핸들러 블록에서 가져온 [가져오기 드래그된 스프라이트] 블록을 끼웁니다. [그리고] 블록의 두 번째 소켓에 방금 빼 두었던 기존 블록 조합을 연결합니다.

해설 [드래그된 스프라이트]는 캔버스에 있는 이미지 스프라이트나 공을 드래그했을 때 "참" 값을 가지고, 캔버스만 드래그했을 때는 "거짓" 값을 가집니다. 기존에 [만약 그러면] 블록에 연결돼 있던 조건과 새롭게 추가한 조건을 [그리고]로 연결했으므로 이 두 조건이 모두 "참"일 때만 캔버스에 선이 그려집니다. 새롭게 추가한 조건이 "참"이 될 때는 [드래그된 스프라이트]가 "거짓"이 되는 경우, 즉 [공1]을 드래그하지 않을 때입니다. 이렇게 조건을 정해두면 글자를 쓸 위치를 지정하기 위해 [공1]을 드래그할 때는 [공1]이 지나간 자리에 그림이 그려지지 않게 됩니다.

❷ [만약] 소켓에 지정돼 있던 기존 블록 조합을 빼고 [만약] 소켓에 [그리고] 블록을 끼웁니다. [그리고] 블록을 외부 입력값으로 바꾸고 첫 번째 소켓에 [아니다] 블록을 끼우고 [아니다] 소켓에 [가져오기 터치된 스프라이트] 블록을 끼웁니다. [그리고] 블록의 두 번째 소켓에 방금 빼 두었던 기존 블록 조합을 연결합니다.

해설 [터치된 스프라이트]는 캔버스에 있는 이미지 스프라이트나 공을 터치했을 때 "참" 값을 가지고 캔버스만 터치했을 때는 "거짓" 값을 가집니다. 기존 조건과 [공1]을 터치하지 않았을 때만 참이 되는 조건을 [그리고] 연산을 이용해 연결하면 두 조건이 모두 "참"일 때만 캔버스에 원이 그려집니다.

지금까지 만든 기능들이 제대로 작동하는지 테스트해 봅시다.

04 _ 앱 테스트

1. 텍스트 박스에 글자를 쓰고 [위치지정] 버튼을 클릭하면 사진 위에 빨간색 공이 나타남 ☐

2. 빨간색 공을 드래그해서 원하는 위치로 옮긴 후 손가락을 떼면 공이 사라지고 공이 있던 곳에 글자가 써짐 ☐

3. 펜 굵기 조절 슬라이더를 이용해 글자의 크기를 조절할 수 있음 ☐

[그림 9-10] 사진 꾸미기 앱 설치 후 권한 설정 방법

사진 꾸미기 앱을 스마트폰에 설치해서 사용할 경우 앱이 저장과 카메라에 관한 권한을 가지고 있어야 앱의 기능이 정상적으로 작동합니다. 앱을 설치한 후 처음 실행하면 [그림 9-10]의 1번 그림과 같이 카메라에 관한 권한을 허용할지 묻는 메시지 창이 나타납니다. 이때 [허용]을 선택해야 [사진찍기] 버튼을 눌렀을 때 스마트폰의 카메라 기능을 사용할 수 있게 됩니다. 그런데 카메라 기능을 이용해 사진을 찍고난 이후에 2번 그림과 같이 오류 경고창이 나타날 수도 있습니다. 사진 꾸미기 앱이 스마트폰의 저장소를 사용할 수 있는 권한을 가지고 있지 않아 찍은 사진을 저장할 수 없기 때문에 나타나는 현상입니다. 이를 해결하기 위해서는 스마트폰 [설정]의 [앱 정보] 메뉴에서 사진 꾸미기 앱을 찾은 후 [권한] 메뉴에서 [저장]을 허용으로 설정해야 합니다.

지금까지 사진 꾸미기 앱을 만들어 봤습니다. 이미지 스프라이트를 이용하면 사진 위에 스탬프 형식의 다양한 이미지도 넣을 수 있습니다. 스탬프 기능 외에도 사진 꾸미기 앱을 발전시키기 위한 다양한 아이디어들을 생각해 보고 실제로 구현해 보기 바랍니다.

파일명과 폴더를 지정해 이미지 저장하기

이미지를 저장할 때 사진의 이름을 사용자가 지정할 수 있으면 나중에 편집한 사진을 다시 볼 때 사진을 이해하기가 훨씬 쉬워질 것입니다. [저장]을 클릭했을 때 사진 파일의 이름을 사용자가 직접 입력할 수 있게 하고 사진이 사진 꾸미기 앱 전용 폴더에 저장되도록 만들어 봅시다.

1. 추가할 기능

[그림 9-11] 파일 이름을 지정하는 데 사용되는 대화창

❶ [저장] 버튼을 클릭하면 이미지를 저장할지 말지를 묻는 대화창이 나타납니다.

❷ 대화창에서 [예]를 선택하면 파일명을 입력할 수 있는 텍스트 대화창이 나타납니다.

❸ 파일명을 입력하고 [OK] 버튼을 클릭하면 지정된 폴더에 입력된 파일명을 가진 사진 파일이 저장됩니다.

2. 참고 사항

❶ [호출 캔버스1.다른 이름으로 저장] 블록을 사용하면 파일명을 지정할 수 있습니다.

❷ 스마트폰의 내부 저장소에 photoDrawing이라는 폴더를 만들고 그 안에 mypic.png라는 이름으로 사진을 저장하고 싶다면 [다른 이름으로 저장] 블록의 [파일 이름] 값을 "/photoDrawing/mypic.png"로 설정하면 됩니다.

프로젝트 소스

지금까지 만든 앱과 미션에 관한 예제는 앱 인벤터 갤러리에서 photoDrawing으로 검색하면 확인할 수 있습니다.

10
비행기 게임 앱

이번 장에서는 간단한 전투 비행 시뮬레이션 게임을 만들어 보겠습니다. 이 게임은 비행기를 움직여 화면에 나타나는 적군을 피하고 미사일을 발사해 주어진 시간 안에 많은 적군을 물리치는 것을 목표로 합니다. 가속도 센서를 이용해 휴대폰 움직임에 따라 비행기가 움직이도록 만들고 캔버스 및 스프라이트를 이용해 미사일과 적의 움직임을 만들어 보겠습니다.

구현 과정

1. 준비하기 _ 비행기 게임 구상, 앱 구현에 필요한 주요 컴포넌트 기능 파악

2. 화면 구성 _ 앱 화면 구상에 따라 각종 컴포넌트 화면에 배치하기

3. 기본 기능 _ 가속도 센서로 비행기 조종 기능, 미사일을 발사해서 적 물리치기 기능 만들기

4. 기능 추가 _ 난이도가 높은 다음 단계 추가

5. 도전하기 _ 적의 행동 패턴이 지속해서 바뀌게 만들기

완성된 앱의 모습

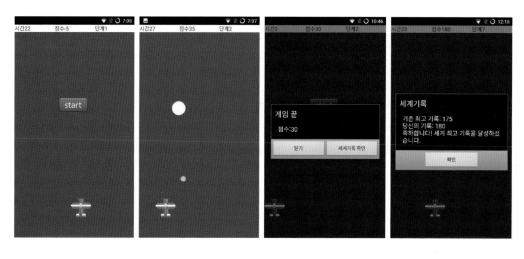

10.1 _ 앱 개발 준비

앱 구상

[그림 10-1] 앱 화면 구상

- **앱 이름:** 비행기 게임

- **스크린:** 1개

- **사용할 컴포넌트:** 레이블, 알림, 수평배치, 플레이어, 소리, 캔버스, 이미지 스프라이트, 공, 시계, 가속도 센서

- **설계 내용**

  ❶ [start] 버튼을 클릭하면 [start] 버튼이 사라지고 게임이 시작되며 배경음악이 재생됩니다.

  ❷ 게임이 시작되면 적군이 캔버스 위쪽의 무작위로 선택된 위치에서 나타나 아래로 떨어지며 1초에 한 번씩 무작위로 방향을 바꿉니다.

  ❸ 스마트폰을 좌우로 기울이면 기울인 방향으로 비행기가 움직입니다.

  ❹ 비행기를 손가락으로 누른 후 던지면 던진 방향으로 미사일이 발사되며 발사 효과음이 재생됩니다.

  ❺ 적군을 미사일로 맞추면 10점이 올라가고 적군이 사라지며 충돌 효과음이 재생됩니다. 적군을 맞추지 못하고 적군이 바닥까지 내려오게 두면 5점이 내려가고 적군이 사라집니다. 사라진 적은 다시 캔버스 위쪽에서 무작위로 나타납니다.

❻ 30초 안에 점수가 30점이 되면 2단계로 넘어갑니다. 단계가 올라가면 적의 크기가 더 작아지고 속도가 빨라지며 남은 시간이 다시 30초로 초기화됩니다. 매 단계에서 30초 안에 30점을 추가로 얻으면 다음 단계로 넘어가고 적의 크기가 작아지고 속도가 빨라져서 게임의 난이도가 높아집니다.

❼ 매 단계에서 30초 안에 30점을 추가하지 못하거나 비행기가 적군에게 부딪히면 게임이 끝납니다. 비행기가 적군에게 부딪히면 스마트폰이 짧게 진동해 부딪혔음을 알립니다.

❽ 게임이 끝나면 게임 점수를 알려주는 팝업창이 뜹니다. 팝업창에서 [세계기록 확인] 버튼을 클릭하면 서버에 저장된 최고기록을 알려주는 팝업창이 나타납니다. 팝업창의 [확인] 버튼을 클릭하면 화면에 [start] 버튼이 다시 나타납니다.

❾ 다시 [start] 버튼을 클릭하면 시간, 점수, 단계가 모두 초기화되고 새로운 게임이 시작됩니다.

앱 제작에 필요한 컴포넌트 살펴보기

이번 장에 새롭게 등장하는 컴포넌트와 앱 제작에 사용될 블록들을 미리 살펴보겠습니다.

- ▪ **[플레이어] 컴포넌트**

❶ **위치**: 미디어

❷ **기능**: 사운드 파일을 재생하고 휴대폰의 진동을 조정하는 멀티미디어 컴포넌트입니다. [소리] 컴포넌트와 비슷한 기능을 하지만 [소리] 컴포넌트는 효과음과 같이 짧은 사운드 파일 재생에 사용하면 효과적이고 [플레이어] 컴포넌트는 노래와 같이 긴 파일 재생에 효과적입니다.

❸ **속성**

블록	기능
지정하기 플레이어1 . 소스 값	재생할 사운드 파일을 지정합니다.

❹ **함수**

블록	기능
호출 플레이어1 .시작	소스로 지정된 사운드 파일을 재생합니다.
호출 플레이어1 .일시정지	사운드 파일의 재생을 잠시 정지합니다.
호출 플레이어1 .정지	사운드 파일의 재생을 중지하고 사운드 파일의 처음으로 돌아갑니다.

▪ **[소리] 컴포넌트**

❶ **위치**: 미디어

❷ **기능**: 사운드 파일을 재생하고 휴대폰의 진동을 조정하는 멀티미디어 컴포넌트입니다. [플레이어] 컴포넌트와 비슷하지만 [플레이어] 컴포넌트는 노래와 같이 긴 사운드 파일 재생에 효과적이고 [소리] 컴포넌트는 효과음과 같이 짧은 사운드 파일 재생에 효과적입니다.

❸ **속성**

블록	기능
지정하기 소리1 ▾ . 소스 ▾ 값	재생할 사운드 파일을 지정합니다.

❹ **함수**

블록	기능
호출 소리1 ▾ .재생	지정된 사운드 파일을 재생합니다.
호출 소리1 ▾ .진동 밀리초	[밀리초] 소켓에 지정된 시간만큼 스마트폰이 진동합니다. 시간 단위는 1/1000초입니다.

▪ **[공] 컴포넌트**

❶ **위치**: 그리기&애니메이션

❷ **기능**: 캔버스 위에 놓을 수 있는 원 형태의 스프라이트입니다. 터치, 드래그, 던지기에 반응하며 다른 스프라이트 또는 캔버스 모서리와의 충돌을 감지합니다. 움직이는 방향, 움직임 주기, 색깔, 반지름, 속도, 좌표 등의 속성을 가집니다.

❸ **속성**

블록	기능
지정하기 공1 ▾ . 방향 ▾ 값	공이 움직일 방향을 360도 각도를 이용해 설정합니다. 스크린의 오른쪽은 0, 위쪽은 90, 왼쪽은 180, 아래쪽은 270(또는 −90)입니다.
지정하기 공1 ▾ . 간격 ▾ 값	공의 움직임이 업데이트되는 시간을 설정합니다. 예를 들어, [간격]이 1000이고 [속도]가 10이라면 공은 0.1초에 10픽셀씩 움직입니다.
지정하기 공1 ▾ . 속도 ▾ 값	[간격]으로 설정한 시간마다 [방향]으로 설정한 방향으로 몇 픽셀을 움직일지 설정합니다.

블록	기능
지정하기 공1 . X 값 지정하기 공1 . Y 값 지정하기 공1 . Z 값	캔버스 상에서 공의 위치를 지정할 때 사용합니다. x, y 좌표가 (0, 0)이 되는 지점은 화면 좌측 상단 꼭짓점이며, x 값은 공이 오른쪽으로 움직일수록 커지고 y 값은 공이 아래쪽으로 움직일수록 커집니다. 캔버스에 공이 여러 개 있어서 두 볼의 위치가 겹칠 경우 z 값이 큰 공이 z 값이 작은 볼 앞쪽에 있게 됩니다.

❹ 함수

블록	기능
호출 공1 .튕기기 모서리	[모서리에 닿음] 이벤트 핸들러와 주로 같이 쓰이는 블록으로 공이 캔버스의 모서리에 부딪혔을 때 튕기게 합니다.

❺ 이벤트

블록	기능
언제 공1 .충돌 다른 실행	공이 다른 스프라이트와 부딪혔을 때 실행됩니다. [다른]에는 공과 부딪힌 다른 스프라이트의 이름이 들어있습니다.
언제 공1 .모서리에 닿음 모서리 실행	공이 캔버스의 모서리에 닿았을 때 실행됩니다. [모서리]는 8개의 방향을 나타내는 정숫값을 가집니다. 캔버스의 위쪽을 북쪽으로 봤을 때 공이 북쪽 모서리에 닿으면 [모서리] 값은 1, 북동쪽 2, 동쪽 3, 남동쪽 4, 남쪽 −1, 남서쪽 −2, 서쪽 −3, 북서쪽 −4의 값을 가집니다.

▪ [이미지 스프라이트] 컴포넌트

❶ 위치: 그리기&애니메이션

❷ 기능: [이미지 스프라이트]와 [공]은 모양만 다를 뿐 같은 기능을 가진 컴포넌트입니다. [공]은 원 모양으로만 사용할 수 있지만 [이미지 스프라이트]는 다양한 이미지를 가져와 스프라이트의 모양으로 사용할 수 있습니다. 스프라이트의 형태를 지정하기 위해 [공]은 [페인트 색상]과 [반지름] 속성을 이용하고 [이미지 스프라이트]는 [높이], [너비], [사진] 속성을 이용합니다. 또 한 가지 다른 점은 [이미지 스프라이트]는 [회전하기] 속성을 이용해 이미지의 회전 여부를 설정할 수 있습니다. 이 점을 제외하면 두 컴포넌트의 나머지 속성 및 함수와 이벤트는 동일합니다.

❸ 이벤트

블록	기능
	[플링]은 스프라이트를 누른 상태에서 손가락을 빠른 속도록 던지 듯이 화면 바깥쪽으로 빼면 발생하는 이벤트입니다. [x], [y]에는 처음 동작을 시작할 때 손가락이 있던 위치가 저장되며 [속도]에는 손가락을 던진 빠르기, [방향]에는 손가락을 던진 방향, [x속도]에 는 x축 방향 속도, [y속도]에는 y축 방향 속도가 저장됩니다.

- **[가속도 센서] 컴포넌트**

  ❶ 위치: 센서

  ❷ 기능: 스마트폰의 동작을 감지합니다. 3방향의 축을 따라 스마트폰이 얼마의 속도로 움직였는지를 측정할 수 있 습니다.

  ❸ 이벤트

블록	기능
	스마트폰의 가속도에 변화가 있을 때 실행됩니다. [x가속도], [y가속도], [z 가속도]에는 각 방향으로의 가속도 값이 들어있습니다.

  ❹ 가속도 센서의 좌표계

  가속도 센서는 [그림 10-2]와 같이 기준 축이 3개인 좌표계를 사용합니다.

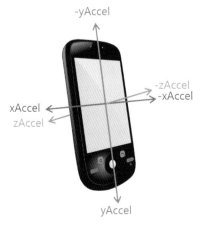

[그림 10-2] 가속도 센서의 좌표

[x가속도]는 스마트폰을 평평한 곳에 두면 값이 0에 가깝게 되며, 스마트폰의 왼쪽을 들어 올려 오른쪽으로 기울이면 마이너스 값으로 변하고 오른쪽을 들어 올려 왼쪽으로 기울이면 플러스 값으로 변합니다.

[y가속도]는 스마트폰을 평평한 곳에 두면 값이 0에 가까워지며, 스마트폰의 아래쪽을 들어 올리면 마이너스 값으로 변하고 위쪽을 들어 올리면 플러스 값으로 변합니다.

[z가속도]는 스마트폰의 액정을 위로 향하게 해서 평평한 곳에 두면 9.8에 가까운 값이 되고 스마트폰을 뒤집으면 −9.8에 가까운 값이 됩니다.

❺ 가속도 센서 확인

[가속도 센서] 컴포넌트는 가속도 센서가 장착돼 있지 않은 스마트폰에서는 사용할 수 없습니다. 내 스마트폰에 가속도 센서가 있는지 간단한 예제를 통해 확인해 볼 수 있습니다.

[그림 10-3] 가속도 센서를 확인하는 예제

앱 제작을 시작하기 전에 디자인 편집기의 [뷰어] 패널에 [버튼], [레이블], [가속도 센서] 컴포넌트를 하나씩 가져다 놓고 블록 편집기에서 [그림 10-3]의 예제를 완성합니다. 그리고 스마트폰을 연결한 후 버튼을 클릭해 [레이블1]에 출력되는 값을 확인해 봅니다. 출력되는 값이 "참"이라면 스마트폰에 가속도 센서가 있는 것이고 "거짓"이라면 스마트폰에 가속도 센서가 없는 것입니다. 가속도 센서 외에도 방향 센서와 근접 센서가 내 스마트폰에 장착돼 있는지도 이러한 방법으로 확인해 볼 수 있습니다.

▪ [FirebaseDB] 컴포넌트

❶ 위치: 실험적

❷ 기능: 파이어베이스(Firebase)는 구글에서 서비스하는 모바일 및 웹 애플리케이션 개발 플랫폼으로, 앱의 데이터를 실시간으로 저장하고 동기화할 수 있게 해줍니다. [FirebaseDB] 컴포넌트를 이용하면 앱의 데이터를 기기의 내부 저장소가 아닌 웹 데이터베이스에 저장할 수 있으며, 이 데이터를 같은 앱을 사용하는 사람들이 서로 공유할 수 있게 됩니다. [FirebaseDB] 컴포넌트를 가져온 후 속성 값을 건드리지 않으면 앱 데이터는 앱인벤터에서 설정해둔 공유 데이터베이스에 저장됩니다. 이 컴포넌트를 스크린으로 가져오면 실험적으로 제공하는 기능이라 오류가 발생하거나 서비스가 중지될 수도 있다는 경고가 나타나는 걸로 봐서 저장된 데이터가 사라질 위험도 있으므로 주의합니다. 개인적으로 데이터베이스를 만들어 사용하고 싶으면 파이어베이스 사이트(https://firebase.google.com)에 가입해서 데이터베이스를 만들고 각종 설정 값을 복사해서 FirebaseDB 컴포넌트의 속성에 붙여 넣으면 됩니다. 이번 프로젝트에서는 앱인벤터에서 설정해둔 공유 데이터베이스를 사용할 예정이므로 파이어베이스의 자세한 사용법에 대한 설명은 생략합니다. 같은 서랍 안에 있는 [CloudDB] 컴포넌트도 [FirebaseDB]

컴포넌트와 기능과 사용법이 유사하므로 서버에 간단한 데이터를 저장해서 공유하고 싶다면 어떤 컴포넌트를 사용해도 상관없습니다.

❸ 함수

블록	기능
호출 FirebaseDB1.값 가져오기 태그 찾는 값이 없을 경우	데이터베이스에 [태그]로 저장된 값을 요청합니다. 요청에 대한 처리가 정상적으로 이뤄지면 [값 받음] 이벤트가 실행됩니다. [태그]로 저장된 값이 없으면 [찾는 값이 없을 경우]에 지정된 값이 [값 받음]이벤트로 전달됩니다.
호출 FirebaseDB1.값 저장 태그 저장할 값	데이터베이스에 [저장할 값]을 [태그]로 구분해서 저장해 줄 것을 요청합니다. 요청에 대한 처리가 정상적으로 이뤄지면 [DataChanged] 이벤트가 실행됩니다.

❹ 이벤트

블록	기능
언제 FirebaseDB1.값 받음 태그 value 실행	[값 가져오기] 요청이 성공하면 실행됩니다. [태그]에는 요청에 사용된 태그 값이 들어 있고, [value]에는 데이터베이스에서 가져온 값이 들어있습니다.
언제 FirebaseDB1.DataChanged 태그 value 실행	[값 저장] 요청이 성공하면 실행됩니다. [태그]에는 요청에 사용된 태그 값이 들어있고, [value]에는 데이터베이스에 저장된 값이 들어있습니다.

미디어 파일 준비하기

이번 예제에서 사용될 미디어 파일은 비행기 이미지, 버튼 이미지, 배경 음악, 미사일 발사 효과음, 미사일 충돌 효과음으로 총 5개입니다. 게임에 넣고 싶은 이미지 파일과 사운드 파일을 미리 찾아서 준비해 둡니다.

게임에 사용될 이미지는 웹 검색을 통해 찾아 쓰는 것이 제일 간편하지만 적당한 이미지를 찾기 힘들다면 파워포인트의 도형 그리기 기능으로 이미지를 간단히 그려서 그림으로 저장한 후 사용하는 방법을 추천합니다. 이미지를 찾거나 그리기 어렵다면 앱 인벤터 갤러리에 있는 이번 장의 예제 파일에서 이미지를 내려받아서 사용하면 됩니다. 게임에 흥미를 더해 줄 배경음악과 효과음도 무료 효과음 사이트 등에서 미리 다운로드해 준비해 둡니다.

유튜브 사운드 라이브러리(https://www.youtube.com/audiolibrary/music)에서 앱에 사용될 배경음악과 효과음을 쉽게 찾을 수 있습니다. 위 주소로 접속해 유튜브에 로그인하면 저작권을 걱정할 필요 없는 다양한 무료 음악과 음향효과를 미리 들어보고 내려받을 수 있습니다.

새 프로젝트 만들기

앱 인벤터 개발 페이지에 접속한 후 [새 프로젝트 시작하기]를 클릭해 새 프로젝트를 만듭니다. 프로젝트의 이름은 "flightGame"으로 하겠습니다.

10.2 _ 화면 디자인

[그림 10-4] 비행기 조종 게임의 기본 화면 디자인

비행기 조종 게임의 기본 화면 디자인은 [그림 10-4]와 같습니다. 지금부터 [Screen1]의 화면을 구성해 보겠습니다.

미디어 업로드

❶ 시작 버튼으로 사용할 이미지(start.png)를 업로드합니다. 미디어 서버에 업로드하는 파일의 이름이 한글일 경우 업로드가 불가능하므로 파일의 이름은 영어로 만들어야 합니다.

❷ 비행기 이미지(airplane.png)를 업로드합니다. 비행기 이미지로는 비행기를 제외한 나머지 배경이 투명색인 png나 gif 형식의 파일을 사용하는 것이 좋습니다.

❸ 배경 음악(bgm.mp3)을 업로드합니다. 음악 파일의 용량이 너무 크면 프로젝트 파일(aia 파일)의 크기가 커져서 빌드에 실패할 수도 있으므로 가급적 용량이 작은 음악 파일을 사용하는 것이 좋습니다. 앱 인벤터에서 현재 공식적으로 권장하는 프로젝트 파일의 최대 크기는 5MB입니다. 프로젝트 파일 크기가 5MB를 넘어도 빌드가 되기는 하지만 경우에 따라 [그림 10-5]와 같은 메시지가 나타날 수도 있습니다.

[그림 10-5] 앱 빌드 실패 메시지

❹ 미사일 발사 효과음(missileLaunch.mp3)과 적 격추 효과음(flashBang.mp3)을 업로드합니다. 배경 음악이나 효과음으로 사용될 사운드 파일은 형식이 꼭 mp3가 아니어도 되므로 ogg, wav, mid 등 안드로이드 스마트폰에서 재생 가능한 다른 형식의 파일을 사용해도 상관없습니다.

[Screen1] 속성 설정

❶ [컴포넌트] 패널의 [Screen1]을 선택한 후 [속성] 패널에서 [앱 이름]을 "비행기게임"으로 바꿉니다.

❷ [스크린 방향]을 "세로"로 바꿉니다.

❸ [제목 보이기] 체크를 해제합니다. [제목 보이기]의 체크를 해제하면 앱 화면 상단의 회색 타이틀바가 사라져서 화면을 좀 더 넓게 쓸 수 있습니다.

정보 표시 영역 만들기

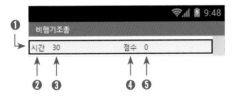

[그림 10-6] 정보 표시 영역 구성 순서

❶ [수평배치]를 스크린으로 가져와 [너비]를 "부모에 맞추기"로 바꿉니다. 그리고 [레이블] 4개를 [수평배치1] 안에 넣습니다.

❷ 가장 왼쪽에 있는 첫 번째 레이블의 [속성] 패널에서 [텍스트]를 "시간"으로 바꿉니다.

❸ 두 번째 레이블의 이름을 [레이블_시간]으로 바꾸고 [속성] 패널에서 [너비]를 "부모에 맞추기", [텍스트]를 "30"으로 바꿉니다.

❹ 세 번째 레이블의 [속성] 패널에서 [텍스트]를 "점수"로 바꿉니다.

❺ 네 번째 레이블의 이름을 [레이블_점수]로 바꾸고 [속성] 패널에서 [너비]를 "부모에 맞추기", [텍스트]를 "0"으로 바꿉니다.

게임 영역 만들기

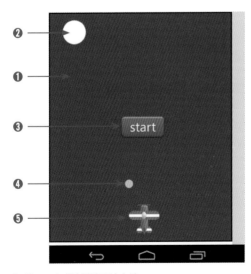

[그림 10-7] 게임 영역 구성 순서

❶ [캔버스]를 가져와 [수평배치1] 아래에 넣고 [속성] 패널에서 [배경색]을 "어두운 회색", [높이]와 [너비]를 "부모에 맞추기"로 바꿉니다.

❷ [공]을 [캔버스1]로 가져온 후 적당한 곳에 둡니다. [공]의 이름을 "적군"으로 바꾸고 [속성] 패널에서 [페인트 색상]을 "흰색", [반지름]을 "20"으로 바꿉니다.

❸ [이미지 스프라이트]를 [캔버스1]로 가져온 후 이름을 "시작버튼"으로 바꿉니다. [시작버튼]의 [속성] 패널에서 [높이]를 "50 pixels", [너비]를 "80 pixels", [사진]을 버튼 이미지 파일(start.png), [X]는 "120", [Y]는 "165"로 바꿉니다.

❹ [공]을 하나 더 [캔버스1]로 가져온 후 적당한 곳에 둡니다. [공]의 이름을 "미사일"로 바꾸고 [속성] 패널에서 [간격]을 "10", [페인트 색상]을 "주황", [반지름]을 "7"로 바꿉니다.

❺ [이미지 스프라이트]를 [캔버스1]로 가져온 후 적당한 곳에 둡니다. [이미지 스프라이트]의 이름을 "비행기"로 바꾸고 [속성] 패널에서 [높이]와 [너비]를 "50 pixels", [사진]을 비행기 이미지 파일(airplane.png)로 바꿉니다.

보이지 않는 컴포넌트 배치

❶ [센서] 서랍에 있는 [가속도 센서]를 스크린으로 가져옵니다.

❷ [미디어] 서랍에 있는 [소리]를 스크린으로 가져옵니다.

❸ [미디어] 서랍에 있는 [플레이어]를 스크린으로 가져온 후 [소스]에 배경 음악(bgm.mp3)을 지정합니다.

❹ [시계]를 스크린으로 가져온 후 이름을 "시계_게임시간"으로 바꿉니다 .

❺ [알림]을 스크린으로 가져옵니다.

❻ [실험적] 서랍에 있는 [CloudDB]를 스크린으로 가져옵니다.

이것으로 [Screen1]의 화면 디자인 작업을 마치겠습니다.

컴포넌트 속성 정리

컴포넌트의 속성을 정리해 놓은 표를 통해 지금까지 한 작업을 정리해 보겠습니다.

컴포넌트	이름	변경해야 할 속성
스크린	Screen1	앱 이름: 비행기조종 스크린 방향: 세로 제목 보이기: 체크 해제
수평배치	수평배치1	너비: 부모에 맞추기

컴포넌트	이름	변경해야 할 속성
레이블	레이블1	**텍스트**: 시간
	레이블_시간	**너비**: 부모에 맞추기 **텍스트**: 30
	레이블3	**텍스트**: 점수
	레이블_점수	**너비**: 부모에 맞추기 **텍스트**: 0
캔버스	캔버스1	**배경색**: 어두운 회색 **높이**: 부모에 맞추기 **너비**: 부모에 맞추기
이미지 스프라이트	비행기	**높이**: 50 pixels **너비**: 50 pixels **사진**: airplane.png
	시작버튼	**높이**: 50 pixels **너비**: 80 pixels **사진**: start.png
공	미사일	**간격**: 10 **페인트 색상**: 주황 **반지름**: 7
	적군	**페인트 색상**: 흰색 **반지름**: 20
가속도 센서	가속도_센서1	변경사항 없음
소리	소리1	변경사항 없음
플레이어	플레이어1	**소스**: bgm.mp3
시계	시계_게임시간	변경사항 없음
알림	알림1	변경사항 없음
FirebaseDB1	FirebaseDB1	변경사항 없음

화면 디자인 작업을 완료했으면 [블록] 버튼을 클릭해 블록 편집기로 이동합니다.

10.3 _ 블록 조립

초기 설정 작업

먼저 게임의 상태를 나타내는 데 사용할 전역 변수를 하나 만듭니다.

[예제 10-1] 변수 선언 및 초기화

[전역 변수 초기화] 블록을 [뷰어] 패널로 가져와서 이름을 "시작했나요"로 바꾸고 [값] 소켓에 [거짓] 블록을 끼웁니다. [시작했나요]는 게임 시작 전에는 "거짓"으로 설정하고 게임 중에는 "참"으로 설정해 게임의 상태를 나타내는 변수로 사용합니다.

다음으로 [초기화] 이벤트를 이용해 스프라이트의 속성을 설정해 보겠습니다.

[예제 10-2] [Screen1]이 열리면 실행되는 블록

❶ [언제 Screen1.초기화] 블록을 [뷰어] 패널로 가져옵니다.

❷ [지정하기 미사일.보이기] 블록을 이벤트 핸들러 블록의 [실행] 섹션에 넣고 [값] 소켓에 [거짓] 블록을 끼웁니다.

　해설 [미사일]이 발사되기 전까지는 [미사일]을 숨겨둡니다.

❸ [지정하기 적군.보이기] 블록을 추가하고 [값] 소켓에 [거짓] 블록을 끼웁니다.

　해설 시작버튼을 클릭하기 전까지는 [적군]을 숨겨둡니다.

❹ [지정하기 적군.방향] 블록을 추가하고 [값] 소켓에 [-90] 블록을 끼웁니다.

　해설 적의 움직임 방향을 미리 -90도(아래쪽)로 설정해 둡니다.

[비행기] 움직임 만들기

다음으로 스마트폰의 움직임을 따라 [비행기]가 움직이도록 만들어 보겠습니다.

[예제 10-3] 스마트폰 움직임을 따라 [비행기]가 움직이게 만들기

❶ [언제 가속도_센서1.가속도 변화] 블록을 [뷰어] 패널로 가져옵니다.

해설 [가속도 변화] 이벤트는 스마트폰이 움직이면 발생합니다. 스마트폰의 가속도는 3방향으로 측정되며, 가속도의 방향과 크기는 [x가속도], [y가속도], [z가속도]를 통해 알 수 있습니다.

❷ [지정하기 비행기.X] 블록을 이벤트 핸들러 블록의 [실행] 섹션에 넣고 [값] 소켓에 [-] 블록을 끼웁니다. - 연산자 왼쪽에 [비행기.X] 블록을 끼우고 오른쪽에 [가져오기 x가속도] 블록을 끼웁니다.

해설 스마트폰을 좌우로 기울이면 기울인 방향으로 [비행기]가 움직이게 합니다. [비행기]는 x 좌표의 값이 클수록 오른쪽으로 움직이며, [x가속도]는 스마트폰을 오른쪽으로 기울이면(왼쪽을 들어 올리면) 마이너스 값이 됩니다. 스마트폰을 오른쪽으로 기울이면 [비행기]의 현재 x 좌표에서 마이너스 값을 빼게 되어 [비행기]의 x 좌푯값이 커지므로 [비행기]가 오른쪽으로 움직입니다. 반대로 스마트폰을 왼쪽으로 기울이면 [비행기]의 현재 x 좌표에서 플러스 값을 빼게 되어 [비행기]의 x 좌푯값이 작아지므로 [비행기]가 왼쪽으로 움직입니다. [비행기]를 위아래로 움직이고 싶을 경우에는 [y가속도] 값을 이용하면 됩니다.

지금까지 만든 기능들이 제대로 작동하는지 스마트폰을 연결해 테스트해 봅시다. 체크리스트 항목에 따라 앱을 테스트해보고 기능에 문제가 없으면 체크 표시를 하고 문제가 있으면 블록 조립 과정이나 디자인 편집기에서 설정한 컴포넌트 속성에 오류가 없는지 다시 한 번 확인해 봅시다.

01_ 앱 테스트

1. 앱을 실행하면 [적군]과 [미사일]이 보이지 않음 ☐

2. 스마트폰을 기울이는 방향으로 [비행기]가 이동함 ☐

[적군위치설정하기] 함수 만들기

다음으로 적군의 위치를 무작위로 설정하는 함수를 만들어 보겠습니다.

[예제 10-4] [적군위치설정하기] 함수

❶ [함수 실행] 블록을 [뷰어] 패널로 가져와서 이름을 "적군위치설정하기"로 바꿉니다.

❷ [지정하기 적군.X] 블록을 함수 블록의 [실행] 섹션에 넣고 [값] 소켓에 [임의의 정수] 블록을 끼웁니다. 그리고 [시작] 소켓에 [0] 블록을 끼우고 [끝] 소켓에 [280] 블록을 끼웁니다.

해설 [적군]의 x 좌표 값을 무작위로 선택해 [적군]이 매번 화면 위쪽의 다른 위치에서 나타나게 만듭니다. [캔버스1]의 너비는 320픽셀이므로 선택할 수 있는 x 좌표 값의 범위는 0~320입니다. 하지만 [적군]의 가로 길이가 40(반지름이 20)이므로 x 좌표가 280 이상일 경우 [적군]이 화면 오른쪽 모서리에 붙어서 나타나게 되므로 280 이상의 값은 의미없는 값입니다. 따라서 [적군]이 나타날 수 있는 x 좌표의 범위를 0~280으로 설정해 이 범위 안에 있는 정수 중에서 무작위로 선택해 [적군]의 위치를 정하는 데 사용합니다.

❸ [지정하기 적군.Y] 블록을 추가하고 [값] 소켓에 [0] 블록을 끼웁니다.

해설 적은 항상 화면의 위쪽에서 나타나면 되므로 y 좌표는 0으로 설정합니다.

[시작버튼] 기능 만들기

다음으로 [시작버튼]을 클릭하면 게임이 시작되도록 만들어 보겠습니다.

[예제 10-5] [시작버튼]을 터치했을 때 실행되는 블록

❶ [언제 시작버튼.터치 업] 블록을 [뷰어] 패널로 가져옵니다.

해설 스프라이트에는 [클릭] 이벤트 핸들러 블록이 없지만 [터치 업] 이벤트 핸들러 블록을 이용하면 스프라이트를 버튼처럼 사용할 수 있습니다. [터치 업] 이벤트는 스프라이트를 누른 후 손가락을 떼면 발생하는 이벤트로 [터치 업] 대신 [터치] 이벤트 핸들러 블록을 사용해도 무방합니다. [시작버튼]을 터치하면 게임을 시작하기 위한 다양한 설정 작업이 진행됩니다.

❷ [지정하기 global 시작했나요] 블록을 이벤트 핸들러 블록의 [실행] 섹션에 넣고 [값] 소켓에 [참] 블록을 끼웁니다.

해설 게임이 시작됐음을 표시하기 위해 [시작했나요]의 값을 "참"으로 바꿉니다.

❸ [지정하기 시작버튼.보이기] 블록을 추가하고 [값] 소켓에 [거짓] 블록을 끼웁니다.

해설 게임이 시작되면 [시작버튼]을 숨깁니다.

❹ [지정하기 비행기.Y] 블록을 추가하고 [값] 소켓에 [−] 블록을 끼웁니다. − 연산자의 왼쪽에 [캔버스1.높이] 블록, 오른쪽에 [×] 블록을 끼웁니다. × 연산자의 왼쪽에 [비행기.높이] 블록, 오른쪽에 [2] 블록을 끼웁니다.

해설 [캔버스1]의 바닥과 [비행기] 사이에 [비행기] 높이만큼의 공간이 생기도록 만들어주는 계산을 합니다. 스크린의 [크기] 속성이 "고정형"일 경우 [캔버스1]의 너비는 앱이 실행되는 스마트폰에 상관없이 320픽셀이지만 [캔버스1]의 높이는 앱이 실행되는 스마트폰의 화면 크기에 따라 480, 512, 533, 569픽셀로 달라집니다. 따라서 스마트폰마다 [비행기]의 y 좌표 계산 결괏값은 달라집니다. 하지만 [캔버스1]의 바닥을 기준으로 보면 [비행기]는 항상 바닥에서 [비행기]의 높이만큼 떠 있게 됩니다.

❺ [호출 적군위치설정하기] 블록을 추가합니다.

해설 [적군위치설정하기] 함수를 호출해 [적군]이 나타날 위치를 지정해 줍니다.

❻ [지정하기 적군.속도] 블록을 추가하고 [값] 소켓에 [10] 블록을 끼웁니다. [지정하기 적군.보이기] 블록을 추가하고 [값] 소켓에 [참] 블록을 끼웁니다.

해설 [적군]의 [속도]를 10으로 정해주고 [적군]이 화면에 보이도록 만듭니다. [적군]의 [방향]은 −90, [간격]은 100이므로 [속도]를 설정하는 순간 [적군]이 0.1초에 10픽셀씩 아래로 이동하는 애니메이션이 시작됩니다.

❼ [지정하기 레이블_시간.텍스트] 블록을 추가하고 [값] 소켓에 [30] 블록을 끼웁니다. [지정하기 레이블_점수.텍스트] 블록을 추가하고 [값] 소켓에 [0] 블록을 끼웁니다.

해설 게임의 제한시간을 30초로, 점수를 0점으로 초기화합니다.

❽ [지정하기 시계_게임시간.타이머 활성 여부] 블록을 추가하고 [값] 소켓에 [참] 블록을 끼웁니다.

해설 [타이머] 이벤트를 발생시켜 게임 제한 시간이 30초에서 점점 줄어들도록 만듭니다.

❾ [호출 플레이어1.시작] 블록을 추가합니다.

> **해설** 디자인 편집기에서 [플레이어1]의 [소스]로 설정해둔 게임 배경 음악을 재생합니다.

[미사일] 발사 기능 만들기

다음으로 [비행기]에서 [미사일]이 발사되도록 만들어 보겠습니다.

[예제 10-6] [비행기]를 던졌을 때 [미사일] 발사하기

❶ [언제 비행기.플링] 블록을 [뷰어] 패널로 가져옵니다.

> **해설** [플링] 이벤트는 스프라이트를 누른 후 손가락을 빠른 속도로 던지듯이 화면 바깥쪽으로 빼면 발생합니다. [비행기]에 손가락을 대고 던지면 [비행기]에서 [미사일]이 발사되도록 만들기 위해 이 이벤트를 사용합니다.

❷ [만약 그러면] 블록을 이벤트 핸들러 블록의 [실행] 섹션에 넣고 [값] 소켓에 [가져오기 global 시작했나요] 블록을 끼웁니다.

> **해설** [시작했나요] 값이 "참"일 때, 즉 게임이 시작된 상태일 때만 [미사일] 발사를 위한 블록을 실행합니다.

❸ [지정하기 미사일.보이기] 블록을 [그러면] 섹션에 넣고 [값] 소켓에 [참] 블록을 끼웁니다.

> **해설** [미사일]을 발사하기 위해 숨김 상태인 [미사일]이 보이게 만듭니다.

❹ [지정하기 미사일.X] 블록을 추가하고 [값] 소켓에 [+] 블록을 끼운 후 [외부 입력값]으로 설정합니다. [+] 블록의 첫 번째 소켓에 [비행기.X] 블록을 끼웁니다. 두 번째 소켓에 [-] 블록을 끼우고 - 연산자의 왼쪽에 [/] 블록을 끼웁니다. / 연산자의 왼쪽에 [비행기.너비] 블록을 끼우고 오른쪽에 [2] 블록을 끼웁니다. - 연산자의 오른쪽에 [미사일.반지름] 블록을 끼웁니다.

해설 [미사일]이 [비행기]의 가로 정중앙 위치에서 발사되도록 [미사일]의 x 좌표를 계산합니다. [미사일] 좌표의 계산 식을 단계별로 나눠서 그림으로 나타내면 아래와 같습니다.

[미사일]의 x 좌표를 [비행기]의 x 좌표에 일치시킴

[미사일]의 x 좌표에 [비행기] 너비의 반을 더해 [미사일]을 오른쪽으로 이동시킴

[미사일]의 x 좌표에서 [미사일] 너비의 반을 빼서 [미사일]을 왼쪽으로 이동시킴

[그림 10-8] [미사일] 좌표의 계산 과정

❺ [지정하기 미사일.Y] 블록을 추가하고 [값] 소켓에 [비행기.Y] 블록을 끼웁니다.

해설 [미사일]이 [비행기]의 앞부분에서 발사되도록 설정합니다.

❻ [지정하기 미사일.속도] 블록을 추가하고 [값] 소켓에 [가져오기 속도] 블록을 끼웁니다.

해설 손가락을 던진 빠르기를 [미사일]의 [속도]에 대입합니다. 손가락을 빠르게 움직일수록 [미사일]의 속도가 빨라집니다.

❼ [지정하기 미사일.방향] 블록을 추가하고 [값] 소켓에 [가져오기 방향] 블록을 끼웁니다.

해설 손가락을 던진 방향으로 [미사일]이 발사되도록 만듭니다.

❽ [지정하기 소리1.소스] 블록을 추가하고 [값] 소켓에 ["missileLaunch.mp3"] 블록을 끼웁니다. 그리고 [호출 소리1.재생] 블록을 추가합니다.

해설 [미사일]이 발사되는 순간 발사 효과음이 재생되도록 만듭니다. 발사 효과음을 재생하기 위해 미리 업로드해 둔 발사 효과음 파일의 이름을 [소스]로 지정한 후 [재생] 함수를 호출해 효과음을 재생합니다.

[미사일]로 [적군]을 맞추지 못했을 때 실행되는 기능 만들기

[미사일]로 [적군]을 맞추지 못하면 [미사일]과 [적군]이 벽에 닿게 됩니다. [미사일]과 [적군]이 벽에 닿았을 때 실행되는 기능을 만들어 보겠습니다. 먼저 [미사일]이 벽에 닿으면 사라지도록 만들어 보겠습니다.

```
언제 미사일 ▼ .모서리에 닿음                    ❶
    모서리
실행 지정하기 미사일 ▼ . 보이기 ▼ 값 ( 거짓 ▼    ❷
     지정하기 미사일 ▼ . 속도 ▼ 값 ( 0
```

[예제 10-7] [미사일]이 모서리에 닿았을 때 [미사일] 숨기기

❶ [언제 미사일.모서리에 닿음] 블록을 [뷰어] 패널로 가져옵니다.

해설 [모서리에 닿음] 이벤트는 스프라이트가 캔버스의 모서리에 닿으면 발생합니다.

❷ [지정하기 미사일.보이기] 블록을 이벤트 핸들러 블록의 [실행] 섹션에 넣고 [값] 소켓에 [거짓] 블록을 끼웁니다. [지정하기 미사일.속도] 블록을 추가하고 [값] 소켓에 [0] 블록을 끼웁니다.

해설 [미사일]이 벽에 닿으면 [미사일]을 보이지 않게 하고 속도를 0으로 설정해 [미사일]이 다시 발사될 수 있는 상태로 만듭니다.

다음으로 [적군]이 바닥에 닿았을 때 점수가 줄어들고 [적군]이 다시 나타나도록 만들어 보겠습니다.

[예제 10-8] [적군]이 모서리에 닿았을 때 실행되는 블록

❶ [언제 적군.모서리에 닿음] 블록을 [뷰어] 패널로 가져옵니다.

해설 스프라이트가 위쪽 모서리에 닿으면 [모서리] 값은 1이 되고 오른쪽 모서리에 닿으면 3, 아래쪽 모서리에 닿으면 −1, 왼쪽 모서리에 닿으면 −3이 됩니다.

❷ [만약 그러면] 블록을 이벤트 핸들러 블록의 [실행] 섹션에 넣고 [값] 소켓에 [그리고] 블록을 끼웁니다. [그리고] 연산자의 왼쪽에 [가져오기 global 시작했나요] 블록을 끼우고 오른쪽에 [수학] 서랍에서 가져온 [=] 블록을 끼웁니다. = 연산자의 왼쪽에 [가져오기 모서리] 블록을 끼우고 오른쪽에 [−1] 블록을 끼웁니다.

해설 [시작했나요]가 "참"이고 [모서리]의 값이 −1이라면, 즉 게임이 시작된 상태이고 [적군]이 캔버스의 바닥에 닿았다면 점수를 차감하고 적의 위치를 재설정합니다.

❸ [지정하기 레이블_점수.텍스트] 블록을 [그러면] 섹션에 넣고 [값] 소켓에 [−] 블록을 끼웁니다. − 연산자의 왼쪽 소켓에 [레이블_점수.텍스트] 블록을 끼우고 오른쪽 소켓에 [5]를 끼웁니다.

해설 [적군]이 격추되지 않고 바닥까지 내려오게 두면 점수를 5점 차감합니다.

❹ [호출 적군위치설정하기] 블록을 추가합니다.

해설 [적군]이 다시 위쪽에서 내려올 수 있도록 위치를 재설정합니다.

지금까지 만든 기능들이 제대로 작동하는지 테스트해 봅시다.

02_ 앱 테스트	
1. [start] 버튼을 클릭하면 [비행기]가 게임 화면의 바닥에서 [비행기] 높이만큼 떨어진 위치로 이동함	☐
2. [start] 버튼을 클릭하면 [적군]이 나타나며 배경음악이 재생됨	☐
3. [적군]이 바닥에 부딪히면 점수가 차감됨	☐
4. [적군]이 나타나는 위치가 매번 변함	☐
5. [비행기]에 손가락을 대고 바깥쪽으로 튕기면 손가락의 속도와 방향에 따라 [미사일]이 발사되고 효과음이 재생됨	☐
6. [미사일]이 벽에 부딪히면 사라짐	☐

[미사일]로 [적군]을 맞췄을 때 실행되는 기능 만들기

다음으로 [미사일]이 [적군]을 맞췄을 때 점수가 올라가고 [적군]이 사라지게 만들어 보겠습니다.

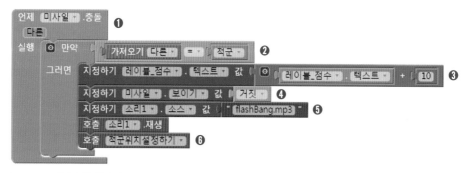

[예제 10-9] [미사일]이 [적군]과 충돌했을 때 실행되는 블록

❶ [언제 미사일.충돌] 블록을 [뷰어] 패널로 가져옵니다.

　해설 스프라이트의 충돌 이벤트는 해당 스프라이트가 다른 스프라이트와 부딪혔을 때 발생하며 [다른]에는 부딪힌 스프라이트의 이름이 저장돼 있습니다.

❷ [만약 그러면] 블록을 이벤트 핸들러 블록의 [실행] 섹션에 넣고 [만약] 소켓에 [논리] 서랍에서 가져온 [=] 블록을 끼웁니다. = 연산자의 왼쪽에 [가져오기 다른] 블록을 끼우고 오른쪽에 [적군] 블록을 끼웁니다.

　해설 [미사일]에 부딪힌 스프라이트가 [적군]이라면 [그러면] 섹션의 블록을 실행합니다.

❸ [지정하기 레이블_점수.텍스트] 블록을 [그러면] 섹션에 넣고 [값] 소켓에 [+] 블록을 끼웁니다. + 연산자의 왼쪽에 [레이블_점수.텍스트] 블록을 끼우고 오른쪽에 [10] 블록을 끼웁니다.

해설 [미사일]이 [적군]을 맞추면 점수를 표시하는 레이블의 텍스트에 10을 더합니다.

❹ [지정하기 미사일.보이기] 블록을 추가하고 [값] 소켓에 [거짓] 블록을 끼웁니다.

해설 [적군]을 맞췄으면 [미사일]을 숨깁니다.

❺ [지정하기 소리1.소스] 블록을 추가하고 [값] 소켓에 ["flashBang.mp3"] 블록을 끼웁니다. 그리고 [호출 소리1.재생] 블록을 추가합니다.

해설 [미사일]과 [적군]의 충돌 효과음 파일의 이름을 소스로 지정하고 지정된 효과음을 재생합니다.

❻ [호출 적군위치설정하기] 블록을 추가합니다.

해설 [적군]이 격추되면 다시 화면 위쪽에서 나타나도록 [적군위치설정하기] 함수를 호출합니다.

게임 종료 기능 및 기록 저장 기능 만들기

다음으로 게임을 끝내고 새로운 게임을 시작하는 데 필요한 설정들을 모아서 [게임끝설정하기] 함수를 만들어 보겠습니다.

[예제 10-10] [게임끝설정하기] 함수

❶ [함수 실행] 블록을 [뷰어] 패널로 가져온 후 이름을 "게임끝설정하기"로 바꿉니다.

해설 [게임끝설정하기] 함수는 게임 시간이 다 됐거나 [적군]이 [비행기]와 부딪혔을 때 호출됩니다.

❷ [지정하기 global 시작했나요] 블록을 함수 블록의 [실행] 섹션에 넣고 [값] 소켓에 [거짓] 블록을 끼웁니다.

해설 게임이 끝났음을 표시하기 위해 [시작했나요]의 값을 "거짓"으로 설정합니다.

❸ [지정하기 시계1.타이머 활성 여부] 블록을 추가하고 [값] 소켓에 [거짓] 블록을 끼웁니다.

해설 게임이 끝나면 제한 시간과 관련된 [타이머] 이벤트가 더는 실행되지 않게 합니다.

❹ [지정하기 적군.보이기] 블록을 추가하고 [값] 소켓에 [거짓] 블록을 끼웁니다. [지정하기 미사일.보이기] 블록을 추가하고 [값] 소켓에 [거짓] 블록을 끼웁니다.

해설 [적군]과 [미사일]을 더는 보이지 않게 만듭니다.

❺ [지정하기 시작버튼.보이기] 블록을 추가하고 [값] 소켓에 [참] 블록을 끼웁니다.

해설 다시 새로운 게임을 시작할 수 있게 [시작버튼]을 보이도록 설정합니다.

❻ [호출 플레이어1.정지] 블록을 추가합니다.

해설 게임이 끝났으므로 배경 음악 재생을 중지합니다.

❼ [호출 알림1.선택 대화창 나타내기] 블록을 추가하고 [메시지] 소켓에 [합치기] 블록을 끼웁니다. [합치기] 블록의 첫 번째 소켓에 ["점수:"] 블록을 끼우고 두 번째 소켓에 [레이블_점수.텍스트] 블록을 끼웁니다. [제목] 소켓에 ["게임 끝"] 블록, [버튼1 텍스트] 소켓에 ["닫기"] 블록, [버튼2 텍스트] 소켓에 ["세계기록 확인"] 블록을 끼웁니다. [취소 가능 여부] 소켓의 "참" 값을 "거짓"으로 바꿉니다.

해설 화면에 최종 점수가 표시되는 버튼이 2개인 대화창이 나타납니다. [취소 가능여부]가 "참"이면 대화창에 [취소] 버튼이 나타나지만 [취소] 버튼은 필요 없으므로 [취소 가능 여부]를 "거짓"으로 설정합니다.

다음으로 선택 대화창에서 [세계기록 확인] 버튼을 클릭하면 세계기록을 FirebaseDB에서 가져오는 기능을 만들어 보겠습니다.

[예제 10-11] 선택 대화창에서 버튼을 선택하면 실행되는 블록

❶ [언제 알림1.선택 후] 블록을 [뷰어] 패널로 가져옵니다.

❷ [만약 그러면] 블록을 [실행] 섹션에 넣고 [만약] 소켓에 [논리] 서랍의 [=] 블록을 끼웁니다. = 연산자의 양쪽 소켓에 [가져오기 선택] 블록과 ["세계기록 확인"] 블록을 끼웁니다.

> **해설** 선택 대화창에서 [세계기록 확인] 버튼을 선택하면 [만약]의 조건이 참이 되므로 [그러면] 섹션에 있는 블록들 이 실행되고 대화창이 닫힙니다. 선택 대화창에서 [닫기] 버튼을 선택하면 [만약]의 조건이 거짓이 되므로 실행되는 블록이 없이 대화창만 닫힙니다.

❸ [호출 FirebaseDB1.값 가져오기] 블록을 [그러면] 섹션에 넣고 [태그] 소켓에 ["bestScore"] 블록, [찾는 값이 없을 경우] 소켓에 [0] 블록을 끼웁니다.

> **해설** 데이터베이스 서버에 연결이 가능하면 서버에 "bestScore"라는 태그로 저장돼 있는 값을 요청합니다. 서버에 "bestScore"라는 태그로 저장된 값이 없으면 가져오는 값이 0이 되도록 지정해 둡니다.

다음으로 FirebaseDB에서 요청한 값을 받았을 때 실행되는 기능을 만들어 보겠습니다.

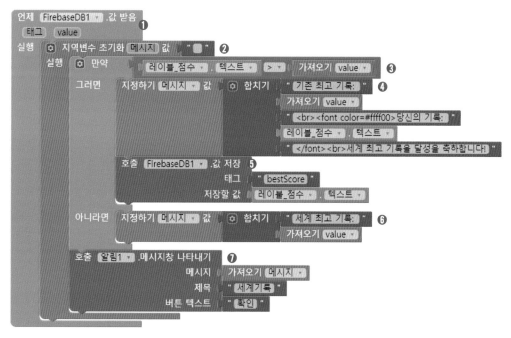

[예제 10-12] FirebaseDB에서 값을 받았을 때 실행되는 블록

❶ [언제 FirebaseDB1.값 받음] 블록을 [뷰어] 패널로 가져옵니다.

　해설 [값 가져오기] 함수에 의한 요청이 정상적으로 처리되면 [값 받음] 이벤트가 실행됩니다. [value]에는 서버에서 전송받은 값이 저장돼 있습니다.

❷ [지역변수 초기화] 블록을 [실행] 섹션에 넣고 변수 이름을 "메시지"로 바꾼 후 [값] 소켓에 [" "] 블록을 끼웁니다.

　해설 메시지 창에 보일 메시지 값을 저장하기 위한 지역변수를 만들어 둡니다.

❸ [만약] 블록을 지역변수 블록의 [실행] 섹션에 넣고 파란색 아이콘을 클릭해 [아니면] 블록을 추가합니다. [만약] 수학 서랍의 [=] 블록을 끼우고 연산자를 "〉"로 바꿉니다. 〉 연산자의 왼쪽 소켓에 [레이블_점수.텍스트] 블록, 오른쪽 소켓에 [가져오기 value] 블록을 끼웁니다.

　해설 현재 점수와 서버에 저장된 최고 점수를 비교합니다.

❹ [지정하기 메시지] 블록을 [그러면] 섹션에 넣고 [값] 소켓에 [합치기] 블록을 끼웁니다. [합치기] 블록의 소켓을 5개로 만든 후 각 소켓에 차례대로 ["기존 최고 기록:"] 블록, [가져오기 value] 블록, ["〈br〉〈font color=#ffff00〉당신의 기록:"] 블록, [레이블_점수.텍스트] 블록, ["〈/font〉〈br〉세계 최고 기록 달성을 축하합니다!] 블록을 끼웁니다.

　해설 현재 점수가 [value], 즉 서버에 저장된 최고 점수보다 크면 최고 기록을 달성했음을 알려주는 텍스트를 만들어 [메시지]에 저장해 둡니다. HTML 태그를 이용해 메시지창을 꾸밀 수 있는데, 〈br〉 태그는 메시지 창에 출력되는 정보를 줄바꿈으로 구분하는 역할을 하고 〈font color=#ffff00〉 태그는 글자의 색깔을 노란색으로 바꿔주는 역할을 합니다.

[그림 10-9] HTML 태그를 적용한 메시지창

[메시지]에 저장된 텍스트는 메시지창에 [그림 10-9]처럼 나타나게 되는 〈br〉, 〈font〉 외에도 〈b〉, 〈big〉, 〈div〉, 〈small〉, 〈strong〉, 〈u〉 등 다양한 태그를 적용해 메시지창을 꾸밀 수 있습니다.

❺ [호출 FirebaseDB1.값 저장] 블록을 [그러면] 섹션에 추가하고 [태그] 소켓에 ["bestScore"] 블록, [저장할 값] 소켓에 [레이블_점수.텍스트] 블록을 끼웁니다.

　해설 현재 점수가 기존 최고 점수보다 크므로 현재 점수를 서버에 저장해 줄 것을 요청합니다.

❻ [지정하기 메시지] 블록을 [아니라면] 섹션에 넣고 [값] 소켓에 [합치기] 블록을 끼웁니다. [합치기] 블록의 소켓에 차례대로 ["세계 최고 기록:"] 블록과 [가져오기 value] 블록을 끼웁니다.

　해설 사용자의 점수가 서버에 저장된 점수보다 크지 않다면 서버에 저장된 점수가 세계 최고 점수임을 알려주는 텍스트를 만들어 [메시지]에 저장해 둡니다.

❼ [호출 알림1.메시지창 나타내기] 블록을 [지역변수 초기화] 블록의 [실행] 섹션에 추가하고 [메시지] 소켓에 [가져오기 메시지] 블록, [제목] 소켓에 ["세계기록"] 블록, [버튼 텍스트] 소켓에 ["확인"] 블록을 끼웁니다.

해설 [메시지]에 저장된 값을 메시지창에 출력합니다.

다음으로 FirebaseDB에 값 저장이 완료됐을 때 실행되는 기능을 만들어 보겠습니다.

[예제 10-13] FirebaseDB에 값을 저장했을 때 실행되는 블록

❶ [언제 FirebaseDB1.DataChanged] 블록을 [뷰어] 패널로 가져옵니다.

해설 [값 저장] 함수에 의한 요청이 정상적으로 처리되면 [DataChanged] 이벤트가 실행됩니다. [value]에는 서버에서 저장된 값이 들어 있습니다.

❷ [호출 알림1.경고창 나타내기] 블록을 [실행] 섹션에 넣고 [알림] 소켓에 [합치기] 블록을 끼웁니다. [합치기] 블록의 소켓을 3개로 만든 후 각 소켓에 차례대로 [세계 최고 기록이] 블록, [가져오기 value] 블록, [로 업데이트 되었습니다] 블록을 끼웁니다.

해설 FirebaseDB에 새로운 최고 기록이 등록됐음을 알리는 경고창을 화면에 출력합니다.

1. [start] 버튼을 클릭하면 게임 시간이 흐름 ☐

2. [미사일]로 [적군]을 맞추면 폭발 효과음이 재생되고 점수가 올라감 ☐

3. [미사일]에 맞은 적은 사라졌다가 다시 나타남 ☐

4. [비행기]가 [적군]에게 부딪히거나 남은 시간이 0이 되면 게임이 끝남 ☐

5. 게임이 끝나면 게임 점수를 알려주는 대화창이 나타나고 대화창의 [세계기록 확인] 버튼을 클릭하면 [세계기록] 메 ☐
시지 창이 나타남

6. 세계 기록을 달성했을 때와 달성하지 못했을 때 [세계기록] 메시지 창에 출력되는 메시지가 달라짐 ☐

7. [start] 버튼을 클릭하면 게임이 다시 시작됨 ☐

이것으로 [비행기] 게임의 기본 형태 만들기를 마치겠습니다.

10.4 _ 기능 추가

지금까지 만든 게임은 30초 만에 게임이 끝나버려서 게임을 즐길 시간이 너무 짧고 난이도가 일정해서
금방 싫증이 날 수 있습니다. 게이머가 어느 정도의 목표를 달성하면 게임 난이도를 높여서 좀 더 도전
정신을 불러일으킬 수 있는 게임으로 만들면 게임의 완성도가 조금 더 높아질 것입니다. 30초 안에 30
점 이상을 얻으면 다음 단계로 넘어가게 하고 다음 단계로 넘어갔을 때 남은 시간을 다시 30초로 만들
어 게임 시간을 늘려보겠습니다. 그리고 단계가 올라가면 [적군]을 맞추기 힘들도록 적의 속도는 빠르
게, 크기는 작아지게 만들어서 게임의 난이도를 높여 보겠습니다.

컴포넌트 추가

디자인 편집기로 가서 단계 기능을 넣는 데 필요한 컴포넌트를 추가합니다.

[그림 10-10] 추가 컴포넌트

게임에 단계 기능을 넣기 위해 [그림 10-9]에 보이는 것과 같이 총 2개의 컴포넌트만 추가하면 됩니다. 아래 순서에 따라 추가 컴포넌트들을 화면에 배치합니다.

❶ [레이블]을 가져와 [레이블_점수] 오른쪽에 넣고 [속성] 패널에서 [텍스트]를 "단계"로 바꿉니다.

❷ [레이블]을 하나 더 가져와 ❶에서 가져온 레이블의 오른쪽에 넣고 이름을 "레이블_단계"로 바꿉니다. [레이블_단계]의 [속성] 패널에서 [너비]를 "부모에 맞추기", [텍스트]를 "1"로 바꿉니다.

추가 컴포넌트와 속성을 정리해 놓은 표를 이용해 작업을 정리해 보겠습니다.

컴포넌트	이름	변경해야 할 속성
레이블	레이블4	텍스트: 단계
	레이블_단계	너비: 부모에 맞추기 텍스트: 1

이제 블록 편집기로 가서 단계 기능을 만들어 보겠습니다.

단계 기능 만들기

우선 [언제 시작버튼.터치 업] 블록(266쪽 예제 10-5 참조)을 찾아서 새로운 블록을 추가합니다.

[예제 10-14] [언제 시작버튼.터치 업] 블록에 [단계 초기화] 블록 추가

❶ [지정하기 적군.보이기] 블록 아래에 [지정하기 적군.반지름] 블록을 넣고 [값] 소켓에 [20] 블록을 끼웁니다.

해설 단계가 올라간 상태에서 게임이 끝나면 적의 크기가 처음보다 작아집니다. 게임이 시작되면 적의 반지름을 20
으로 설정해 적의 크기가 원래 크기로 돌아가게 만듭니다.

❷ [지정하기 적군.반지름] 블록 아래에 [지정하기 레이블_단계.텍스트] 블록을 넣고 [값] 소켓에 [1] 블록을 끼웁니다.

해설 [시작] 버튼을 클릭하면 단계를 표시하는 레이블의 [텍스트]에 1을 대입해 단계를 초기화하고 화면에 "단계 1"
이 표시되도록 만듭니다.

다음으로 점수의 변화에 따라 단계를 올리는 기능을 만들어 보겠습니다. 단계는 점수에 의해 결정되므
로 점수를 계산하는 기능이 있는 [언제 미사일.충돌] 블록에 단계를 설정하는 기능을 추가하면 됩니다.
[뷰어] 패널에서 [언제 미사일.충돌] 블록(271쪽 예제 10–9 참조)을 찾아서 기존 블록 조합에 새로운 블
록을 추가하겠습니다.

[예제 10–15] [언제 미사일.충돌] 블록에 단계 설정 블록 추가

❶ [만약 그러면] 블록을 [그러면] 섹션에 있는 [지정하기 레이블_점수.텍스트] 블록 아래에 끼워 넣습니다. [만약] 소켓
에 [수학] 서랍에서 가져온 [=] 블록을 끼우고 연산자를 ≥로 바꿉니다. ≥ 연산자의 왼쪽 소켓에 [레이블_점수.텍스
트] 블록을 끼우고 오른쪽 소켓에 [×] 블록을 끼웁니다. × 연산자의 왼쪽에 [30] 블록을 끼우고 오른쪽에 [레이블_
단계.텍스트] 블록을 끼웁니다.

해설 각 단계의 목표 점수는 '30 × 단계'로 결정됩니다. 즉, 1단계의 목표 점수는 30점이 되고 2단계의 목표 점수
는 60점이 됩니다. [미사일]이 [적군]을 맞춰서 올린 점수가 '30 × 단계' 이상이라면 [그러면] 섹션에 있는 단계 설
정 작업을 실행합니다.

❷ [지정하기 레이블_단계.텍스트] 블록을 [그러면] 섹션에 넣고 [값] 소켓에 [+] 블록을 넣습니다. + 연산자의 왼쪽에 [레이블_단계.텍스트] 블록을 끼우고 오른쪽에 [1] 블록을 끼웁니다.

해설 각 단계에서 목표 점수를 달성했다면 현재 단계를 표시하고 있는 [레이블_단계]의 [텍스트]에 1을 더해 다시 [레이블_단계]의 [텍스트] 값으로 대입합니다. 1단계 목표 점수 30점을 달성했다면 화면에 2단계로 표시하고 2단계 목표 점수 60점을 달성했다면 화면에 3단계로 표시합니다.

❸ [지정하기 적군.속도] 블록을 추가하고 [값] 소켓에 [+] 블록을 넣습니다. + 연산자의 왼쪽에 [10] 블록을 끼우고 오른쪽에 [레이블_단계.텍스트] 블록을 끼웁니다.

해설 적의 기본 빠르기인 10에 각 단계를 더해 단계별로 적의 속도를 빠르게 합니다. 1단계에서 적의 빠르기는 10, 2단계에서 적의 빠르기는 12, 3단계에서 적의 빠르기는 13이 됩니다.

❹ [지정하기 레이블_시간.텍스트] 블록을 추가하고 [값] 소켓에 [30] 블록을 끼웁니다.

해설 새로운 단계가 시작되므로 다시 시간을 30초로 설정합니다.

❺ [지정하기 적군.반지름] 블록을 추가하고 [값] 소켓에 [-] 블록을 끼웁니다. - 연산자의 왼쪽에 [적군.반지름] 블록을 끼우고 오른쪽에 [2] 블록을 끼웁니다.

해설 단계가 올라갈수록 [적군]을 맞추기 어렵도록 적의 반지름을 2씩 줄입니다.

지금까지 만든 기능들이 제대로 작동하는지 테스트해 봅시다.

04_ 앱 테스트

1. 게임 점수가 30점 이상이 되면 단계가 2로 올라감 ☐

2. 단계가 올라가면 시간이 다시 30초로 초기화됨 ☐

3. 단계가 올라가면 [적군]이 빨라지고 크기가 작아짐 ☐

4. 점수가 30의 배수가 될 때마다 단계가 올라감 ☐

5. 게임이 끝나고 다시 [start] 버튼을 클릭하면 단계가 1로 초기화되고 적군의 크기가 원래 크기로 돌아옴 ☐

지금까지 아주 간단한 슈팅 게임을 만들어 봤습니다. 캔버스와 스프라이트에는 지금까지 사용한 기능 외에도 다양한 기능들이 있습니다. 캔버스와 스프라이트를 이용해 새로운 게임 만들기에 도전해 봅시다.

적군의 행동 패턴 바꾸기

[적군]의 행동 패턴을 바꿔서 게임의 재미와 난이도를 조금 더 높여 봅시다. 지금까지는 [적군]이 아래쪽 방향으로 내려오기만 해서 움직임이 단조로웠습니다. [적군]이 위에서 아래로 내려올 때 1초에 한 번씩 방향을 무작위로 설정해서 적의 방향을 예측하기 어렵게 만들어 봅시다.

1. 추가할 기능

❶ [적군]이 위에서 아래로 떨어질 때 1초에 한 번씩 무작위로 방향을 바꾸도록 만듭니다.

❷ [적군]이 캔버스의 왼쪽 또는 오른쪽 모서리에 부딪히면 튕기도록 만듭니다.

2. 참고 사항

❶ [적군]의 방향은 스프라이트의 [방향] 속성을 이용해 설정할 수 있습니다.

❷ [적군]의 방향을 1초에 한 번씩 바꿔주기 위해 [시계] 컴포넌트를 하나 더 추가해야 합니다.

프로젝트 소스

지금까지 만든 앱과 미션에 관한 예제는 앱 인벤터 갤러리에서 flightGame으로 검색하면 확인할 수 있습니다.

11
위치 전송 앱

이번 장에서는 사용자의 현재 위치를 다른 사람에게 전달하는 위치 전송 앱을 만들어 보겠습니다. 위치 전송 앱은 스마트폰의 GPS 수신기, Wi-Fi, 모바일 네트워크를 통해 전송받은 위치 정보를 이용해 지도에서 현재 위치를 찾고 이 위치를 나타내는 구글 지도 링크를 문자 메시지나 카카오톡 등으로 다른 사람에게 보내서 사용자의 현재 위치를 다른 사람이 알 수 있게 하는 앱입니다.

구현 과정

1. 준비하기 _ 위치 전송 앱 구상, 앱 구현에 필요한 주요 컴포넌트의 기능 파악

2. 화면 구성 _ 앱 화면 구상에 따라 각종 컴포넌트를 화면에 배치

3. 기본 기능 _ 현재 위치 찾기 기능, 현재 위치를 문자 메시지로 전송하는 기능 만들기

4. 기능 추가 _ 위치 공유 기능 추가

5. 도전하기 _ 스마트폰의 위치 정보 설정창 바로 열기

완성된 앱의 모습

11.1 _ 앱 개발 준비

앱 구상

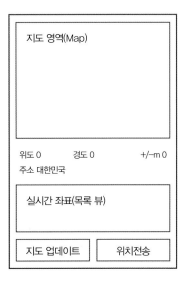

[그림 11-1] 앱 화면 구상

- **앱 이름: 여기요**

- **스크린:** 1개

- **사용할 컴포넌트:** 버튼, 목록 뷰, 레이블, 알림, 수평배치, Map, 시계, 위치 센서, 문자 메시지, 전화번호 선택, 공유, 액티비티 스타터

- **설계 내용**

  ❶ 앱을 실행했을 때 스마트폰의 위치 설정이 꺼져있다면 위치 설정 화면으로 이동할지 묻는 대화창이 나타납니다. [예] 버튼을 클릭하면 스마트폰의 위치 정보 설정 창이 열립니다.

  ❷ 앱을 실행하면 지도 영역에 대한민국 지도가 기본으로 나타나고 실시간 좌표 영역에 위성을 찾는 중이라는 메시지가 나타납니다.

  ❸ 위치 정보를 수신하기 전에 [지도 업데이트] 버튼 또는 [위치전송] 버튼을 클릭하면 위치를 찾는 중임을 알리는 경고창이 나타납니다.

  ❹ 위치 정보 수신이 가능한 상태가 되면 지도 아래 정보표시 영역에 위도, 경도, 오차, 주소가 출력되고 실시간 좌표 영역에 "시간/정보제공자/위도/경도"가 주기적으로 업데이트됩니다.

❺ [지도 업데이트] 버튼을 클릭했을 때 위치 정보 신호 수신이 가능한 상태라면 현재 사용자가 있는 곳의 상세 지도를 화면에 출력합니다.

❻ 위치 정보 수신이 가능한 상태에서 [위치전송] 버튼을 클릭하면 가장 최근에 업데이트된 위치를 전송하기 위해 위치를 전송할 수단을 묻는 대화창이 나타납니다.

❼ 대화창에서 [문자 메시지] 버튼을 클릭하면 주소록이 나타나고 주소록에서 메시지를 받을 사람을 선택하면 현재 사용자의 위치를 나타내는 구글 지도 링크가 문자 메시지로 전송됩니다.

❽ 대화창에서 [공유] 버튼을 클릭하면 공유 기능을 지원하는 앱 목록 창이 나타나며 이 가운데 원하는 앱을 선택하면 사용자의 현재 위치를 나타내는 구글 지도의 링크가 선택된 앱으로 전송됩니다.

앱 제작에 필요한 컴포넌트 살펴보기

이번 장에 새롭게 등장하는 컴포넌트와 앱 제작에 사용될 블록을 살펴보겠습니다.

▪ [Map] 컴포넌트

❶ **위치:** Maps

❷ **기능:** OpenStreetMap과 미국 지질 조사국에서 제공하는 지도를 앱 화면에 불러와서 사용할 수 있게 해줍니다. 위치 지정, 이동, 회전, 확대 및 축소 등과 같은 기본적인 기능 외에도 [Maps] 서랍에 있는 Circle, LineString, Marker 등과 같은 다른 컴포넌트들을 지도 위에 추가해서 지도와 관련된 다양한 기능을 구현할 수 있습니다.

❸ **속성**

블록	기능
Map1 ▾ . UserLatitude ▾	사용자의 현재 위도가 저장돼 있습니다.
Map1 ▾ . UserLongitude ▾	사용자의 현재 경도가 저장돼 있습니다.

❹ **함수**

블록	기능
호출 Map1 ▾ .PanTo 위도 경도 zoom	위도와 경도로 지정된 위치가 지도 중앙에 오도록 하며 줌 단계에 맞게 지도를 확대 또는 축소시킵니다. 지정된 위치를 바로 보여주는 것이 아니라 현재 위치에서 지정된 위치까지의 이동 과정을 빠른 애니메이션으로 보여줍니다.

▪ **[위치 센서] 컴포넌트**

❶ **위치**: 센서

❷ **기능**: 위도, 경도, 고도, 주소 등 위치에 관한 정보를 제공합니다. GPS 위성 또는 무선 네트워크를 통해 위치 정보를 수신합니다. 위치 정보를 수신하려면 스마트폰의 설정에서 위치 정보를 사용하도록 설정해 둬야 합니다.

❸ **속성**

블록	기능
위치_센서1 ▾ 정확도 ▾	위치 정보의 정확성을 나타냅니다. 이 블록이 돌려주는 값은 숫자로 단위는 미터(m)입니다. 예를 들어 [정확도]가 25라면 스마트폰이 수신한 위도와 경도를 중심으로 반지름이 25m인 원을 그렸을 때 스마트폰의 실제 위치는 높은 확률로 이 원의 안쪽 어딘가가 됩니다. [정확도] 값이 작을수록 위도/경도 정보의 정확성이 높음을 의미합니다.
위치_센서1 ▾ . 현재 주소 ▾	사용자의 현재 주소가 저장돼 있습니다.
위치_센서1 ▾ . 위도 ▾	사용자의 현재 위도가 저장돼 있습니다.
위치_센서1 ▾ . 경도 ▾	사용자의 현재 경도가 저장돼 있습니다.
위치_센서1 ▾ . 서비스 제공자 이름 ▾	위치 정보를 제공하는 주체가 저장돼 있습니다. 이 블록이 돌려주는 값은 GPS로부터 위치 정보를 받을 경우 "gps"가 되고 무선 네트워크로부터 위치 신호를 받을 경우 "network"가 됩니다. 스마트폰의 위치 정보를 사용하지 않도록 설정돼 있으면 돌려주는 값은 "passive"가 됩니다.
위치_센서1 ▾ . 시간 간격 ▾	위치 정보를 업데이트하는 1/1000초 단위의 간격을 의미합니다. [시간 간격]의 설정 값이 1000이면 1초에 한 번씩 위치 정보를 수신합니다. 항상 설정된 시간마다 정확하게 정보 업데이트가 이뤄지는 것이 아니라 설정된 시간을 넘어서 정보가 업데이트될 수도 있습니다.

❹ **이벤트**

블록	기능
언제 위치_센서1 ▾ .위치 변경 위도 경도 고도 실행	위치 정보를 수신한 결과 이전 위치와 현재 위치가 다르면 이 블록이 실행됩니다. 스마트폰이 한 자리에 그대로 있어도 위치 정보 업데이트 주기마다 수신되는 위치 정보 값이 조금씩 달라지기 때문에 [위치변경] 이벤트는 실제 스마트폰의 위치가 변경되지 않아도 발생할 수 있습니다. [위도], [경도], [고도]에는 현재 스마트폰이 있는 곳의 위도, 경도, 고도 값이 저장돼 있습니다. 고도 값은 위도와 경도 값에 비해 정확성이 많이 떨어집니다.

· **[문자 메시지] 컴포넌트**

❶ **위치**: 소셜

❷ **기능**: 문자 메시지를 보내고 받는 기능을 제공합니다. 메시지 내용과 메시지를 보낼 번호를 설정해 문자 메시지를 보내거나 문자 메시지가 도착했을 때 메시지를 보낸 번호와 메시지의 내용을 받을 수 있습니다.

❸ **속성**

블록	기능
지정하기 문자_메시지1 . 메시지 값	[메시지 보내기] 함수를 이용해 문자 메시지를 보내기 전에 메시지의 내용을 설정합니다.
지정하기 문자_메시지1 . 전화번호 값	[메시지 보내기] 함수를 이용해 문자 메시지를 보내기 전에 메시지를 보낼 번호를 설정합니다.

❹ **함수**

블록	기능
호출 문자_메시지1 .메시지 보내기	[메시지]와 [전화번호] 속성에 지정된 값을 이용해 문자 메시지를 보냅니다.

· **공유 컴포넌트**

❶ **위치**: 소셜

❷ **기능**: 내가 만든 앱에서 스마트폰에 설치된 다른 앱으로 파일과 메시지를 보내는 기능을 제공합니다.

❸ **함수**

블록	기능
호출 공유1 .메세지 공유하기 메시지	[메시지 공유하기] 함수가 호출되면 스마트폰에 설치된 공유 기능을 지원하는 앱 목록이 나타나며, 이 앱 중 하나를 선택하면 [메시지] 소켓에 지정된 값이 선택된 앱으로 전달되고 앱이 실행됩니다.

· **[액티비티 스타터] 컴포넌트**

❶ **위치**: 연결

❷ **기능**: 내가 만든 앱에서 외부의 다른 앱을 실행할 수 있게 해줍니다. 액티비티(Activity)는 안드로이드 앱의 사용자 인터페이스를 구성하는 기본 단위로서 보통은 하나의 화면을 액티비티라고 볼 수 있습니다. 외부 앱을 실행하기 위해서는 외부의 앱을 실행하는 데 필요한 속성을 설정한 후 [액티비티 시작] 함수를 호출하면 됩니다.

❸ **실행 예**

카메라 앱 실행

구글 웹 검색 실행

🕐 액티비티 스타터를 사용할 때 참고할 문서

액티비티 스타터를 이용해 다른 앱을 실행하고자 할 때 앱에 따라 사용되는 설정 블록과 설정값이 달라서 참고자료 없이는 사용하는 데 어려움이 있습니다. [액티비티 스타터]를 사용할 때 참고할 수 있는 문서는 앱인벤터 사이트에 상세히 정리돼 있습니다. 앱인벤터 사이트(http://appinventor.mit.edu)의 상단 메뉴 중 [Resources]에 있는 [Documentation]을 클릭하면 앱인벤터 사용법에 관한 다양한 문서가 링크된 페이지가 열립니다. 이 페이지에서 [Using the Activity Starter] 링크를 클릭하면 액티비티 스타터를 사용하는 방법이 상세히 설명된 문서가 열립니다. 영어로 돼 있어서 다소 불편함이 있기는 하지만 예제 코드 위주로 살펴보면 다른 앱을 실행시키기 위한 방법을 확인할 수 있습니다. [Documentation] 페이지에는 액티비티 스타터 사용법 외에도 앱인벤터에 관한 다양한 문서가 링크돼 있으므로 앱인벤터 실력을 향상시키고 싶다면 꼭 한번 확인해 보기 바랍니다.

새로운 프로젝트 만들기

앱 인벤터 개발 페이지에 접속한 후 [새 프로젝트 시작하기]를 클릭해 새로운 프로젝트를 만듭니다. 프로젝트의 이름은 "myLocation"으로 하겠습니다.

11.2 _ 화면 디자인

[그림 11-2] 위치 전송 앱의 기본 화면 디자인

위치 전송 앱의 기본 화면 디자인은 [그림 11-2]와 같습니다. 지금부터 [Screen1]의 화면을 구성해 보겠습니다.

[Screen1] 속성 설정

❶ [Screen1]을 선택한 후 [속성] 패널에서 [앱 이름]을 "여기요"로 바꿉니다.

❷ [크기]을 "반응형"으로 바꿉니다.

❸ [제목 보이기] 체크를 해제합니다.

위치 정보 표시 영역 만들기

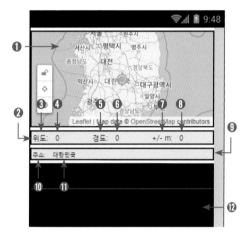

[그림 11-3] 위치 정보 표시 영역 구성 순서

❶ [Maps] 서랍에 있는 [Map]을 스크린으로 가져온 후 [속성] 패널에서 [CenterFromString]을 [36,128], [높이]와 [너비]를 "부모에 맞추기", [ShowUser]를 체크, [ZoomLevel]을 "6"으로 바꿉니다. [CenterFromString]에 대입한 위도와 경도 값과 [ZoomLevel]에 대입한 숫자 값에 의해 지도 화면 중앙에 우리나라 지도가 표시됩니다. 위치 센서 가 활성화되면 현재 사용자의 위치가 지도상에 표시되도록 [ShowUser]에 체크합니다.

❷ [수평배치]를 [Map1] 아래에 넣고 [너비]를 "부모에 맞추기"로 바꿉니다.

❸ [레이블]을 [수평배치1] 안에 넣고 [속성] 패널에서 [텍스트]를 "위도: "로 바꿉니다.

❹ [레이블]을 추가하고 이름을 [레이블_위도]로 바꿉니다. [레이블_위도]의 [속성] 패널에서 [너비]를 "부모에 맞추기", [텍스트]를 "0"으로 바꿉니다.

❺ [레이블]을 추가하고 [속성] 패널에서 [텍스트]를 "경도: "로 바꿉니다.

❻ [레이블]을 추가하고 이름을 "레이블_경도"로 바꿉니다. [레이블_경도]의 [속성] 패널에서 [너비]를 "부모에 맞추기", [텍스트]를 "0"으로 바꿉니다.

❼ [레이블]을 추가하고 [속성] 패널에서 [텍스트]를 "+/-m: "으로 바꿉니다.

❽ [레이블]을 추가하고 이름을 "레이블_정확도"로 바꿉니다. [레이블_정확도]의 [속성] 패널에서 [너비]를 "부모에 맞추 기", [텍스트]를 "0"으로 바꿉니다.

❾ [수평배치]를 가져와 [수평배치1] 아래에 넣고 [너비]를 "부모에 맞추기"로 바꿉니다.

❿ [레이블]을 [수평배치2] 안에 넣고 [속성] 패널에서 [글꼴 크기]를 "12", [텍스트]를 "주소: "로 바꿉니다.

⓫ [레이블]을 [수평배치2]에 추가하고 이름을 "레이블_현재주소"로 바꿉니다. [레이블_현재주소]의 [속성] 패널에서 [글꼴 크기]를 "12", [너비]를 "부모에 맞추기", [텍스트]를 "대한민국"으로 바꿉니다.

⓬ [목록 뷰]를 [수평배치2] 아래에 넣고 [속성] 패널에서 [높이]를 "25 percent", [텍스트 크기]를 "15"로 바꿉니다.

버튼 영역 만들기

[그림 11-4] 버튼 영역 구성 순서

❶ [수평배치]를 [목록_뷰1] 아래에 넣고 [너비]를 "부모에 맞추기"로 바꿉니다.

❷ [버튼]을 [수평배치3] 안에 넣고 이름을 "버튼_지도업데이트"로 바꿉니다. [버튼_지도업데이트]의 [속성] 패널에서 [너비]를 "부모에 맞추기", [텍스트]를 "지도 업데이트"로 바꿉니다.

❸ [버튼]을 [수평배치3]에 추가하고 이름을 "버튼_위치전송"으로 바꿉니다. [버튼_위치전송]의 [속성] 패널에서 [너비]를 "부모에 맞추기", [텍스트]를 "위치 전송"으로 바꿉니다.

❹ [전화번호 선택]을 [수평배치3] 아래에 넣습니다. [전화번호 선택]의 버튼은 실제 앱 화면에 보일 필요가 없으므로 [속성] 패널에서 [보이기]를 체크 해제해서 숨깁니다.

보이지 않는 컴포넌트 배치

❶ [센서] 서랍에서 [위치 센서]를 스크린으로 가져옵니다. 그리고 Map1의 [속성] 패널에서 [LocationSensor]의 값을 "위치_센서1"로 설정해 줍니다.

❷ [소셜] 서랍에서 [문자 메시지]를 스크린으로 가져온 후 [속성] 패널에서 [수신 활성화]를 "꺼짐"으로 바꿉니다. [수신 활성화]가 "꺼짐"이면 앱이 문자 메시지를 받지 못하게 되며, "전경"이면 앱이 동작 중일 때만 메시지를 받게 됩니다. "항상"이면 앱의 동작에 상관없이 문자 메시지를 받을 수 있게 됩니다. 이번 앱에서는 문자 발신 기능만 사용하면 되므로 [수신 활성화] 속성을 "꺼짐"으로 설정해 둡니다.

❸ [알림]을 스크린으로 가져옵니다.

❹ [시계]를 스크린으로 가져옵니다.

이것으로 [Screen1]의 화면 디자인 작업을 마치겠습니다.

컴포넌트 속성 정리

컴포넌트의 속성을 정리해 놓은 표를 통해 지금까지의 작업을 정리해 보겠습니다.

컴포넌트	이름	변경해야 할 속성
스크린	Screen1	앱 이름: 여기요 크기: 반응형 제목 보이기: 체크 해제
수평배치	수평배치1, 2, 3	너비: 부모에 맞추기
버튼	버튼_지도업데이트	너비: 부모에 맞추기 텍스트: 지도 업데이트
	버튼_위치전송	너비: 부모에 맞추기 텍스트: 위치 전송
목록 뷰	목록_뷰1	높이: 25 percent 텍스트 크기: 15
레이블	레이블1, 2, 3	텍스트: 위도: , 경도: , +/−m:
	레이블_위도 레이블_경도 레이블_정확도	너비: 부모에 맞추기 텍스트: 0, 0, 0
	레이블4 레이블_현재주소	글꼴 크기: 12 텍스트: 주소: , 대한민국
Map	Map1	CenterFromString: 36,128 높이, 너비: 부모에 맞추기 LocationSensor: 위치_센서1 ShowUser: 체크 ZoomLevel: 6
위치 센서	위치_센서1	변경사항 없음
문자 메시지	문자_메시지1	수신 활성화: 꺼짐
전화번호 선택	전화번호_선택1	보이기: 체크 해제
알림	알림1	변경사항 없음
시계	시계1	변경사항 없음

화면 디자인 작업을 완료했으면 [블록] 버튼을 클릭해 블록 편집기로 이동합니다.

11.3 _ 블록 조립

초기 설정 작업

우선 [초기화] 이벤트를 이용해 각 컴포넌트의 초기 속성을 설정해 보겠습니다.

언제 Screen1 .초기화 ❶
실행 만약 위치_센서1 . 서비스 제공자 이름 = " passive " ❷
그러면 호출 알림1 .경고창 나타내기 ❸
알림 " 디바이스의 위치 설정이 OFF상태입니다. ON으로 바꿔주세요 "
지정하기 위치_센서1 . 시간 간격 값 2000 ❹
지정하기 목록_뷰1 . 목록 문자열 값 " 현재 위치를 찾는 중... GPS를 사용할 경우 실외로 이동 " ❺

[예제 11-1] [Screen1]이 열리면 실행되는 블록

❶ [언제 Screen1.초기화] 블록을 [뷰어] 패널로 가져옵니다.

❷ [만약 그러면] 블록을 이벤트 핸들러 블록의 [실행] 섹션에 넣고 [만약] 소켓에 [논리] 서랍에서 가져온 [=] 블록을 끼웁니다. = 연산자의 왼쪽에 [위치_센서1.서비스 제공자 이름] 블록, 오른쪽에 ["passive"] 블록을 끼웁니다.

해설 [위치_센서1.서비스 제공자 이름]의 값이 "passive"라면 스마트폰의 위치 정보를 사용하지 않음으로 설정해 뒀다는 의미입니다. 위치 전송 앱이 제대로 작동하려면 위치 정보를 필수로 사용해야 하므로 앱이 시작되면 위치 정보 사용이 가능한 상태인지를 검사합니다.

❸ [호출 알림1.경고창 나타내기] 블록을 [그러면] 섹션에 넣고 [알림] 소켓에 ["스마트폰의 위치 설정이 OFF상태입니다. ON으로 바꿔주세요"] 블록을 끼웁니다.

해설 스마트폰의 위치 정보를 사용하지 않음으로 설정해 뒀다면 위치 정보 설정 상태를 알리는 경고창을 화면에 띄웁니다.

❹ [지정하기 위치_센서1.시간 간격] 블록을 추가하고 [값] 소켓에 [2000] 블록을 끼웁니다.

해설 [위치 센서1]의 업데이트 주기를 2000밀리초로 지정합니다. 2초에 한 번씩 서비스 제공자(GPS 또는 무선 네트워크)로부터 위치 정보를 수신합니다.

⏰ 위치 정보의 업데이트 간격

위치 정보를 업데이트하는 간격은 거리 또는 시간으로 설정할 수 있습니다. 몇 미터를 움직일 때마다 위치 정보가 업데이트되기를 바라면 [거리 간격] 속성을 사용하고 몇 밀리초마다 위치 정보가 업데이트되기를 바라면 [시간 간격] 속성을 사용하면 됩니다. [거리 간격]을 0으로 설정하면 거리를 이용한 위치 정보 업데이트가 중지되는 반면 [시간 간격]을 0으로 설정해 두면 시간을 이용한 위치 정보 업데이트가 매우 짧은 시간 간격으로 이뤄집니다. 그리고 위치 정보의 업데이트는 설정된 주기에 딱 맞춰서 실행되는 것이 아니라 주기를 넘어서 실행되기도 하고 아예 실행되지 않을 수도 있습니다. 예를 들어, [거리 간격]을 10으로 설정해 뒀다면 10m를 움직일 때마다 위치 정보가 업데이트돼야 하지만 10m를 훨씬 넘게 이동해야 업데이트되거나 아예 업데이트되지 않는 경우도 많으므로 10이라는 수치는 신뢰할 수 없는 수치입니다. 마찬가지로 [시간 간격]을 2000으로 설정해 뒀다고 해서 정확히 2초마다 위치 정보가 업데이트되는 것이 아니라 2초가 지나서 업데이트될 수도 있습니다. 스마트폰의 GPS 수신 성능에 따라 상황이 달라질 수 있으므로 [거리 간격]과 [시간 간격]의 신뢰도를 직접 테스트해 보기 바랍니다.

❺ [지정하기 목록_뷰1.목록 문자열] 블록을 추가하고 [값] 소켓에 ["현재 위치를 찾는 중… GPS를 사용할 경우 실외로 이동] 블록을 끼웁니다.

해설 앱이 시작되면 위치 정보를 수신하기까지 약간의 시간이 필요하므로 그동안 [목록_뷰1]에 신호를 찾는 중임을 알리는 텍스트를 출력해 사용자에게 앱이 작동 중임을 알립니다.

위치 정보 업데이트 기능 만들기

다음으로 위치 정보가 업데이트될 때 위치 정보를 [목록_뷰1]에 출력하는 데 필요한 전역 변수와 리스트를 만들어 보겠습니다.

`전역변수 초기화 위치카운터 값 ꞁ 1` ❶

`전역변수 초기화 위치리스트 값 ꞁ 빈 리스트 만들기` ❷

[예제 11-2] 전역 변수 선언 및 초기화

❶ [전역 변수 초기화] 블록을 [뷰어] 패널로 가져온 후 이름을 "위치카운터"로 바꾸고 [값] 소켓에 [1] 블록을 끼웁니다.

해설 화면에 출력되는 위치 정보의 개수를 계산하기 위한 용도로 사용합니다.

❷ [전역 변수 초기화] 블록을 [뷰어] 패널로 가져온 후 이름을 "위치리스트"로 바꾸고 [값] 소켓에 [빈 리스트 만들기]를 끼웁니다.

해설 위치 정보가 업데이트될 때마다 위치 정보를 누적해 저장하는 용도로 사용합니다.

다음으로 스마트폰의 위치가 변할 때마다 [목록_뷰1]에 새로운 위치 정보가 추가로 표시되도록 만들어
보겠습니다.

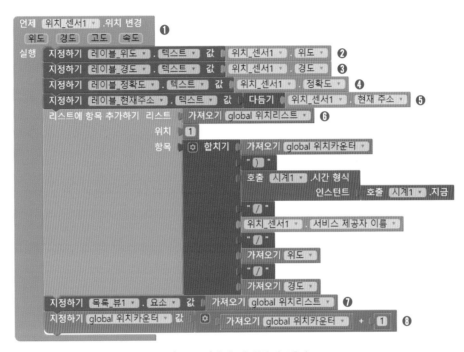

[예제 11-3] 스마트폰의 위치가 변했을 때 [목록_뷰1]에 새로운 위치 정보 추가

❶ [언제 위치_센서1.위치 변경] 블록을 [뷰어] 패널로 가져옵니다.

해설 [위치_센서1.위치 변경] 이벤트는 스마트폰의 위치가 바뀌었을 때 발생하는 이벤트지만 스마트폰의 실제 위치
가 바뀌지 않았을 때 발생하기도 합니다. 스마트폰의 위치가 바뀌었는지 판단하는 근거는 위치 센서가 읽어 들이는
위치 정보 값의 변화입니다. 스마트폰의 실제 위치가 바뀌지 않더라도 매 주기마다 위치 센서가 읽어 들이는 위치
정보의 수치가 변하면 [위치변경] 이벤트가 발생합니다.

❷ [지정하기 레이블_위도.텍스트] 블록을 함수 블록의 [실행] 섹션에 넣고 [값] 소켓에 [위치_센서1.위도] 블록을 끼웁
니다.

해설 위도를 표시하는 레이블에 현재 위치의 위도 좌표를 출력합니다.

❸ [지정하기 레이블_경도.텍스트] 블록을 추가하고 [값] 소켓에 [위치_센서1.경도] 블록을 끼웁니다.

해설 경도를 표시하는 레이블에 현재 위치의 경도 좌표를 출력합니다.

❹ [지정하기 레이블_정확도.텍스트] 블록을 추가하고 [값] 소켓에 [위치_센서1.정확도] 블록을 끼웁니다.

해설 위치의 정확도를 표시하는 레이블에 현재 위치를 나타내는 좌표의 오차 범위를 출력합니다. 예를 들어, 출력된 숫자가 50이라면 현재 위치를 나타내는 위도와 경도를 중심으로 반지름이 50m인 원을 그렸을 때 이 원 안 어딘가에 사용자의 실제 위치가 있을 확률이 높음을 의미합니다. 확률로 이야기하는 까닭은 스마트폰의 GPS 성능이나 네트워크 신호 수신 환경에 따라 오차 범위를 벗어난 곳에 실제 위치가 있을 수도 있기 때문입니다. 사용자가 있을 확률이 높은 원의 크기가 작을수록 사용자의 위치를 파악하기 쉬우므로 정확도 값은 작을수록 좋습니다.

❺ [지정하기 레이블_현재주소.텍스트] 블록을 추가하고 [값] 소켓에 [다듬기] 블록을 끼운 후 [다듬기] 소켓에 [위치_센서1.현재 주소] 블록을 끼웁니다.

해설 주소를 표시하는 레이블에 현재 위치의 주소를 출력합니다. 위치 센서의 [현재 주소]에는 위도와 경도에 의해 결정된 실제 주소가 들어 있는데 주소의 끝에 공백문자가 여러 개 포함돼 있는 경우가 있으므로 문자열 양쪽 끝에 있는 공백을 제거하는 [다듬기] 블록을 이용해 공백을 제거합니다. 이 공백을 제거하지 않으면 레이블의 위쪽에는 주소가 출력되고 다음 줄에는 공백이 출력되어 글자의 수직 정렬이 제대로 이뤄지지 않은 상태로 출력됩니다.

❻ [리스트에 항목 추가하기] 블록을 [실행] 섹션에 넣고 [리스트] 소켓에 [가져오기 global 위치리스트] 블록, [위치] 소켓에 [1] 블록, 항목소켓에 [합치기] 블록을 끼웁니다. [합치기] 블록의 소켓이 총 9개가 되게 만든 후 위에서부터 차례대로 [가져오기 global 위치카운터] 블록, [") "] 블록, [호출 시계1.시간 형식] 블록, ["/"] 블록, [위치_센서1.서비스 제공자 이름] 블록, ["/"] 블록, [가져오기 위도] 블록, ["/"] 블록, [가져오기 경도] 블록을 끼웁니다. 그리고 [호출 시계1.시간 형식] 블록의 [인스턴트] 소켓에 [호출 시계1.지금] 블록을 끼웁니다.

해설 [위치 변경] 이벤트가 발생하면 [위치리스트]의 1번 위치에 위치 정보의 번호, 업데이트된 시간, 정보 제공자, 위도, 경도가 저장됩니다. 이벤트가 발생할 때마다 새로운 데이터가 [위치리스트]의 1번 위치로 들어가고 기존 데이터들은 뒤로 한 칸씩 밀리게 됩니다.

❼ [지정하기 목록_뷰1.요소] 블록을 추가하고 [값] 소켓에 [가져오기 global 위치리스트] 블록을 끼웁니다.

해설 [위치리스트]에 저장된 값들을 [목록_뷰1]에 출력합니다.

7) 오후 12:06:42/network/36.09135/128.35614	12) 오후 12:08:05/gps/36.09151/128.35623
6) 오후 12:06:34/network/36.09135/128.35614	11) 오후 12:08:03/gps/36.09153/128.35618
무선 네트워크를 이용하는 경우	GPS를 이용하는 경우

[그림 11-5] [목록_뷰1]에 실시간 위치 정보가 업데이트되는 모습

업데이트된 데이터는 리스트의 1번 위치에 저장되므로 가장 최근의 데이터가 [목록_뷰1]의 가장 위쪽에 보이게 됩니다. [그림 11-5]를 살펴보면 무선 네트워크를 이용해 위치 정보를 받으면 업데이트되는 간격이 2초 이상입니다.

반면 GPS를 이용해 위치 정보를 받으면 업데이트되는 간격이 2초입니다. 앞서 위치 센서의 [시간 간격]을 2초로 설정해 둔 것을 염두에 두고 생각해 본다면 네트워크와 GPS의 다른 점을 파악할 수 있습니다.

무선 네트워크를 이용해 위치 정보를 수신할 경우 이전 위칫값과 2초 후 새로 수신한 위칫값이 같은 경우가 많으므로 2초마다 [위치변경] 이벤트가 발생하지 않고 더 긴 간격을 두고 이벤트가 발생합니다. GPS를 이용해 위치 정보를 수신할 경우에는 위치를 이동하지 않더라도 2초 간격으로 수신한 위칫값들이 조금씩 달라지기 때문에 [위치변경] 이벤트가 [시간 간격]과 같은 간격으로 발생하게 됩니다.

무선 네트워크를 이용해 수신한 위치 정보는 Wi-Fi 신호나 통신사 기지국으로부터의 네트워크 신호를 이용해 대략적인 위치를 추정한 값으로 GPS로부터 스마트폰의 센서가 직접 수신한 위치 정보보다 정확도가 다소 떨어집니다. 따라서 짧은 거리를 이동할 경우 실제 사용자의 위치 변화를 제대로 반영하지 못할 때가 많아서 GPS를 이용해 위치 정보를 수신할 때에 비해 [위치변경] 이벤트 발생 빈도가 낮습니다.

⊕ 앱을 테스트하기 위한 스마트폰의 위치 정보 설정

안드로이드 스마트폰의 위치 정보(또는 위치)는 기본 설정앱의 위치 정보 탭에서 확인할 수 있습니다. 위치 정보를 사용함으로 설정하고 모드를 클릭하면 [그림 11-6]과 같이 세 가지 모드를 설정할 수 있는 창이 나타납니다.

[그림 11-6] 위치 정보의 위치 모드 설정

보통 위치 정보를 사용함으로 설정하면 높은 정확성 모드로 실행됩니다. 이 상태로 현재 제작 중인 위치 전송 앱을 실행하면 GPS 신호를 수신할 수 없는 실내에서 GPS 신호만 계속 찾기 때문에 앱을 테스트하기 어렵습니다. 실내에서는 배터리 절약(네트워크 사용) 모드로 설정해두고 앱을 테스트하고 앱을 다 완성한 후에 위치 모드를 높은 정확성으로 바꿔서 실외에서 앱을 테스트해보길 바랍니다.

❽ [지정하기 global 위치카운터] 블록을 추가하고 [값] 소켓에 [+] 블록을 끼웁니다. + 연산자의 양쪽 빈 소켓에 [가져오기 global 위치카운터] 블록과 [1] 블록을 끼웁니다.

해설 위치 변경 이벤트가 발생해 위치 정보가 업데이트되면 위치 정보의 수를 세기 위한 변수인 [위치카운터]에 1을 더합니다.

지금까지 만든 기능이 제대로 작동하는지 스마트폰을 연결해 테스트해 봅시다. 체크리스트 항목에 따라 앱을 테스트해보고 기능에 문제가 없으면 체크 표시를 하고 문제가 있으면 블록 조립 과정이나 디자인 편집기에서 설정한 컴포넌트 속성에 오류가 없는지 다시 한 번 확인해 봅시다. 스마트폰의 위치 모드를 배터리 절약으로 설정한 후 실내에서 앱을 테스트해 보고 위치 모드를 높은 정확성으로 설정해 실외에서도 테스트해 봅시다.

01_ 앱 테스트

1. 앱을 실행하면 지도 영역에 대한민국 지도가 나타남 ☐

2. 위치 정보 수신이 시작되면 [목록 뷰]에 "시간/서비스제공자/위도/경도"가 표시됨 ☐

3. 위치 정보 수신이 시작되면 지도에 사용자의 위치가 표시됨 ☐

4. 스마트폰의 위치 정보 설정을 끄고 앱을 실행하면 위치 정보를 사용함으로 설정하라는 메시지가 출력됨 ☐

[지도 업데이트] 버튼 기능 만들기

다음으로 [지도 업데이트] 버튼을 클릭하면 현재 위치에 관한 정보가 화면에 출력되도록 만들어 보겠습니다.

[예제 11-4] [버튼_지도업데이트]를 클릭했을 때 실행되는 블록

❶ [언제 버튼_지도업데이트.클릭] 블록을 [뷰어] 패널로 가져옵니다.

❷ [만약 그러면] 블록을 이벤트 핸들러 블록의 [실행] 섹션에 넣고 파란색 아이콘을 클릭해 [아니면] 블록을 추가합니다. [만약] 소켓에 [논리] 서랍에서 가져온 [=] 블록을 끼우고 = 연산자의 양쪽 소켓에 [위치_센서1.위도] 블록, ["0"] 블록을 끼웁니다.

해설 [위치보기]를 클릭했을 때 위치 정보를 수신한 상태인지를 판단하기 위해 위치 센서의 [위도] 값을 검사합니다. 위치 센서가 위치 정보를 수신하기 전에 [위도]의 초깃값은 0입니다.

❸ [호출 알림1.경고창 나타내기] 블록을 [그러면] 섹션에 넣고 [알림] 소켓에 ["목록창에 위치 정보가 보이면 클릭해 주세요"] 블록을 끼웁니다.

해설 [위치보기]를 클릭했을 때 위치 센서의 [위도] 값이 0이라면 아직 위치 정보를 수신하지 못한 상태이므로 경고 메시지를 띄워서 사용자가 기다리도록 만듭니다.

❹ [호출 Map1.PanTo] 블록을 [아니라면] 섹션에 넣고 새로 [위도] 소켓에 [Map1.UserLatitude] 블록, [경도] 소켓에 [Map1.UserLongitude] 블록, [zoom] 소켓에 [16] 블록을 끼웁니다.

해설 위치 정보가 수신되는 상태이면 [PanTo] 함수를 호출해서 현재 사용자의 위치가 애니메이션 효과와 함께 지도의 중앙에 오도록 만들고 줌 단계를 조절해서 상세 지도가 표시되도록 만듭니다. 디자인 작업을 할 때 [Map]컴포넌트의 [LocationSensor] 속성에 [위치_센서1]을 지정해 두었으므로 [Map]컴포넌트의 속성인 [UserLatitude]와 [UserLongitude]에는 현재 사용자의 위도와 경도가 저장되어 있습니다. [위도]와 [경도] 소켓에 [위치_센서1.위도], [위치_센서1.경도] 블록을 끼워도 앱의 동작에는 차이가 없습니다. 줌은 1~18단계로 조절 가능하며 숫자가 높을수록 상세 지도가 출력됩니다. 참고로 최초로 [지도 업데이트] 버튼을 클릭하면 한 번에 사용자의 위치로 이동하지 못하는 경우가 발생하는데 이때는 버튼을 한 번 더 클릭하면 정확한 위치로 이동하게 됩니다.

[위치전송] 버튼 기능 만들기

다음으로 구글 지도의 URL을 저장해두기 위한 전역 변수를 만듭니다.

전역변수 초기화 지도URL 값 " "

[예제 11-5] 전역 변수 선언 및 초기화

[전역 변수 초기화] 블록을 [뷰어] 패널로 가져온 후 이름을 "지도URL"로 바꾸고 [값] 소켓에 [" "] 블록을 끼웁니다. 전역 변수 [지도URL]은 현재 위치가 표시되는 구글 지도의 링크 주소를 저장하는 역할을 합니다.

내 위치를 나타내는 구글 지도 URL을 다른 사람에게 문자 메시지로 보내는 기능을 만들어 보겠습니다.

[예제 11-6] [버튼_위치전송]을 클릭했을 때 실행되는 블록

❶ 앞서 만든 [언제 버튼_지도업데이트.클릭] 블록 조합을 복제한 후 버튼의 이름을 [버튼_위치전송]으로 바꿉니다.

❷ [경고창 나타내기] 블록의 [알림] 소켓에 지정된 텍스트를 "전송할 위치 정보가 없습니다. 잠시만 기다리세요"로 바꿉니다.

❸ [아니라면] 섹션에 있는 [PanTo] 블록을 삭제합니다. [지정하기 global 지도URL] 블록을 [아니라면] 섹션에 넣고 [값] 소켓에 합치기 블록을 끼운 후 [합치기] 블록의 소켓이 총 4개가 되도록 만듭니다. 그리고 각 소켓에 위에서부터 차례대로 [http://maps.google.com/maps?t=h&q=loc:] 블록, [레이블_위도.텍스트] 블록, [","] 블록, [레이블_경도.텍스트] 블록을 끼웁니다.

해설 현재 위치를 나타내는 구글 지도 URL을 만듭니다. q의 값으로 "loc:위도,경도"를 넣으면 위도와 경도에 해당하는 위치의 지도를 보여줍니다.

❹ [지정하기 문자_메시지1.메시지] 블록을 추가하고 [값] 소켓에 [합치기] 블록을 끼웁니다. [합치기] 블록의 첫 번째 소켓에 ["여기있어요"] 블록, 두 번째 소켓에 [가져오기 global 위치URL] 블록을 끼웁니다.

해설 문자 메시지로 보낼 메시지 내용을 정합니다. "여기있어요"라는 텍스트 뒤에 현재 위치를 나타내는 구글 지도의 URL을 추가해 메시지를 만듭니다.

❺ [호출 전화번호_선택1.열기] 블록을 추가합니다.

해설 문자 메시지를 받을 사람을 선택할 수 있도록 연락처 목록창을 엽니다.

마지막으로 연락처 목록창에서 연락처를 선택했을 때 선택된 연락처로 문자 메시지가 전송되도록 만들어 보겠습니다.

[예제 11-7] 연락처 목록창에서 연락처를 선택하면 문자 메시지 전송

❶ [언제 전화번호_선택1.선택 후] 블록을 [뷰어] 패널로 가져옵니다.

> **해설** 연락처 목록창에서 연락처를 하나 선택하면 [선택 후] 이벤트가 발생합니다.

❷ [지정하기 문자_메시지1.전화번호] 블록을 이벤트 핸들러 블록의 [실행] 섹션에 넣고 [값] 소켓에 [전화번호_선택 1.전화번호] 블록을 끼웁니다.

> **해설** 선택한 연락처의 전화번호를 문자 메시지를 보낼 전화번호로 지정합니다.

❸ [호출 문자_메시지1.메시지 보내기] 블록을 추가합니다.

> **해설** 메시지와 전화번호 지정이 완료됐으므로 문자 메시지를 보냅니다.

지금까지 만든 기능이 제대로 작동하는지 테스트해 봅시다. 위치 전송 기능을 테스트할 때 전송된 결과를 쉽게 확인하려면 자신의 휴대폰 번호로 문자 메시지를 보내면 됩니다.

02_앱 테스트

1. [지도 업데이트] 버튼을 클릭하면 현재 사용자의 위치가 지도의 중앙으로 오고 상세지도가 출력됨 ☐

2. [위치 전송] 버튼을 클릭하면 연락처 목록창이 열림 ☐

3. 연락처 리스트에서 한 명을 선택하면 선택된 사람에게 현재 위치의 구글 지도 주소 링크를 문자 메시지로 전송함 ☐

4. 수신된 문자 메시지의 링크를 클릭하면 내 위치가 표시된 지도가 나타남 ☐

이것으로 위치 전송 앱의 기본 형태 만들기를 마치겠습니다.

11.4 _ 기능 추가

현재 위치를 문자 메시지 이외의 다양한 방법으로 공유하는 기능을 추가해 보겠습니다. 현재 내 위치를 메모장에 기록해 두거나 친구에게 카카오톡을 이용해 보내는 등의 기능이 가능해지면 위치 전송 앱의 활용도가 더욱 높아질 것입니다.

컴포넌트 추가

공유 기능을 구현하려면 디자인 편집기에서 딱 하나의 컴포넌트만 추가하면 됩니다.

[그림 11-7] 추가 컴포넌트

[그림 11-7]과 같이 보이지 않는 컴포넌트인 [공유]만 추가하면 되므로 앱 화면 디자인에 특별히 바뀌는 부분은 없습니다. 디자인 편집기로 이동한 후 [소셜] 서랍의 [공유] 컴포넌트를 [뷰어] 패널로 가져옵니다. 속성이 없는 컴포넌트이므로 추가 설정은 필요 없습니다.

공유 기능 만들기

블록 편집기로 이동해 공유 기능을 완성해 보겠습니다. [위치전송] 버튼을 클릭했을 때 문자 메시지를 사용할지 공유를 사용할지를 선택할 수 있게 만들어 보겠습니다. [위치전송] 버튼의 기능만 약간 수정하면 되므로 [언제 버튼_위치전송.클릭] 블록(000쪽 예제 11-6 참조)이 있는 곳으로 이동합니다. 우선 [아니라면] 섹션에 있는 모든 블록을 잠시 후에 사용하기 위해 바깥으로 빼둡니다.

[예제 11-8] 잠시 바깥으로 빼놓을 블록 조합

그리고 [아니라면] 섹션에 [호출 알림1.선택 대화장 나타내기] 블록을 넣고 [메시지] 소켓에 ["위치 전송 수단을 선택해 주세요"] 블록, [제목] 소켓에 ["알림"] 블록, [버튼1 텍스트] 소켓에 ["문자메시지"] 블록, [버튼2 텍스트] 소켓에 ["공유"] 블록을 끼웁니다.

[예제 11-9] [버튼_위치전송] 버튼의 클릭 이벤트 핸들러 수정

이제 [위치전송] 버튼을 클릭하면 바로 문자 메시지가 전송되는 것이 아니라 문자 메시지를 보낼지 공유 기능을 사용할지 아니면 취소할지를 묻는 대화창이 나타나게 됩니다.

다음으로 대화창에서 선택한 기능이 실행되도록 만들어 보겠습니다.

[예제 11-10] 선택 대화창에서 버튼을 선택했을 때 실행되는 블록

❶ [언제 알림1.선택 후] 블록을 [뷰어] 패널로 가져옵니다.

❷ 잠시 바깥으로 빼뒀던 블록(000쪽 예제 11-8 참조) 중 [지정하기 global 지도URL] 블록 조합만 분리해서 [실행] 섹션에 넣습니다.

❸ [만약 그러면] 블록을 이벤트 핸들러 블록의 [실행] 섹션에 넣고 파란색 아이콘을 클릭해 [아니고 … 라면] 블록을 추가합니다. [만약] 소켓에 [논리] 서랍에서 가져온 [=] 블록을 끼우고 = 연산자의 양쪽 소켓에 [가져오기 선택] 블록, ["문자메시지"] 블록을 끼웁니다. 바깥으로 빼뒀던 블록 조합(000쪽 예제 11-8 참조) 중 [지정하기 문자_메시지1.메시지] 블록과 [호출 전화번호_선택1.열기] 블록을 [그러면] 섹션에 넣습니다.

해설 대화창에서 [문자메시지] 버튼을 클릭했다면 문자 메시지로 보낼 메시지를 지정하고 연락처 목록창을 열어서 문자 메시지를 보낼 전화번호를 선택할 수 있게 합니다.

❸ [만약] 소켓에 결합된 [=] 블록 조합을 복제해서 [아니고 … 라면] 소켓에 끼웁니다. = 연산자 오른쪽에 있는 텍스트를 "공유"로 수정합니다. [호출 공유1.메시지 공유하기] 블록을 [아니고 … 라면]의 [그러면] 섹션에 넣습니다. [지정하기 문자_메시지1.메시지]의 [값] 소켓에 지정된 [합치기] 블록 조합을 복제한 후 [메시지] 소켓에 끼웁니다.

해설 대화창에서 [공유] 버튼을 클릭했다면 현재 위치를 표시하는 구글 지도의 URL을 다른 앱으로 보냅니다. [메시지 공유하기] 함수를 호출하면 [그림 11-8]과 같이 스마트폰에 설치된 앱 중에 공유 작업이 가능한 앱 목록이 나타납니다. 목록이 표시되는 양식은 스마트폰의 제조사나 안드로이드 버전에 따라 다를 수 있습니다. 이 목록에 있는 앱 중 하나를 선택하면 [메시지 공유하기] 함수의 [메시지] 소켓에 지정돼 있던 텍스트가 선택된 앱으로 전달되고 이 텍스트가 입력된 상태로 앱이 실행됩니다.

[그림 11-8] 공유를 지원하는 앱 목록

지금까지 만든 기능들이 제대로 작동하는지 테스트해 봅시다.

03_앱 테스트

1. [위치 전송] 버튼을 클릭하면 버튼이 두 개인 대화창이 나타남 ☐

2. 대화창에서 [공유] 버튼을 클릭하면 공유 기능을 사용할 수 있는 외부 앱 목록이 나타남 ☐

3. 앱 목록에서 앱을 선택하면 구글 지도 주소 링크가 입력된 상태로 앱이 실행됨 ☐

지금까지 위치 전송 앱을 만들어 봤습니다. 이번 장에서 알아본 위치 센서의 기능을 활용해 실생활에 필요한 위치 정보를 이용한 앱 만들기에 도전해 봅시다.

앱에서 스마트폰의 위치 설정 화면 바로 열기

위치 전송 앱을 제대로 활용하려면 스마트폰의 위치 설정이 반드시 켜져 있어야 합니다. 앱을 실행했을 때 스마트폰의 위치 설정이 꺼져 있는 상태라면 바로 설정 화면으로 이동해 위치 설정을 켤 수 있게 만들어 봅시다.

[그림 11-9] 위치 설정 의사를 묻는 대화창

1. 추가할 기능

❶ 앱을 실행했을 때 위치 설정이 꺼져있다면 선택 대화창이 나타나게 만듭니다.

❷ [예] 버튼을 클릭하면 위치 설정 화면이 열리고 [앱 종료] 버튼을 클릭하면 앱이 종료됩니다.

2. 참고 사항

❶ 위치 설정 창을 바로 여는 기능은 [액티비티 스타터] 컴포넌트를 사용해 만들 수 있습니다.

❷ 위치 설정 창을 바로 열기 위해서는 [액티비티 스타터]의 [동작] 속성의 값을 "android.settings.LOCATION_SOURCE_SETTINGS"로 설정한 후 [액티비디 시작] 함수를 호출하면 됩니다.

프로젝트 소스

지금까지 만든 앱과 미션에 관한 예제는 앱 인벤터 갤러리에서 myLocation으로 검색하면 확인할 수 있습니다.

12
영어 암기장 앱

이번 장에서는 영어 암기장 앱을 만들어 보겠습니다. 영어 암기장 앱은 영어 단어 또는 문장을 스마트폰에 입력해 두고 틈틈이 꺼내 보면서 영어 학습을 할 수 있게 도와주는 앱입니다. 음성 변환 컴포넌트를 이용해 영어 듣기를 연습할 수 있게 하고 음성 인식 컴포넌트와 녹음기 컴포넌트를 이용해 영어 말하기를 연습할 수 있게 하는 등 앱 인벤터가 지원하는 다양한 미디어 기능을 앱에 적용해 보겠습니다.

구현 과정

1. 준비하기 _ 영어 암기장 앱 구상, 앱 구현에 필요한 주요 컴포넌트의 기능 파악

2. 화면 구성 _ 앱 화면 구상에 따라 각종 컴포넌트 화면에 배치

3. 기본 기능 _ 자료 입력 및 관리 기능, 음성 변환 및 음성 인식을 이용한 영어학습 기능 만들기

4. 기능 추가 _ 녹음하고 듣기, 흔들어서 다음으로 넘기기, 언어 설정창 바로 열기 기능 추가

5. 도전하기 _ txt 파일을 이용해 학습 자료 입력

완성된 앱의 모습

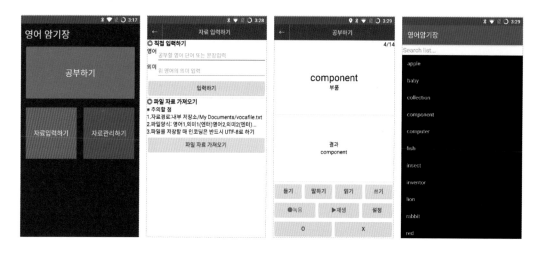

12.1 _ 앱 개발 준비

앱 구상

- **앱 이름:** 영어 암기장

- **스크린:** 3개

- **사용할 컴포넌트:** 버튼, 텍스트 상자, 레이블, 목록 선택, 알림, 수직배치, 수평배치, 플레이어, 음성 변환, 음성 인식, 녹음기, 가속도 센서, 파일, TinyDB, 액티비티 스타터

- **설계 내용**

  영어 암기장 앱은 총 3개의 스크린으로 구성됩니다. 시작 화면, 자료 입력하기 화면, 공부하기 화면은 스크린을 이용해 만들며, 자료 관리하기 화면은 스크린을 따로 만들지 않고 [목록 선택] 컴포넌트의 목록창을 이용합니다.

  시작 화면

  앱을 실행했을 때 처음으로 나타나는 화면입니다.

[그림 12-1] **시작 화면 구상**

❶ [공부하기] 버튼을 클릭하면 학습 자료 중 모른다고 표시한 부분만 모아서 볼지 모든 자료를 다 볼지 선택하는 버튼이 있는 대화창이 나타납니다. 대화창의 버튼 2개 중 하나를 선택하면 공부하기 화면으로 이동하며, 이때 대화창에서 선택한 버튼이 무엇인지를 알려주는 값이 공부하기 화면으로 전달됩니다.

❷ [자료입력하기] 버튼을 클릭하면 자료 입력하기 화면으로 이동합니다.

❸ [자료관리하기] 버튼을 클릭하면 TinyDB에 저장된 자료들을 보여주는 [목록 선택] 컴포넌트의 목록창이 화면에 나타납니다.

자료 입력하기 화면

공부할 자료를 입력하는 화면입니다.

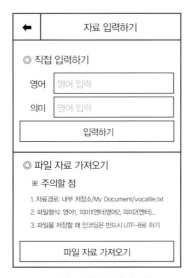

[그림 12-2] 자료 입력하기 화면 구상

❶ 영어를 입력하는 텍스트 상자와 의미를 입력하는 텍스트 상자에 자료를 입력하고 [입력하기] 버튼을 클릭하면 TinyDB에 자료가 입력됩니다. 텍스트 상자가 빈칸일 때 입력 버튼을 클릭하면 텍스트 상자가 비어있다는 메시지창이 화면에 나타나고 자료가 입력되지 않습니다.

❷ 스마트폰 내부 저장소의 지정된 위치에 학습자료가 들어있는 텍스트 파일을 넣어 두고 [파일 자료 가져오기] 버튼을 클릭하면 텍스트 파일의 내용이 TinyDB에 입력됩니다.

❸ 화면 상단의 [←] 버튼을 클릭하면 시작 화면으로 이동합니다.

공부하기 화면

입력된 자료를 이용한 학습이 이뤄지는 화면입니다.

[그림 12-3] 공부하기 화면 구상

❶ 시작 화면의 [공부하기] 버튼을 클릭하면 나타나는 대화창에서 [모르는 것만] 버튼을 클릭하면 학습하지 않았거나 모른다고 체크한 학습 자료만 화면에 출력되고 [다 보기] 버튼을 클릭하면 TinyDB에 있는 모든 학습 자료가 화면에 출력됩니다.

❷ [듣기] 버튼을 클릭하면 영어 단어를 [음성 변환] 컴포넌트를 이용해 읽어줍니다.

❸ [말하기] 버튼을 클릭하면 [음성 인식] 컴포넌트를 이용해 사용자의 영어 발음을 인식하고 음성 인식이 완료되면 발음한 결과가 화면에 텍스트로 출력됩니다.

❹ [읽기] 버튼을 클릭하면 대화창에 영어의 의미를 묻는 질문이 나타나고 텍스트 상자에 답을 입력하고 [OK] 버튼을 클릭하면 사용자가 입력한 텍스트가 화면에 출력됩니다.

❺ [쓰기] 버튼을 클릭하면 대화창에 영어의 스펠링을 묻는 질문이 나타나고 텍스트 상자에 답을 입력하고 [OK] 버튼을 클릭하면 사용자가 입력한 텍스트가 화면에 출력됩니다.

❻ [●녹음] 버튼을 클릭하면 녹음을 시작하고 녹음 버튼이 [■중지] 버튼으로 바뀝니다. [■중지] 버튼을 클릭하면 녹음이 중지됩니다.

❼ [▶재생] 버튼을 클릭하면 방금 녹음한 음성 파일이 재생됩니다.

❽ [설정] 버튼을 클릭하면 설정 앱의 [언어 및 입력] 창이 바로 열립니다.

❾ [O] 버튼을 클릭하면 현재 화면에 보이는 학습자료에 대한 학습이 완료됐음을 TinyDB에 저장하고 다음 학습자료를 보여줍니다.

❿ [X] 버튼을 클릭하면 현재 화면에 보이는 학습자료에 대한 학습이 완료되지 않았음을 TinyDB에 저장하고 다음 학습자료를 보여줍니다.

⓫ 휴대폰을 흔들면 학습자료를 무작위로 선택해서 보여줍니다.

⓬ 화면 상단의 [◀] 버튼을 클릭하면 시작 화면으로 이동합니다.

▪ **자료 관리하기 화면**

입력된 자료를 검색하고 삭제하는 화면입니다. 스크린을 따로 추가하지 않고 [목록 선택] 컴포넌트의 목록창을 이용해 만듭니다.

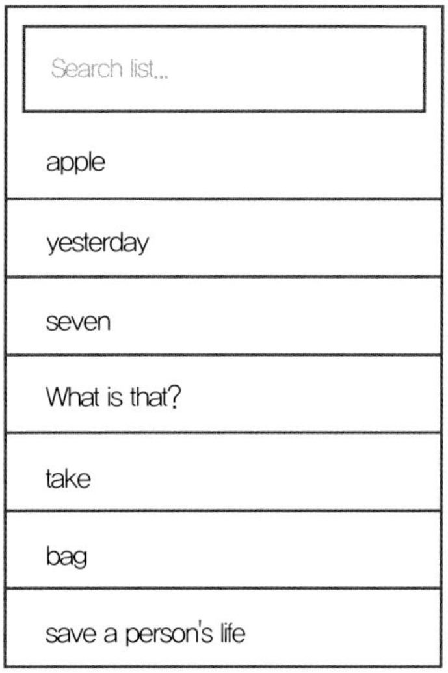

Search list...

apple

yesterday

seven

What is that?

take

bag

save a person's life

[그림 12-4] 자료 관리하기 화면 구상

❶ 목록에 있는 학습 자료를 하나를 선택하면 선택한 자료를 삭제할지 묻는 대화창이 나타나고 대화창의 [삭제] 버튼을 클릭하면 자료가 삭제됩니다.

❷ 화면 상단의 텍스트 상자에 검색어를 입력하면 관련된 학습 자료가 검색됩니다.

앱 제작에 필요한 컴포넌트 살펴보기

이번 장에 새롭게 등장하는 컴포넌트와 앱 제작에 사용될 블록을 미리 살펴보겠습니다.

- **[음성 변환] 컴포넌트**

  ❶ 위치: 미디어

  ❷ 기능: 텍스트를 음성으로 읽어줍니다. 스마트폰 설정에 따라 음성이 다를 수 있으며 언어의 종류 및 말하는 높이
  와 속도를 조절할 수 있습니다.

  ❸ 속성

블록	기능
음성_변환1 . 이용 가능 국가	사용 가능한 국가의 명칭을 축약어 형태의 리스트로 보여줍니다. 예를 들어 GBR은 영국, USA는 미국, KOR은 한국을 뜻합니다.
음성_변환1 . 이용 가능 언어	사용 가능한 언어의 명칭을 축약어 형태의 리스트로 보여줍니다. 예를 들어, en은 영어, fr은 프랑스어, ko는 한국어를 뜻합니다.
지정하기 음성_변환1 . 국가 값	국가를 설정합니다. 예를 들어, 영어를 읽을 때 국가를 영국(GBR)으로 설정하면 영국식 영어 발음으로 읽어주고 국가를 미국(USA)으로 설정하면 미국식 영어 발음으로 읽어줍니다.
지정하기 음성_변환1 . 언어 값	언어를 설정합니다. 영어로 된 텍스트를 읽을 때는 언어를 영어(en)로 설정해야 제대로 된 영어 발음을 들을 수 있습니다. 영어 텍스트를 읽을 때 한국어(ko)로 설정하면 한국식 발음으로 영어를 읽는 것과 같은 소리를 들려줍니다.

  ❹ 이벤트

블록	기능
언제 음성_변환1 .말하기 후 결과 실행	텍스트를 음성으로 읽어 준 후에 실행됩니다. [결과] 값은 음성으로 읽기 기능이 정상적으로 작동했다면 "참"이 되고 그렇지 않다면 "거짓"이 됩니다.

  ❺ 함수

블록	기능
호출 음성_변환1 .말하기 메시지	[메시지] 소켓에 지정된 텍스트를 지정된 국가와 언어에 맞는 발음으로 읽어줍니다.

- **[음성 인식] 컴포넌트**

  ❶ 위치: 미디어

  ❷ 기능: 음성을 인식해 텍스트로 바꿔줍니다. 안드로이드 스마트폰의 음성 인식 기능을 그대로 사용하는 것으로 스마트폰의 [설정]→[언어 및 입력]→[음성입력]의 설정에서 한국어, 영어 등 인식하려는 언어를 지정해야 정확한 음성 인식이 가능합니다.

  ❸ 속성

블록	기능
음성_인식1 . 결과	음성을 인식해 텍스트로 변환한 값이 저장돼 있습니다.

  ❹ 이벤트

블록	기능
언제 음성_인식1 .텍스트 가져온 후 결과 실행	음성 인식이 완료된 후에 실행되는 블록으로 [결과]에는 음성을 텍스트로 변환한 값이 들어있습니다.

  ❺ 함수

블록	기능
호출 음성_인식1 .텍스트 가져오기	음성 인식 창이 나타나게 합니다.

- **[녹음기] 컴포넌트**

  ❶ 위치: 미디어

  ❷ 기능: 스마트폰의 마이크를 이용해 외부의 소리를 3gp 형식의 사운드 파일로 기록합니다.

  ❸ 이벤트

블록	기능
언제 녹음기1 .녹음 후 소리 실행	녹음이 완료된 후에 실행되는 블록으로 [소리]를 통해 녹음된 파일이 스마트폰의 내부 저장소 어디에 저장돼 있는지 알 수 있습니다. 사운드 파일이 저장될 위치를 특별히 지정하지 않으면 스마트폰의 내부 저장소/My Documents/Recordings에 저장됩니다.

블록	기능
언제 녹음기1▾ .녹음 시작 실행	녹음이 시작됐을 때 실행됩니다. 녹음이 시작됐으므로 녹음을 중지할 수 있음을 알려주는 역할도 합니다.
언제 녹음기1▾ .녹음 정지 실행	녹음이 중지됐을 때 실행됩니다. 녹음이 중지됐으므로 녹음을 시작할 수 있음을 알려주는 역할도 합니다.

❺ 함수

블록	기능
호출 녹음기1▾ .시작	녹음을 시작합니다.
호출 녹음기1▾ .정지	녹음을 중단합니다.

- **[가속도 센서] 컴포넌트**

  ❶ 위치: 센서

  ❷ 기능: 스마트폰의 동작을 감지합니다. 스마트폰을 흔들었는지를 감지하고 스마트폰의 움직임에 따른 가속도를 측정합니다.

  ❸ 이벤트

블록	기능
언제 가속도_센서1▾ .흔들림 실행	스마트폰을 짧고 빠르게 흔들면 실행되는 블록입니다.

- **[파일] 컴포넌트**

  ❶ 위치: 저장소

  ❷ 기능: 파일에 텍스트를 저장하거나 파일로부터 텍스트를 가져옵니다.

  ❸ 이벤트

블록	기능
언제 파일1▾ .텍스트 받음 텍스트 실행	[읽어오기] 함수와 같이 사용되며 파일에서 읽어오기를 완료했을 때 실행됩니다. [텍스트]에는 파일에서 읽어 온 텍스트가 저장돼 있습니다.

❹ 함수

블록	기능
호출 파일1 .파일에 덧붙이기 텍스트 파일 이름	지정한 파일의 끝 부분에 텍스트를 추가합니다. 파일이 없다면 새로운 파일을 만듭니다.
호출 파일1 .삭제 파일 이름	지정한 파일을 삭제합니다.
호출 파일1 .읽어오기 파일 이름	지정한 파일에서 텍스트를 읽어옵니다. 이 블록이 실행되어 파일에서 텍스트 가져오기가 완료되면 [언제 파일.텍스트 받음] 블록이 실행됩니다.
호출 파일1 .파일 저장 텍스트 파일 이름	텍스트를 지정한 파일 이름으로 저장합니다.

⊕ 파일 경로 설정

[호출 파일1.파일 저장] 블록을 이용해 텍스트 파일을 저장할 때 [파일 이름] 소켓에 파일 이름과 경로를 함께 지정하면 원하는 폴더에 파일을 저장할 수 있습니다. 예를 들어, [파일 이름] 소켓에 ["/My Document/myfile.txt"] 블록을 끼우고 명령을 실행한 후 파일 탐색기로 스마트폰 내부 저장소의 My Document 폴더에 가보면 "myfile.txt" 파일이 생성된 것을 확인할 수 있습니다. 파일을 저장할 때 파일명에 슬래시(/)를 사용하지 않고 "myfile.txt"처럼 파일의 이름만 적으면 파일은 일반적인 파일 탐색기로는 접근할 수 없는 보안영역에 저장됩니다. 파일을 읽어올 때도 저장할 때와 마찬가지로 텍스트 파일이 있는 경로를 지정하면 특정 폴더에 있는 원하는 파일을 읽어올 수 있습니다.

새로운 프로젝트 만들기

앱 인벤터 개발 페이지에 접속한 후 [새 프로젝트 시작하기]를 클릭해 새로운 프로젝트를 만듭니다. 프로젝트의 이름은 "myVocaList"로 하겠습니다.

12.2 _ Screen1 화면 디자인

이번 장에서는 총 3개의 스크린을 사용할 예정입니다. 스크린이 여러 개 있을 때 앱의 시작 화면은 항상 [Screen1]이 됩니다. 우선 앱의 [Screen1]의 화면부터 디자인해 보겠습니다.

[그림 12-5] 시작 화면 디자인

영어 암기장의 시작 화면인 [Screen1]의 디자인은 [그림 12-5]와 같습니다. 지금부터 [Screen1]의 화면을 구성해 보겠습니다.

[Screen1] 속성 설정

❶ [컴포넌트] 패널의 [Screen1]을 선택한 후 [속성] 패널에서 [앱 이름]을 "영어암기장"으로 바꿉니다.

❷ [스크린 방향]을 "세로"로 바꾸고 [Theme]를 "Device Default"로 바꿉니다.

❸ [제목 보이기]를 체크 해제 합니다.

화면 구성

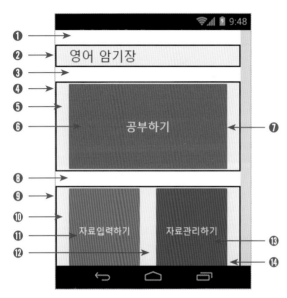

[그림 12-6] 화면 구성 순서

❶ [레이블]을 스크린으로 가져와 [높이]를 "10 pixels", [너비]를 "부모에 맞추기", [텍스트]를 빈칸으로 바꿉니다. 이 레이블은 화면 상단에 여백을 만드는 역할을 합니다.

⊕ 레이블을 이용한 여백 설정

앱 인벤터는 화면을 구성하는 컴포넌트의 안쪽과 바깥쪽에 특별히 여백을 설정하는 기능을 제공하지 않습니다. 레이블에 [마진 유무]라는 속성이 있어서 레이블 바깥쪽에 약간의 여백을 만들 수 있지만 여백의 크기를 설정하는 것은 불가능합니다. 따라서 컴포넌트의 바깥쪽에 여백을 주고 싶다면 새로운 레이블(또는 빈 레이아웃)로 여백을 만들고자 하는 곳에 넣고 기본 텍스트를 삭제한 후 높이와 너비 속성을 조절하는 방식으로 여백을 설정할 수 있습니다.

❷ [수평배치]를 방금 만든 여백 레이블 아래에 넣고 [속성] 패널에서 [너비]를 "부모에 맞추기"로 바꿉니다. [레이블]을 [수평배치1] 안에 넣고 [속성] 패널에서 [높이]를 "부모에 맞추기", [너비]를 "10 pixels", [텍스트]를 빈칸으로 설정해 [수평배치1] 안쪽에 여백을 만듭니다. 레이블을 하나 더 가져와 방금 만든 여백 레이블의 오른쪽에 넣고 이름을 "레이블_제목"으로 바꿉니다. [레이블_제목]의 [속성] 패널에서 [글꼴 크기]를 "25", [텍스트]를 "영어 암기장"으로 바꿉니다.

❸ [레이블]을 [수평배치1] 아래에 넣고 [높이]를 "10 pixels", [너비]를 "부모에 맞추기", [텍스트]를 빈칸으로 바꿉니다.

❹ [수평배치]를 추가하고 [높이]를 "145 pixels", [너비]를 "부모에 맞추기"로 바꿉니다.

❺ [레이블]을 [수평배치2] 안에 넣고 [속성] 패널에서 [높이]를 "부모에 맞추기", [너비]를 "10 pixels", [텍스트]를 빈칸으로 바꿉니다.

❻ [버튼]을 방금 만든 여백 레이블의 오른쪽에 넣고 이름을 "버튼_공부"로 바꿉니다. [버튼_공부]의 [속성] 패널에서 [배경색]을 "빨강", [글꼴 크기]를 "22", [높이]를 "부모에 맞추기", [너비]를 "부모에 맞추기", [텍스트]를 "공부하기", [텍스트 색상]을 "흰색"으로 바꿉니다. 현재 설정한 버튼의 배경색은 흰색으로 설정한 텍스트가 잘 보이도록 임시로 설정한 것으로 블록을 조립할 때 다시 설정해 줄 예정입니다.

❼ [레이블]을 [버튼_공부] 오른쪽에 넣고 [속성] 패널에서 [높이]를 "부모에 맞추기", [너비]를 "10 pixels", [텍스트]를 빈칸으로 바꿉니다.

❽ [레이블]을 [수평배치2] 아래에 넣고 [높이]를 "10 pixels", [너비]를 "부모에 맞추기", [텍스트]를 빈칸으로 바꿉니다.

❾ [수평배치]를 추가하고 [높이]를 "145 pixels", [너비]를 "부모에 맞추기"로 바꿉니다.

❿ [레이블]을 [수평배치3] 안에 넣고 [속성] 패널에서 [높이]를 "부모에 맞추기", [너비]를 "10 pixels", [텍스트]를 빈칸으로 바꿉니다.

⓫ [버튼]을 방금 만든 여백 레이블의 오른쪽에 넣고 이름을 "버튼_자료입력"으로 바꿉니다. [버튼_자료입력]의 [속성] 패널에서 [배경색]을 "자홍색", [글꼴 크기]를 "17", [높이]를 "부모에 맞추기", [너비]를 "부모에 맞추기", [텍스트]를 "자료입력하기", [텍스트 색상]을 "흰색"으로 바꿉니다.

⓬ [레이블]을 [버튼_자료입력]의 오른쪽에 넣고 [속성] 패널에서 [높이]를 "부모에 맞추기", [너비]를 "10 pixels", [텍스트]를 빈칸으로 바꿉니다.

⓭ [목록 선택]을 방금 만든 여백 레이블의 오른쪽에 넣고 이름을 [목록선택_자료관리]로 바꿉니다. [목록선택_자료관리]의 [속성] 패널에서 [배경색]을 "파랑", [글꼴 크기]를 "17", [높이]를 "부모에 맞추기", [너비]를 "부모에 맞추기", [필터 사용]에 체크, [텍스트]를 "자료관리하기", [텍스트 색상]을 "흰색"으로 바꿉니다. [필터 사용]에 체크하면 목록 창에 검색어를 입력할 수 있는 텍스트 상자가 생깁니다. 이 텍스트 상자에 검색어를 입력하면 목록에 있는 자료들 중 검색어가 포함된 자료만 골라서 보여줍니다. 많은 자료 중에서 원하는 자료를 빨리 찾고자 할 때 유용하게 사용할 수 있습니다.

⓮ [레이블]을 [목록선택_자료관리]의 오른쪽에 넣고 [속성] 패널에서 [높이]를 "부모에 맞추기", [너비]를 "10 pixels", [텍스트]를 빈칸으로 바꿉니다.

보이지 않는 컴포넌트 배치하기

❶ [알림] 2개를 스크린으로 가져온 후 이름을 "알림_공부", "알림_자료관리"로 바꿉니다.

❷ [TinyDB]를 스크린으로 가져옵니다.

이것으로 [Screen1]의 화면 디자인 작업을 마치겠습니다.

컴포넌트 속성 정리

컴포넌트의 속성을 정리해 놓은 표를 통해 지금까지의 작업을 정리해 보겠습니다.

컴포넌트	이름	변경해야 할 속성
스크린	Screen1	**앱 이름:** 영어암기장 **스크린 방향:** 세로 **Theme:** Device Default **제목 보이기:** 체크 해제
수평배치	수평배치1	**너비:** 부모에 맞추기
	수평배치2 수평배치3	**높이:** 145 pixels **너비:** 부모에 맞추기
버튼	버튼_공부	**배경색:** 빨강 **글꼴 크기:** 22 **높이:** 부모에 맞추기 **너비:** 부모에 맞추기 **텍스트:** 공부하기 **텍스트 색상:** 흰색
	버튼_자료입력	**배경색:** 자홍색 **글꼴 크기:** 17 **높이:** 부모에 맞추기 **너비:** 부모에 맞추기 **텍스트:** 자료입력하기 **텍스트 색상:** 흰색
레이블	레이블1, 레이블3, 레이블6	**높이:** 10 pixels **너비:** 부모에 맞추기 **텍스트:** 빈칸
	레이블2, 레이블4, 레이블5, 레이블7, 레이블8, 레이블9	**높이:** 부모에 맞추기 **너비:** 10 pixels **텍스트:** 빈칸
목록 선택	목록선택_자료관리	**배경색:** 파랑 **글꼴 크기:** 17 **높이:** 부모에 맞추기 **너비:** 부모에 맞추기 **텍스트:** 자료관리하기 **텍스트 색상:** 흰색

컴포넌트	이름	변경해야 할 속성
알림	알림_공부, 알림_자료관리	변경사항 없음
TinyDB	TinyDB1	변경사항 없음

[Screen1]의 화면 디자인 작업을 완료했으면 스크린을 추가해 새로운 화면을 구성해 보겠습니다.

12.3 _ Input 화면 디자인

자료 입력하기 화면을 만들기 위해 스크린을 추가합니다. 화면 상단에 있는 [스크린 추가] 버튼을 클릭하고 스크린 이름 입력란에 "Input"을 입력한 후 [확인] 버튼을 클릭하면 새로운 스크린이 추가됩니다. 스크린 이름에 한글을 사용할 수 없으므로 새롭게 추가하는 스크린의 이름은 영어로 만들어야 합니다.

[그림 12-7] 자료 입력하기 화면의 기본 디자인

자료 입력하기 화면인 [Input]의 디자인은 [그림 12-7]과 같습니다. 지금부터 [Input]의 화면을 구성해 보겠습니다.

[Input] 속성 설정

❶ [스크린 방향]을 "세로"로 바꿉니다.

❷ [제목 보이기]를 체크 해제 합니다.

이전 버튼과 화면 제목 만들기

[그림 12-8] 화면 상단 구성 순서

❶ [수평배치]를 스크린으로 가져와 [높이]를 "40 pixels", [너비]를 "부모에 맞추기"로 바꿉니다.

❷ [버튼]을 [수평배치1] 안에 넣고 이름을 "버튼_이전"으로 바꿉니다. [버튼_이전]의 [속성] 패널에서 [배경색]을 "어두운 회색", [글꼴 크기]를 "15", [높이]를 "부모에 맞추기", [너비]를 "40 pixels", [모양]을 "직사각형", [텍스트]를 "←", [텍스트 색상]을 "흰색"으로 바꿉니다.

❸ [레이블]을 추가하고 [배경색]을 "회색", [마진 유무]를 체크 해제, [높이]를 "부모에 맞추기", [너비]를 "1 pixels"로 바꿉니다. 이 레이블은 버튼과 버튼 사이를 구분 짓는 선 역할을 합니다.

❹ [버튼]을 추가하고 [배경색]을 "어두운 회색", [글꼴 크기]를 "15", [높이]를 "부모에 맞추기", [너비]를 "부모에 맞추기", [모양]을 "직사각형", [피드백 사용]을 체크 해제, [텍스트]를 "자료 입력하기", [텍스트 색상]을 "흰색"으로 바꿉니다. 이 버튼은 앱 상단에 화면의 제목을 표시하는 기능만 하며 특별한 기능은 없습니다. 레이블을 사용하지 않고 버튼을 사용한 이유는 버튼의 텍스트는 항상 수직 가운데로 정렬돼 있기 때문에 레이블을 사용하는 것보다 외관상 보기에 좋기 때문입니다.

⊕ 버튼을 레이블처럼 사용하기

앱 인벤터에서 제공하는 레이블은 기능이 단순하기 때문에 화면을 디자인할 때 제약 사항이 많습니다. 하지만 버튼을 잘 이용하면 레이블의 단점을 보완할 수 있습니다. 레이블의 글자는 항상 수직 위쪽으로 정렬돼 있어 수직 가운데 정렬이 불가능하지만 버튼의 글자는 항상 수직 가운데 정렬이 돼 있기 때문에 글자의 수직 가운데 정렬이 필요한 경우에는 레이블 대신 버튼을 사용하면 됩니다. 버튼의 [속성] 패널에서 [배경색]을 원하는 색으로 설정하고 [피드백 사용] 체크를 해제해 버튼을 클릭했을 때의 반응을 없애면 버튼을 레이블처럼 사용할 수 있습니다. 또한 레이블은 배경 이미지 삽입이 불가능하지만 버튼은 배경 이미지 삽입이 가능하므로 글자 뒤에 배경 이미지를 넣고 싶을 때도 버튼을 사용하면 됩니다.

자료입력 인터페이스 만들기

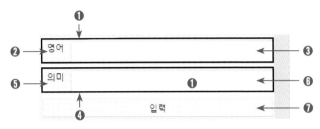

[그림 12-9] 자료입력 인터페이스 구성 순서

❶ [수평배치]를 스크린으로 가져와 [수평배치1] 아래에 넣고 [너비]를 "부모에 맞추기"로 바꿉니다.

❷ [수평배치2] 안에 레이블을 넣고 [텍스트]를 "영어"로 바꿉니다.

❸ [텍스트 상자]를 추가하고 이름을 "텍스트상자_영어"로 바꿉니다. [텍스트상자_영어]의 [속성] 패널에서 [너비]를 "부모에 맞추기", [힌트]를 "공부할 영어 단어 또는 문장 입력"으로 바꿉니다.

❹ [수평배치]를 스크린으로 가져와 [수평배치2] 아래에 넣고 [너비]를 "부모에 맞추기"로 바꿉니다.

❺ [레이블]을 [수평배치3] 안에 넣고 [텍스트]를 "의미"로 바꿉니다.

❻ [텍스트 상자]를 추가하고 이름을 [텍스트상자_의미]로 바꿉니다. [텍스트상자_의미]의 [속성] 패널에서 [너비]를 "부모에 맞추기", [힌트]를 "의미 입력"으로 바꿉니다.

❼ [버튼]을 [수평배치3] 아래에 넣고 이름을 "버튼_입력하기"로 바꿉니다. [버튼_입력하기]의 [속성] 패널에서 [너비]를 "부모에 맞추기", [텍스트]를 "입력"으로 바꿉니다.

보이지 않는 컴포넌트 배치

❶ [알림]을 스크린으로 가져옵니다.

❷ [TinyDB]를 스크린으로 가져옵니다.

이것으로 [Input]의 화면 디자인 작업을 마치겠습니다.

컴포넌트 속성 정리

컴포넌트의 속성을 정리해 놓은 표를 통해 지금까지 한 작업을 정리해 보겠습니다.

컴포넌트	이름	변경해야 할 속성
스크린	Input	**스크린 방향**: 세로 **제목 보이기**: 체크 해제
수평배치	수평배치1	**높이**: 40 pixels **너비**: 부모에 맞추기
	수평배치2 수평배치3	**너비**: 부모에 맞추기
버튼	버튼_이전	**배경색**: 어두운 회색 **글꼴 크기**: 15 **높이**: 부모에 맞추기 **너비**: 40 pixels **모양**: 직사각형 **텍스트**: ← **텍스트 색상**: 흰색
	버튼1	**배경색**: 어두운 회색 **글꼴 크기**: 15 **높이**: 부모에 맞추기 **너비**: 부모에 맞추기 **모양**: 직사각형 **피드백 사용**: 체크 해제 **텍스트**: 자료 입력하기 **텍스트 색상**: 흰색
	버튼_입력하기	**너비**: 부모에 맞추기 **텍스트**: 입력
텍스트 상자	텍스트상자_영어	**너비**: 부모에 맞추기 **힌트**: 공부할 영어 단어 또는 문장 입력
	텍스트상자_의미	**너비**: 부모에 맞추기 **힌트**: 위 영어의 의미 입력
레이블	레이블1	**배경색**: 회색 **마진 유무**: 체크 해제 **높이**: 부모에 맞추기 **너비**: 1 pixels
	레이블2	**텍스트**: 영어
	레이블3	**텍스트**: 의미
알림	알림1	변경사항 없음
TinyDB	TinyDB1	변경사항 없음

[Input]의 화면 디자인 작업을 완료했으면 스크린을 하나 더 추가해 새로운 화면을 구성해 보겠습니다.

12.4 _ Study 화면 디자인

공부하기 화면을 만들기 위해 [스크린 추가] 버튼을 클릭해 새로운 스크린을 추가합니다. 스크린의 이름은 "Study"로 하겠습니다.

[그림 12-10] 공부하기 화면의 기본 디자인

공부하기 화면인 [Study]의 디자인은 [그림 12-10]과 같습니다. 지금부터 [Study]의 화면을 구성해 보겠습니다.

[Study] 속성 설정하기

❶ [스크린 방향]을 "세로"로 바꿉니다.

❷ [제목 보이기]를 체크 해제 합니다.

뒤로 가기 버튼과 화면 제목 만들기

[그림 12-11] 화면 상단 구성 순서

❶ [수평배치]를 스크린으로 가져와 [높이]를 "40 pixels", [너비]를 "부모에 맞추기"로 바꿉니다.

❷ [수평배치1] 안에 버튼을 넣고 이름을 "버튼_이전"으로 바꿉니다. [버튼_이전]의 [속성] 패널에서 [배경색]을 "어두운 회색", [글꼴 크기]를 "15", [높이]를 "부모에 맞추기", [너비]를 "40 pixels", [모양]을 "직사각형", [텍스트]를 "←", [텍스트 색상]을 "흰색"으로 바꿉니다.

❸ [레이블]을 추가하고 [배경색]을 "회색", [마진 유무]를 체크 해제, [높이]를 "부모에 맞추기", [너비]를 "1 pixels", [텍스트]를 빈칸으로 바꿉니다.

❹ [버튼]을 추가하고 [배경색]을 "어두운 회색", [글꼴 크기]를 "15", [높이]를 "부모에 맞추기", [너비]를 "부모에 맞추기", [모양]을 "직사각형", [피드백 사용]을 체크 해제, [텍스트]를 "공부하기", [텍스트 색상]을 "흰색"으로 바꿉니다.

디스플레이 영역 만들기

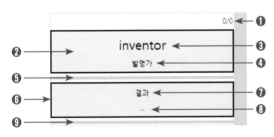

[그림 12-12] 디스플레이 영역 구성 순서

❶ [레이블]을 [수평배치1] 아래에 넣고 이름을 "레이블_진행상태"로 바꿉니다. [레이블_진행상태]의 [속성] 패널에서 [너비]를 "부모에 맞추기", [텍스트]를 "0/0", [텍스트 정렬]을 "오른쪽"으로 바꿉니다. [레이블_진행상태]는 '현재 자료의 번호/총 자료의 수'를 보여주는 레이블로 학습의 진행상태를 파악할 수 있게 해 줍니다.

❷ [수직배치]를 추가하고 [수직 정렬]을 "가운데", [너비]를 "부모에 맞추기"로 바꿉니다.

❸ [레이블]을 [수직배치1] 안에 넣고 이름을 "레이블_영어"로 바꿉니다. [레이블_영어]의 [속성] 패널에서 [글꼴 크기]를 "25", [너비]를 "부모에 맞추기", [텍스트]를 "inventor", [텍스트 정렬]을 "가운데"로 바꿉니다.

❹ [레이블]을 [수직배치1]에 추가하고 이름을 "레이블_의미"로 바꿉니다. [레이블_의미]의 [속성] 패널에서 [너비]를 "부모에 맞추기", [텍스트]를 "발명가", [텍스트 정렬]을 "가운데"로 바꿉니다.

❺ [레이블]을 [수직배치1] 아래에 넣고 [배경색]을 "밝은 회색", [높이]를 "1 pixels", [너비]를 "부모에 맞추기", [텍스트] 는 빈칸으로 바꿉니다. 이 레이블은 위아래의 레이아웃을 구분하는 선 역할을 합니다.

❻ [수직배치]를 방금 만든 구분 선 아래에 넣고 [수직 정렬]을 "가운데", [너비]를 "부모에 맞추기"로 바꿉니다.

❼ [레이블]을 [수직배치2] 안에 넣고 [너비]를 "부모에 맞추기", [텍스트]를 "결과", [텍스트 정렬]을 "가운데"로 바꿉니 다.

❽ [레이블]을 [수직배치2]에 추가하고 이름을 "레이블_결과"로 바꿉니다. [레이블_결과]의 [속성] 패널에서 [너비]를 "부모에 맞추기", [텍스트]를 "⋯", [텍스트 정렬]을 "가운데"로 바꿉니다.

❾ [레이블]을 [수직배치2] 아래에 넣고 [배경색]을 "밝은 회색", [높이]를 "1 pixels", [너비]를 "부모에 맞추기", [텍스트] 를 빈칸으로 바꿉니다. 이 레이블은 디스플레이 영역과 버튼 영역을 구분하는 선 역할을 합니다.

버튼 영역 만들기

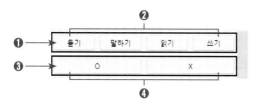

[그림 12-13] 버튼 영역 구성 순서

❶ [수평배치]를 방금 만든 구분 선 아래에 넣고 [너비]를 "부모에 맞추기"로 바꿉니다.

❷ [수평배치2] 안에 버튼을 4개 넣습니다. 가장 왼쪽 버튼부터 차례대로 이름을 "버튼_듣기", "버튼_말하기", "버튼_ 읽기", "버튼_쓰기"로 바꿉니다. 각 버튼의 [속성] 패널에서 [너비]를 모두 "부모에 맞추기"로 바꾸고 [텍스트]를 각각 "듣기", "말하기", "읽기", "쓰기"로 바꿉니다.

❸ [수평배치]를 가져와 [수평배치2] 아래에 넣고 [너비]를 "부모에 맞추기"로 바꿉니다.

❹ [수평배치3] 안에 [버튼]을 2개 넣습니다. 왼쪽 버튼의 이름을 "버튼_O", 오른쪽 버튼의 이름을 "버튼_X"로 바꿉니 다. 두 버튼 모두 [속성] 패널에서 [너비]를 "부모에 맞추기"로 바꾸고 [텍스트]를 각각 "O", "X"로 바꿉니다.

디스플레이 영역과 버튼 영역의 구성을 마쳤으면 [수직배치1]와 [수직배치2]의 [높이] 속성을 모두 "부 모에 맞추기"로 바꿔서 스크린의 남은 부분이 다 채워지게 만듭니다.

보이지 않는 컴포넌트 배치

❶ [알림]을 스크린으로 가져옵니다.

❷ [미디어] 서랍에서 [음성 변환]을 스크린으로 가져온 후 [속성] 패널에서 [국가]를 "USA", [언어]를 "en"으로 바꿉니다. 이렇게 설정해두면 미국식 영어 발음을 들을 수 있습니다. 참고로 [피치]를 이용해 음성의 높낮이, [말하기 속도]를 이용해 말의 빠르기를 조절할 수 있습니다. 두 속성 모두 0에서 2 사이의 숫자 값을 가집니다.

❸ [미디어] 서랍에서 [음성 인식]을 스크린으로 가져옵니다.

❹ [TinyDB]를 스크린으로 가져와서 이름을 "TinyDB2"로 바꿉니다. [Screen1]과 [Input]에서 TinyDB의 이름은 앱 인벤터가 기본으로 정해주는 이름인 "TinyDB1"이었으나 여기서는 TinyDB의 이름을 "TinyDB2"로 바꿔보겠습니다. 이는 TinyDB의 특성을 알아보기 위한 것으로 블록조립 작업을 할 때 자세히 설명하겠습니다.

이것으로 [Study]의 화면 디자인 작업을 마치겠습니다.

컴포넌트 속성 정리

컴포넌트의 속성을 정리해 놓은 표를 통해 지금까지 한 작업을 정리해 보겠습니다.

컴포넌트	이름	변경해야 할 속성
스크린	Study	스크린 방향: 세로 제목 보이기: 체크 해제
수평배치	수평배치1	높이: 40 pixels 너비: 부모에 맞추기
	수평배치2 수평배치3	너비: 부모에 맞추기
수직배치	수직배치1 수직배치2	높이: 부모에 맞추기 너비: 부모에 맞추기
버튼	버튼_이전	배경색: 어두운 회색 글꼴 크기: 15 높이: 부모에 맞추기 너비: 40 pixels 모양: 직사각형 텍스트: ← 텍스트 색상: 흰색

컴포넌트	이름	변경해야 할 속성
버튼	버튼1	**배경색**: 어두운 회색 **글꼴 크기**: 15 **높이**: 부모에 맞추기 **너비**: 부모에 맞추기 **모양**: 직사각형 **피드백 사용**: 체크 해제 **텍스트**: 공부하기 **텍스트 색상**: 흰색
	버튼_듣기, 버튼_말하기, 버튼_읽기, 버튼_쓰기, 버튼_O, 버튼_X	**너비**: 부모에 맞추기 **텍스트**: 듣기, 말하기, 읽기, 쓰기, O, X
레이블	레이블1	**배경색**: 회색 **마진 유무**: 체크해제 **높이**: 부모에 맞추기 **너비**: 1 pixels
	레이블_진행상태	**너비**: 부모에 맞추기 **텍스트**: 0/0 **텍스트 정렬**: 오른쪽
	레이블_영어	**글꼴 크기**: 25 **너비**: 부모에 맞추기 **텍스트**: inventor **텍스트 정렬**: 가운데
	레이블_의미, 레이블3, 레이블_결과	**너비**: 부모에 맞추기 **텍스트**: 발명가, 결과, ... **텍스트 정렬**: 가운데
	레이블2, 레이블4	**배경색**: 밝은 회색 **높이**: 1 pixels **너비**: 부모에 맞추기 **텍스트**: 빈칸
알림	알림1	변경사항 없음
음성 변환	음성_변환1	**국가**: USA **언어**: en
음성 인식	음성_인식1	변경사항 없음
TinyDB	TinyDB2	변경사항 없음

이것으로 화면 디자인 작업이 끝났습니다. 블록 조립을 위해 앱 인벤터 상단의 스크린 선택 메뉴에서 [Screen1]을 선택한 후 [블록] 버튼을 클릭해 블록 편집기로 이동합니다.

12.5 _ Screen1 블록 조립

3개의 화면 중 시작 화면인 [Screen1]의 블록 조립 작업부터 시작해 보겠습니다.

컴포넌트 색깔 재설정

디자인 편집기에서 지정할 수 있는 컴포넌트의 배경색은 한정돼 있으므로 컴포넌트의 색깔을 원하는 대로 바꿀 수 없었습니다. 하지만 [색상 만들기] 블록을 이용하면 컴포넌트의 색깔을 원하는 어떤 색으로든 바꿀 수 있습니다. 초기화 이벤트를 이용해 임시로 정해뒀던 버튼의 색깔을 바꿔보겠습니다.

[예제 12-1] [Screen1]이 열리면 실행되는 블록

❶ [언제 Screen1.초기화] 블록을 [뷰어] 패널로 가져옵니다.

❷ [지정하기 Screen1.배경색] 블록을 이벤트 핸들러 블록의 [실행] 섹션에 넣고 [값] 소켓에 [색상 만들기] 블록 조합을 끼웁니다. [리스트 만들기] 블록에 연결된 숫자 블록의 숫자를 순서대로 24, 1, 83으로 바꿉니다.

❸ [지정하기 레이블_제목.텍스트 색상] 블록을 추가하고 [값] 소켓에 [흰색] 블록을 끼웁니다.

❹ [지정하기 버튼_공부.배경색] 블록을 추가하고 [값] 소켓에 [색상 만들기] 블록 조합을 끼웁니다. [리스트 만들기] 블록에 연결된 숫자 블록의 숫자를 순서대로 38, 117, 236으로 바꿉니다.

❺ 방금 만든 블록 조합을 복제한 후 원본 블록 아래에 넣고 버튼의 이름을 [버튼_자료입력]으로 바꿉니다. [리스트 만들기] 블록에 연결된 숫자 블록의 숫자를 순서대로 212, 74, 38로 바꿉니다.

❻ [지정하기 목록선택_자료관리.배경색] 블록을 추가하고 [값] 소켓에 [색상 만들기] 블록 조합을 끼웁니다. [리스트 만들기] 블록에 연결된 숫자 블록의 숫자를 순서대로 97, 59, 189로 바꿉니다.

⊕ 원하는 색의 RGB 값을 알아내는 방법

색을 설정할 때 막연히 숫자를 입력해 색을 만들어내는 방식으로는 원하는 색을 설정하기 힘듭니다. 숫자 조합을 이용해 색을 직접 만드는 것보다는 웹사이트나 이미지 파일에서 마음에 드는 색깔을 찾은 후 그 색깔의 RGB 값을 알아내는 것이 훨씬 효율적인 방법입니다. 컴퓨터 화면에 보이는 색깔의 RGB 값을 알아내는 가장 쉬운 방법은 RGB 값을 추출해주는 프로그램을 이용하는 것입니다. 포털 사이트의 검색창에 color picker 또는 color cop으로 검색한 후 색상 추출 프로그램을 다운로드해서 실행하면 원하는 색깔의 RGB 값을 손쉽게 알아낼 수 있습니다.

지금까지 만든 기능이 제대로 작동하는지 스마트폰을 연결해 테스트해 봅시다. 체크리스트 항목에 따라 앱을 테스트해보고 기능에 문제가 없으면 체크 표시를 하고 문제가 있으면 블록 조립 과정이나 디자인 편집기에서 설정한 컴포넌트 속성에 오류가 없는지 다시 한 번 확인해 봅시다.

01_ 앱 테스트

1. 앱을 실행했을 때 화면의 배경과 버튼의 색깔이 원하는 색으로 바뀜 ☐

[공부하기] 버튼 기능 만들기

다음으로 [공부하기] 버튼을 클릭하면 공부할 자료를 사용자가 선택할 수 있게 해주는 대화창이 나타나도록 만들어 보겠습니다.

[예제 12-2] [버튼_공부]을 클릭했을 때 대화창 띄우기

❶ [언제 버튼_공부.클릭] 블록을 [뷰어] 패널로 가져옵니다.

❷ [호출 알림_공부.선택 대화창 나타내기] 블록을 이벤트 핸들러 블록의 [실행] 섹션에 넣습니다. [메시지] 소켓에 ["모르는 부분만 모아보시겠습니까?"] 블록, [제목] 소켓에 ["선택"] 블록, [버튼1 텍스트] 소켓에 ["모르는 것만"], [버튼2 텍스트] 소켓에 ["다 보기"] 블록을 끼웁니다.

해설 [공부하기] 버튼을 클릭하면 공부하기 화면에서 TinyDB에 저장된 학습 자료를 다 볼지, 아니면 학습 자료 중에 모른다고 표시한 자료들만 볼지를 선택하는 대화창이 나타납니다. [취소 가능 여부]가 "참"으로 설정돼 있으므로 대화창에는 총 3개의 버튼이 표시됩니다.

이어서 대화창에서 선택한 버튼에 따라 다른 동작을 하도록 만들어 보겠습니다.

[예제 12–3] 대화창에서 버튼을 선택했을 때 실행되는 블록

❶ [언제 알림1.선택 후] 블록을 가져옵니다.

❷ [만약 그러면] 블록을 이벤트 핸들러 블록의 [실행] 섹션에 넣고 파란색 아이콘을 클릭해 [아니고 … 라면] 블록을 추가합니다. [만약] 소켓에 [논리] 서랍에서 가져온 [=] 블록을 끼운 후 = 연산자의 양쪽 소켓에 [가져오기 선택] 블록과 ["모르는 것만"] 블록을 끼웁니다.

❸ [시작 값을 전달하며 다른 스크린 열기] 블록을 가져 [만약]의 [그러면] 섹션에 넣고 [스크린 이름] 소켓에 ["Study"] 블록, [시작 값] 소켓에 ["부분"] 블록을 끼웁니다.

해설 [스크린 이름] 소켓에는 실제 존재하는 스크린의 이름을 연결해야 하며 [시작 값] 소켓에는 새롭게 열리는 스크린에 전달하고자 하는 값을 연결해야 합니다. 대화창에서 [모르는 것만] 버튼을 선택했을 경우 [Study] 화면이 열리고 시작 값으로 "부분"을 전달합니다.

❹ [만약] 소켓에 있는 [=] 블록 조합을 복제한 후 [아니고 … 라면] 소켓에 끼우고 텍스트를 "다 보기"로 바꿉니다.

❺ 방금 만든 [시작 값을 전달하며 다른 스크린 열기] 블록 조합을 복제한 후 [아니고 … 라면]의 [그러면] 섹션에 넣고 [시작 값] 소켓의 텍스트를 "모두"로 바꿉니다.

해설 대화창에서 [다 보기] 버튼을 선택했을 경우 [Study] 화면을 열 때 시작 값으로 "모두"를 전달합니다. [Cancel] 버튼을 선택하면 대화창이 닫히고 아무런 일도 일어나지 않습니다.

[자료입력하기] 버튼 기능 만들기

다음으로 [자료입력하기] 버튼을 클릭하면 화면이 이동하도록 만들어 보겠습니다.

[예제 12-4] [버튼_자료입력]을 클릭했을 때 [Input] 화면 열기

❶ [언제 버튼_자료입력.클릭] 블록을 [뷰어] 패널로 가져옵니다.

❷ [다른 스크린 열기] 블록을 이벤트 핸들러 블록의 [실행] 섹션에 넣고 [스크린 이름] 소켓에 ["Input"] 블록을 끼웁니다.

해설 [자료입력하기] 버튼을 클릭하면 [Input] 화면이 열립니다. 이때 기존 화면인 [Screen1]은 따로 닫으라는 명령을 하지 않았으므로 [Screen1] 화면 위에 [Input] 화면이 올라와 있는 형태가 됩니다.

[자료관리하기] 버튼 기능 만들기

다음으로 [자료관리하기] 버튼의 기능을 만들어 보겠습니다.

[예제 12-5] 자료관리하기 기능을 만들기 위한 이벤트 핸들러들

❶ [언제 목록선택_자료관리.선택 전] 블록을 [뷰어] 패널로 가져옵니다.

❷ [지정하기 목록선택_자료관리.요소] 블록을 이벤트 핸들러 블록의 [실행] 섹션에 넣고 [값] 소켓에 [호출 TinyDB1.태그 리스트 가져오기] 블록을 끼웁니다.

> 해설 자료관리하기 화면은 따로 만들지 않고 [목록선택_자료관리]의 목록창을 활용합니다. [선택 전] 이벤트를 이용해 목록의 요소로 [TinyDB1]에 저장된 태그를 지정하면 [자료관리하기] 버튼을 클릭했을 때 [TinyDB1]에 있는 모든 태그가 목록창에 나타납니다. 아직 [TinyDB1]에 자료를 저장한 적이 없으므로 현재는 화면에 아무것도 나타나지 않습니다.

⏰ TinyDB의 특성1

좀 전에 TinyDB에 자료를 저장한 적이 없으므로 자료관리하기 화면에 아무것도 나타나지 않을 것이라고 한 말은 때에 따라 틀린 말이 될 수 있습니다. [AI 컴패니언]을 이용해 앱을 테스트 중이라면 자료관리하기 화면에 자료가 있을 수도 있습니다. [AI 컴패니언]을 이용해 앱을 테스트할 경우 모든 앱이 같은 TinyDB를 공유하기 때문입니다. 이전 장에서 앱을 만들 때 [AI 컴패니언]으로 연결된 상태에서 TinyDB에 데이터를 저장했다면 그 자료들이 그대로 스마트폰에 저장돼 있다가 이번 앱의 자료관리하기 화면에 나타나게 됩니다. 그래서 [AI 컴패니언]을 이용해 앱을 테스트할 때는 TinyDB를 사용하기 전에 [호출 TinyDB1.모두 지우기] 블록을 이용해 스마트폰에 저장된 데이터를 모두 삭제한 후에 사용하는 것이 좋습니다. 앱을 빌드해서 스마트폰에 설치하는 경우에는 각 앱마다 독립된 TinyDB를 사용하기 때문에 이전 데이터가 남아있는 경우를 걱정하지 않아도 됩니다.

❸ [언제 목록선택_자료관리.선택 후] 블록을 [뷰어] 패널로 가져옵니다.

❹ [호출 알림_자료관리.선택 대화창 나타내기] 블록을 [선택 후] 이벤트 핸들러 블록의 [실행] 섹션에 넣습니다. [메시지] 소켓에 [합치기] 블록을 끼우고 [합치기] 블록의 첫 번째 소켓에 [목록선택_자료관리.선택된 항목] 블록, 두 번째 소켓에 ["←이 자료를 삭제하시겠습니까?"]를 끼웁니다. [" "] 블록을 3개 더 가져와 [호출 알림1.선택 대화창 나타내기] 블록의 나머지 소켓에 끼우고 [제목]에는 "알림", [버튼1 텍스트]에는 "예", [버튼2 텍스트]에는 "아니요"를 입력합니다. [취소 가능 여부]에 연결된 "참"은 "거짓"으로 바꿉니다.

> 해설 목록창에서 영어 단어를 하나 선택했을 때 선택한 단어가 바로 삭제되면 사용자가 실수로 삭제할 수도 있으므로 삭제할지 말지를 묻는 대화창이 나타나게 합니다.

❺ [언제 알림_자료관리.선택 후] 블록을 [뷰어] 패널로 가져옵니다.

❻ [만약 그러면] 블록을 이벤트 핸들러 블록의 [실행] 섹션에 넣고 [만약] 소켓에 [논리] 서랍에서 가져온 [=] 블록을 끼웁니다. 그리고 [=] 블록의 양쪽 소켓에 [가져오기 선택] 블록과 ["예"] 블록을 넣습니다.

> 해설 사용자가 [예] 버튼을 선택했다면 [그러면] 섹션의 블록이 실행되고 [아니요] 버튼을 선택했다면 조건을 만족하지 않으므로 대화창이 닫히고 아무 일도 일어나지 않습니다.

❼ [호출 TinyDB1.태그 지우기] 블록을 [그러면] 섹션에 넣고 [태그] 소켓에 [목록선택_자료관리.선택된 항목] 블록을 끼웁니다.

해설 [Input]에서 [TinyDB1]에 자료를 입력할 때 영어 단어가 태그가 되고 단어의 의미가 저장할 값이 됩니다. [목록선택_자료관리.선택된 항목]에는 목록창에서 선택한 영어 단어가 들어있습니다. [태그 지우기] 함수를 이용해 이 영어 단어를 태그로 사용해 저장한 학습 자료를 삭제합니다.

지금까지 만든 기능들이 제대로 작동하는지 테스트해 봅시다.

02_앱 테스트

1. [공부하기] 버튼을 클릭하면 3개의 버튼을 가진 대화창이 나타남 ☐

2. [자료입력하기] 버튼을 클릭하면 자료 입력 화면(빈 화면)으로 이동함 ☐

3. [자료관리하기] 버튼을 클릭하면 목록창이 나타남 ☐

이것으로 [Screen1]의 블록 조립 작업을 마치겠습니다.

12.6 _ Input 블록 조립

자료 입력하기 화면의 블록 조립 작업을 시작해 보겠습니다. 앱 인벤터 상단의 스크린 선택 메뉴에서 [Input]을 선택한 후 블록 편집기로 이동합니다.

[◄] 버튼 기능 만들기

먼저 앱 화면에 있는 [◄] 버튼을 클릭해 화면을 이동하는 기능부터 만들어 보겠습니다.

[예제 12-6] [버튼_이전]을 클릭했을 때 화면 닫기

❶ [언제 버튼_이전.클릭] 블록을 [뷰어] 패널로 가져옵니다.

❷ [호출 텍스트상자_의미.키보드 숨기기] 블록을 이벤트 핸들러 블록의 [실행] 섹션에 넣습니다.

해설 화면상에 키보드가 보이는 상태로 화면을 닫으면 화면이 바뀌더라도 화면상에 키보드가 그대로 남아있게 됩니다. 필요없는 키보드가 남아있는 것을 방지하기 위해 화면을 전환하기 전에 미리 키보드를 숨겨둡니다.

❸ [스크린 닫기] 블록을 추가합니다.

해설 [스크린 닫기] 블록은 현재 보이는 화면을 닫는 역할을 합니다. [Screen1] 화면에서 [Input] 화면으로 이동할 때 [Screen1]의 화면을 닫지 않은 상태로 [Input] 화면을 열었기 때문에 [Screen1] 화면은 [Input] 화면의 아래에 남아있는 상태가 됩니다. 이 상태에서 [스크린 닫기] 블록을 이용해 [Input] 화면을 닫으면 [Input] 화면 아래에 숨겨 져 있던 [Screen1] 화면이 보이게 됩니다. 사용자 입장에서는 현재 화면이 닫히고 이전 화면이 열리는 것처럼 보이 게 됩니다.

[입력] 버튼 기능 만들기

다음으로 [입력] 버튼을 클릭해 [TinyDB1]에 자료를 입력하는 기능을 만들어 보겠습니다.

[예제 12-7] [버튼_입력하기]를 클릭했을 때 실행되는 블록

❶ [언제 버튼_입력하기.클릭] 블록을 [뷰어] 패널로 가져옵니다.

❷ [만약 그러면] 블록을 이벤트 핸들러 블록의 [실행] 섹션에 넣은 후 파란색 아이콘을 클릭해 [아니면] 블록을 추가합 니다. [만약] 소켓에 [비어있나요?] 블록을 끼우고 이 블록의 소켓에 [텍스트상자_영어.텍스트] 블록을 끼웁니다.

해설 [비어있나요?] 블록은 소켓에 지정된 텍스트가 비어있을 경우 참 값을 돌려주고 아닐 경우 거짓 값을 돌려줍 니다. [비어있나요?] 블록을 이용해 영어 단어를 입력하는 텍스트 상자가 비어있는지 검사합니다.

❸ [호출 알림1.경고창 나타내기] 블록을 [그러면] 섹션에 넣고 [알림] 소켓에 ["영어 텍스트 상자가 비어있습니다"] 블 록을 끼웁니다.

해설 영어 단어를 입력하는 텍스트 상자가 비어 있다면 텍스트 상자가 비어있다는 대화창을 화면에 띄웁니다.

❹ [호출 TinyDB1.값 저장] 블록을 [아니면] 섹션에 넣고 [태그] 소켓에 [텍스트상자_영어.텍스트] 블록, [저장할 값] 소켓에 [텍스트상자_의미.텍스트] 블록을 끼웁니다.

> **해설** 영어 단어를 입력하는 텍스트 상자가 비어있지 않다면 [텍스트상자_영어]와 [텍스트상자_의미]에 입력한 텍스트를 TinyDB에 저장합니다. 이때 [텍스트상자_영어]의 [텍스트]가 태그가 되고 [텍스트상자_의미]의 [텍스트]는 저장할 값이 됩니다.

❺ [호출 알림1.경고창 나타내기] 블록을 추가하고 [알림] 소켓에 [합치기] 블록을 끼웁니다. [합치기] 블록의 첫 번째 소켓에 [텍스트상자_영어.텍스트] 블록, 두 번째 소켓에 [" 입력됨"] 블록을 끼웁니다.

> **해설** [TinyDB1]에 자료를 입력한 후 입력이 완료됐음을 알리는 대화창을 띄웁니다.

❻ [지정하기 텍스트상자_영어.텍스트] 블록을 추가하고 [값] 소켓에 [" "] 블록을 끼웁니다. 그리고 방금 만든 블 조합을 복제해 원본 아래에 넣고 컴포넌트의 이름을 [텍스트상자_의미]로 바꿉니다.

> **해설** 연속으로 다른 자료를 입력하기 편리하도록 텍스트 상자 두 곳을 모두 빈칸으로 만듭니다.

❼ [호출 텍스트상자_의미.키보드 숨기기] 블록을 [만약 그러면 아니면] 블록 아래에 넣습니다.

> **해설** [입력] 버튼을 누른 후에는 키보드가 더는 보일 필요가 없으므로 키보드를 숨깁니다.

지금까지 만든 기능들이 제대로 작동하는지 테스트해 봅시다.

03 _ 앱 테스트

1. 자료 입력하기 화면의 텍스트 상자가 비어있는 상태로 [입력하기] 버튼을 누르면 경고 메시지가 나타남 ☐

2. 텍스트 상자에 학습 자료를 입력하고 [입력하기] 버튼을 클릭하면 자료가 입력됐음을 알리는 메시지가 나타남 ☐

3. 학습 자료를 몇 개 입력한 후 시작화면의 [자료관리하기] 버튼을 클릭하면 방금 입력한 자료들이 목록창에 나타남 ☐

4. 목록창의 자료 중 하나를 선택하면 삭제할지를 묻는 대화창이 나타남 ☐

5. 대화창의 [예] 버튼을 클릭해 자료를 삭제한 후 다시 [자료관리하기] 버튼을 클릭해 목록창에서 방금 선택한 자료가 삭제된 것을 확인함 ☐

이것으로 [Input]의 블록 조립 작업을 마치겠습니다.

12.7 _ Study 블록 조립

공부하기 화면의 블록 조립 작업을 시작해 보겠습니다. 앱 인벤터 상단의 스크린 선택 메뉴에서 [Study]를 선택한 후 블록 편집기로 이동합니다. [Study]에는 다른 화면에 비해 버튼이 많아서 이벤트 단위의 블록 조합들이 많이 있습니다. 블록의 양이 많기는 하지만 각 버튼의 기능만 잘 이해하면 어렵지 않게 [Study]의 기능을 이해할 수 있습니다.

[⬅] 버튼 기능 만들기

우선 화면 상단의 [⬅] 버튼의 기능부터 만들어 보겠습니다.

> 언제 버튼_이전 .클릭 ❶
> 실행 스크린 닫기 ❷

[예제 12-8] [버튼_이전]을 클릭했을 때 화면 닫기

❶ [언제 버튼_이전.클릭] 블록을 [뷰어] 패널로 가져옵니다.

❷ [스크린 닫기] 블록을 이벤트 핸들러 블록의 [실행] 섹션에 넣습니다.

해설 [버튼_이전] 버튼을 클릭하면 [Study] 화면을 닫아서 [Study] 화면 아래에 숨겨져 있던 [Screen1] 화면을 보이게 만듭니다.

초기 설정 작업

다음으로 TinyDB에서 가져온 데이터를 저장할 리스트와 리스트의 길이를 저장할 변수를 만들어 보겠습니다.

> 전역변수 초기화 자료리스트 값 ◎ 빈 리스트 만들기 ❶

> 전역변수 초기화 자료리스트길이 값 0 ❷

[예제 12-9] 변수 선언 및 초기화

❶ [전역 변수 초기화] 블록을 [뷰어] 패널로 가져온 후 변수의 이름을 [자료리스트]로 바꾸고 [값] 소켓에 [빈 리스트 만들기] 블록을 끼웁니다.

해설 [자료리스트]에는 TinyDB에 있는 태그들을 리스트로 만들어 저장할 예정이므로 [빈 리스트 만들기] 블록을 이용해 초기화합니다. 하지만 [자료리스트]에 꼭 [빈 리스트 만들기] 블록을 대입할 필요는 없습니다. 앱 인벤터의 변

수는 대입되는 자료의 형태에 따라 자동으로 변수의 형태가 변하기 때문입니다. [자료리스트]의 초기 변수 형태가 숫자나 문자형 변수였다 하더라도 실제 값을 대입할 때 리스트 형태의 값을 대입하면 [자료리스트]는 다시 리스트 형태의 변수가 됩니다.

❷ [전역 변수 초기화] 블록을 [뷰어] 패널로 가져온 후 변수의 이름을 [자료리스트] 길이로 바꾸고 [값] 소켓에 [0] 블록을 끼웁니다.

해설 [자료리스트] 길이는 [자료리스트]의 길이를 저장해두기 위한 변수로서 초깃값으로 임의의 값인 0을 대입해 둡니다.

다음으로 [Study]가 열릴 때 실행돼야 할 기능을 만들어 보겠습니다.

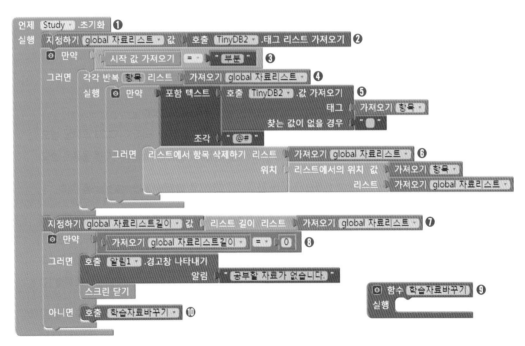

[예제 12-10] [Study]가 열리면 실행되는 블록

❶ [언제 Study.초기화] 블록을 [뷰어] 패널로 가져옵니다.

❷ [지정하기 global 자료리스트] 블록을 이벤트 핸들러 블록의 [실행] 섹션에 넣고 [값] 소켓에 [호출 TinyDB1.태그 리스트 가져오기] 블록을 끼웁니다.

해설 [태그 리스트 가져오기] 함수는 TinyDB에 저장된 모든 태그를 리스트로 만들어 돌려줍니다. 자료입력 화면에서 [TinyDB1]에 자료를 저장할 때 영어 단어를 태그로 사용했으므로 [자료리스트]에는 영어 단어로 이뤄진 리스트가 저장됩니다. 여기서 한 가지 짚고 넘어가야 할 점은 자료입력 화면에서 자료를 저장한 TinyDB의 이름은

[TinyDB1]인데 현재 자료를 가져오는 TinyDB의 이름은 [TinyDB2]입니다. 실제 앱을 테스트해보면 알겠지만 이렇게 데이터를 저장한 TinyDB와 데이터를 가져오는 TinyDB의 이름이 달라도 데이터를 저장하고 가져오는 데 아무런 문제가 발생하지 않습니다.

⊕ TinyDB의 특성 2

AI 컴패니언을 이용해 스마트폰과 앱 인벤터를 연결하면 여러 앱이 하나의 TinyDB를 공유하지만 앱을 빌드해서 스마트폰에 설치한 후에는 두 앱 사이에 TinyDB를 공유하는 것은 불가능합니다. 즉, 앱 인벤터로 제작한 앱은 그 앱만의 독립된 저장공간이 만들어집니다. 또한 하나의 앱은 하나의 저장 공간만을 가질 수 있습니다. 따라서 [Screen1]에서 사용한 [TinyDB1]과 [Study]에서 사용한 [TinyDB2]는 이름만 다를 뿐인 같은 저장공간입니다. 이러한 이유로 [TinyDB1]에 저장한 데이터를 [TinyDB2]에서 꺼내 쓸 수 있는 것 입니다.

❸ [만약 그러면] 블록을 [지정하기 global 자료리스트] 블록 아래에 넣고 [만약] 소켓에 [논리] 서랍에서 가져온 [=] 블록을 끼웁니다. = 연산자의 왼쪽 소켓에 [시작 값 가져오기] 블록을 넣고 오른쪽 소켓에 ["부분"] 블록을 끼웁니다.

해설 [시작 값 가져오기]에는 이전 화면에서 현재 화면을 열 때 전달한 값이 들어있습니다. [Study]를 열 때 전달되는 값은 [Screen1]의 공부하기 버튼을 클릭했을 때 나타나는 대화창에서 사용자가 선택한 버튼에 따라 달라집니다. [시작 값 가져오기]의 값은 대화창에서 사용자가 [모르는 것만] 버튼을 클릭했다면 "부분"이 되고 [다 보기] 버튼을 클릭했다면 "모두"가 됩니다. [시작 값 가져오기]의 값이 "부분"이라면 [자료리스트]에서 사용자가 안다고 체크한 영어 단어를 삭제해서 모르는 단어만 남게 하는 작업을 하고 "부분"과 같지 않다면, 즉 "모두"라면 현재의 [자료리스트]를 그대로 사용합니다.

❹ [그러면] 섹션에 [각각 반복 항목] 블록을 넣고 [리스트] 소켓에 [가져오기 global 자료리스트] 블록을 끼웁니다.

해설 [각각 반복 항목] 블록은 [자료리스트]의 길이만큼 반복 실행되며 한 번 실행될 때마다 [자료리스트]의 요소를 하나씩 가져와 [항목]에 저장합니다. 반복이 처음 실행될 때는 리스트의 첫 번째 요소를 [항목]으로 가져오고 2번째 반복이 실행되면 리스트의 두 번째 요소를 [항목]으로 가져오는 방식으로 리스트의 마지막 요소를 가져올 때까지 반복됩니다. [각각 반복 항목] 블록의 [항목]은 필요에 따라 다른 이름으로 수정해서 사용할 수도 있습니다.

❺ [실행] 섹션에 [만약 그러면] 블록을 넣고 [만약] 소켓에 [포함] 블록을 끼웁니다. [포함] 블록의 [텍스트] 소켓에 [호출 TinyDB2.값 가져오기] 블록을 끼우고 [태그] 소켓에 [각각 반복 항목] 블록에서 가져온 [가져오기 항목] 블록을 끼웁니다. [포함] 블록의 [조각] 소켓에 ["@#"] 블록을 끼웁니다.

해설 [포함] 블록은 [텍스트] 소켓에 지정된 텍스트에 [조각] 소켓에 지정된 텍스트가 포함돼 있으면 "참"을 돌려주고 아니면 "거짓"을 돌려줍니다. [항목]에는 [자료리스트]에서 가져온 영어 단어가 들어있습니다. 영어 단어를 태그로 사용해 [TinyDB1]에 저장된 데이터를 가져온 후 이 데이터에 "@#"이 포함돼 있는지 검사합니다. 영어 단어를 태그로 사용해서 가져온 데이터, 즉 영어 단어의 의미에 "@#"이 포함돼 있다는 것은 이 단어를 사용자가 알고 있다고 표시했음을 뜻합니다. "@#"을 사용한 이유는 잠시 후에 다시 설명하겠습니다.

❻ 안쪽 [만약 그러면] 블록의 [그러면] 섹션에 [리스트에서 항목 삭제하기] 블록을 넣고 [리스트] 소켓에 [가져오기 global 자료리스트] 블록, [위치] 소켓에 [리스트에서의 위치] 블록을 끼웁니다. [리스트에서의 위치] 블록의 [값] 소켓에 [가져오기 항목] 블록, [리스트] 소켓에 [가져오기 global 자료리스트] 블록을 끼웁니다.

해설 [리스트에서 항목 삭제하기] 블록은 [리스트] 소켓에 지정된 리스트에서 [위치] 소켓에 지정된 숫자 번째 요소를 삭제합니다. [리스트에서의 위치] 블록은 [리스트] 소켓에 지정된 리스트에서 [값] 소켓에 지정된 리스트의 요소가 몇 번째 요소인지를 돌려줍니다. 영어 단어의 의미에 사용자가 알고 있음을 표시해 뒀다면 이 영어 단어 즉, [항목]이 [자료리스트]에서 몇 번째 요소인지를 파악한 후 [자료리스트]에서 현재 [항목]을 삭제합니다. 이러한 작업을 반복해서 실행하면 최종적으로 [자료리스트]에는 사용자가 모르는 단어만 남아있게 됩니다.

❼ 바깥쪽 [만약 그러면] 블록 아래에 [지정하기 global 자료리스트길이] 블록을 넣고 [값] 소켓에 [리스트 길이] 블록을 끼웁니다. [리스트 길이] 블록의 [리스트] 소켓에 [가져오기 global 자료리스트] 블록을 끼웁니다.

해설 [리스트 길이] 블록은 [리스트] 소켓에 지정된 리스트의 요소가 몇 개인지 돌려줍니다. 전역 변수 [자료리스트 길이]에는 [자료리스트]의 길이, 즉 [자료리스트]가 가지고 있는 요소의 개수가 저장됩니다.

❽ [만약 그러면] 블록을 추가하고 [만약] 소켓에 [수학] 서랍에서 가져온 [=] 블록을 끼웁니다. = 연산자의 양쪽 소켓에 [가져오기 global 자료리스트길이] 블록과 [0] 블록을 넣습니다. [호출 알림1.경고창 나타내기] 블록을 [그러면] 섹션에 넣고 [알림] 소켓에 ["공부할 자료가 없습니다"] 블록을 끼웁니다. 그리고 바로 아래에 [스크린 닫기] 블록을 넣습니다.

해설 만약 [자료리스트]의 길이가 0이라면 공부할 자료가 없다는 뜻이므로 공부할 자료가 없음을 알리는 경고 메시지를 화면에 띄우고 현재 스크린을 닫습니다. 실제 앱을 실행해 보면 [Study] 화면이 열리고 금방 닫히기 때문에 [Study] 화면이 열리지 않고 경고 메시지만 나오는 것처럼 보일 것입니다.

❾ [함수 실행] 블록을 가져와 [뷰어] 패널의 적당한 곳에 놓고 이름을 "학습자료바꾸기"로 바꿉니다.

해설 [학습자료바꾸기] 함수를 호출하는 블록을 가져오기 위해 함수의 껍데기를 미리 만들어둡니다.

❿ [언제.Study.초기화] 블록으로 돌아온 후 [호출 학습자료바꾸기] 블록을 [아니면] 섹션에 넣습니다.

해설 만약 [자료리스트]의 길이가 0이 아니라면 공부할 자료가 있다는 뜻이므로 [학습자료바꾸기] 함수를 호출해 화면에 공부할 자료를 출력합니다.

[학습자료바꾸기] 함수 만들기

다음으로 [학습자료바꾸기] 함수에서 사용할 전역 변수를 미리 만들어 보겠습니다.

[예제 12-11] 변수 선언 및 초기화

❶ [전역 변수 초기화] 블록을 [뷰어] 패널로 가져온 후 변수의 이름을 "현재학습위치"로 바꾸고 [값] 소켓에 [0] 블록을 끼웁니다.

　해설 [현재학습위치]는 현재 학습 중인 단어가 [자료리스트]의 몇 번째 요소인지를 나타내는 변수입니다.

❷ [전역 변수 초기화] 블록을 [뷰어] 패널로 가져온 후 변수의 이름을 "영어단어"로 바꾸고 [값] 소켓에 [" "] 블록을 끼웁니다.

　해설 [영어단어]는 현재 화면에 보이는 영어 단어를 저장해두기 위한 변수입니다.

❸ 방금 만든 변수 블록을 복제한 후 변수의 이름을 "단어의미"로 바꿉니다.

　해설 [단어의미]는 현재 화면에 보이는 영어 단어의 의미를 저장해두기 위한 변수입니다.

다음으로 화면에 출력되는 학습자료를 바꿔주는 역할을 하는 [학습자료바꾸기] 함수를 만들어 보겠습니다.

[예제 12-12] [학습자료바꾸기] 함수

❶ [학습자료바꾸기] 함수의 껍데기가 있는 곳으로 이동합니다(317쪽 예제 12-10 참조).

❷ [지정하기 global 현재학습위치] 블록을 함수 블록의 [실행] 섹션에 넣고 [값] 소켓에 [+] 블록을 끼웁니다. + 연산자 양쪽 소켓에 [가져오기 global 현재학습위치] 블록, [1] 블록을 넣습니다.

해설 [현재학습위치]는 화면에 출력될 학습 자료를 지정하는 역할을 하는 변수로서 함수가 호출될 때마다 1씩 증가합니다. [학습자료바꾸기] 함수가 최초로 실행되면 [현재학습위치]의 값은 초깃값 0에 1을 더해서 1이 됩니다.

❸ [만약 그러면] 블록을 추가하고 [만약] 소켓에 [수학] 서랍에서 가져온 [=] 블록을 끼운 후 연산자를 〉로 바꿉니다. 〉 연산자의 왼쪽 소켓에 [가져오기 global 현재학습위치] 블록, 오른쪽 소켓에 [가져오기 global 자료리스트길이] 블록을 넣습니다. [지정하기 global 현재학습위치] 블록을 [그러면] 섹션에 넣은 후 [값] 소켓에 [1] 블록을 끼웁니다.

해설 [학습자료바꾸기] 함수는 호출될 때마다 [현재학습위치] 값을 1씩 증가시킵니다. 그리고 영어 단어가 들어있는 [자료리스트]에서 [현재학습위치] 번째 위치에 있는 항목을 가져와 화면에 출력합니다. 만약 [현재학습위치]의 값이 [자료리스트길이]보다 크다면 다시 [현재학습위치]를 1로 만들어 [자료리스트]의 1번 위치에 있는 영어 단어가 화면에 출력되도록 만듭니다. 즉 [자료리스트]에 10개의 단어가 있다면 1번부터 10번까지 단어가 화면에 모두 출력된 이후에 다시 1번 단어가 출력되도록 만듭니다.

❹ [만약 그러면] 블록 아래에 [지정하기 global 영어단어] 블록을 넣고 [값] 소켓에 [리스트에서 항목 선택하기] 블록을 끼웁니다. [리스트에서 항목 선택하기] 블록의 [리스트] 소켓에 [가져오기 global 자료리스트] 블록을 끼우고 [위치] 소켓에 [가져오기 global 현재학습위치] 블록을 끼웁니다.

해설 [자료리스트]에서 [현재학습위치] 번째 항목을 가져와 [영어단어]에 저장해 둡니다.

❺ [지정하기 global 단어의미] 블록을 추가하고 [값] 소켓에 [모두 교체하기] 블록을 끼웁니다. [모두 교체하기] 블록의 첫 번째 소켓에 [호출 TinyDB2.값 가져오기] 블록을 끼우고 [태그] 소켓에 [가져오기 global 영어단어] 블록을 끼웁니다. 그리고 [모두 교체하기] 블록의 [부분] 소켓에 ["@#"] 블록을 끼우고 [교체] 소켓에 [" "] 블록을 끼웁니다.

해설 [모두 교체하기] 블록은 지정된 텍스트에서 [부분] 소켓에 지정된 텍스트를 찾아서 [교체] 소켓에 지정된 텍스트로 바꿉니다. [영어단어]를 태그로 사용해 [TinyDB1]에서 가져온 데이터는 단어의 의미입니다. "@#"은 사용자가 이 단어를 알고 있음을 표시하기 위해 단어의 의미에 추가해 놓은 것으로 실제 화면에는 보이지 말아야 할 문자열입니다. [시작 값 가져오기] 블록의 값이 "모두"일 경우에 사용자가 안다고 표시한 단어들도 다 화면에 보여줘야 하므로 학습 자료를 화면에 표시하기 전에 단어의 의미에 "@#"이라는 문자열이 포함돼 있다면 이 문자열을 공백으로 대체해서 삭제합니다. 엄밀히 따지면 [시작 값 가져오기] 블록의 값이 "부분"인 경우에는 [모두 교체하기]는 필요 없는 블록입니다. 이미 [초기화] 이벤트 핸들러에서 영어단어의 의미에 "@#"이 포함된 경우 [자료리스트]에서 해당하는 단어를 삭제했기 때문입니다.

❻ [지정하기 레이블_영어.텍스트] 블록을 추가하고 [값] 소켓에 [가져오기 global 영어단어] 블록을 끼웁니다. [지정하기 레이블_의미.텍스트] 블록을 추가하고 [값] 소켓에 ["?"] 블록을 끼웁니다.

해설 영어 단어를 화면에 출력하고 단어의 의미는 숨겨두기 위해 "?"로 표시해 둡니다.

❼ [레이블_진행상태.텍스트] 블록을 추가하고 [값] 소켓에 [합치기] 블록을 끼웁니다. [합치기] 블록의 파란색 아이콘을 클릭해 [문자열] 블록을 하나 더 추가한 후 각 소켓에 차례대로 [가져오기 global 현재학습위치] 블록, ["/"] 블록, [가져오기 global 자료리스트길이] 블록을 끼웁니다.

해설 학습 진행 상태를 나타내기 위해 현재 화면에 보이는 단어가 전체 학습 자료 중 몇 번째 자료인지를 화면에 표시합니다.

❽ [지정하기 레이블_결과.텍스트] 블록을 추가하고 [값] 소켓에 ["..."] 블록을 끼웁니다.

해설 학습 자료가 바뀌었으므로 이전 학습의 결과를 지우기 위해 학습 결과를 보여주는 레이블의 텍스트를 "..."으로 만듭니다.

지금까지 만든 기능들이 제대로 작동하는지 테스트해 봅시다.

04 _ 앱 테스트

1. 시작화면에서 [공부하기] 버튼을 누르고 대화창에서 [모르는 것만] 또는 [다 보기] 버튼을 클릭하면 공부하기 화면이 시작됨 ☐

2. 공부하기 화면이 시작되면 학습할 자료가 화면에 표시됨 ☐

3. 자료관리하기 화면에서 입력된 자료를 다 삭제하고 공부하기 화면으로 이동하면 자료가 없음을 알려주는 대화창이 나타남 ☐

[듣기] 버튼 기능 만들기

다음으로 [듣기]를 클릭했을 때 스마트폰이 영어 단어를 소리 내어 읽도록 만들어 보겠습니다.

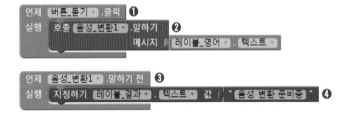

[예제 12-13] [버튼_듣기]를 클릭하면 실행되는 블록

❶ [언제 버튼_듣기.클릭] 블록을 [뷰어] 패널로 가져옵니다.

❷ [호출 음성_변환1.말하기] 블록을 클릭 이벤트 핸들러 블록의 [실행] 섹션에 넣고 [메시지] 소켓에 [레이블_영어.텍스트] 블록을 끼웁니다.

  해설 [말하기] 함수는 메시지에 연결된 텍스트를 지정된 국가의 언어로 소리 내어 읽어주는 역할을 합니다. 디자인 편집기에서 [음성_변환1] 컴포넌트의 속성으로 국가를 USA, 언어를 en으로 설정해 뒀으므로 미국식 영어 발음으로 [레이블_영어]의 [텍스트]를 소리 내어 읽을 것입니다.

❸ [언제 음성_변환1.말하기 전] 블록을 [뷰어] 패널로 가져옵니다.

  해설 [음성_변환1.말하기 전] 이벤트는 텍스트를 읽기 전에 실행되는 블록입니다.

❹ [지정하기 레이블_결과.텍스트] 블록을 말하기 전 이벤트 핸들러 블록의 [실행] 섹션에 넣고 [값] 소켓에 ["음성 변환 준비중"] 블록을 끼웁니다.

  해설 음성 변환 기능이 실행되기까지 약간의 시간이 걸리는 경우가 있으므로 그 시간 동안 화면에 "음성 변환 준비중"이라는 메시지가 보이도록 만듭니다.

❺ [언제 음성_변환1.말하기 후] 블록을 [뷰어] 패널로 가져옵니다.

  해설 [말하기 후] 이벤트는 음성 변환이 이뤄진 후에 실행되는 블록입니다.

❻ [만약 그러면] 블록을 이벤트 핸들러 블록의 [실행] 섹션에 넣고 파란색 아이콘을 클릭해 [아니면] 블록을 추가합니다. [만약] 소켓에 이벤트 핸들러 블록의 [결과]에서 가져온 [가져오기 결과] 블록을 끼웁니다. [지정하기 레이블_결과.텍스트] 블록을 [그러면] 섹션에 넣고 [값] 소켓에 ["듣기 완료"] 블록을 끼웁니다. [그러면] 섹션에 있는 블록 조합을 복사해서 [아니면] 섹션에 넣고 [값] 소켓의 텍스트를 "오류 발생"으로 바꿉니다.

  해설 [결과]는 텍스트를 정상적으로 읽었다면 "참" 값을, 그렇지 않다면 "거짓" 값을 갖게 됩니다. 텍스트를 정상적으로 읽었다면 화면에 "듣기 완료"가 출력되고 그렇지 않다면 "오류 발생"이 출력되게 만듭니다.

[말하기] 버튼 기능 만들기

다음으로 [말하기] 버튼을 클릭했을 때 음성 인식 창이 나타나도록 만들어 보겠습니다.

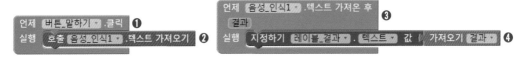

[예제 12-14] 음성 인식 기능을 만들기 위한 이벤트 핸들러들

❶ [언제 버튼_말하기.클릭] 블록을 [뷰어] 패널로 가져옵니다.

❷ [호출 음성_인식1.텍스트 가져오기] 블록을 클릭 이벤트 핸들러 블록의 [실행] 섹션에 넣습니다.

　해설 [텍스트 가져오기] 함수가 호출되면 [그림 12-14]와 같이 사용자의 음성을 인식하기 위한 창이 나타납니다.

음성 인식 대기 상태

음성 인식에 실패한 경우

[그림 12-14] 음성 인식 창

사용자가 스마트폰의 마이크에 대고 한 말을 안드로이드의 음성 인식기가 인식했다면 음성 인식 창이 닫히고 [텍스트 가져온 후] 이벤트가 발생합니다. 음성 인식에 실패하면 다시 말하기를 요청하는 메시지가 나타납니다. 음성 인식 창의 하단에 있는 English(US)라는 표시는 이 음성 인식창이 미국 영어를 기준으로 음성을 인식한다는 표시입니다. 보통 국내에서 출시된 안드로이드 기기는 음성 인식 기본 설정이 한국어로 돼 있기 때문에 음성 인식기가 영어 발음을 듣고 판단하도록 만들려면 스마트폰의 설정을 바꿔야 합니다. 스마트폰의 설정을 바꾸는 방법은 앞서 앱 개발 준비하기 단계에서 살펴봤으니 다시 한 번 확인해 보길 바랍니다.

❸ [언제 음성_인식1.텍스트 가져온 후] 블록을 [뷰어] 패널로 가져옵니다.

　해설 음성 인식을 성공했다면 [텍스트 가져온 후] 이벤트가 실행됩니다.

❹ [지정하기 레이블_결과.텍스트] 블록을 이벤트 핸들러 블록의 [실행] 섹션에 넣고 [값] 소켓에 이벤트 핸들러 블록에서 가져온 [가져오기 결과] 블록을 끼웁니다.

　해설 [결과]에는 음성을 텍스트로 변환한 값이 들어있습니다. 이 값을 화면에 출력합니다.

지금까지 만든 기능들이 제대로 작동하는지 테스트해 봅시다.

1. [듣기] 버튼을 클릭하면 영어 단어를 미국인 발음으로 읽어줌 □

2. [말하기] 버튼을 클릭하면 음성 인식 창이 나타나고 발음을 하면 음성을 인식한 결과를 텍스트로 바꿔서 보여줌 □

[읽기] 버튼과 [쓰기] 버튼 기능 만들기

다음으로 [읽기] 버튼과 [쓰기] 버튼을 클릭했을 때 질문에 대한 답을 입력할 수 있는 텍스트 대화창이
나타나도록 만들어 보겠습니다.

[예제 12-15] [버튼_읽기]와 [버튼_쓰기]를 클릭했을 때 텍스트 대화창 띄우기

❶ [언제 버튼_읽기.클릭] 블록을 [뷰어] 패널로 가져옵니다.

❷ [지정하기 레이블_의미.텍스트] 블록을 이벤트 핸들러 블록의 [실행] 섹션에 넣고 [값] 소켓에 ["..."] 블록을 끼웁니다.

　해설 사용자가 대화창의 텍스트 상자에 질문에 대한 답을 입력할 때 대화창 뒤로 보이는 단어의 의미를 보고 쓰지
　못하도록 영어 단어를 잠시 "..."으로 만들어 둡니다.

❸ [호출 알림1.텍스트 대화창 나타내기] 블록을 추가하고 [메시지] 소켓에 [합치기] 블록, [제목] 소켓에 ["의미 입력"]
　블록을 끼웁니다. [합치기] 블록의 첫 번째 빈 소켓에 [가져오기 global 영어단어] 블록, 두 번째 소켓에 ["를 우리말
　로 바꾸면?] 블록을 끼웁니다.

　해설 [버튼_읽기] 버튼을 클릭하면 텍스트 대화창이 나타납니다. 대화창의 텍스트 상자에 텍스트를 입력하고 대화
　창에 있는 버튼을 클릭하면 [텍스트 입력 후] 이벤트가 발생합니다.

❹ 방금 만든 이벤트 핸들러 블록 조합을 복제한 후 버튼의 이름을 "버튼_쓰기"로 바꿉니다.

해설 [쓰기] 버튼과 [읽기] 버튼의 기능이 비슷하므로 블록 조합을 복제해서 사용합니다.

❺ [지정하기] 블록의 레이블 이름을 "레이블_영어"로 바꿉니다.

해설 사용자가 질문에 대한 답을 입력할 때 화면에 있는 영어 단어를 보고 쓰지 못하게 영어 단어를 잠시 "..."으로 만들어 둡니다.

❻ [가져오기] 블록의 변수 이름을 "단어의미"로 바꿉니다. [합치기] 블록에 연결된 텍스트를 "를 영어로 바꾸면?"으로 바꾸고 [제목] 소켓에 지정된 텍스트를 "영어 입력"으로 바꿉니다.

해설 단어의 의미를 보고 영어 단어를 쓰도록 문제의 형태를 바꿉니다.

텍스트 대화창에 텍스트를 입력한 후에 실행돼야 할 기능을 만들어 보겠습니다.

[예제 12-16] 텍스트 대화창의 버튼을 클릭하면 실행되는 블록

❶ [언제 알림1.텍스트 입력 후] 블록을 [뷰어] 패널로 가져옵니다.

❷ [지정하기 레이블_의미.텍스트] 블록을 이벤트 핸들러 블록의 [실행] 섹션에 넣고 [값] 소켓에 [가져오기 global 단어 의미] 블록을 끼웁니다.

해설 텍스트 대화창이 닫히면 단어의 의미가 "..."에서 실제 단어의 의미로 바뀌도록 만듭니다.

❸ ❷에서 만든 블록 조합을 복제한 후 원본 아래에 넣고 [지정하기] 블록의 "레이블_의미"를 "레이블_영어"로, [가져오기] 블록의 "단어의미"를 "영어단어"로 바꿉니다.

해설 텍스트 대화창이 닫히면 "..."으로 만들어 놓았던 영어 단어가 다시 보이도록 만듭니다.

❹ [지정하기 레이블_결과.텍스트] 블록을 추가하고 [값] 소켓에 이벤트 핸들러 블록에서 가져온 [가져오기 응답] 블록을 끼웁니다.

해설 [응답]에는 대화창의 텍스트 상자에 입력한 텍스트가 저장돼 있습니다. 사용자가 입력한 텍스트를 실제 영어 단어 또는 단어의 의미와 비교해 볼 수 있도록 화면에 표시합니다.

[O] 버튼과 [X] 버튼 기능 만들기

다음으로 [O] 버튼의 기능을 만들어 보겠습니다.

[예제 12-17] [버튼_O]를 클릭했을 때 실행되는 블록

❶ [언제 버튼_O.클릭] 블록을 [뷰어] 패널로 가져옵니다.

❷ [호출 TinyDB2.값 저장] 블록을 이벤트 핸들러 블록의 [실행] 섹션에 넣고 [태그] 소켓에 [가져오기 global 영어단어] 블록, [저장할 값] 소켓에 [합치기] 블록을 끼웁니다. [합치기] 블록의 첫 번째 소켓에 ["@#"] 블록, 두 번째 소켓에 [가져오기 global 단어의미] 블록을 끼웁니다.

> **해설** 현재 앱 화면에 보이는 영어 단어를 학습자가 알고 있다면 [O] 버튼을 클릭할 것입니다. 학습자가 [O] 버튼을 클릭하면 현재 화면에 보이는 단어를 알고 있다는 사실을 [TinyDB2]에 저장해야 합니다. TinyDB에는 하나의 태그로 하나의 데이터만 저장할 수 있으므로 단어를 안다는 표시를 기존 태그인 영어 단어 아래에 따로 저장하는 것이 불가능합니다. 그래서 영어 단어의 뜻과 이 영어 단어를 안다는 표시인 "@#"을 합쳐서 하나의 텍스트로 만든 후에 다시 저장해서 아는 단어임을 표시해 둡니다. "@#" 표시는 영어 단어의 의미에 절대로 사용되지 않을 만한 문자열을 임의로 선정한 것으로 영어 단어의 의미와 확실히 구분되는 문자열이면 어떤 문자열을 사용해도 상관없습니다.

❸ [호출 학습자료바꾸기] 블록을 추가합니다.

> **해설** 학습자가 현재 학습자료에 대한 판단을 내렸으면, 즉 [O] 또는 [X] 버튼을 클릭했다면 [학습자료바꾸기] 함수를 호출해 화면에 다른 학습자료가 출력되도록 만듭니다.

다음으로 [X] 버튼의 기능을 만들어 보겠습니다.

[예제 12-18] [버튼_X]를 클릭했을 때 실행되는 블록

❶ [언제 버튼_O.클릭] 블록 조합을 복제한 후 버튼의 이름을 [버튼_X]로 바꿉니다.

❷ [값 저장] 블록의 [저장할 값] 소켓에 있는 [합치기] 블록을 빼고 [가져오기 global 단어의미] 블록을 [저장할 값] 소켓에 직접 끼웁니다. [합치기] 블록과 ["@#"] 블록은 삭제합니다.

해설 현재 화면에 보이는 단어에 대해 학습자가 한 번도 [O] 버튼을 클릭하지 않았다면 이 블록 조합은 실행될 필요가 없습니다. 하지만 예전에는 아는 단어였지만 시간이 지나 모르는 단어가 되어 [X] 버튼을 누른 경우 데이터에 추가돼 있던 "@#"을 지워야 하므로 이 블록 조합이 필요합니다. [TinyDB2]에 저장된 데이터에서 "@#"을 지우기 위해 영어 단어의 의미를 다시 저장해서 기존 데이터를 덮어씁니다.

지금까지 만든 기능들이 제대로 작동하는지 테스트해 봅시다.

06 _ 앱 테스트

1. [읽기] 버튼과 [쓰기] 버튼을 클릭하면 텍스트 대화창이 나타나고 학습 자료가 "…"으로 변함 ☐

2. 대화창에 텍스트를 입력하고 [OK] 버튼을 클릭하면 화면에 영어 단어와 의미가 표시되고 방금 입력한 텍스트가 출력됨 ☐

3. 학습 자료가 2개 이상 입력된 상태에서 한 개 단어에 대해 [O] 버튼을 누르고 시작하기 화면으로 이동한 후 [공부하기] 버튼을 누르고 대화창에서 [모르는 것만] 버튼을 클릭하면 공부하기 화면에 방금 [O] 버튼을 누른 단어가 나타나지 않는 것을 확인함 ☐

이것으로 영어 암기장 앱의 기본 형태 만들기를 마치겠습니다.

12.8 _ 기능 추가

영어 암기장 앱에 발음을 녹음해서 들려주는 기능, 스마트폰을 흔들어 학습 자료를 무작위로 선택하는 기능, 스마트폰의 언어 및 입력 설정을 바로 실행하는 기능을 추가해 보겠습니다.

컴포넌트 추가

[Study]의 디자인 편집기로 가서 필요한 컴포넌트를 추가합니다.

[그림 12-15] 추가 컴포넌트

기능을 추가하기 위해 [그림 12-15]에 보이는 것과 같이 [수평배치] 1개, [버튼] 3개, [녹음기], [플레이어], [액티비티 스타터], [가속도 센서]를 각 1개씩 추가했습니다. 다음 순서에 따라 추가 컴포넌트들을 화면에 배치합니다.

❶ [수평배치]를 [듣기] 버튼이 있는 레이아웃과 [O] 버튼이 있는 레이아웃 사이에 넣고 [너비]를 "부모에 맞추기"로 바꿉니다.

❷ [버튼]을 방금 추가한 수평배치 안에 넣고 이름을 "버튼_녹음"으로 바꿉니다. [버튼_녹음]의 [속성] 패널에서 [너비]를 "부모에 맞추기", [텍스트]를 "●녹음", [텍스트 색상]을 "빨강"으로 바꿉니다.

❸ [버튼]을 하나 더 추가하고 이름을 "버튼_재생"으로 바꿉니다. [버튼_재생]의 [속성] 패널에서 [너비]를 "부모에 맞추기", [텍스트]를 "▶재생", [텍스트 색상]을 "파랑"으로 바꿉니다.

❹ [버튼]을 하나 더 추가하고 이름을 "버튼_설정"으로 바꿉니다. [버튼_설정]의 [속성] 패널에서 [텍스트]를 "설정"으로 바꿉니다.

❺ [미디어] 패널에서 [녹음기]를 스크린으로 가져옵니다.

❻ [플레이어]를 스크린으로 가져옵니다.

❼ [연결] 패널의 [액티비티 스타터]를 스크린으로 가져옵니다.

❽ [가속도 센서]를 스크린으로 가져옵니다.

추가 컴포넌트의 속성을 정리해 놓은 표를 이용해 작업을 정리해 보겠습니다.

컴포넌트	이름	변경해야 할 속성
수평배치	수평배치4	너비: 부모에 맞추기
버튼	버튼_녹음	너비: 부모에 맞추기 텍스트: ●녹음 텍스트 색상: 빨강
	버튼_재생	너비: 부모에 맞추기 텍스트: ▶재생 텍스트 색상: 파랑
	버튼_설정	텍스트: 설정
녹음기	녹음기1	변경사항 없음
플레이어	플레이어1	
액티비티 스타터	액티비티_스타터1	
가속도 센서	가속도_센서1	

이제 [Study]의 블록 편집기로 가서 본격적으로 기능을 추가해 보겠습니다.

[녹음] 버튼 기능 만들기

먼저 [녹음] 버튼의 상태를 나타내기 위한 변수를 만듭니다.

`전역변수 초기화 녹음인가요 값 / 참`

[예제 12-19] 변수 선언 및 초기화

[전역 변수 초기화] 블록을 [뷰어] 패널로 가져와서 변수 이름을 "녹음인가요"로 바꾼 후 [값] 소켓에 [참] 블록을 끼웁니다. [녹음] 버튼은 녹음과 중지의 2가지 상태를 가지며 상태 따라 다르게 동작하도록 만들 예정입니다. 이때 [녹음] 버튼의 상태를 판단하기 위한 변수로 [녹음인가요]를 사용합니다.

다음으로 [녹음] 버튼을 클릭했을 때 녹음이 시작되거나 녹음이 중지되도록 만들어 보겠습니다.

[예제 12-20] [버튼_녹음]을 클릭했을 때 실행되는 블록

❶ [언제 버튼_녹음.클릭] 블록을 [뷰어] 패널로 가져옵니다.

❷ [만약 그러면] 블록을 [클릭] 이벤트 핸들러 블록의 [실행] 섹션에 넣고 파란색 아이콘을 클릭해 [아니면] 블록을 추가합니다. [만약] 소켓에 [가져오기 global 녹음인가요] 블록을 끼우고 [그러면] 섹션에 [호출 녹음기1.시작] 블록, [아니면] 섹션에 [호출 녹음기1.정지] 블록을 넣습니다.

해설 [버튼_녹음]을 클릭했을 때 [녹음인가요]의 값이 "참"이면 녹음을 시작하고 "거짓"이면 녹음을 중지합니다.

❸ [언제 녹음기1.녹음 시작] 블록을 [뷰어] 패널로 가져옵니다.

해설 [시작] 함수가 호출되고 녹음이 실제로 시작되면 [녹음 시작] 이벤트가 발생합니다.

❹ [지정하기 global 녹음인가요] 블록을 이벤트 핸들러 블록의 [실행] 섹션에 넣고 [값] 소켓에 [거짓] 블록을 끼웁니다. [지정하기 버튼_녹음.텍스트] 블록을 추가하고 [값] 소켓에 ["■중지"] 블록을 끼웁니다.

해설 녹음이 시작되면 [녹음인가요]를 "거짓"으로 바꿔서 다시 [버튼_녹음] 버튼을 클릭하면 [정지] 함수가 호출되어 녹음이 중지되도록 만듭니다. 사용자가 버튼의 기능이 바뀌었다는 것을 알 수 있게 [버튼_녹음] 버튼의 텍스트를 "■중지"로 바꿉니다.

❺ [언제 녹음기1.녹음 정지] 블록을 [뷰어] 패널로 가져옵니다.

해설 [정지] 함수가 호출되고 녹음이 중지되면 [녹음 정지] 이벤트가 발생합니다.

❻ [녹음 시작] 이벤트 핸들러 블록에 있는 블록 조합 두 줄을 복제한 후 [녹음 정지] 이벤트 핸들러 블록의 [실행] 섹션에 넣습니다. "거짓"을 "참"으로 바꾸고 [" "] 블록의 텍스트를 "●녹음"으로 바꿉니다.

해설 녹음이 중지되면 [녹음인가요]를 "참"으로 바꿔서 다시 [버튼_녹음] 버튼을 클릭하면 [시작] 함수가 호출되어 녹음이 시작되도록 만듭니다. 사용자가 버튼의 기능이 바뀌었다는 것을 알 수 있도록 [버튼_녹음] 버튼의 텍스트를 "●녹음"으로 바꿉니다.

❼ [언제 녹음기1.녹음 후] 블록을 [뷰어] 패널로 가져옵니다.

해설 [녹음 후] 이벤트는 [정지] 함수가 호출되고 녹음이 완료된 후에 발생합니다.

❽ [지정하기 플레이어1.소스] 블록을 녹음 후 이벤트 핸들러 블록의 [실행] 섹션에 넣고 [값] 소켓에 이벤트 핸들러 블록에서 가져온 [가져오기 소리] 블록을 끼웁니다.

해설 [소리]에는 녹음파일이 스마트폰의 내부 저장소 어느 곳에 있는지를 알려주는 경로가 저장돼 있습니다. 녹음이 완료되면 녹음된 파일을 [플레이어1]의 [소스]로 설정합니다.

[재생] 버튼 기능 만들기

다음으로 [재생] 버튼을 클릭하면 녹음해 둔 음성이 재생되도록 만들어 보겠습니다.

[예제 12-21] [버튼_재생]을 클릭했을 때 녹음된 파일 재생

❶ [언제 버튼_재생.클릭] 블록을 [뷰어] 패널로 가져옵니다.

❷ [호출 플레이어1.시작] 블록을 이벤트 핸들러 블록의 [실행] 섹션에 을 끼웁니다.

해설 녹음이 완료된 후 녹음된 파일을 [플레이어1]의 [소스]로 지정해 뒀으므로 [시작] 함수를 호출해 녹음된 파일을 재생합니다.

지금까지 만든 기능이 제대로 작동하는지 테스트해 봅시다.

1. [●녹음] 버튼을 클릭하면 녹음이 시작되고 버튼 이름이 "■중지"로 바뀜 ☐

2. [■중지] 버튼을 클릭하면 녹음이 중지되고 버튼 이름이 "●녹음"으로 바뀜 ☐

3. 녹음을 완료한 후 [▶재생] 버튼을 클릭하면 방금 녹음한 음성이 재생됨 ☐

학습 자료 무작위 선택 기능 만들기

다음으로 스마트폰을 흔들면 학습 자료가 무작위로 선택되는 기능을 만들어 보겠습니다.

[예제 12-22] 스마트폰을 흔들었을 때 학습 자료 전환

❶ [언제 가속도_센서1.흔들림] 블록을 [뷰어] 패널로 가져옵니다.

　　해설 스마트폰을 흔들면 가속도 센서가 이를 감지해 [흔들림] 이벤트가 발생합니다.

❷ [호출 플레이어1.진동] 블록을 이벤트 핸들러 블록의 [실행] 섹션에 넣고 [밀리초] 소켓에 [100]을 끼웁니다.

　　해설 [진동] 함수는 정해진 시간 동안 스마트폰이 진동하게 합니다. 스마트폰을 제대로 흔들지 않으면 [흔들림] 이벤트가 발생하지 않을 수도 있습니다. 스마트폰을 성공적으로 흔들어서 [흔들림] 이벤트가 발생하면 이를 사용자에게 알리기 위해 0.1초간 진동을 발생시킵니다.

❸ [지정하기 global 현재학습위치] 블록을 추가하고 [값] 소켓에 [임의의 정수] 블록을 끼웁니다. [임의의 정수] 블록의 [시작] 소켓에 [0] 블록, [끝] 소켓에 [가져오기 global 자료리스트길이] 블록을 끼웁니다.

　　해설 [임의의 정수] 블록은 지정된 숫자 범위 안에서 하나의 정수를 무작위로 선택해서 돌려줍니다. [자료리스트]에 있는 학습 자료 중 하나를 선택하기 위해 0에서 [자료리스트길이] 값 사이에서 무작위로 선택된 수는 전역 변수 [현재학습위치]에 저장됩니다. [현재학습위치]는 [학습자료바꾸기] 함수 안에서 [자료리스트]에 있는 영어 단어 중 몇 번째에 있는 영어 단어를 화면에 출력할지 결정하는 값으로 사용됩니다.

❹ [호출 학습자료바꾸기] 블록을 추가합니다.

　　해설 화면에 출력되는 학습자료는 [현재학습위치]의 값에 의해 결정되므로 스마트폰을 흔들었을 때 이 값을 무작위로 바꿔준 후 [학습자료바꾸기] 함수를 호출하면 새로운 학습자료가 화면에 나타납니다.

설정 창 바로 열기 기능 만들기

다음으로 [설정] 버튼을 클릭해 스마트폰의 언어 및 입력 설정 창을 바로 열 수 있도록 만들어 보겠습니다.

[예제 12-23] [버튼_설정]을 클릭했을 때 설정 창 열기

❶ [언제 버튼_설정.클릭] 블록을 [뷰어] 패널로 가져옵니다.

❷ [지정하기 액티비티_스타터1.액티비티 클래스] 블록을 이벤트 핸들러 블록의 [실행] 섹션에 넣고 [값] 소켓에 ["com.android.settings.LanguageSettings"] 블록을 끼웁니다.

　해설 [액티비티 클래스] 속성에 언어 및 입력 설정 화면을 의미하는 문자열을 대입합니다.

❸ [지정하기 액티비티_스타터1.액티비티 패키지] 블록을 추가하고 [값] 소켓에 ["com.android.settings"] 블록을 끼웁니다.

　해설 [액티비티 패키지] 속성에 설정 앱을 의미하는 문자열을 대입합니다.

❹ [호출 액티비티_스타터1.액티비티 시작] 블록을 추가합니다.

　해설 [액티비티 시작] 함수가 호출되면 앞서 설정한 속성 값에 따라 설정 앱의 언어 및 입력 설정 창을 화면에 띄웁니다.

지금까지 만든 기능들이 제대로 작동하는지 테스트해 봅시다.

08_ 앱 테스트

1. 스마트폰을 흔들면 진동이 울리고 학습 자료가 무작위로 바뀜　☐

2. 설정 버튼을 클릭하면 언어 및 입력 설정 화면이 나타남　☐

지금까지 만든 암기장 앱은 책의 지면 관계상 제대로 만들지 못하고 넘어간 부분, 혹은 앱 인벤터의 기능을 설명하기 위해 억지로 끼워 넣은 부분 등 부족한 부분이 많습니다. 책의 예제를 참고해서 새로운 아이디어가 더해진 더 나은 암기장 앱을 만들어 보길 바랍니다.

파일을 이용한 학습 자료 입력

영어 암기장 앱으로 학습하려면 자료를 스마트폰으로 직접 입력해야 합니다. 한두 건 정도의 자료는 직접 입력할 수 있겠지만 스마트폰의 작은 키보드로 많은 양의 학습 자료를 입력하는 것은 비효율적입니다. 학습 자료를 컴퓨터로 편집해서 텍스트 파일로 만든 후 파일의 내용 전체를 한 번에 앱의 TinyDB에 넣을 수 있는 기능을 추가해서 많은 양의 학습 자료를 쉽게 입력할 수 있도록 만들어 봅시다.

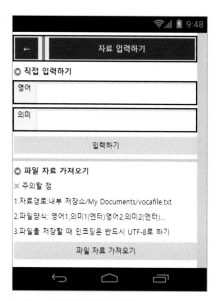

[그림 12-16] 자료 입력하기 화면

1. 추가할 기능

❶ 직접 입력하기와 파일 자료 가져오기가 구분되도록 [그림 12-16]처럼 화면을 재구성합니다.

❷ [파일 자료 가져오기] 버튼을 클릭하면 스마트폰의 지정된 폴더에 저장돼 있던 텍스트 파일을 읽어들여 TinyDB에 저장합니다.

❸ 텍스트 파일의 자료를 TinyDB에 저장하는 작업이 완료되면 대화창을 띄워서 파일로부터 몇 개의 학습 자료를 가져왔는지 알려줍니다.

2. 참고 사항

❶ [저장소] 서랍에 있는 [파일] 컴포넌트를 추가합니다.

❷ 자료 입력에 사용되는 파일 양식은 [그림 12-17]과 같이 단어와 뜻은 콤마(,)로 구분하고 그다음 단어와는 엔터 (Enter)로 구분합니다.

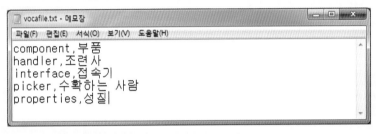

[그림 12-17] 자료 입력 예

❸ 메모장에서 텍스트 파일을 만든 후 저장할 때 인코딩은 반드시 "UTF-8"로 지정해야 앱에서 한글을 인식할 수 있습니다.

❹ 완성한 텍스트 파일은 스마트폰의 내부 저장소/My Documents 폴더 또는 원하는 폴더에 저장합니다.

❺ [저장소] 서랍의 [파일] 컴포넌트를 사용하면 스마트폰의 내부 저장소에 있는 텍스트 파일을 읽어올 수 있습니다. [파일] 컴포넌트의 [호출 파일.읽어오기] 블록의 [파일 이름] 소켓에 텍스트 파일이 저장돼 있는 경로를 지정하면 파일의 내용을 읽어올 수 있습니다.

❻ 읽어온 파일의 내용을 [리스트] 서랍에 있는 [csv 표를 리스트로 바꾸기] 블록을 이용해 2차원 리스트로 만들고 [각각 반복 항목] 블록을 사용해 리스트의 내용을 TinyDB에 저장하는 방법으로 텍스트 파일의 내용을 TinyDB로 옮길 수 있습니다.

프로젝트 소스

지금까지 만든 앱과 미션에 관한 예제는 앱 인벤터 갤러리에서 myVocaList로 검색하면 확인할 수 있습니다.

13
팔 굽혀 펴기 앱

이번 장에서는 스마트폰을 이용해 팔 굽혀 펴기 기록을 측정하고 관리할 수 있는 앱을 만들어보겠습니다. 팔 굽혀 펴기 앱은 스마트폰에 있는 근접 센서를 이용해 팔 굽혀 펴기 횟수를 측정하고 팔 굽혀 펴기를 한 횟수를 날짜별로 저장해서 보여주는 기능을 가진 앱입니다.

구현 과정

1. 준비하기 _ 팔 굽혀 펴기 앱 구상하기, 앱 구현에 필요한 주요 컴포넌트의 기능 알기

2. 화면 구성 _ 앱 화면 구상에 따라 각종 컴포넌트 화면에 배치하기

3. 기본 기능 _ 팔 굽혀 펴기 횟수 측정 기능, 최고 기록 및 운동일 수 보기 기능, 일별 기록 저장 기능 만들기

4. 기능 추가 _ Extension을 이용한 운동 기록 차트 만들기

5. 도전하기 _ 팔 굽혀 펴기 총 횟수 출력하기

완성된 앱의 모습

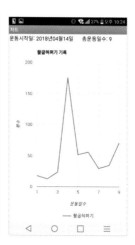

13.1 _ 앱 개발 준비

앱 구상

운동 기록 화면

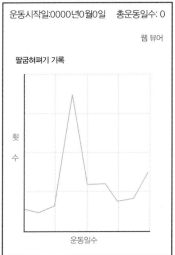

차트 화면

[그림 13-1] 앱 화면 구상

- **앱 이름:** 푸쉬업 기록기

- **스크린:** 2개

- **사용할 컴포넌트:** 버튼, 레이블, 목록 선택, 알림, 수직배치, 수평배치, 음성 변환, 시계, 근접 센서, TinyDB, 웹뷰어, ChartMaker

- **설계 내용**

  본 앱은 총 2개의 스크린으로 구성됩니다.

  운동 기록 화면

  앱의 시작 화면이자 운동을 기록하는 화면입니다.

  ❶ 근접 센서가 없는 스마트폰에서 앱을 실행하면 앱을 사용할 수 없다는 경고창을 띄웁니다.

  ❷ 스마트폰에 근접 센서가 있다면 근접 센서로 측정 가능한 최대 거리 값이 표시되고 근접 센서를 가리고 있던 물체가 최대 거리 값 이상으로 멀어지는 순간 거리 측정값의 숫자가 변합니다.

❸ [운동시작] 버튼을 누른 후 스마트폰 화면이 위로 향하게 해서 배 밑에 깔고 팔 굽혀 펴기를 하면(근접 센서를 가렸다가 치우면) 팔 굽혀 펴기 횟수를 나타내는 숫자가 1만큼 증가하고 [음성 변환] 컴포넌트를 이용해 숫자를 읽어줍니다. [운동시작] 버튼은 클릭하는 순간 [운동중단] 버튼으로 바뀝니다.

❹ [운동중단] 버튼을 클릭하면 더는 팔 굽혀 펴기 횟수를 나타내는 숫자가 증가하지 않으며 팔 굽혀 펴기 횟수가 현재 날짜와 함께 TinyDB에 저장됩니다. 기록은 일별로 누적 기록되고 하루가 지나면 다시 0으로 초기화됩니다.

❺ 운동이 중단될 때마다 현재 팔 굽혀 펴기 횟수와 일일 최고 기록을 비교해 현재 팔 굽혀 펴기 횟수가 더 크다면 일일 최고 기록을 현재 팔 굽혀 펴기 횟수로 바꿉니다.

❻ TinyDB에 있는 날짜 태그의 수를 계산해 총 운동 일수를 화면에 출력합니다.

❼ [기록보기] 버튼을 클릭하면 날짜별로 팔 굽혀 펴기 횟수를 확인할 수 있는 목록창이 나타납니다. 목록창 상단의 타이틀바에는 일별 팔 굽혀 펴기 횟수를 모두 합한 누적 횟수가 표시됩니다.

❽ [차트보기] 버튼을 클릭하면 차트 화면으로 이동합니다.

❾ [기록보기] 버튼과 [차트보기] 버튼은 운동 중 실수로 버튼이 눌리는 것을 방지하기 위해 운동을 시작한 상태에서는 동작하지 않으며 운동이 중단된 상태에서만 동작합니다.

❿ 스마트폰을 회전시키면 화면의 방향이 변하고 바뀐 화면의 높이에 맞게 버튼의 높이와 글자의 크기가 재설정됩니다.

차트 화면

[차트 보기] 버튼을 누르면 열리는 화면으로 운동 기록이 그래프로 표시됩니다.

❶ TinyDB의 데이터를 이용해 운동을 시작한 날짜와 총 운동 일수를 화면에 출력합니다.

❷ 차트 만들기 확장기능을 이용해 TinyDB에 저장된 날짜별 팔 굽혀 펴기 횟수를 선 그래프 형태로 화면에 출력합니다.

앱 제작에 필요한 컴포넌트 살펴보기

이번 장에 새롭게 등장하는 컴포넌트와 앱 제작에 사용될 블록들을 미리 살펴보겠습니다.

▪ **[근접 센서] 컴포넌트**

❶ **위치:** 센서

❷ **기능:** 스마트폰 화면과 사물의 거리를 측정하는 센서입니다. 보통 통화를 할 때 자동으로 화면을 끄고 켜기 위해 사용자의 귀 부분이 화면 가까이 있는지 멀리 있는지를 판단하는 용도로 사용됩니다. 주로 통화를 위해 사용되는

센서이므로 대부분의 스마트폰에는 근접 센서가 장착돼 있으나 통화 기능이 없는 태블릿에는 근접 센서가 장착돼 있지 않습니다. 근접 센서가 센서와 물체 사이의 거리를 측정해서 알려주는 값인 [거리] 속성에는 실제 센서와 물체 사이의 거리 값이 들어있는 것이 아니라 물체가 측정 가능한 거리 안에 있는지 바깥에 있는지를 알려주는 값이 들어있습니다. 물체가 [최대 거리] 값의 범위 안에 있으면 [거리] 값은 0이 되고 이 범위를 벗어나면 [거리]는 [최대 거리]와 같은 값을 가지게 됩니다. 스마트폰에 장착된 센서에 따라 [최대 거리] 값이 다를 수 있으나 일반적으로 [최대 거리] 값은 대략 5cm입니다.

❸ 속성

블록	기능
근접_센서1 . 사용 가능	스마트폰에 근접 센서가 장착돼 있으면 "참", 아니면 "거짓" 값을 돌려줍니다.
근접_센서1 . 거리	스마트폰과 물체 사이의 거리를 돌려줍니다.
근접_센서1 . 최대 거리	근접 센서가 측정할 수 있는 최대 거리를 돌려줍니다.

❹ 이벤트

블록	기능
언제 근접_센서1 .ProximityChanged 거리 실행	근접 센서의 측정 값이 변할 때, 즉 물체가 측정 범위 안으로 들어오거나 측정 범위 바깥으로 나갈 때 이 블록이 실행됩니다. [거리]에는 근접 센서와 물체 사이의 거리가 들어있습니다. [거리] 값은 물체가 측정 범위 안으로 들어오면 0이 되고 측정 범위 바깥으로 나가면 근접센서의 [최대 거리] 값과 같아집니다.

▪ [ChartMaker] 컴포넌트

❶ 위치: Extension

❷ 기능: 개인 개발자가 만든 확장 기능 중 하나로 웹 뷰어에 원 그래프, 막대 그래프, 선 그래프를 그리는 기능을 제공합니다. [ChartMaker] 외에도 구글에서 "appinventor extension"이라는 키워드로 검색하면 다양한 확장 컴포넌트를 찾을 수 있습니다.

❸ 다운로드 주소: https://github.com/MillsCS215AppInventorProj/chartmaker

❹ 사용법: ChartMaker.aix 파일을 내려받은 후 팔레트 패널의 Extension에서 [Import extension]을 클릭해 내려받은 파일을 내 프로젝트로 가져옵니다.

⑤ 함수

블록	기능
	각 소켓에 지정된 값을 이용해 선 그래프를 그립니다. chartTitle: 그래프 이름 hAxisTitle: 가로축 항목 이름 vAxisTitle: 세로축 항목 이름 labels: 그래프 설명 values: (가로 값, 세로 값) 형태의 리스트를 항목으로 가지는 리스트 형태의 데이터 webViewer: 그래프가 그려질 웹 뷰어 컴포넌트

새로운 프로젝트 만들기

앱 인벤터 개발 페이지에 접속한 후 [새 프로젝트 시작하기]를 클릭해 새로운 프로젝트를 만듭니다. 프로젝트의 이름은 "pushUpRecorder"로 지정하겠습니다.

13.2 _ 화면 디자인

[그림 13-2] 팔 굽혀 펴기 앱의 기본 화면 디자인

팔 굽혀 펴기 앱의 기본 화면 디자인은 [그림 13-2]와 같습니다. 지금부터 [Screen1]의 화면을 구성해 보겠습니다.

[Screen1] 속성 설정

❶ [컴포넌트] 패널의 [Screen1]을 선택한 후 [속성] 패널에서 [앱 이름]을 "푸쉬업기록기"로 바꿉니다.

❷ [제목 보이기]의 체크를 해제합니다.

정보 출력 영역 만들기

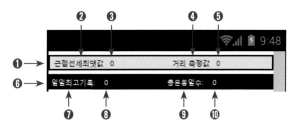

[그림 13-3] 정보 출력 영역을 구성하는 순서

❶ [수평배치]를 스크린으로 가져온 후 [속성] 패널에서 [너비]를 "부모에 맞추기"로 바꿉니다.

❷ [레이블]을 [수평배치1] 안에 넣고 [속성] 패널에서 [글꼴 크기]를 "12", [텍스트]를 "근접센서최댓값 :"으로 바꿉니다.

❸ [레이블]을 추가하고 이름을 "레이블_최대거리"로 바꿉니다. [레이블_최대거리]의 [속성] 패널에서 [글꼴 크기]를 "12", [너비]를 "부모에 맞추기", [텍스트]를 "0"으로 바꿉니다.

❹ [레이블]을 추가하고 [속성] 패널에서 [글꼴 크기]를 "12", [텍스트]를 "거리측정값 :"으로 바꿉니다.

❺ [레이블]을 추가하고 이름을 "레이블_거리"로 바꿉니다. [레이블_거리]의 [속성] 패널에서 [글꼴 크기]를 "12", [너비] 를 "부모에 맞추기", [텍스트]를 "0"으로 바꿉니다.

❻ [수평배치]를 가져와 [수평배치1] 아래에 넣고 [속성] 패널에서 [배경색]을 "검정", [너비]를 "부모에 맞추기"로 바꿉 니다.

❼ [레이블]을 [수평배치2] 안에 넣고 [속성] 패널에서 [글꼴 크기]를 "12", [텍스트]를 "일일최고기록 :", [텍스트 색상]을 "흰색"으로 바꿉니다.

❽ [레이블]을 추가하고 이름을 "레이블_일일최고기록"으로 바꿉니다. [레이블_일일최고기록]의 [속성] 패널에서 [글꼴 크기]를 "12", [너비]를 "부모에 맞추기", [텍스트]를 "0", [텍스트 색상]을 "흰색"으로 바꿉니다.

❾ [레이블]을 추가하고 [속성] 패널에서 [글꼴 크기]를 "12", [텍스트]를 "총운동일수 :", [텍스트 색상]을 "흰색"으로 바꿉니다.

❿ [레이블]을 추가하고 이름을 "레이블_총운동일수"로 바꿉니다. [레이블_총운동일수]의 [속성] 패널에서 [글꼴 크기]를 "12", [너비]를 "부모에 맞추기", [텍스트]를 "0", [텍스트 색상]을 "흰색"으로 바꿉니다.

운동 횟수 출력 영역과 버튼 영역 만들기

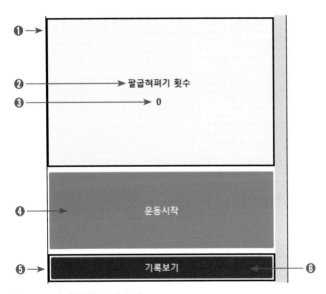

[그림 13-4] 버튼 영역 구성 순서

❶ [수직배치]를 [수평배치2] 아래에 넣고 [속성] 패널에서 [수평 정렬]을 "중앙", [수직 정렬]을 "가운데", [높이]와 [너비]를 [부모에 맞추기]로 바꿉니다.

❷ [레이블]을 [수직배치1] 안에 넣고 이름을 "레이블_카운터표시"로 바꾼 후 [속성] 패널에서 [글꼴 굵게]에 체크, [텍스트]를 "팔굽혀펴기 횟수"로 바꿉니다.

❸ [레이블]을 [레이블-카운터표시] 아래에 추가하고 이름을 "레이블_카운터"로 바꾼 후 [속성] 패널에서 [글꼴 굵게]에 체크, [텍스트]를 "0"으로 바꿉니다.

❹ [버튼]을 [수직배치1] 아래에 넣고 이름을 "버튼_운동시작"으로 바꿉니다. [버튼_운동시작]의 [속성] 패널에서 [배경색]을 "회색", [높이]를 "25 percent", [너비]를 "부모에 맞추기", [텍스트]를 "운동시작", [텍스트 색상]을 "흰색"으로 바꿉니다.

❺ [수평배치]를 [버튼_운동시작] 아래에 넣고 [속성] 패널에서 [너비]를 "부모에 맞추기"로 바꿉니다.

❻ [목록 선택]을 [수평배치3] 안에 넣고 이름을 "목록선택_기록보기"로 바꿉니다. [목록선택_기록보기]의 [속성] 패널에서 [배경색]을 "어두운 회색", [너비]를 "부모에 맞추기", [텍스트]를 "기록보기", [텍스트 색상]을 "흰색"으로 바꿉니다.

보이지 않는 컴포넌트 배치

❶ [센서] 서랍에서 [근접 센서]를 스크린으로 가져옵니다.

❷ [음성 변환]을 스크린으로 가져옵니다.

❸ [TinyDB]를 스크린으로 가져옵니다.

❹ [시계]를 스크린으로 가져옵니다.

❺ [알림]을 스크린으로 가져옵니다.

이것으로 [Screen1]의 화면 디자인 작업을 마치겠습니다.

컴포넌트 속성 정리

컴포넌트의 속성을 정리해 놓은 표를 통해 지금까지의 작업을 정리해 보겠습니다.

컴포넌트	이름	변경해야 할 속성
스크린	Screen1	앱 이름: 푸쉬업기록기 제목 보이기: 체크 해제
수평배치	수평배치1, 수평배치2, 수평배치3	너비: 부모에 맞추기
수직배치	수직배치1	수평 정렬: 중앙 수직 정렬: 가운데 높이: 부모에 맞추기 너비: 부모에 맞추기

컴포넌트	이름	변경해야 할 속성
버튼	버튼_운동시작	**배경색:** 회색 **높이:** 25 percent **너비:** 부모에 맞추기 **텍스트:** 운동시작 **텍스트 색상:** 흰색
레이블	레이블1, 레이블2	**글꼴 크기:** 12 **텍스트:** 근접센서최댓값 :, 거리 측정값 :
	레이블_최대거리, 레이블_거리	**글꼴 크기:** 12 **너비:** 부모에 맞추기 **텍스트:** 0
	레이블3, 레이블4	**글꼴 크기:** 12 **텍스트:** 일일최고기록 :, 총운동일수 : **텍스트 색상:** 흰색
	레이블_일일최고기록 레이블_총운동일수	**글꼴 크기:** 12 **너비:** 부모에 맞추기 **텍스트:** 0 **텍스트 색상:** 흰색
	레이블_카운터표시	**글꼴 굵게:** 체크 **텍스트:** 팔굽혀펴기 횟수
	레이블_카운터	**글꼴 굵게:** 체크 **텍스트:** 0
목록 선택	목록선택_기록보기	**배경색:** 어두운 회색 **높이:** 부모에 맞추기 **너비:** 부모에 맞추기 **텍스트:** 기록보기 **텍스트 색상:** 흰색
근접 센서	근접_센서1	변경사항 없음
음성 변환	음성_변환1	변경사항 없음
TinyDB	TinyDB1	변경사항 없음
시계	시계1	변경사항 없음
알림	알림1	변경사항 없음

화면 디자인 작업을 완료했으면 [블록] 버튼을 클릭해 블록 편집기로 이동합니다.

13.3 _ 블록 조립

초기 설정 작업

우선 날짜를 저장하는 변수와 컴포넌트의 크기를 설정하는 데 필요한 변수를 만들어 보겠습니다.

[예제 13-1] 전역 변수 선언 및 초기화

❶ [전역 변수 초기화] 블록을 [뷰어] 패널로 가져와 변수의 이름을 [날짜태그]로 바꾸고 [값] 소켓에 [" "] 블록을 끼웁니다.

해설 [날짜태그]에는 오늘 날짜가 저장되며 팔 굽혀 펴기 횟수를 TinyDB에 저장할 때 태그로 사용합니다.

❷ [전역 변수] 블록을 복제한 후 변수의 이름을 "글자크기기준"으로 바꿉니다. 그리고 [값] 소켓에 지정된 블록을 삭제하고 [0] 블록을 끼웁니다.

해설 [글자크기기준]은 화면에 출력되는 글자의 크기를 계산하기 위한 기준 값으로 사용합니다.

❸ [전역 변수 초기화 글자크기기준] 블록을 두 번 복제한 후 각 블록의 변수 이름을 "스크린높이"와 "스크린너비"로 바꿉니다.

해설 [스크린높이]와 [스크린너비]는 화면의 높이와 너비를 저장해 두는 용도로 사용합니다.

다음으로 화면에 출력되는 글자의 크기를 조절하는 함수를 만들어 보겠습니다.

[예제 13-2] [글자크기설정하기] 함수

❶ [함수 실행] 블록을 [뷰어] 패널로 가져온 후 이름을 "글자크기설정하기"로 바꿉니다.

해설 [글자크기설정하기] 함수는 [레이블_카운터] 레이블과 [버튼_운동시작] 버튼의 글자 크기가 스크린의 높이에 따라 달라지도록 만듭니다.

❷ [지정하기 레이블_카운터.글꼴 크기] 블록을 추가하고 [값] 소켓에 [×] 블록을 끼웁니다. × 연산자 왼쪽 소켓에 [가져오기 global 글자크기기준] 블록, 오른쪽에 [0.25] 블록을 끼웁니다.

해설 [레이블_카운터]의 글자 크기를 [글자크기기준]을 이용해 계산한 값으로 정합니다. [글자크기기준]에 곱하는 숫자인 0.25는 특별히 정해진 숫자가 아니라 텍스트가 버튼의 높이를 벗어나지 않으면서 버튼의 크기에 맞게 커지도록 만들기 위해 몇 번의 테스트를 거쳐 결정한 숫자입니다. [글자크기기준]의 값은 스크린의 높이와 같으므로 글자의 크기는 스크린의 높이에 의해 결정됩니다. 스크린의 높이는 스크린의 방향에 따라 달라지므로 스크린이 회전하면 글자의 크기도 달라집니다.

❸ [지정하기 버튼_운동시작.글꼴 크기] 블록을 추가하고 [값] 소켓에 [×] 블록을 끼웁니다. × 연산자 왼쪽 소켓에 [가져오기 global 글자크기기준] 블록, 오른쪽에 [0.1] 블록을 끼웁니다.

해설 [레이블_카운터]의 글자 크기를 스크린 높이에 0.1을 곱한 값으로 정합니다.

다음으로 [초기화] 이벤트를 만들어 보겠습니다.

[예제 13-3] [Screen1]이 열리면 실행되는 블록

❶ [언제 Screen1.초기화] 블록을 [뷰어] 패널로 가져옵니다.

❷ [지정하기 global 스크린높이] 블록을 [실행] 섹션에 넣고 [값] 소켓에 [Screen1.높이] 블록을 끼웁니다. 이 블록 조합을 복제해 원본 아래에 넣고 변수의 이름을 "스크린너비"로 바꾸고 [값] 소켓의 [Screen1] 속성을 "너비"로 바꿉니다.

　　해설 앱이 시작되면 앱 화면의 높이와 너비를 변수에 저장해 둡니다.

❸ [지정하기 global 글자크기기준] 블록을 추가하고 [값] 소켓에 [가져오기 global 스크린높이] 블록을 끼웁니다.

　　해설 스크린의 높이를 화면에 출력되는 글자의 크기를 정하는 기준으로 설정합니다. 앱 화면의 높이와 너비를 변수에 저장하고 [글자크기기준] 값을 정하는 까닭은 스마트폰을 회전시켜 앱 화면의 방향이 바뀌었을 때 글자의 크기를 화면의 높이에 맞게 재설정하기 위해서입니다.

❹ [호출 글자크기설정하기] 블록을 추가합니다.

　　해설 앱이 시작되면 [글자크기설정하기] 함수를 호출해 글자의 크기를 스크린의 높이에 맞게 조절합니다.

❺ [만약 그러면] 블록을 추가하고 파란색 아이콘을 클릭해 [아니면] 블록을 추가합니다. [만약] 소켓에 [근접_센서1.사용 가능] 블록을 끼웁니다.

　　해설 [근접_센서1.사용 가능] 값은 앱을 실행한 스마트폰에 근접 센서가 달려있다면 "참"이 되고, 그렇지 않다면 "거짓"이 됩니다.

❻ [지정하기 레이블_최대거리.텍스트] 블록을 [그러면] 섹션에 넣은 후 [값] 소켓에 [근접_센서1.최대 거리] 블록을 끼웁니다.

　　해설 스마트폰에 근접 센서가 달려있다면 화면에 근접 센서가 측정할 수 있는 최대 거리를 표시합니다. 스마트폰마다 수치가 조금씩 다를 수 있지만 대부분의 경우 최대 거리의 값은 약 5가 됩니다.

❼ [레이블_일일최고기록.텍스트] 블록을 [그러면] 섹션에 추가하고 [값] 소켓에 [호출 TinyDB1.값 가져오기] 블록을 끼웁니다. [태그] 소켓에 ["태그_일일최고기록"] 블록을 끼우고 [찾는 값이 없을 경우] 소켓에 [0] 블록을 끼웁니다.

　　해설 앱이 시작되면 [TinyDB1]에 저장된 일일 최고기록 값을 가져와 화면에 출력합니다. 아직 일일 최고기록을 저장한 적이 없다면 [TinyDB1]에 [태그_일일최고기록]이라는 태그가 없으므로 기본값인 0을 화면에 출력합니다.

❽ [지정하기 레이블_총운동일수.텍스트] 블록을 [그러면] 섹션에 추가하고 [값] 소켓에 [만약 그러면 아니면] 블록을 끼웁니다. [만약] 소켓에 [리스트가 비어있나요?] 블록을 끼우고 [리스트] 소켓에 [호출 TinyDB1.태그 리스트 가져오기] 블록을 끼웁니다. [그러면] 소켓에 [0] 블록을 끼우고 [아니면] 소켓에 [−] 블록을 끼웁니다. − 연산자의 왼쪽 소켓에 [리스트 길이] 블록을 끼우고 [리스트] 소켓에 [호출 TinyDB1.태그 리스트 가져오기] 블록을 끼웁니다. − 연산자의 오른쪽 소켓에 [1] 블록을 끼웁니다.

해설 [TinyDB1]의 태그 리스트가 비어있다면 아직 운동하지 않았음을 의미하므로 운동을 한 총 날짜 수는 0일이 됩니다. [TinyDB1]에 저장된 태그가 있다면 태그의 총 개수에서 1을 뺀 수가 운동을 한 총 날짜 수가 됩니다. 운동 횟수를 저장할 때 운동을 한 날짜와 일일 최고기록을 함께 저장할 예정이므로 운동을 한 날이 하루라면 태그는 2개가 되고 이틀이라면 태그는 3개가 됩니다. [태그_일일최고기록] 태그는 운동한 날짜 수를 계산할 때 제외해야 하므로 총 태그의 수에서 1을 뺍니다.

❾ [지정하기 global 날짜태그] 블록을 추가하고 [값] 소켓에 [호출 시계1.날짜 형식] 블록을 끼웁니다. [인스턴트] 소켓에 [호출 시계1.지금] 블록을 끼우고 [pattern] 소켓의 텍스트를 "yyyy년MM월dd일"로 바꿉니다.

해설 [시계1.지금] 함수는 현재의 순간을 나타내는 인스턴트를 돌려주고 [시계1.날짜 형식] 함수는 인스턴트 안에 있는 날짜를 [pattern] 소켓에 설정된 형식에 맞춰서 돌려줍니다. 최종적으로 [날짜태그]에 들어가는 값은 "2015년 07월16일"과 같은 형식이 됩니다. 만약 [pattern] 소켓의 텍스트를 "yyyy/MM/dd"로 바꾸면 [날짜태그]에 들어가는 값은 "2015/07/16"과 같은 형식이 됩니다.

❿ [지정하기 버튼_카운터.텍스트] 블록을 추가하고 [값] 소켓에 [호출 TinyDB1.값 가져오기] 블록을 끼웁니다. [태그] 소켓에 [가져오기 global 날짜태그] 블록, [찾는 값이 없을 경우] 소켓에 [0] 블록을 끼웁니다.

해설 [TinyDB1]에서 [날짜태그]에 저장된 값을 가져와 화면에 표시합니다. 하루 중 운동을 처음 시작하는 경우라면 오늘 날짜의 태그가 저장돼 있지 않기 때문에 앱 화면에는 [찾는 값이 없을 경우] 소켓에 지정된 값인 0이 됩니다. 오늘 운동을 한 기록이 있다면 이전 기록을 가져와 화면에 출력합니다.

⓫ [지정하기 음성_변환1.언어] 블록을 추가하고 [값] 소켓에 ["ko"] 블록을 끼웁니다.

해설 팔 굽혀 펴기 횟수를 한국어로 읽을 수 있도록 설정합니다. "ko"는 Korean의 약어입니다. [언어] 설정은 디자인 편집기의 [속성] 패널에서도 가능하지만 [속성] 패널의 언어 목록에 한국어가 없으므로 블록에서 직접 설정합니다. 음성으로 읽어주기(TTS)의 언어는 스마트폰의 기본 언어 설정을 따라가므로 언어 설정이 한국어로 돼 있다면 이 블록 조합은 없어도 상관없습니다. "ko" 대신 "en"을 쓰면 영어로 숫자를 읽어줍니다.

⓬ [호출 알림1.경고창 나타내기] 블록을 [아니면] 섹션에 넣고 [알림] 소켓에 ["근접센서가 없어서 앱 사용이 불가능합니다"] 블록을 끼웁니다.

해설 앱을 실행한 스마트폰에 근접 센서가 달려 있지 않다면 경고창을 통해 앱 사용이 불가능함을 알립니다.

다음으로 스마트폰의 방향을 바꿔서 화면의 가로세로 보기 모드가 바뀌었을 때 바뀐 화면의 높이에 맞게 컴포넌트들의 크기가 재설정되도록 만들어 보겠습니다.

[예제 13-4] 화면 방향이 바뀌었을 때 컴포넌트 크기 재설정

❶ [언제 Screen1.스크린 방향 변경] 블록을 [뷰어] 패널로 가져옵니다.

해설 [스크린 방향 변경] 이벤트는 스마트폰의 화면 방향이 바뀌면 발생합니다.

❷ [만약 그러면] 블록을 이벤트 핸들러 블록의 [실행] 섹션에 넣고 파란색 아이콘을 클릭해 [아니면] 블록을 추가합니다. [만약] 소켓에 [논리] 서랍에서 가져온 [=] 블록을 끼우고 = 연산자의 양쪽 소켓에 [가져오기 global 글자크기기준] 블록과 [가져오기 global 스크린높이] 블록을 끼웁니다.

❸ [지정하기 global 글자크기기준] 블록을 [그러면] 섹션에 넣고 [값] 소켓에 [가져오기 global 스크린너비] 블록을 끼웁니다. 이 블록 조합을 복제한 후 [아니면] 섹션에 넣고 [가져오기] 블록의 변수 이름을 "스크린높이"로 바꿉니다.

해설 스크린 방향이 바뀌었을 때 [글자크기기준] 값이 [스크린높이]와 같다면 [글자크기기준] 값을 [스크린너비]로 바꾸고 [글자크기기준] 값이 [스크린너비]와 같다면 [글자크기기준] 값을 [스크린높이]로 바꿉니다. 이렇게 하는 까닭은 스크린의 방향이 바뀔 때마다 [글자크기기준] 값을 실제 스크린의 높이 값으로 설정하기 위해서입니다. [글자크기기준] 값으로 [Screen1.높이]를 사용하지 않고 굳이 복잡하게 [스크린높이]와 [스크린너비] 값을 번갈아 사용하는 이유는 스크린 방향이 변경된 후 가져오는 [Screen1.높이] 블록의 값이 실제 스크린의 높이를 나타내지 못하기 때문입니다.

[그림 13-5] 스크린 방향이 변경됐을 때 [Screen1]의 너비와 높이 출력하기

[그림13-5]와 같이 블록을 구성하고 실제 스마트폰에서 테스트해 보면 [그림 13-6]과 같은 결과를 확인할 수 있습니다.

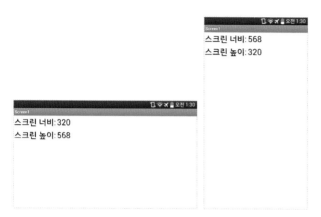

[그림 13-6] 스크린 방향에 따른 [Screen1.너비]와 [Screen1.높이]의 값

[그림 13-6]을 통해 스크린 방향이 바뀐 후 [Screen1.높이] 블록이 현재 스크린의 높이가 아니라 스크린 방향이 바뀌기 전의 스크린 높이 값, 즉 현재 스크린의 너비 값을 가지는 것을 확인할 수 있습니다.

❹ [호출 글자크기설정하기] 블록을 [만약 그러면 아니면] 블록 아래에 넣습니다.

해설 스크린 방향이 변경되면 [글자크기설정하기] 함수를 호출해서 [레이블_카운터] 레이블과 [버튼_운동시작] 버튼의 글자 크기를 바꿉니다. 스크린이 회전하면 화면의 높이가 바뀌기 때문에 [그림 13-7]과 같이 [레이블_카운터] 레이블과 [버튼_운동시작] 버튼의 높이와 글자 크기도 바뀝니다.

[그림 13-7] 화면 방향에 따른 컴포넌트와 글자 크기의 변화

지금까지 만든 기능이 제대로 작동하는지 스마트폰을 연결해 테스트해 봅시다. 체크리스트 항목에 따라 앱을 테스트해보고 기능에 문제가 없으면 체크 표시를 하고 문제가 있으면 블록 조립 과정이나 디자인 편집기에서 설정한 컴포넌트 속성에 오류가 없는지 다시 한 번 확인해 봅시다. 테스트를 시작하기 전에 스마트폰의 설정에서 화면 자동 회전이 가능하도록 설정해 둡니다.

01_앱 테스트

1. 스마트폰을 회전시켜 화면 보기 모드를 바꾸면 화면의 높이에 맞춰 카운터 부분과 [운동시작] 버튼의 높이 및 글자 크기가 달라짐   ☐

팔 굽혀 펴기 인식 기능 만들기
다음으로 운동 시작과 중지 상태를 구분하기 위한 변수를 만들어 보겠습니다.

[예제 13-5] 전역 변수 선언 및 초기화

[전역 변수 초기화] 블록을 [뷰어] 패널로 가져와서 이름을 "시작했나요"로 바꾸고 [값] 소켓에 [거짓] 블록을 끼웁니다. [시작했나요]는 초깃값을 "거짓"으로 설정해 두고 운동을 시작하면 "참"으로 바꾸고 운동을 중지하면 다시 "거짓"으로 바꿔서 운동 상태를 구분하기 위한 용도로 사용합니다.

다음으로 근접 센서값이 변할 때마다 팔 굽혀 펴기 횟수가 더해지도록 만들어 보겠습니다.

[예제 13-6] 근접 센서값이 변했을 때 팔 굽혀 펴기 횟수 증가

❶ [언제 근접_센서1.ProximityChanged] 블록을 [뷰어] 패널로 가져옵니다.

해설 [ProximityChanged] 이벤트는 물체로 근접 센서를 가리거나 근접 센서를 가리고 있던 물체를 치우면 발생합니다. [거리]에 들어있는 값은 2가지 상태로 표시되는데 물체가 측점 범위 안에 있을 때는 0이 되고 물체가 측정 범위 밖에 있으면, 즉 근접 센서를 가리지 않으면 [최대 거리] 값과 같아집니다.

❷ [지정하기 레이블_거리.텍스트] 블록을 이벤트 핸들러 블록의 [실행] 섹션에 넣고 [값] 소켓에 이벤트 핸들러 블록에서 가져온 [가져오기 거리] 블록을 끼웁니다.

해설 물체와 근접 센서 사이의 거리를 화면에 출력합니다.

❸ [만약 그러면] 블록을 추가하고 [만약] 소켓에 [그리고] 블록을 끼웁니다. [그리고] 블록의 첫 번째 소켓에 [가져오기 global 시작했나요] 블록을 끼우고 두 번째 소켓에 [수학] 서랍에서 가져온 [=] 블록을 끼웁니다. = 연산자의 양쪽 소켓에 [가져오기 거리] 블록과 [근접_센서1.최대 거리] 블록을 끼웁니다.

해설 [만약] 소켓에 지정된 조건이 "참"이 되려면 [그리고] 블록으로 연결된 두 가지 조건이 모두 "참"이어야 합니다. 운동을 하기 위해 [운동시작] 버튼을 클릭하면 전역 변수 [시작했나요]의 값은 "참"이 되어 일단 첫 번째 조건을 만족하게 됩니다. 스마트폰의 화면을 위로 향하게 해서 배 아래에 두고 팔을 굽혀서 몸으로 근접 센서를 가리면 [ProximityChanged] 이벤트가 발생하지만 거리 값이 0이 되기 때문에 두 번째 조건을 만족하지 않습니다. 팔을 펴서 몸을 들어 올리면 몸이 근접 센서를 가리지 않게 되어 다시 [ProximityChanged] 이벤트가 발생하고 거리 값과 최대 거리 값이 같아져서 두 번째 조건을 만족하게 됩니다. 즉 [운동시작] 버튼을 누르고 팔을 굽혔다가 펴는 순간 두 가지 조건이 모두 "참"이 되어 [그러면] 섹션에 있는 블록이 실행됩니다.

❹ [지정하기 버튼_카운터.텍스트] 블록을 [그러면] 섹션에 넣고 [값] 소켓에 [+] 블록을 끼웁니다. + 연산자의 왼쪽에 [버튼_카운터.텍스트] 블록을 넣고 오른쪽에 [1] 블록을 끼웁니다.

해설 [운동시작] 버튼을 클릭하고 팔을 굽혔다가 펼 때마다 운동 횟수가 1만큼 증가하도록 만듭니다.

❺ [호출 음성_변환1.말하기] 블록을 추가하고 [메시지] 소켓에 [버튼_카운터.텍스트] 블록을 끼웁니다.

해설 운동을 할 때 운동 횟수를 제대로 세고 있는지 눈으로 확인할 수 없으므로 운동 횟수가 증가할 때 [음성 변환] 컴포넌트의 [말하기] 함수를 호출해 숫자를 소리 내어 읽도록 만듭니다. 음성 변환 기능이 활성화되기까지 약간의 시간이 걸리므로 처음 숫자 몇 개는 읽지 못할 수도 있습니다.

[운동시작] 버튼 기능 만들기

다음으로 [운동시작] 버튼의 기능을 만들어 보겠습니다.

[예제 13-7] [버튼_운동시작]을 클릭했을 때 실행되는 블록

❶ [언제 버튼_운동시작.클릭] 블록을 [뷰어] 패널로 가져옵니다.

❷ [만약 그러면] 블록을 이벤드 핸들러 블록의 [실행] 섹션에 넣고 파란색 아이콘을 클릭해 [아니면] 블록을 추가합니다. [만약] 소켓에 [가져오기 global 시작했나요] 블록을 끼웁니다.

　　해설 [버튼_운동시작]을 클릭했을 때 운동을 시작한 상태인지 아닌지를 검사합니다. [시작했나요]의 값이 "참"이면 [버튼_운동시작]은 [운동중단] 버튼이 되고 "거짓"이면 [버튼_운동시작]은 [운동시작] 버튼이 됩니다.

❸ [만약 그러면] 블록을 [그러면] 섹션에 넣고 [만약] 소켓에 [수학] 서랍에서 가져온 [=] 블록을 끼웁니다. 연산자를 〉로 바꾸고 〉 연산자의 왼쪽에 [버튼_카운터.텍스트] 블록, 오른쪽에 [레이블_일일최고기록.텍스트] 블록을 끼웁니다.

　　해설 [운동중단] 버튼을 클릭할 때마다 현재까지의 팔 굽혀 펴기 횟수와 기존 최고기록을 비교합니다.

❹ [호출 TinyDB1.값 저장] 블록을 방금 가져온 [만약 그러면] 블록의 [그러면] 섹션에 넣고 [태그] 소켓에 ["태그_일일 최고기록"] 블록, [저장할 값] 소켓에 [버튼_카운터.텍스트] 블록을 끼웁니다.

　　해설 현재까지의 팔 굽혀 펴기 횟수가 기존의 최고 기록보다 크다면 현재까지의 팔 굽혀 펴기 횟수를 [TinyDB1]에 일일 최고기록으로 저장합니다.

❺ [지정하기 레이블_일일최고기록.텍스트] 블록을 추가하고 [값] 소켓에 [버튼_카운터.텍스트] 블록을 끼웁니다.

해설 일일 최고기록이 바뀌었으므로 화면에 새로운 일일 최고기록을 출력합니다.

❻ [호출 TinyDB1.값 저장] 블록을 [그러면] 섹션에 넣고 [태그] 소켓에 [가져오기 global 날짜태그] 블록, [저장할 값] 소켓에 [버튼_카운터.텍스트] 블록을 끼웁니다.

해설 운동을 시작한 상태에서 버튼을 클릭하는 것은 운동을 중지하기 위해서입니다. 운동을 중지하면 오늘 날짜를 태그로 사용해 팔 굽혀 펴기 횟수를 [TinyDB1]에 저장합니다.

❼ [지정하기 global 시작했나요] 블록을 추가하고 [값] 소켓에 [거짓] 블록을 끼웁니다.

해설 운동을 중지한 상태이므로 [시작했나요]를 "거짓"으로 바꿉니다.

❽ [지정하기 버튼_운동시작.텍스트] 블록을 추가하고 [값] 소켓에 ["운동시작"] 블록을 끼웁니다.

해설 [시작했나요]의 값이 "거짓"이면 다음번에 [버튼_운동시작]을 클릭했을 때 운동 시작을 위한 기능들이 실행되므로 버튼 이름을 "운동시작"으로 바꿔놓습니다.

❾ [지정하기 목록선택_기록보기.활성화] 블록을 추가하고 [값] 소켓에 [참] 블록을 끼웁니다.

해설 [기록보기] 버튼이 운동 중에 눌리는 것을 막기 위해 활성화를 "거짓"으로 지정해 둔 것을 다시 버튼을 사용할 수 있도록 "참"으로 설정합니다.

❿ ❼~❾ 블록을 조합 3줄을 모두 복제해서 [아니면] 섹션에 넣습니다. [지정하기 global 시작했나요] 블록의 "거짓"을 "참"으로, [지정하기 버튼_운동시작.텍스트] 블록의 텍스트를 "운동중단"으로, [지정하기 목록선택_기록보기.활성화] 블록의 "참"을 "거짓"으로 바꿉니다.

해설 운동을 시작하지 않은 상태에서 버튼을 클릭한다면 운동을 시작하기 위해서입니다. 운동을 시작하면 [시작했나요]의 상태를 "참"으로 바꾸고 버튼의 이름을 "운동중단"으로 바꿉니다. 운동하고 있는 상태에 [기록보기] 버튼이 실수로 눌러서 목록창이 뜨면 운동 횟수 기록이 중단되는 오류가 발생하므로 운동 중에는 [기록보기] 버튼이 작동되지 않도록 [활성화] 속성을 "거짓"으로 설정해 둡니다.

지금까지 만든 기능들이 제대로 작동하는지 테스트해 봅시다.

1. [운동시작] 버튼을 누른 후 근접 센서를 손으로 가렸다가 치우면 팔 굽혀 펴기 횟수가 1만큼 증가하고 숫자를 음성
으로 읽어줌　□

2. 운동이 시작되면 [운동시작] 버튼의 텍스트가 [운동중단]으로 바뀜　□

3. [운동중단] 버튼을 클릭해 운동을 중단하면 근접 센서를 손으로 가렸다가 치워도 팔 굽혀 펴기 횟수가 증가하지 않음　□

4. 운동 후 [운동중단] 버튼을 클릭했을 때 현재 팔 굽혀 펴기 횟수가 일일 최고기록보다 크다면 일일 최고기록 숫자가
현재 팔 굽혀 펴기 횟수의 숫자로 바뀜　□

[기록보기] 버튼 기능 만들기

마지막으로 [기록보기] 버튼을 클릭하면 날짜별 팔 굽혀 펴기 횟수를 알려주는 목록창이 나타나도록 만
들어 보겠습니다.

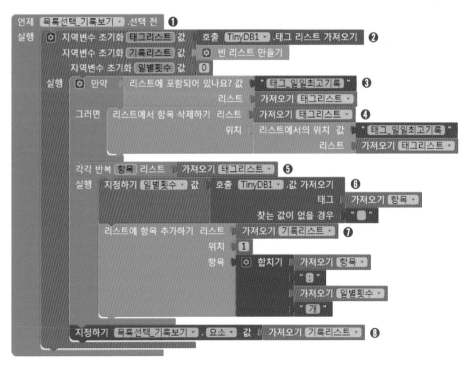

[예제 13-8] [목록선택_기록보기]의 목록창이 열리기 전에 실행되는 블록

❶ [언제 목록선택_기록보기.선택 전] 블록을 [뷰어] 패널로 가져옵니다.

❷ [지역변수 초기화] 블록을 이벤트 핸들러 블록의 [실행] 섹션에 넣고 파란색 아이콘을 클릭해 [이름] 블록을 2개
더 추가합니다. 각 변수의 이름을 "태그리스트", "기록리스트", "일별횟수"로 바꾸고 [값] 소켓에 차례대로 [호출
TinyDB1.태그 리스트 가져오기] 블록, [빈 리스트 만들기] 블록, [0] 블록을 끼웁니다.

해설 [태그리스트]에는 TinyDB에 저장돼 있는 모든 태그가 리스트 형태로 저장됩니다. [기록리스트]는 [목록선택_
기록보기]의 요소로 등록될 리스트로 빈 리스트로 초기화합니다. [일별횟수]는 [TinyDB1]에서 가져온 값을 저장하
는 용도로 사용합니다.

❸ [만약 그러면] 블록을 지역 변수 블록의 [실행] 섹션에 넣고 [만약] 소켓에 [리스트에 포함되어 있나요?] 블록을 끼웁
니다. 그리고 [값] 소켓에 ["태그_일일최고기록"] 블록, [리스트] 소켓에 [가져오기 태그리스트] 블록을 끼웁니다.

해설 [태그리스트]에 "태그_일일최고기록"이라는 값이 포함돼 있는지 검사합니다.

❹ [리스트에서 항목 삭제하기] 블록을 [그러면] 섹션에 넣고 [리스트] 소켓에 [가져오기 태그리스트]를 끼웁니다. [위치]
소켓에 [리스트에서의 위치] 블록을 끼우고 [값] 소켓에 ["태그_일일최고기록"] 블록, [리스트] 소켓에 [가져오기 태그
리스트] 블록을 끼웁니다.

해설 [태그리스트]에 "태그_일일최고기록"이라는 항목이 있다면 이 항목을 삭제해서 [태그리스트]를 날짜 항목으로
만 이뤄진 리스트로 만듭니다. [리스트에서의 위치 값] 블록을 이용해 "태그_일일최고기록"이 [태그리스트]의 몇 번
째 위치에 있는지 알아낸 후 [리스트에서 항목 삭제하기] 블록을 이용해 그 위치에 있는 값을 [태그리스트]에서 삭
제합니다.

❺ [각각 반복 항목] 블록을 지역 변수 블록의 [실행] 섹션에 넣고 [리스트] 소켓에 [가져오기 태그리스트] 블록을 끼웁
니다.

해설 [태그리스트]에서 "태그_일일최고기록"을 제거했으므로 [태그리스트]는 운동한 날짜만 가지고 있는 리스트가
됐습니다. [각각 반복 항목] 블록은 [리스트] 소켓에 지정된 리스트의 길이만큼 반복 실행되며 한 번 실행될 때마다
[TinyDB1]에 저장돼 있던 태그들이 순서대로 [항목]에 저장됩니다.

❻ [지정하기 일별횟수] 블록을 [실행] 섹션에 넣고 [값] 소켓에 [호출 TinyDB1.값 가져오기] 블록을 끼웁니다. [태그] 소
켓에 [가져오기 항목] 블록을 끼웁니다.

해설 일별 팔 굽혀 펴기 횟수를 저장할 때 날짜를 태그로 사용해서 저장했으므로 [항목]에는 날짜가 들어있습니다.
[값 가져오기] 함수를 이용해 태그에 저장된 값을 가져와 [일별횟수]에 넣어둡니다. [일별횟수]에 저장된 값은 팔 굽
혀 펴기 횟수를 의미합니다.

❼ [리스트에 항목 추가하기] 블록을 추가하고 [리스트] 소켓에 [가져오기 기록리스트] 블록, [위치] 소켓에 [1] 블록, 항목 소켓에 [합치기] 블록을 끼웁니다. [합치기] 블록의 소켓을 4개로 만든 후 빈 소켓에 차례대로 [가져오기 항목] 블록, [":"] 블록, [가져오기 일별횟수] 블록, ["개"] 블록을 끼웁니다.

해설 [기록리스트]의 1번 위치에 날짜와 팔 굽혀 펴기 횟수를 연결해서 만든 문자열을 넣습니다. [태그 리스트 가져오기] 함수가 돌려주는 리스트는 이른 날짜부터 최근 날짜순으로 정렬돼 있습니다. 목록창에 가장 최근의 운동 기록이 먼저 보이도록 반복 블록이 실행될 때마다 [기록리스트]의 1번 위치에 항목을 입력합니다. 이렇게 하면 새로운 항목이 입력될 때마다 먼저 입력된 일자의 기록이 뒤로 밀려나므로 가장 최근 날짜의 기록이 [기록리스트]의 1번 위치에 위치하게 됩니다.

❽ [지정하기 목록선택_기록보기.요소] 블록을 [각각 반복 항목] 블록 아래에 넣고 [값] 소켓에 [가져오기 기록리스트] 블록을 끼웁니다.

해설 반복 블록을 이용해 완성한 [기록리스트]를 [목록선택_기록보기]의 [요소]로 지정합니다. 목록창이 열리면 [기록리스트]의 항목들이 [그림 13-8]과 같이 화면에 나타납니다.

[그림 13-8] 기록 보기 화면

지금까지 만든 기능들이 제대로 작동하는지 테스트해 봅시다. 앱을 테스트하기 전에 일일 최고 기록이 제대로 표시되도록 [호출 TinyDB1.모두 지우기] 블록을 이용해 지금까지 저장된 데이터를 삭제하거나 스마트폰에 설치된 팔 굽혀 펴기 앱을 삭제하고 재설치해서 [TinyDB1]을 초기화합니다. 스마트폰의 설정에서 날짜를 임의로 바꿔서 테스트를 위한 며칠간의 운동 기록도 미리 만들어 둡니다.

03_앱 테스트

1. 앱을 실행하면 일일 최고기록과 총 운동일 수가 제대로 표시됨 ☐

2. [기록보기] 버튼을 클릭하면 날짜별 팔 굽혀펴기 기록이 목록창에 나타남 ☐

3. [목록창에 가장 최근에 입력된 기록이 제일 왼쪽에 올라와 있는 것을 확인함 ☐

이것으로 팔 굽혀펴기 앱의 기본 형태 만들기를 마치겠습니다.

13.4 _ 기능 추가

일별 운동 기록을 그래프로 보여주면 사용자가 자신의 운동 상황을 한눈에 파악해서 꾸준히 기록을 관리하는 데 도움될 것입니다. 새로운 스크린에 TinyDB에 저장된 일별 운동기록이 선 그래프로 표시되도록 만들어 보겠습니다.

Screen1 수정

우선 [Screen1]의 디자인 편집기에서 새로 만들 스크린으로 이동하는 데 사용할 버튼을 추가합니다.

[그림 13-9] [차트보기] 버튼 추가하기

[그림 13-9]와 같이 [수평배치3] 안에 버튼을 추가하고 이름을 "버튼_차트보기"로 바꿉니다. [버튼_차트보기]의 [속성] 패널에서 [배경색]을 "밝은 회색", [너비]를 "부모에 맞추기", [텍스트]를 "차트보기"로 바꿉니다.

다음으로 블록 편집기로 이동해서 [버튼_차트보기] 버튼의 기능을 만듭니다.

[예제 13-9] [버튼_차트보기]를 클릭했을 때 실행되는 블록

❶ [언제 버튼_차트보기.클릭] 블록을 [뷰어] 패널로 가져옵니다.

❷ [실행] 섹션에 [다른 스크린 열기] 블록을 넣고 [스크린 이름] 소켓에 ["chart"] 블록을 끼웁니다.

해설 [스크린 이름] 소켓에는 새로 만들 스크린의 이름을 연결합니다. 새로운 스크린이 열리면 [Screen1]은 새로운 스크린 아래에 깔려서 보이지 않게 됩니다. 새로운 스크린을 연 후에 뒤로 가기 버튼을 눌러 새로운 스크린을 닫으면 화면 아래 숨어 있던 [Screen1]이 다시 보이게 됩니다.

스크린 추가 및 화면 구성

디자인 편집기에서 [스크린 추가] 버튼을 클릭해 새로운 스크린을 추가합니다. [언제 버튼_차트보기.클릭] 블록(예제 13-9 참조)에서 스크린의 이름을 이미 정해 뒀으므로 스크린의 이름은 "chart"로 합니다.

[그림 13-10] chart 화면 디자인

chart 화면의 디자인은 [그림 13-10]과 같습니다. 다음 순서에 따라 화면을 구성해 보겠습니다.

❶ [컴포넌트] 패널의 [chart]를 선택한 후 [속성] 패널에서 [제목]을 "차트"로 바꿉니다.

❷ [수평배치]를 스크린으로 가져온 후 [너비]를 "부모에 맞추기"로 바꿉니다.

❸ [레이블]을 [수평배치1]에 넣고 이름을 "레이블_운동시작일"로 바꿉니다. [레이블_운동시작일]의 [속성] 패널에서 [너비]를 "60 percent", [텍스트]를 "운동시작일"로 바꿉니다.

❹ [레이블]을 [레이블_운동시작일]의 오른쪽에 추가하고 이름을 "레이블_총운동일수"로 바꿉니다. [레이블_총운동일수]의 [속성] 패널에서 [너비]를 "부모에 맞추기", [텍스트]를 "총운동일수"로 바꿉니다.

❺ [웹뷰어]를 [수평배치1] 아래에 넣고 [높이]와 [너비]를 "부모에 맞추기"로 바꿉니다.

❻ https://github.com/MillsCS215AppInventorProj/chartmaker에서 ChartMaker.aix 파일을 다운로드한 후 팔레트 패널의 [Extension] 서랍에서 [Import extension]을 클릭해 내려받은 파일을 내 프로젝트로 가져옵니다. [Extension] 서랍에 [ChartMaker]가 생성되면 스크린으로 가져옵니다.

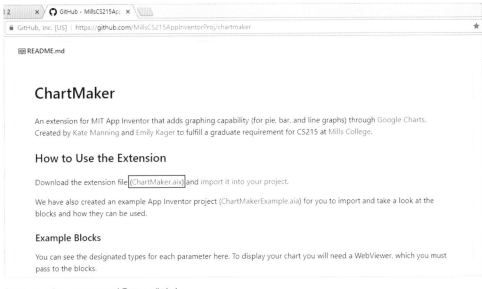

[그림 13-11] ChartMaker 다운로드 페이지

❼ [TinyDB]를 스크린으로 가져옵니다.

컴포넌트의 속성을 정리해 놓은 아래 표를 이용해 작업을 정리해 보겠습니다.

컴포넌트	이름	변경해야 할 속성
스크린	chart	제목: 차트
수평배치	수평배치1	너비: 부모에 맞추기
레이블	레이블_운동시작일	너비: 60 percent 텍스트: 운동시작일
	레이블_총운동일수	너비: 부모에 맞추기 텍스트: 총운동일수
웹뷰어	웹뷰어1	변경사항 없음
ChartMaker	ChartMaker1	변경사항 없음
TinyDB	TinyDB1	변경사항 없음

chart 블록 조립

이제 블록 편집기로 이동해서 새로운 화면이 열리면 바로 차트를 확인할 수 있게 만들어 보겠습니다.

[예제 13-10] [chart]가 열리면 실행되는 블록

❶ [언제 chart.초기화] 블록을 [뷰어] 패널로 가져옵니다.

❷ [지역변수 초기화] 블록을 [실행] 섹션에 넣고 파란색 아이콘을 클릭해 [이름] 블록을 2개 더 추가합니다. 각 변수의
이름을 "태그리스트", "기록리스트", "일별기록"으로 바꾸고 [값] 소켓에 차례대로 [호출 TinyDB1.태그 리스트 가져
오기] 블록, [빈 리스트 만들기] 블록, [0] 블록을 끼웁니다.

해설 [태그리스트]에는 TinyDB에 저장돼 있는 모든 태그가 리스트 형태로 저장됩니다. [기록리스트]는 그래프를 그
리는 데 사용되는 데이터를 저장하는 용도로 사용하기 위해 빈 리스트로 초기화합니다. [일별기록]은 [TinyDB1]에
서 가져온 값을 저장하는 용도로 사용합니다.

❸ [만약 그러면] 블록을 지역 변수 블록의 [실행] 섹션에 넣고 [만약] 소켓에 [리스트에 포함되어 있나요?] 블록을 끼웁니다. 그리고 [값] 소켓에 ["태그_일일최고기록"] 블록, [리스트] 소켓에 [가져오기 태그리스트] 블록을 끼웁니다.

해설 [태그리스트]에 "태그_일일최고기록"이라는 값이 포함돼 있는지 검사합니다.

❹ [리스트에서 항목 삭제하기] 블록을 [그러면] 섹션에 넣고 [리스트] 소켓에 [가져오기 태그리스트]를 끼웁니다. [위치] 소켓에 [리스트에서의 위치] 블록을 끼우고 [값] 소켓에 ["태그_일일최고기록"] 블록, [리스트] 소켓에 [가져오기 태그리스트] 블록을 끼웁니다.

해설 [태그리스트]에 "태그_일일최고기록"이 있다면 [리스트에서의 위치 값] 블록을 이용해 "태그_일일최고기록"이 [태그리스트]의 몇 번째 위치에 있는지 알아낸 후 [리스트에서 항목 삭제하기] 블록을 이용해 그 위치에 있는 값을 [태그리스트]에서 삭제합니다.

❺ [지정하기 레이블_운동시작일.텍스트] 블록을 [만약] 블록 아래에 넣고 [값] 소켓에 [합치기] 블록을 끼웁니다. [합치기] 블록의 첫 번째 소켓에 ["운동시작일: "] 블록을 끼우고 두 번째 소켓에 [리스트에서 항목 선택하기] 블록을 끼운 후 [리스트] 소켓에 [가져오기 태그리스트] 블록, [위치] 소켓에 [1] 블록을 끼웁니다.

해설 [태그리스트]에는 운동을 한 날짜가 이른 날짜부터 최근 날짜순으로 정렬돼 저장돼 있습니다. [태그리스트]의 첫 번째 위치에 있는 항목은 운동을 최초로 시작한 날짜이므로 이 값을 가져와 화면에 출력합니다.

❻ [지정하기 레이블_총운동일수.텍스트] 블록을 추가하고 [값] 소켓에 [합치기] 블록을 끼웁니다. [합치기] 블록의 첫 번째 소켓에 ["총운동일수: "] 블록을 끼우고 두 번째 소켓에 [리스트 길이] 블록을 끼운 후 [리스트] 소켓에 [가져오기 태그리스트] 블록을 끼웁니다.

해설 [태그리스트]에 있는 항목들은 모두 운동을 한 날짜이므로 [태그리스트]가 가지고 있는 항목의 개수, 즉 리스트의 길이는 총 운동일 수가 됩니다. [리스트 길이] 블록을 이용해 [태그리스트]가 가지고 있는 항목의 수를 알아낸 후 이 값을 화면에 출력합니다.

❼ [각각 반복 숫자] 블록을 [지정하기 레이블_총운동일수.텍스트] 블록 아래에 넣습니다. [끝] 소켓에 [리스트의 길이] 블록을 끼우고 [리스트] 소켓에 [태그리스트] 블록을 끼웁니다.

해설 운동을 한 날짜 수만큼 반복 실행합니다.

❽ [지정하기 일별기록] 블록을 [각각 반복 숫자] 블록의 [실행] 섹션에 넣고 [값] 소켓에 [호출 TinyDB1.값 가져오기] 블록을 끼웁니다. [태그] 소켓에 [리스트에서 항목 선택하기] 블록을 끼우고 [리스트] 소켓에 [가져오기 태그리스트] 블록, [위치] 소켓에 [가져오기 숫자] 블록을 끼웁니다.

해설 [태그리스트]에서 [숫자] 번째 항목을 선택하면 그 항목의 값은 운동을 한 날짜입니다. 운동을 한 날짜에 저장돼 있는 값은 그 날의 운동 횟수이므로 [일별기록]에는 운동 횟수가 저장됩니다.

❾ [리스트에 항목 추가하기] 블록을 [지정하기 일별기록] 블록 아래에 넣고 [리스트] 소켓에 [가져오기 기록리스트] 블록, [item] 소켓에 [리스트 만들기] 블록을 끼웁니다. [리스트 만들기] 블록의 첫 번째 소켓에 [가져오기 숫자] 블록, 두 번째 소켓에 [가져오기 일별기록] 블록을 끼웁니다.

해설 [기록리스트]에는 그래프를 그리는 데 사용되는 데이터가 저장됩니다. [ChartMaker]에 사용되는 데이터 값은 그래프의 가로축 값과 세로축 값으로 이뤄진 리스트를 하나의 항목으로 가지는 리스트입니다. [ChartMaker]에 사용되는 형식에 맞게 데이터를 만들기 위해 [기록리스트]에 (숫자, 일별기록) 형식의 리스트를 반복해서 추가합니다.

❿ [호출 ChartMaker1.DrawLineGraph] 블록을 [각각 반복 숫자] 블록 아래에 넣고 [chartTitle] 소켓에 ["팔굽혀펴기 기록"] 블록, [hAxisTitle] 소켓에 ["운동일수"] 블록, [vAxisTitle] 소켓에 ["횟수"] 블록, [labels] 소켓에 [리스트 만들기] 블록을 끼웁니다. [리스트 만들기] 블록에 ["팔굽혀펴기"] 블록을 끼우고 [values] 소켓에 [가져오기 기록리스트] 블록, [webViewer] 소켓에 [웹뷰어1] 블록을 끼웁니다.

해설 [DrawLineGraph] 함수를 이용해 일별 팔 굽혀 펴기 기록을 그래프로 그립니다. 각 소켓에 어떤 형태의 자료가 연결되는지와 연결된 값들이 그래프의 어느 부분에 어떤 식으로 표시되는지 [그림 13-12]를 통해 확인하면 소켓에 연결된 값들의 의미를 파악할 수 있습니다.

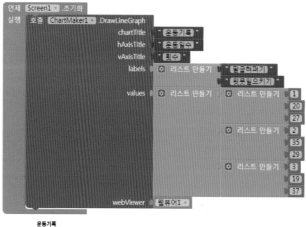

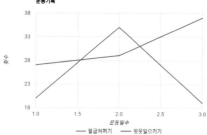

[그림 13-12] [DrawLineGraph] 인자 값에 따른 그래프의 모양

지금까지 만든 기능이 제대로 작동하는지 테스트해 봅시다.

03_ 앱 테스트

1. 앱을 실행하면 일일 최고기록과 총 운동일 수가 제대로 표시됨 ☐

2. [기록보기] 버튼을 클릭하면 날짜별 팔 굽혀 펴기 기록이 목록창에 나타남 ☐

3. [목록창에 가장 최근에 입력된 기록이 제일 위쪽에 올라와 있는 것을 확인함 ☐

지금까지 팔 굽혀 펴기 앱을 만들어 봤습니다. 이번 앱에서는 확장 컴포넌트를 활용하여 앱 인벤터가 공식적으로 지원하지 않는 차트 기능을 만들었습니다. 확장 컴포넌트를 잘 활용하면 앱 인벤터의 한계를 극복할 수 있는 다양한 앱을 만들 수 있으니 구글에서 "appinventor extension"을 검색해서 다양한 확장 기능을 확인해 보기 바랍니다.

누적 팔 굽혀 펴기 횟수 출력

[기록보기] 버튼을 클릭하면 나타나는 목록창의 타이틀 바에 지금까지 한 팔 굽혀 펴기의 총 횟수가 출력되도록 만들어 봅시다.

[그림 13-13] 누적 팔 굽혀 펴기 횟수 표시

1. 추가할 기능

[기록보기] 버튼을 클릭하면 나타나는 목록창의 타이틀 바에 날짜별 팔 굽혀 펴기 횟수를 모두 더한 누적 팔 굽혀 펴기 횟수를 출력합니다.

2. 참고 사항

[목록선택_기록보기]의 [선택 전] 이벤트 핸들러 블록에 운동 횟수의 합계를 구하는 블록을 추가합니다.

프로젝트 소스

지금까지 만든 앱과 미션에 관한 예제는 앱 인벤터 갤러리에서 pushUpRecorder로 검색하면 확인할 수 있습니다.

셋째 마당

완성! 앱 인벤터

이번 마당에서는 지금까지 만들어 본 앱보다 한 단계 더 복잡한 앱을 만들어 보겠습니다. 첫 번째 장에서는 플레이 스토어에 등록되어 많은 인기를 끌었던 2048이라는 게임을 앱 인벤터로 만들어 보고 두 번째 장에서는 오픈 API를 이용해 미세먼지 정보를 검색하는 앱을 만들어 보겠습니다. 지금까지 알아본 앱 인벤터에 관한 지식을 바탕으로 앱의 구현 원리를 이해하고 자신의 것으로 만들길 바랍니다.

14
2048 게임 앱

이번 장에서는 구글 플레이 스토어에 있는 2048이라는 게임을 앱 인벤터를 이용해 만들어 보겠습니다. 2048은 4X4판 위의 숫자를 한 쪽 방향으로 몰아서 같은 크기의 숫자들을 합하기를 반복해서 2048을 만드는 것을 목적으로 하는 게임입니다. 쉬운 조작 방식과 중독성 때문에 꾸준히 인기를 누리고 있으며 원작이 오픈소스로 공개된 덕분에 수많은 변형판 게임들이 존재합니다. 아직 이 게임을 해보지 않았다면 게임에 대한 이해를 돕기 위해 스마트폰에 2048을 설치해 게임을 해 보길 바랍니다.

앱 인벤터는 화려하고 동적인 게임을 만들기에 적합하지 않은 개발 도구입니다. 다행히 2048은 화려한 그래픽이 필요하지 않은 퍼즐 게임으로 캔버스와 이미지 스프라이트 컴포넌트를 이용해 원작 게임과 비슷하게 만들어 볼 수 있습니다. 게임을 만들기 위한 대략적인 아이디어에 대한 설명은 다음과 같습니다.

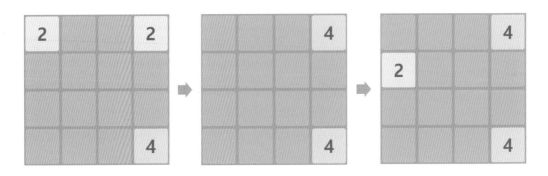

❶ 캔버스 위에 정사각형 형태의 이미지 스프라이트를 4X4 형태로 배치합니다.

❷ 캔버스를 상, 하, 좌, 우 방향 중 한쪽 방향으로 드래그하면 이미지 스프라이트에 표시된 숫자가 드래그한 방향으로 다른 숫자를 만나기 전까지 이동하도록 만듭니다.

❸ 숫자가 이동하던 중 다른 숫자를 만났을 때 두 숫자의 크기가 다르면 이동을 멈추고 두 숫자의 크기가 같으면 두 숫자를 합합니다. 예를 들어 첫 번째 줄의 첫 번째 칸에 숫자 2가 있고 같은 줄의 마지막 칸에 숫자 2가 있으면 숫자판을 오른쪽으로 드래그한 후의 결과는 첫 번째 줄의 마지막 칸 숫자가 4가 되는 것입니다.

❹ 드래그가 한 번 실행된 후에는 숫자가 하나 새롭게 생성됩니다. 새롭게 생성되는 수는 2 또는 4이며 숫자가 없는 임의의 이미지 스프라이트 중 하나에 나타납니다.

❺ 숫자판에 숫자가 꽉 차서 더 이상 드래그를 해도 합쳐지는 수가 없거나 숫자의 합이 2048이 되면 게임이 끝납니다.

❻ 완성된 앱의 모습

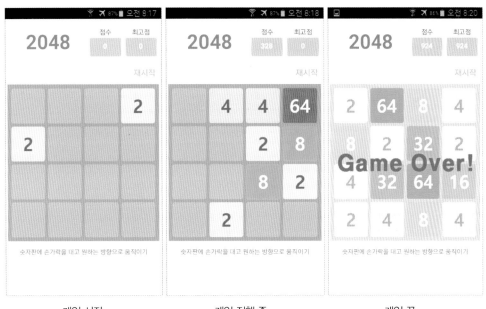

| 게임 시작 | 게임 진행 중 | 게임 끝 |

14.1 _ 앱 개발 준비

앱 구상

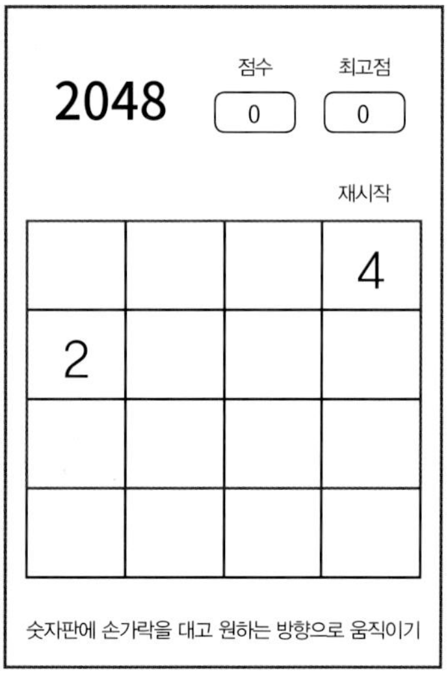

[그림 14–1] 앱 화면 구상

- **앱 이름:** 2048

- **스크린:** 1개

- **사용할 컴포넌트:** 버튼, 레이블, 수평배치, 수직배치, 캔버스, 이미지 스프라이트, 알림, TinyDB

- **설계 내용**

  ❶ 내부적으로 4 X 4 형태의 이차원 리스트를 만들고 이 리스트의 각 항목 값이 이미지 스프라이트에 표시되는 값과 대응하도록 만듭니다. 예를 들어 ((0,0,0,4),(2,0,0,0),(0,0,0,0),(0,0,0,0)) 형태의 리스트라면 [그림 14–1]처럼 화면에 숫자들이 표시될 것입니다. 0은 이미지 스프라이트에 숫자로 표시하지 않고 빈 칸으로 나타냅니다.

  ❷ 앱이 시작되면 리스트에서 무작위로 2개의 항목을 선택해 각 항목을 2 또는 4로 만들고 이 값이 캔버스 위에 4 X 4 형태로 배치된 16개의 이미지 스프라이트에 표시되도록 만듭니다.

  ❸ 캔버스를 드래그하면 드래그가 시작된 지점과 끝난 지점을 파악해서 캔버스를 드래그한 방향을 판단합니다.

  ❹ 만약 왼쪽으로 드래그했다면 왼쪽으로 숫자들을 몰고 각 숫자의 왼쪽에 자신과 같은 값이 있을 경우 왼쪽 숫자를 2배 크기로 만들고 원래 숫자는 0으로 만듭니다. 다른 방향으로 드래그했을 때도 마찬가지 방법으로 조건에 따라 숫자가 2배가 되도록 만듭니다.

❺ 2배가 된 숫자의 크기만큼 점수를 증가시킵니다.

❻ 드래그가 한 번 실행된 후에 숫자가 표시돼 있지 않은 임의의 이미지 스프라이트 중 한 곳에 2 또는 4가 표시되도록 만듭니다.

❼ 드래그했을 때 더는 합쳐질 숫자가 없거나 숫자가 20480이 되면 "Game Over" 메시지가 나타나고 게임이 종료됩니다.

❽ 게임이 종료됐을 때 이전 게임의 최고 점수와 비교해서 현재 게임의 최고 점수가 더 높을 경우 최고 점수가 갱신됩니다.

❾ "재시작" 버튼을 클릭하면 점수와 이미지 스프라이트 상태가 초기화되어 새로운 게임을 시작할 수 있게 만듭니다.

❿ 뒤로 가기 버튼을 누르면 게임을 종료할지를 묻는 대화창이 나타납니다. 대화창의 [계속하기] 버튼을 클릭하면 대화창이 사라지고 [끝내기] 버튼을 클릭하면 앱이 종료됩니다.

미디어 준비

이번 예제를 만들려면 몇 가지 이미지 파일을 미리 준비해 둬야 합니다. 이미지 스프라이트에 2, 4, 8, 16, 32, 64, 128, 256, 512, 1024, 2048, 0과 같은 숫자를 표시히는 데 사용될 이미지 12개, 게임 끝을 알려주는 이미지 1개, 앱 실행 아이콘 이미지 1개를 사용합니다.

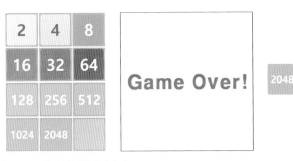

[그림 14-2] 게임 사용될 이미지

이미지는 전문 그래픽 편집 도구를 이용해서 만들어도 되지만 이번 게임에 사용되는 것과 같은 간단한 이미지는 파워포인트의 도형 그리기 기능을 이용하면 쉽게 만들 수 있습니다. 숫자 외에 다양한 이미지를 사용하면 좀 더 새로운 게임으로 만들 수 있으므로 직접 이미지를 만들어 보길 바라며 이미지 만들기가 어렵다면 이번 장의 예제 프로젝트에서 미디어 패널에 있는 이미지 파일을 내려받아 사용하면 됩니다.

새로운 프로젝트 만들기

앱 인벤터 개발 페이지에 접속한 후 [새 프로젝트 시작하기]를 클릭해 새로운 프로젝트를 만듭니다. 프로젝트의 이름은 "g2048"로 하겠습니다.

14.2 _ 화면 디자인

[그림 14-3] 2048 게임의 화면 디자인

완성된 [Screen1]의 모양은 [그림 14-3]과 같습니다. 지금부터 [Screen1]의 화면을 구성해 보겠습니다.

미디어 파일 업로드

미디어의 [파일 올리기] 버튼을 클릭해 미리 준비해 둔 이미지 파일들(gameover.png, icon2048. png, n0.png, n2.png, n4.png, n8.png, n16.png, n32.png, n64.png, n128.png, n256.png, n512.png, n1024.png, n2048.png)을 찾아서 업로드합니다.

[Screen1] 속성 설정

❶ [Screen1]의 [속성] 패널에서 [앱 이름]을 "2048"로 바꿉니다.

❷ [아이콘]에 미리 업로드해둔 아이콘 이미지(icon2048.png)를 지정합니다.

❸ [스크린 방향]을 "세로"로 바꿉니다.

❹ [스크롤 가능 여부]에 체크합니다. 스크롤은 뷰어에 컴포넌트를 배치할 때 화면 아래 숨겨진 부분을 보기 위해 체크해 두는 것으로 앱을 완성한 후에는 체크를 해제해도 상관없습니다.

❺ [제목 보이기]에 체크를 해제합니다.

점수 표시 영역과 재시작 버튼 만들기

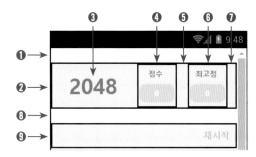

[그림 14-4] 점수 표시 영역 구성 순서

❶ [레이블]을 스크린으로 가져온 후 [속성] 패널에서 [높이]를 "10 pixels", [너비]를 "부모에 맞추기", [텍스트]를 빈 칸으로 바꿉니다.

❷ [수평배치]를 [레이블1] 아래에 넣고 [수직 정렬]을 "가운데", [너비]를 "부모에 맞추기"로 바꿉니다.

❸ [레이블]을 [수평배치1] 안에 넣고 [글꼴 굵게]에 체크, [글꼴 크기]를 "40", [텍스트]를 "2048", [텍스트 정렬]을 "가운데", [텍스트 색상]을 "회색"으로 바꿉니다. [너비] 속성을 "부모에 맞추기"로 바꿔야 하는데 지금 바꾸면 다른 컴포넌트들을 [수평배치1] 안에 넣는데 불편해지므로 일단 "자동"인 상태로 놔두고 나머지 컴포넌트들을 다 배치한 후에 바꿉니다.

❹ [수직배치]를 [수평배치1] 안에 넣고 [수평 정렬]을 "중앙", [너비]를 "20 percent"로 바꿉니다. 그리고 [레이블]과 [버튼]을 [수직배치1] 안에 차례대로 넣습니다. 먼저 [레이블3]을 선택한 후 [글꼴 굵게]에 체크, [텍스트]를 "점수", [텍스트 색상]을 "회색"으로 바꿉니다. 다음으로 [버튼1]을 선택한 후 이름을 "버튼_점수"로 바꾸고 [글꼴 굵게]에 체크, [너비]를 "부모에 맞추기", [모양]을 "둥근 모서리", [피드백 사용]에 체크 해제, [텍스트]를 "0", [텍스트 색상]을 "흰색"으로 바꿉니다.

❺ [레이블]을 [수직배치1]의 오른쪽에 넣고 [높이]를 "부모에 맞추기", [너비]를 "5 pixels", [텍스트]를 빈 칸으로 바꿉니다. 이 레이블은 점수와 최고점을 표시하는 공간을 구분하기 위한 여백으로 사용합니다.

❻ [수직배치]를 여백 레이블 오른쪽에 넣고 [수평 정렬]을 "중앙", [너비]를 "20 percent"로 바꿉니다. 그리고 [레이블]과 [버튼]을 [수직배치2] 안에 차례대로 넣습니다. 먼저 [레이블5]를 선택한 후 [글꼴 굵게]에 체크, [텍스트]를 "최고점", [텍스트 색상]을 "회색"으로 바꿉니다. 다음으로 [버튼1]을 선택한 후 이름을 "버튼_최고점"으로 바꾸고 [글꼴 굵게]를 체크, [너비]를 "부모에 맞추기", [모양]을 "둥근 모서리", [피드백 사용]에 체크 해제, [텍스트]를 "0", [텍스트 색상]을 "흰색"으로 바꿉니다. [버튼_점수]와 [버튼_최고점]은 모서리가 둥근 사각형 모양에 점수를 표시하기 위해 사용하고 버튼으로써의 기능은 사용하지 않습니다.

❼ [레이블]을 [수직배치2]의 오른쪽에 넣고 [높이]를 "부모에 맞추기", [너비]를 "5 pixels", [텍스트]를 빈 칸으로 바꿉니다. 그리고 [레이블2]의 [너비]를 "부모에 맞추기"로 바꿉니다.

❽ [레이블]을 [수평배치1] 아래에 넣고 [높이]를 "10 pixels", [너비]를 "부모에 맞추기", [텍스트]를 빈 칸으로 바꿉니다. 이 레이블은 점수 표시 공간과 재시작 버튼이 있는 공간을 구분하기 위한 여백으로 사용합니다.

❾ [수평배치]를 여백 레이블 아래에 넣고 [수평 정렬]을 "오른쪽", [너비]를 "부모에 맞추기"로 바꿉니다. 그리고 [버튼]을 [수평배치2] 안에 넣고 이름을 "버튼_재시작"으로 바꿉니다. [버튼_재시작]의 [배경색]을 "없음", [글꼴 굵게]를 체크, [글꼴 크기]를 "17", [텍스트]를 "재시작", [텍스트 색상]을 "주황"으로 바꿉니다.

이미지 스프라이트 영역 만들기

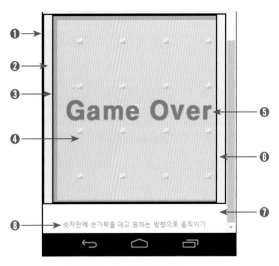

[그림 14-5] 이미지 스프라이트 영역 구성 순서

❶ [수평배치]를 가져온 후 [재시작] 버튼 영역의 아래쪽에 추가합니다. [수평배치3]의 [속성] 패널에서 [너비]를 "부모에 맞추기"로 바꿉니다.

❷ [레이블]을 [수평배치3] 안에 넣고 [마진 유무]에 체크 해제, [높이]를 "부모에 맞추기", [너비]를 "5 pixels", [텍스트]를 빈 칸으로 바꿉니다. 이 레이블은 이후 추가할 캔버스의 왼쪽에 정확히 5픽셀만큼의 여백을 주기 위해 추가한 것으로 레이블 바깥 쪽의 마진에 의해 여백의 크기가 달라지지 않도록 [마진 유무]의 체크를 해제해야 합니다.

❸ [수평배치3]의 여백 레이블 오른쪽에 [캔버스]를 추가합니다. [캔버스1]의 [배경색] 설정을 클릭한 후 "Custom"을 선택해 배경색을 "#c5ad99ff"로 지정하고 [높이]를 "310 pixels", [너비]를 "부모에 맞추기"로 바꿉니다. 캔버스의 배경색은 예제 프로젝트의 숫자판으로 사용할 이미지의 테두리 색과 같은 색을 지정한 것이므로 예제와 다른 이미지를 사용하고자 한다면 배경색도 사용할 이미지에 맞게 바꿔줍니다. 그리고 [캔버스1]의 너비를 "부모에 맞추기"로 설정하면 너비가 310픽셀이 되는데 그 이유는 [Screen1]의 [크기] 속성이 "고정형"일 때의 스크린의 너비 320픽셀에서 캔버스 양쪽의 여백 레이블의 너비인 5픽셀씩 빼면 310픽셀이 되기 때문입니다. 너비가 310픽셀이므로 캔버스를 정사각형으로 만들기 위해 높이도 310픽셀로 설정합니다.

❹ [이미지 스프라이트] 16개를 [캔버스1] 안에 배치합니다. 각 이미지 스프라이트를 구분하기 쉽도록 첫 번째 줄에 들어갈 4개의 이미지의 스프라이트의 이름을 왼쪽에서 오른쪽으로 순서대로 "이미지11", "이미지12", "이미지13", "이미지14"로 바꾸고 나머지 이미지 스프라이트의 이름도 각 이미지 스프라이트가 몇 번째 줄 몇 번째 칸에 있는지 구분되는 이름으로 바꿉니다. 모든 이미지 스프라이트의 [높이]와 [너비]는 "75 pixels"로 통일합니다. 각 이미지 스프라이트의 X, Y 좌표는 총 16개의 이미지 스프라이트들이 4 X 4 형태로 캔버스에 빈틈없이 배치되도록 지정해야 하는데 캔버스 안쪽 여백 5픽셀과 이미지 스프라이트의 너비와 높이를 고려해서 계산한 값으로 설정합니다. 이미지 스프라이트의 이름과 [X], [Y] 속성 값을 정리하면 [그림 14-6]과 같습니다.

이미지11 X : 5 Y : 5	이미지12 X : 80 Y : 5	이미지13 X : 155 Y : 5	이미지14 X : 230 Y : 5
이미지21 X : 5 Y : 80	이미지22 X : 80 Y : 80	이미지23 X : 155 Y : 80	이미지24 X : 230 Y : 80
이미지31 X : 5 Y : 155	이미지32 X : 80 Y : 155	이미지33 X : 155 Y : 155	이미지34 X : 230 Y : 155
이미지41 X : 5 Y : 230	이미지42 X : 80 Y : 230	이미지43 X : 155 Y : 230	이미지44 X : 230 Y : 230

[그림 14-6] 이미지 스프라이트의 이름 및 좌표 값

❺ [이미지 스프라이트]를 [캔버스1] 안에 넣고 이름을 "이미지Over"로 바꿉니다. [이미지Over]의 [높이]와 [너비]를 "310 pixels", [사진]을 "gameover.png", [보이기]를 체크 해제, [X]와 [Y]를 "0", [Z]를 "2"로 바꿉니다. [이미지Over]는 게임 실행 중에는 화면에 보이면 안 되므로 [보이기] 속성을 체크 해제해서 숨김 상태로 만들어 두고 게임

이 끝났을 때 코드에서 [보이기] 속성을 "참"으로 설정해 화면에 나타나도록 만듭니다. 이때 [이미지Over]가 다른 이미지 스프라이트들의 아래쪽에 깔려 있으면 화면에 [이미지Over]가 보이지 않게 되므로 [Z] 속성 값을 "2"로 설정해 [Z] 속성 값이 "1"인 다른 이미지 스프라이트들을 덮을 수 있도록 만듭니다.

❻ [레이블]을 [캔버스1] 오른쪽에 넣고 [마진 유무]에 체크 해제, [높이]를 "부모에 맞추기", [너비]를 "5 pixels", [텍스트]를 빈 칸으로 바꿉니다. 이 레이블은 캔버스의 오른쪽에 정확히 5픽셀만큼의 여백을 주기 위한 것입니다.

❼ [레이블]을 [수평배치3] 아래쪽에 넣고 [높이]를 "10 pixels", [너비]를 "부모에 맞추기", [텍스트]를 빈 칸으로 바꿉니다. 이 레이블은 다음에 추가할 게임 방법 설명 레이블과 숫자판 사이에 여백 역할을 합니다.

❽ [레이블]을 여백 레이블 아래쪽에 넣고 [글꼴 크기]를 "13", [너비]를 "부모에 맞추기", [텍스트]를 "숫자판에 손가락을 대고 원하는 방향으로 움직이기", [텍스트 정렬]을 "가운데", [텍스트 색상]을 "회색"으로 바꿉니다.

보이지 않는 컴포넌트 배치

❶ [알림]을 스크린으로 가져옵니다.

❷ [TinyDB]를 스크린으로 가져옵니다.

이것으로 [Screen1]의 화면 구성 작업을 마치겠습니다.

컴포넌트 속성 정리

컴포넌트의 속성을 정리해 놓은 표를 통해 지금까지 한 작업을 정리해 보겠습니다.

컴포넌트	이름	변경해야 할 속성
스크린	Screen1	앱 이름: 2048 아이콘: icon2048.png **스크린 방향**: 세로 **스크롤 가능 여부**: 체크 **제목 보이기**: 체크 해제
수평배치	수평배치1	**수직 정렬**: 가운데 너비: 부모에 맞추기
	수평배치2	**수평 정렬**: 오른쪽 너비: 부모에 맞추기
	수평배치3	너비: 부모에 맞추기

컴포넌트	이름	변경해야 할 속성
수직배치	수직배치1, 수직배치2	**수평 정렬:** 중앙 **너비:** 20 percent
레이블	레이블1	**높이:** 10 pixels **너비:** 부모에 맞추기 **텍스트:** 빈칸
	레이블2	**글꼴 굵게:** 체크 **글꼴 크기:** 40 **너비:** 부모에 맞추기 **텍스트:** 2048 **텍스트 정렬:** 가운데 **텍스트 색상:** 회색
	레이블3, 레이블5	**글꼴 굵게:** 체크 **텍스트:** 점수, 최고점 **텍스트 색상:** 회색
	레이블4, 레이블6	**높이:** 부모에 맞추기 **너비:** 5 pixels **텍스트:** 빈칸
	레이블7, 레이블10	**높이:** 10 pixels **너비:** 부모에 맞추기 **텍스트:** 빈칸
	레이블8, 레이블9	**마진 유무:** 체크 해제 **높이:** 부모에 맞추기 **너비:** 5 pixels **텍스트:** 빈칸
	레이블11	**글꼴 크기:** 13 **너비:** 부모에 맞추기 **텍스트:** 숫자판에 손가락을 대고 원하는 방향으로 움직이기 **텍스트 정렬:** 가운데 **텍스트 색상:** 회색
버튼	버튼_점수, 버튼_최고점	**글꼴 굵게:** 체크 **너비:** 부모에 맞추기 **모양:** 둥근 모서리 **피드백 사용:** 체크 해제 **텍스트:** 0 **텍스트 색상:** 흰색

컴포넌트	이름	변경해야 할 속성
버튼	버튼_재시작	배경색: 없음 글꼴 굵게: 체크 글꼴 크기: 17 텍스트: 재시작 텍스트 색상: 주황
캔버스	캔버스1	배경색: Custom(#c5ad99ff) 높이: 310 pixels 너비: 부모에 맞추기
이미지 스프라이트	이미지11 ~ 이미지14 이미지21 ~ 이미지24 이미지31 ~ 이미지34 이미지41 ~ 이미지44	높이: 75 pixels 너비: 75 pixels X: 5, 80, 155, 230 Y: 5, 80, 155, 230
	이미지Over	높이: 310 pixels 너비: 310 pixels 사진: gameover.png 보이기: 체크 해제 X: 0 Y: 0 Z: 2
알림	알림1	변경사항 없음
TinyDB	TinyDB1	변경사항 없음

화면 디자인 작업을 완료했으면 [블록] 버튼을 클릭해 블록 편집기로 이동합니다.

14.3 _ 블록 조립

이번에 만들 앱은 지금까지 만든 다른 앱들에 비해 이벤트 처리 과정이 다소 복잡합니다. 그래서 복잡한 과정을 간결하게 만들기 위해 함수를 많이 사용했습니다. 여러 이벤트에서 반복해서 사용되는 블록 조합이나 목적이 같은 블록들을 모아서 함수로 만들어두면 블록 조립 작업을 훨씬 효율적으로 할 수 있습니다. 또한 블록 조합도 훨씬 간결해져서 이벤트 단위로 처리하는 과정을 만들기도 쉽고 이해하기가 쉬워집니다.

초기 설정 작업

우선 전역변수를 선언하고 초기화합니다.

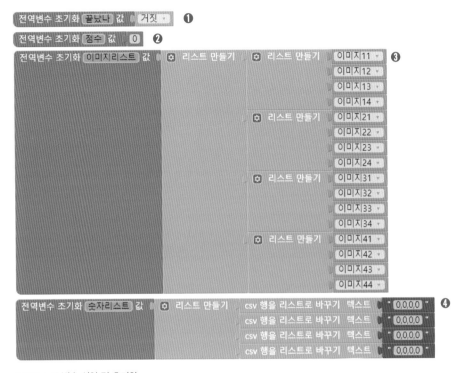

[예제 14-1] 변수 선언 및 초기화

❶ [전역변수 초기화] 블록을 가져와 이름을 "끝났나"로 바꾸고 값 소켓에 [거짓] 블록을 끼웁니다.

> **해설** 게임이 계속 진행될 수 있는지 더 이상 진행이 불가능한지를 판단해서 이 값에 저장해 두고 이 변수의 값이 "참"이면 캔버스 플링 기능이 작동하지 않도록 만드는 데 사용합니다.

❷ [전역변수 초기화] 블록을 가져와 이름을 "점수"로 바꾸고 값 소켓에 [0] 블록을 끼웁니다.

> **해설** 게임 점수를 저장합니다.

❸ [전역변수 초기화] 블록을 가져와서 이름을 "이미지리스트"로 바꾸고 값 소켓에 [리스트 만들기] 블록을 끼웁니다. [리스트 만들기] 블록의 소켓을 4개로 만든 후 이 블록을 복사해서 각 소켓에 끼웁니다. 이렇게 만들어진 총 16개의 소켓에 [이미지11] ~ [이미지44] 블록을 차례대로 가져와 끼웁니다.

해설 같은 줄에 있는 이미지 스프라이트들을 묶어 하나의 리스트로 만들고 이 4개의 리스트를 묶어 2차원 리스트로 만듭니다. 이번 앱에는 화면에 총 16개의 이미지 스프라이트가 있습니다. 이미지 스프라이트의 속성을 개별로 설정하려면 블록의 양이 많아져서 관리하기도 힘들고 블록을 조립하는 시간도 오래 걸려서 비효율적입니다. 이미지 스프라이트를 묶어서 리스트로 만들어 속성을 관리하면 훨씬 효율적으로 블록 작업을 진행할 수 있습니다

❹ [전역변수 초기화] 블록을 가져와 이름을 "숫자리스트"로 바꾸고 값 소켓에 [리스트 만들기] 블록을 끼웁니다. [리스트 만들기] 블록의 소켓을 4개로 만든 후 각 소켓에 [csv 행을 리스트로 바꾸기 텍스트] 블록을 끼우고 각 [텍스트] 소켓에 ["0,0,0,0"] 블록을 끼웁니다.

해설 16개의 이미지 스프라이트에 표시될 16개의 숫자를 저장하기 위한 변수로 모든 값을 0으로 초기화해 둡니다. csv(comma separated value)는 쉼표를 기준으로 항목을 구분해서 저장한 값을 의미합니다. [csv 행을 리스트로 바꾸기 텍스트] 블록은 [텍스트] 소켓에 연결된 쉼표로 구분된 텍스트 값을 리스트로 바꿔주는 역할을 합니다. ["0,0,0,0"]은 이 블록에 의해 길이가 4이고 각 항목의 값이 "0"인 리스트로 변환됩니다. [숫자리스트]는 이렇게 변환된 리스트 4개를 모아 만들어진 리스트이므로 리스트 안에 리스트가 있는 구조가 됩니다. [숫자리스트]의 첫 번째 항목에 저장된 리스트는 게임 화면상에 보이는 숫자판의 첫 번째 줄에 대응되고 나머지 두 번째, 세 번째, 네 번째 항목들도 마찬가지로 숫자판의 두 번째, 세 번째, 네 번째 줄에 대응됩니다.

[숫자리스트]는 2차원 리스트이므로 각 항목에 접근하기 위해서는 리스트를 다루는 블록을 두 번 겹쳐서 사용해야 하는 불편함이 있습니다. 이 프로젝트에서는 [숫자리스트]의 항목을 가져오거나 교체하는 코드가 많이 사용되므로 매번 복잡한 코드를 만들어 [숫자리스트]에 접근하는 것보다 미리 필요한 기능을 함수로 만들어 두고 필요한 곳에서 함수를 호출해서 사용하는 것이 훨씬 간편하고 효율적입니다. 먼저 [숫자리스트]의 항목을 가져오는 함수를 만들어 보겠습니다.

[예제 14-2] [숫자선택하기] 함수

❶ [함수 결과] 블록을 뷰어 패널로 가져온 후 이름을 "숫자선택하기"로 바꿉니다. [함수] 블록의 파란색 아이콘을 클릭한 후 입력을 2개 추가하고 각 입력의 이름을 "줄위치값", "칸위치값"으로 바꿉니다.

해설 함수 호출에 의해 전달받은 "줄위치값"과 "칸위치값"을 이용해 [숫자리스트]에서 항목을 찾고 이 값을 결과에 넣어 함수를 호출한 곳으로 전달합니다.

❷ [결과] 소켓에 [리스트에서 항목 선택하기] 블록을 끼우고 [리스트] 소켓에 [리스트에서 항목 선택하기] 블록, [위치] 소켓에 [가져오기 칸위치값] 블록을 끼웁니다. 두 번째로 추가한 [리스트에서 항목 선택하기] 블록의 [리스트] 소켓에 [가져오기 global 숫자리스트] 블록을 끼우고 [위치] 소켓에 [가져오기 줄위치값] 블록을 끼웁니다.

해설 [숫자리스트]는 4개의 항목을 가진 리스트 4개로 이뤄진 리스트이므로 그 안에 16개의 숫자가 저장돼 있습니다. 이 숫자들은 앱 화면상에 보이는 이미지 스프라이트에 표시되는 각 숫자들과 대응됩니다.

화면 출력   ((0,4,4,64),(0,0,2,8),(0,0,8,2),(0,2,0,0))

                                              [숫자리스트]의 값

[그림 14-7] 화면 출력과 [숫자리스트]의 관계

[숫자리스트]에서 숫자 하나를 가져오기 위해서는 [리스트에서 항목 선택하기] 블록을 두 번 겹쳐서 사용해야 합니다. [숫자리스트]의 [줄위치값]번째 항목은 리스트 형태이므로 여기서 한 번 더 [칸위치값]번째 항목에 접근해야 숫자를 가져올 수 있습니다. 이렇게 선택된 숫자는 [결과]에 저장되어 함수를 호출한 곳으로 전달됩니다. [숫자리스트]의 값이 [그림 14-7]과 같다면 [줄위치] 값이 1, [칸위치] 값이 4일 때 [결과]는 64이며, [줄위치] 값이 4, [칸위치] 값이 3일 때 [결과]는 0이 됩니다.

다음으로 [숫자리스트]의 항목을 교체하는 함수를 만들어 보겠습니다.

[예제 14-3] [숫자교체하기] 함수

❶ [함수 결과] 블록을 뷰어 패널로 가져온 후 이름을 "숫자교체하기"로 바꿉니다. [함수] 블록의 파란색 아이콘을 클릭한 후 입력을 3개 추가하고 각 입력의 이름을 "줄위치값", "칸위치값", "교체할값"으로 바꿉니다.

해설 함수 호출에 의해 전달받은 "줄위치값"과 "칸위치값"을 이용해 [숫자리스트]에서 항목을 찾고 이 값을 "교체할값"으로 바꿉니다.

❷ [실행] 섹션에 [리스트에서 항목 교체하기] 블록을 끼우고 [리스트] 소켓에 [리스트에서 항목 선택하기] 블록, [위치] 소켓에 [가져오기 칸위치값] 블록, [교체] 소켓에 [교체할값] 블록을 끼웁니다. [리스트에서 항목 선택하기] 블록의 [리스트] 소켓에 [가져오기 global 숫자리스트] 블록을 끼우고 [위치] 소켓에 [가져오기 줄위치값] 블록을 끼웁니다.

해설 [줄위치값]을 이용해 [숫자리스트] 안에 있는 리스트에 접근하고 [칸위치값]을 이용해 리스트 안에 있는 숫자에 접근한 후 이 숫자를 [교체할값]으로 바꿉니다.

다음으로 [초기화] 이벤트를 이용해 게임의 초기 화면을 설정해 보겠습니다.

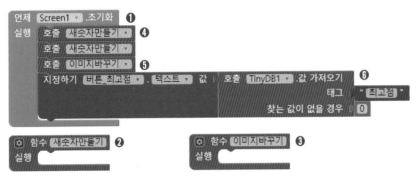

[예제 14-4] [Screen1]이 열리면 실행되는 블록

❶ [언제 Screen1.초기화] 블록을 뷰어 패널로 가져옵니다.

❷ [함수 실행] 블록을 가져온 후 이름을 "새숫자만들기"로 바꿉니다.

해설 [새숫자만들기] 함수를 호출하는 블록을 가져오기 위해 함수의 껍데기를 먼저 만들어 둡니다.

❸ [함수] 블록을 가져온 후 이름을 "이미지바꾸기"로 바꿉니다.

해설 [이미지바꾸기] 함수를 호출하는 블록을 가져오기 위해 함수의 껍데기를 먼저 만들어 둡니다.

❹ [호출 새숫자만들기] 블록 2개를 가져와 [지정하기 global 이미지리스트 값] 블록 아래에 넣습니다.

해설 [새숫자만들기] 함수는 [숫자리스트]에서 값이 0인 항목을 찾아서 2 또는 4로 바꿔주는 역할을 합니다. 앱이 처음 시작되면 이미지 스프라이트 2곳에 숫자가 표시돼야 하므로 [새숫자만들기] 함수를 2번 호출합니다.

❺ [호출 이미지바꾸기] 블록을 가져와 2번째 [호출 새숫자만들기] 블록 아래에 넣습니다.

해설 [이미지바꾸기] 함수는 [숫자리스트]의 값이 이미지 스프라이트에 표시되도록 만드는 역할을 합니다. [새숫자만들기] 함수를 이용해 [숫자리스트]의 값을 변경시켰으므로 이 값이 실제 화면에 표시되도록 [이미지바꾸기] 함수를 호출합니다.

❻ [지정하기 버튼_최고점.텍스트] 블록을 [호출 이미지바꾸기] 블록 아래에 넣고 [값] 소켓에 [호출 TinyDB1. 값 가져오기] 블록을 끼웁니다. 그리고 [태그] 소켓과 [찾는 값이 없을 경우] 소켓에 각각 ["최고점"]과 [0] 블록을 끼웁니다.

해설 게임이 시작되면 데이터베이스에 저장해 뒀던 최고 점수를 가져와 화면에 출력합니다. 최초로 게임을 실행한 경우라면 최고 점수가 저장돼 있지 않으므로 "0"을 화면에 출력합니다.

[새숫자만들기] 함수 만들기

다음으로 [새숫자만들기] 함수를 만들어 보겠습니다. 이 함수는 [숫자리스트]에서 값이 0인 항목 중 하나를 임의로 선택해 항목의 값을 2 또는 4로 만들어주는 기능을 합니다.

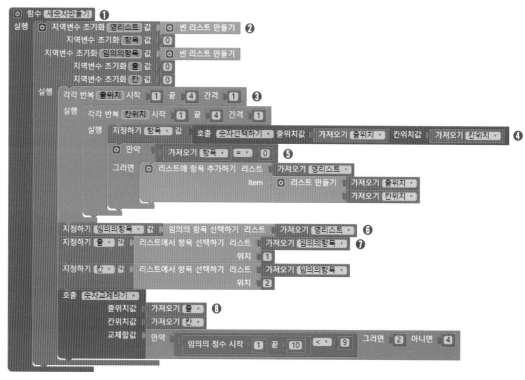

[예제 14-5] [새숫자만들기] 함수

❶ [새숫자만들기] 함수의 껍데기가 있는 곳으로 이동합니다(384쪽 예제 14-4 참조).

❷ [지역변수 초기화] 블록을 함수 블록 안에 넣은 후 파란색 아이콘을 클릭해 [이름] 블록을 4개 더 추가합니다. 그리고 각 변수의 이름을 "영리스트", "항목", "임의의항목", "줄", "칸"으로 바꿉니다. [영리스트]와 [임의의항목]의 [값] 소켓에는 [빈 리스트 만들기] 블록을 끼우고, 나머지 [값] 소켓에는 [0] 블록을 끼웁니다.

해설 지역변수들을 선언하고 초기화해 둡니다.

❸ [각각 반복 숫자] 블록을 [지역변수 초기화] 블록의 [실행] 섹션에 넣고 "숫자"를 "줄위치"로 바꾸고 [끝] 소켓의 숫자를 "4"로 바꿉니다. 그리고 [각각 반복 줄위치] 블록을 복사해서 [각각 반복 줄위치] 블록의 [실행] 섹션 안에 넣고 "줄위치"를 "칸위치"로 바꿉니다.

해설 [숫자리스트]가 2차원 리스트이므로 [숫자리스트]의 값을 하나씩 검사하기 위해 반복문을 2개 겹쳐 사용합니다. 첫 번째 반복문은 [숫자리스트] 안에 있는 리스트에 접근하는 데 사용되고 두 번째 반복문은 [숫자리스트] 안에 있는 리스트의 각 항목에 접근하는 데 사용됩니다.

❹ [지정하기 항목] 블록을 [각각 반복] 블록의 [실행] 섹션에 넣고 [값] 소켓에 [호출 숫자선택하기] 블록을 끼운 후 [줄위치값] 소켓에 [가져오기 줄위치] 블록, [칸위치값] 소켓에 [가져오기 칸위치] 블록을 끼웁니다.

해설 [숫자선택하기] 함수는 [숫자리스트]에서 [줄위치값]과 [칸위치값]에 해당하는 값을 반환하며 이 값은 지역변수인 [항목]에 저장됩니다.

❺ [만약] 블록을 [지정하기 항목] 블록 아래에 넣고 [만약] 소켓에 [수학] 서랍의 [=] 블록을 끼운후 = 연산자의 양쪽 소켓에 [가져오기 항목]과 [0] 블록을 끼웁니다. 그리고 [리스트에 항목 추가하기] 블록을 [그러면] 섹션에 끼우고 [리스트] 소켓에 [가져오기 영리스트] 블록을 끼웁니다. [item] 블록에 [리스트 만들기] 블록을 끼운 후 각 소켓에 순서대로 [가져오기 줄위기], [가져오기 칸위치] 블록을 끼웁니다.

해설 만약 [항목]의 값이 0이면 이 항목이 몇 번째 줄 몇 번째 칸에 있는 항목인지를 [영리스트]에 저장합니다. 반복을 통해 [영리스트]에는 [숫자리스트]의 숫자 중 0인 숫자의 위치 정보가 리스트 형태로 저장됩니다.

❻ [지정하기 임의의항목] 블록을 [각각 반복] 블록 아래에 넣고 [값] 소켓에 [임의의 항목 선택하기] 블록을 끼우고 이 블록의 [리스트] 소켓에 [가져오기 영리스트] 블록을 끼웁니다.

해설 [영리스트]의 항목 중 무작위로 하나를 선택해 [임의의항목]에 저장합니다. [임의의항목]에는 [숫자리스트]에서 값이 0인 항목 중 임의로 선택된 하나의 항목이 몇 번째 줄의 몇 번째 칸에 있는 항목인지가 저장됩니다.

❼ [지정하기 줄] 블록을 [지정하기 임의의항목] 블록 아래에 넣고 [값] 소켓에 [리스트에서 항목 선택하기] 블록을 끼운 후 [리스트] 소켓에 [가져오기 영리스트] 블록, [위치] 소켓에 [1] 블록을 끼웁니다. 그리고 이 블록 조합을 복사해서 원본 블록 아래쪽에 넣은 후 "줄"을 "칸"으로 바꾸고 숫자 "1"을 "2"로 바꿉니다.

해설 [임의의항목]에 저장된 0 값의 위치 정보를 [줄]과 [칸]에 나눠서 저장합니다.

❽ [호출 숫자교체하기] 블록을 [지정하기 칸] 블록 아래에 넣고 [줄위치값] 소켓에 [가져오기 줄]블록, [칸위치값] 소켓에 [가져오기 칸] 블록, [교체할값] 소켓에 [만약 그러면 아니면] 블록을 끼웁니다. [만약] 소켓에 [〈] 블록을 끼웁니다. 〈 연산자의 왼쪽에 [임의의 정수] 블록을 끼우고 [시작] 소켓에 [1] 블록, [끝] 소켓에 [10] 블록을 끼웁니다. 그리고 〈 연산자의 오른쪽에 [9] 블록을 끼웁니다. 마지막으로 [그러면] 소켓에 [2] 블록, [아니면] 블록에 [4] 블록을 끼웁니다.

해설 [숫자교체하기] 함수는 [숫자리스트]에서 [줄위치값]과 [칸위치값]에 해당하는 값을 [교체할값]으로 바꿔줍니다. [교체할값]은 임의의 정수가 9보다 작은 수이면 2가 되고 아니면 4가 됩니다. 이러한 조건은 2와 4가 등장하는 비율을 8:2로 맞추기 위한 것으로 4가 등장하는 비율을 높이고 싶으면 임의의 정수와 비교하는 숫자인 9 대신에 더 작은 수를 사용하면 됩니다.

[이미지바꾸기] 함수 만들기

[숫자리스트]의 값이 이미지 스프라이트에 나타나게 하는 함수를 만들어 보겠습니다.

[예제 14-6] [이미지바꾸기] 함수

❶ [이미지바꾸기] 함수의 껍데기가 있는 곳으로 이동합니다(384쪽 예제 14-4 참조).

❷ [각각 반복 숫자] 블록을 함수 블록의 [실행] 섹션에 넣고 "숫자"를 "줄위치"로 바꾸고 [끝] 소켓의 숫자를 "4"로 바꿉니다. 그리고 [각각 반복 줄위치] 블록을 복사해서 [각각 반복 줄위치] 블록의 [실행] 섹션 안에 넣고 "줄위치"를 "칸위치"로 바꿉니다.

❸ [지역변수 초기화] 블록을 [각각 반복] 블록의 [실행] 섹션에 넣고 변수 이름을 "숫자"로 바꿉니다. [값] 소켓에 [호출 숫자선택하기] 블록을 끼우고 [줄위치값] 소켓에 [가져오기 줄위치] 블록, [칸위치값] 소켓에 [가져오기 칸위치] 블록을 끼웁니다.

해설 [숫자리스트]에서 [줄위치값]과 [칸위치값]에 해당하는 숫자를 가져와 지역변수 [숫자]에 저장합니다.

❹ [지정하기 이미지 스프라이트.사진] 블록을 [지역변수 초기화] 블록의 [실행] 섹션에 넣고 [컴포넌트] 소켓에 [리스트에서 항목 선택하기] 블록을 끼웁니다. [리스트] 소켓에 [리스트에서 항목 선택하기] 블록, [위치]소켓에 [가져오기 칸위치] 블록을 끼웁니다. 두 번째로 추가한 [리스트에서 항목 선택하기] 블록의 [리스트] 소켓에 [가져오기 global 이미지리스트] 블록, [위치] 소켓에 [가져오기 줄위치] 블록을 끼웁니다. [지정하기 이미지 스프라이트.사진] 블록의 [값] 소켓에 [합치기] 블록을 끼우고 소켓을 3개로 만듭니다. 그리고 각 소켓에 차례대로 ["n"], [가져오기 숫자], ["png"] 블록을 끼웁니다.

해설 반복문이 한 번 실행될 때마다 [숫자리스트]에서 가져온 숫자 값에 따라 이미지 스프라이트의 사진을 바꿔줍니다. [이미지리스트]는 [숫자리스트]와 같은 구조를 가지고 있으므로 두 리스트의 각 항목은 1:1로 대응됩니다. 따라서 [줄위치]와 [칸위치]로 [숫자리스트]에 접근해서 가져온 숫자를 [이미지리스트]의 같은 위치에 있는 이미지 스프라이트에 표시하면 화면상에 [숫자리스트]의 숫자들이 출력됩니다. 사진 속성의 값은 [미디어 패널]에 업로드해 둔 사진 파일의 이름으로 예를 들어 [숫자] 값이 8일 경우 파일의 이름은 "n8.png"가 됩니다. 이 코드가 정상적으로 작동하려면 이미지 스프라이트의 사진 속성으로 사용될 12개의 이미지 파일(n0.png, n2.png, n4.png, n8.png, n16.png, n32.png, n64.png, n128.png, n256.png, n512.png, n1024.png, n2048.png)들이 미리 업로드돼 있어야 합니다. 만약 이미지 파일의 이름을 책과 다르게 지정하여 업로드 했다면 [미디어 패널]에 있는 이미지 파일의 이름과 [값] 소켓에 연결되는 문자열이 같아지도록 만들어 주어야 합니다.

지금까지 만든 기능이 제대로 작동하는지 스마트폰을 연결해서 테스트해 봅시다. 체크리스트 항목에 따라 앱을 테스트해보고 기능에 문제가 없으면 체크 표시를 하고 문제가 있으면 블록 조립 과정이나 디자인 편집기에서 설정한 컴포넌트 속성에 오류가 없는지 다시 한번 확인해 봅시다.

01_ 앱 테스트

1. 이미지 스프라이트가 어긋남 없이 4X4 형태로 배열됨 ☐

2. 2개의 스프라이트에 2 또는 4가 표시됨 ☐

3. 앱을 다시 실행하면 숫자 2개의 위치가 달라짐 ☐

플링 이벤트 처리

캔버스를 플링(캔버스에 손가락을 대고 빠른 속도로 던지듯이 화면 바깥쪽으로 빼는 동작)했을 때 손가락이 이동한 방향으로 이미지 스프라이트들이 움직이도록 만들어 보겠습니다. 정확하게 표현하자면 플링했을 때 실제 이미지 스프라이트들은 움직이지 않으며 이미지 스프라이트에 표시되는 숫자 이미지를 바꿔서 한쪽 방향으로 움직이는 것처럼 보이게 만들 예정입니다.

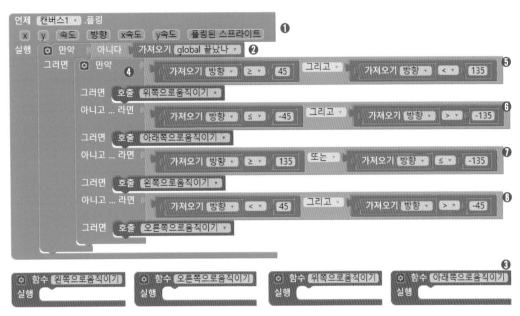

[예제 14-7] 캔버스를 플링한 방향으로 숫자 움직이기

❶ [언제 캔버스1.플링] 블록을 뷰어 패널로 가져옵니다.

❷ [만약] 블록을 [언제 캔버스1.플링] 블록의 [실행] 섹션에 넣고 [만약] 소켓에 [아니다] 블록을 끼웁니다. 그리고 [아니다] 소켓에 [가져오기 global 끝났나] 블록을 끼웁니다.

해설 전역변수 [끝났나]의 초깃값은 "거짓"이며 게임이 끝날 때 경우 "참"으로 바뀝니다. [아니다] 블록은 "참", "거짓"을 반대로 만들어주므로 [끝났나] 값이 "거짓"일 때만 숫자 움직이기 기능이 작동합니다. 잠시 후 만들 [게임끝판단하기] 함수에서 게임을 더 이상 진행할 수 없다고 판단하면 [끝났나]의 값이 "참"이 되고 이때는 캔버스를 플링해도 숫자가 움직이지 않게 됩니다.

❸ [함수 실행] 블록을 4개 가져온 후 이름을 "왼쪽으로움직이기", "오른쪽으로움직이기", "위쪽으로움직이기", "아래쪽으로움직이기"로 바꿉니다.

해설 함수를 호출하는 블록을 가져오기 위해 함수의 껍데기를 먼저 만들어 둡니다.

❹ [만약] 블록을 [언제 캔버스1.플링] 블록의 [실행] 섹션에 넣고 파란색 아이콘을 클릭해 [아니고…만약] 블록을 3개 추가합니다.

해설 손가락이 움직이는 방향을 4방향으로 나눠서 판단하기 위해 [만약] 블록을 4개의 조건을 검사할 수 있는 형태로 바꿉니다.

❺ [그리고] 블록을 [만약] 소켓에 키우고 "그리고"의 양쪽 소켓에 수학 서랍의 [=] 블록을 끼웁니다. 첫 번째 [=] 블록의 왼쪽에 플링 이벤트 블록에 있는 [가져오기 방향] 블록을 넣고 오른쪽에 [45]블록을 넣은 후 연산자를 "≥"로 바꿉니다. 마찬가지로 두 번째 [=] 블록의 왼쪽에 [가져오기 방향] 블록을 넣고 오른쪽에 [135] 블록을 넣은 후 연산자를 "〈"로 바꿉니다. 그리고 [만약] 블록의 첫 번째 [그러면] 섹션에 [호출 위쪽으로움직이기] 블록을 넣습니다.

해설 플링한 방향이 45보다 크거나 같고 135보다 작으면 손가락을 위쪽으로 움직였다고 판단하고 [위쪽으로움직이기] 함수를 호출해 화면상에 보이는 숫자들이 위로 움직이게 만듭니다. 캔버스에서의 방향 판단을 위한 기준은 [그림 14-8]과 같습니다.

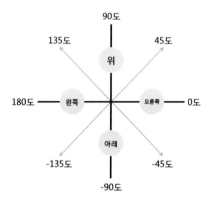

[그림 14-8] 캔버스 방향 판단 기준

❻ ❺에서 만든 [그리고] 블록 조합을 복사한 후 첫 번째 […라면] 소켓에 끼웁니다. [그리고] 블록의 왼쪽 소켓에 있는 연산자를 "≤"로 바꾸고 숫자도 "-45"로 바꿉니다. [그리고] 블록의 오른쪽 소켓에 있는 연산자를 "〉"로 바꾸고 숫자도 "-135"로 바꿉니다.

해설 플링한 방향이 -45보다 작거나 같고 -135보다 크면 손가락을 아래쪽으로 움직였다고 판단하고 [아래쪽으로 움직이기] 함수를 호출해서 숫자들이 아래쪽으로 움직이게 만듭니다.

❼ ❺에서 만든 [그리고] 블록 조합을 복사한 후 두 번째 […라면] 소켓에 끼운 후 "그리고"를 "또는"으로 바꿉니다. [또는] 블록의 왼쪽 소켓에 있는 숫자를 "135"로 바꿉니다. [또는] 블록의 오른쪽 소켓에 있는 연산자를 "≤"로 바꾸고 숫자도 "-135"로 바꿉니다.

해설 플링한 방향이 135보다 크거나 같고 -135보다 작으면 손가락을 왼쪽으로 움직였다고 판단하고 [왼쪽으로움직이기] 함수를 호출해 숫자들이 왼쪽으로 움직이게 만듭니다.

❽ ❺에서 만든 [그리고] 블록 조합을 복사한 후 세 번째 […라면] 소켓에 끼웁니다. [그리고] 블록의 왼쪽 소켓에 있는 연산자를 "〈"로 바꿉니다. [그리고] 블록의 오른쪽 소켓에 있는 연산자를 "〉"로 바꾸고 숫자도 "-45"로 바꿉니다.

해설 플링한 방향이 45보다 작고 -45보다 크면 손가락을 오른쪽으로 움직였다고 판단하고 [오른쪽으로움직이기] 함수를 호출해 숫자들이 오른쪽으로 움직이게 만듭니다.

[~쪽으로움직이기] 함수 만들기

앱 화면상에 보이는 숫자들을 한 쪽 방향으로 움직이게 하고 이동 중 같은 숫자를 만나면 두 숫자를 더하는 함수를 이동 방향에 따라 4개 나눠서 만들어 보겠습니다. 먼저 [왼쪽으로움직이기] 함수부터 만들어 보겠습니다.

[예제 14-8] [왼쪽으로움직이기] 함수

❶ [왼쪽으로움직이기] 함수의 껍데기가 있는 곳으로 이동합니다(390쪽 예제 14-7 참조).

❷ [지역변수 초기화] 블록을 함수 블록 안에 넣은 후 파란색 아이콘을 클릭해 [이름] 블록을 2개 더 추가합니다. 그리고 각 변수의 이름을 "숫자", "왼쪽숫자", "동작"으로 바꿉니다. [숫자]와 [왼쪽숫자]의 [값] 소켓에 [0] 블록을 끼우고, [동작]의 [값] 소켓에 [거짓] 블록을 끼웁니다.

해설 지역변수들을 선언하고 초기화해 둡니다.

❸ [각각 반복 숫자] 블록을 [지역변수 초기화] 블록의 [실행] 섹션에 넣고 "숫자"를 "줄위치"로 바꾸고 [끝] 소켓의 숫자를 "4"로 바꿉니다. [각각 반복 줄위치] 블록을 복사해서 원본 블록의 [실행] 섹션에 넣고 "줄위치"를 "검사시작위치"로 바꾸고 [시작] 소켓의 숫자를 "2"로 바꿉니다. [각각 반복 검사시작위치] 블록을 복사해서 원복 블록의 [실행] 섹션에 넣고 "검사시작위치"를 "칸위치"로 바꿉니다. 그리고 [시작] 소켓의 [2] 블록을 삭제한 후 [가져오기 검사시작위치] 블록을 끼우고 [끝] 소켓의 숫자는 "2", [간격] 소켓의 숫자는 "−1"로 바꿉니다.

해설 [숫자리스트]를 4개의 줄이 있고 각 줄 안에 4칸이 있는 형태로 생각했을 때 반복문 중 가장 바깥에 있는 반복문은 각 줄에 접근하는 역할을 합니다. 두 번째 반복문은 각 줄 안에서 검사를 시작하는 칸의 위치를 지정합니다. [줄위치]와 [칸위치]에 의해 지정된 숫자와 지정된 숫자의 왼쪽 숫자를 검사해서 지정된 숫자를 왼쪽으로 밀지, 왼쪽의 숫자와 합칠지를 결정하는데 1번째 칸의 왼쪽에는 아무것도 없으므로 2번째 칸부터 검사를 시작합니다. 세 번째 반복문은 검사 시작 위치가 바뀔 때마다 검사 시작 위치에서 2번째 칸까지 다시 숫자들을 검사하게 만듭니다. 검사 시작 위치를 바꿔서 다시 숫자들을 검사하는 이유는 반복문이 한 번 실행될 때마다 숫자의 위치나 크기가 바뀌기 때문입니다. 예를 들어 [숫자리스트] 첫 번째 줄의 숫자 배열이 (2, 2, 8, 8)이라면 두 번째, 세 번째 반복문에 의해 [그림 14-9]와 같은 형태로 숫자의 배열이 변해서 최종적으로 (4, 16, 0, 0)이 됩니다.

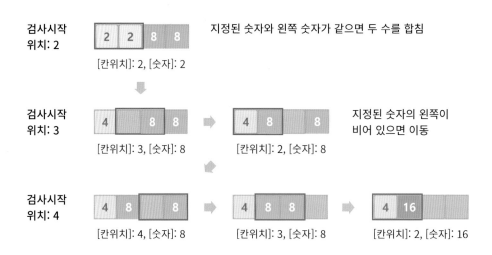

[그림 14-9] 반복 실행에 따른 숫자 배열의 변화

❹ [지정하기 숫자] 블록을 [각각 반복 칸위치] 블록의 [실행] 섹션에 넣습니다. [값] 소켓에 [호출 숫자선택하기] 블록을 끼우고 [줄위치값] 소켓에 [가져오기 줄위치] 블록, [칸위치값] 소켓에 [가져오기 칸위치] 블록을 끼웁니다.

해설 [숫자리스트]에서 지정된 위치에 있는 숫자를 가져와 지역변수 [숫자]에 저장합니다.

❺ [지정하기 왼쪽숫자] 블록을 [지정하기 숫자] 블록 아래에 넣습니다. [값] 소켓에 [호출 숫자선택하기] 블록을 끼우고 [줄위치값] 소켓에 [가져오기 줄위치] 블록, [칸위치값] 소켓에 [−] 블록을 끼웁니다. 그리고 − 연산자의 왼쪽 소켓에 [가져오기 칸위치] 블록, 오른쪽 소켓에 [1] 블록을 끼웁니다.

해설 [숫자]의 왼쪽에 있는 숫자를 가져옵니다. 숫자판의 숫자들을 왼쪽으로 밀 때는 지정된 숫자와 지정된 숫자의 왼쪽에 있는 숫자의 상태에 따라 숫자 위치와 크기 변화가 결정됩니다.

❻ [만약] 블록을 [지정하기 왼쪽숫자] 블록 아래에 넣고 [만약] 소켓에 [그리고] 블록을 끼웁니다. [그리고] 연산자의 왼쪽 소켓에 [=] 블록을 끼우고 연산자를 "≠"로 바꿉니다. ≠ 연산자의 왼쪽 소켓에 [가져오기 숫자] 블록, 오른쪽 소켓에 [0] 블록을 끼웁니다. [그리고] 연산자의 오른쪽 소켓에 [=] 블록을 끼우고 연산자를 "〈"로 바꿉니다. 〈 연산자의 왼쪽 소켓에 [가져오기 숫자] 블록, 오른쪽 소켓에 [10000] 블록을 끼웁니다.

해설 [숫자가 0이 아니고 10000보다 작을 때만 숫자판을 바꾸는 동작을 실행합니다. 숫자판에서 0은 이동시킬 필요가 없으므로 제외하고 10000은 숫자가 이동하면서 연속으로 더해지는 것을 막기 위해 임시로 설정한 값이므로 제외합니다. 10000에 대한 설명은 잠시 후에 다시 나옵니다.

❼ [만약] 블록을 [그러면] 섹션 안에 넣고 파란색 아이콘을 클릭해 [아니고…만약] 블록을 1개 추가합니다. [만약] 소켓에 [수학] 서랍의 [=] 블록을 끼우고 = 연산자의 왼쪽 소켓에 [가져오기 왼쪽숫자] 블록, 오른쪽 소켓에 [0] 블록을 끼웁니다.

해설 지정된 숫자의 왼쪽에 있는 숫자가 0인지 검사합니다.

❽ [그러면] 섹션에 [호출 숫자교체하기] 블록을 2개 넣습니다. 첫 번째 호출 블록의 [줄위치값] 소켓에 [가져오기 줄위치] 블록, [칸위치값] 소켓에 [−] 블록을 끼웁니다. − 연산자의 왼쪽에 [가져오기 칸위치] 블록, 오른쪽에 [1] 블록을 끼우고 [교체할값] 블록에 [가져오기 숫자] 블록을 끼웁니다. 두 번째 호출 블록의 [줄위치값] 소켓에 [가져오기 줄위치] 블록, [칸위치값] 소켓에 [가져오기 칸위치] 블록, [교체할값] 블록에 [0] 블록을 끼웁니다. 두 번째 호출 블록 아래에 [지정하기 동작] 블록을 넣고 [값] 소켓에 [참]을 끼웁니다.

해설 지정된 숫자가 0이 아니고 왼쪽에 있는 숫자가 0일 경우 지정된 숫자를 왼쪽으로 한 칸 옮깁니다. "칸위치 − 1" 위치에 지정된 숫자를 넣으면 왼쪽 항목이 지정된 숫자와 같은 숫자로 변합니다. 그리고 원래 지정된 숫자가 있는 위치에 0을 넣으면 지정된 숫자가 왼쪽으로 한 칸 움직이는 동작이 완성됩니다. 숫자의 위치에 변화가 있을 경우 지역변수 [동작]에 [참]을 넣어 숫자판이 움직였다는 것을 기록해 둡니다.

❾ [아니고…라면] 소켓에 [수학] 서랍의 [=] 블록을 끼우고 = 연산자의 왼쪽 소켓에 [가져오기 숫자] 블록, 오른쪽 소켓에 [가져오기 왼쪽숫자] 블록을 끼웁니다.

해설 지정된 숫자와 왼쪽에 있는 숫자가 같은지 검사합니다.

❿ [그러면] 섹션에 [호출 숫자교체하기] 블록을 2개 넣습니다. 첫 번째 호출 블록의 [줄위치값] 소켓에 [가져오기 줄위치] 블록, [칸위치값] 소켓에 [−] 블록을 끼웁니다. − 연산자의 왼쪽 소켓에 [가져오기 칸위치] 블록, 오른쪽 소켓에 [1] 블록을 끼우고 [교체할값] 블록에 [+] 블록을 끼웁니다. + 연산자의 왼쪽 소켓에 [×] 블록을 끼우고 × 연산자의 양쪽 소켓에 [가져오기 숫자] 블록, [2] 블록을 끼웁니다. 두 번째 호출 블록의 [줄위치값] 소켓에 [가져오기 줄위치] 블록, [칸위치값] 소켓에 [가져오기 칸위치] 블록, [교체할값] 블록에 [0] 블록을 끼웁니다. 두 번째 호출 블록 아래에 [지정하기 동작] 블록을 넣고 [값] 소켓에 [참]을 끼웁니다.

해설 지정된 숫자가 0이 아니고 왼쪽에 있는 숫자와 같은 수일 경우 지정된 숫자를 왼쪽으로 밀어서 합칩니다. "칸 위치 - 1" 위치에 지정된 숫자를 2배한 값을 넣으면 크기가 같은 두 숫자를 더한 값이 됩니다. 그리고 지정된 숫자가 있는 위치에 0을 넣으면 숫자를 왼쪽으로 움직여 합치는 동작이 완성됩니다. 숫자의 위치에 변화가 있을 경우 지역변수 [동작]에 [참]을 넣어 숫자판이 움직였다는 것을 기록해 둡니다. 2048 게임의 규칙상 한 번 합쳐져서 만들어진 숫자는 다른 숫자와 다시 합쳐지지 않습니다. 숫자를 2배로 만들고 10000을 더한 이유는 이 규칙을 적용하기 위한 것으로, 예를 들어 한 줄에 숫자가 (2,2,4,0) 형태로 나열돼 있다면 10000을 더 할 때와 더하지 않을 때의 차이는 [그림 14-10]과 같습니다.

구분	검사 시작 위치	칸 위치	숫자 변화
10000을 더할 때	2	2	(2, 2, 4, 0) → (10004, 0, 4, 0)
	3	3	(10004, 0, 4, 0) → (10004, 4, 0, 0)
	3	2	(10004, 4, 0, 0) → **(10004, 4, 0, 0)** 10004와 4의 크기가 같지 않으므로 숫자 변화 없음
10000을 더하지 않을 때	2	2	(2, 2, 4, 0) → (4, 0, 4, 0)
	3	3	(4, 0, 4, 0) → (4, 4, 0, 0)
	3	2	(4, 4, 0, 0) → **(8, 0, 0, 0)** 4와 4의 크기가 같으므로 숫자가 숫자가 합쳐짐

[그림 14-10] 합쳐진 숫자에 10000을 더할 때와 더하지 않을 때

더해주는 숫자가 꼭 10000일 필요는 없습니다. 10000이 게임에서 나올 수 있는 가장 큰 수인 2048보다 큰 수이기 때문 사용한 것이며 10000을 더해두면 동작 처리 과정에서 ❻의 조건에 부합하는 경우가 발행하지 않으므로 다른 숫자와 합쳐지지 않습니다. 동작 처리가 다 끝난 후에는 다시 10000을 빼서 숫자를 원래 크기로 되돌릴 예정입니다.

⓫ [지정하기 global 점수] 블록을 [지정하기 동작] 블록 아래에 넣고 [값] 소켓에 [+] 블록을 끼웁니다. + 연산자의 왼쪽 소켓에 [가져오기 global 점수] 블록, 오른쪽 소켓에 [×] 블록을 끼웁니다. × 연산자의 왼쪽 소켓에 [가져오기 숫자] 블록, 오른쪽 소켓에 [2] 블록을 끼웁니다. [지정하기 global 점수] 블록 아래에 [지정하기 버튼_점수.텍스트] 블록을 넣고 [값] 소켓에 [가져오기 global 점수] 블록을 끼웁니다.

해설 합쳐진 숫자의 크기만큼을 점수를 증가시키고 화면에 표시합니다.

⓬ [함수 실행] 블록을 가져온 후 이름을 "숫자판업데이트하기"로 바꿉니다.

해설 [왼쪽으로움직이기] 함수를 통해 [숫자리스트]의 숫자들은 왼쪽으로 몰았지만 실제 앱 화면상에 보이는 이미지 스프라이트의 숫자들은 그대로 있습니다. [숫자판업데이트하기] 함수는 임의로 10000이 더해진 숫자를 원래대로 되돌리고 앱 화면이 [숫자리스트] 값에 대응해서 바뀌게 만드는 등의 역할을 할 예정입니다.

⓭ [만약] 블록을 [각각 반복 줄위치] 블록 아래에 넣고 [만약] 소켓에 [가져오기 동작] 블록을 끼웁니다. [그러면] 섹션에
[숫자판업데이트하기] 블록을 넣습니다.

해설 [숫자리스트]에 변화가 없을 경우에는 [숫자판업데이트하기] 함수를 호출할 필요가 없으므로 [동작]의 값이
"참"일 때, 즉 [숫자리스트]의 값이 바뀌었을 때만 [숫자판업데이트하기] 함수를 호출합니다.

[오른쪽으로움직이기] 함수는 [왼쪽으로움직이기] 함수의 구조와 유사하므로 [왼쪽으로움직이기] 함수
를 복사한 후 수정해서 만들어 보겠습니다.

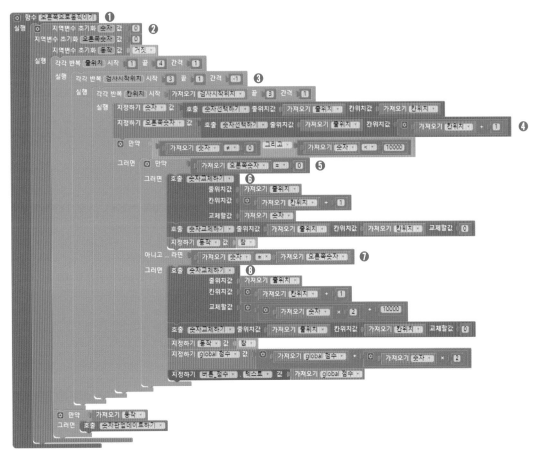

[예제 14-9] [오른쪽으로움직이기] 함수

❶ [왼쪽으로움직이기] 함수 블록의 [실행] 섹션에 있는 블록 조합을 복사해서 [오른쪽으로움직이기] 함수 블록의 [실
행] 섹션에 넣습니다.

해설 [오른쪽으로움직이기] 함수는 [왼쪽으로움직이기] 함수는 숫자를 이동시키는 방향만 다를 뿐 작동 원리는 같으므로 [왼쪽으로움직이기] 함수를 만드는 과정에서 이미 나왔던 코드에 대한 해설은 생략합니다.

❷ [지역변수 초기화] 블록의 "왼쪽숫자"를 "오른쪽숫자"로 바꿉니다.

❸ [각각 반복 검사시작위치] 블록의 [시작] 값을 "3", [끝] 값을 "1", [간격]을 "−1"로 바꿉니다. [각각 반복 칸위치] 블록의 [끝] 값을 "3", [간격]을 "1"로 바꿉니다.

해설 지정된 숫자와 지정된 숫자의 오른쪽 숫자를 검사해서 지정된 숫자를 오른쪽으로 밀지, 오른쪽의 숫자와 합칠지를 결정하는데 4번째 칸의 오른쪽에는 아무것도 없으므로 3번째 칸부터 검사를 시작합니다. 세 번째 반복문에 의해 검사 시작 위치가 바뀔 때마다 검사 시작 위치에서 3번째 칸까지 다시 숫자들을 검사합니다.

❹ [지정하기 왼쪽숫자] 블록의 "왼쪽숫자"를 "오른쪽숫자"로 바꿉니다. [칸위치값] 소켓에 들어있는 연산 블록을 [+] 블록으로 바꾸고 + 연산자의 양쪽 소켓에 [가져오기 칸위치] 블록과 [1] 블록을 끼웁니다.

해설 지정된 숫자를 오른쪽으로 밀려면 지정된 숫자의 오른쪽 숫자를 알아야 합니다. [칸위치] 값에 1을 더해 오른쪽에 있는 숫자를 가져온 후 [오른쪽숫자]에 저장해 둡니다.

❺ [가져오기 왼쪽숫자] 블록의 "왼쪽숫자"를 "오른쪽숫자"로 바꿉니다.

해설 지정된 숫자의 오른쪽에 있는 숫자가 0인지 검사합니다.

❻ [호출 숫자교체하기] 블록의 [칸위치값] 소켓에 [+] 블록을 끼우고 + 연산자의 양쪽 소켓에 [가져오기 칸위치] 블록과 [1] 블록을 끼웁니다.

해설 지정된 숫자가 0이 아니고 오른쪽에 있는 숫자가 0일 경우 지정된 숫자를 오른쪽으로 한 칸 옮깁니다. "칸위치 + 1" 위치에 지정된 숫자를 넣고 원래 지정된 숫자가 있는 위치에 0을 넣으면 지정된 숫자가 오른쪽으로 한 칸 움직이는 동작이 완성됩니다.

❼ [가져오기 왼쪽숫자] 블록의 "왼쪽숫자"를 "오른쪽숫자"로 바꿉니다.

해설 지정된 숫자와 오른쪽에 있는 숫자가 같은지 검사합니다.

❽ [호출 숫자교체하기] 블록의 [칸위치값] 소켓의 연산자 블록을 [+] 블록으로 블록으로 바꾸고 + 연산자의 양쪽 소켓에 [가져오기 칸위치] 블록과 [1] 블록을 끼웁니다.

해설 지정된 숫자가 0이 아니고 오른쪽에 있는 숫자와 같은 수일 경우 지정된 숫자를 오른쪽으로 밀어서 합칩니다. "칸위치 + 1" 위치에 지정된 숫자를 2배한 값을 넣고 원래 지정된 숫자가 있는 위치에 0을 넣으면 지정된 숫자를 오른쪽으로 움직여 합치는 동작이 완성됩니다.

[위쪽으로움직이기] 함수도 마찬가지로 [왼쪽으로움직이기] 함수를 복사해서 만들어 보겠습니다.

[예제 14-10] [위쪽으로움직이기] 함수

❶ [왼쪽으로움직이기] 함수 블록의 [실행] 섹션에 있는 블록 조합을 복사해서 [위쪽으로움직이기] 함수 블록의 [실행] 섹션에 넣습니다.

❷ [지역변수 초기화] 블록의 "왼쪽숫자"를 "위쪽숫자"로 바꿉니다.

❸ [각각 반복 줄위치] 블록의 "줄위치"를 "칸위치2"로 바꾸고 [각각 반복 칸위치] 블록의 "칸위치"를 "줄위치"로 바꿉니다. 그리고 [각각 반복 칸위치2] 블록의 "칸위치2"를 "칸위치"로 바꿉니다.

해설 숫자를 왼쪽, 오른쪽으로 몰 때는 줄 단위로 먼저 접근했으나 숫자를 위쪽, 아래쪽으로 몰기 위해서는 칸 단위로 먼저 접근합니다. 가장 바깥에 있는 반복문은 각 칸에 접근하는 역할을 하고 두 번째 반복문은 각 칸 안에서 검사를 시작하는 줄의 위치를 지정합니다. [줄위치]와 [칸위치]에 의해 지정된 숫자와 지정된 숫자의 위쪽 숫자를 검사해 지정된 숫자를 위쪽으로 밀지, 위쪽의 숫자와 합칠지를 결정하는데 1번째 줄의 위쪽에는 아무것도 없으므로 2번째 줄부터 검사를 시작합니다. 세 번째 반복문은 검사 시작 위치가 바뀔 때마다 검사 시작 위치에서 2번째 줄까지 다시 숫자들을 검사하게 만듭니다.

❹ [지정하기 왼쪽숫자] 블록의 "왼쪽숫자"를 "위쪽숫자"로 바꿉니다. [줄위치값] 소켓에 [─] 블록을 끼우고 ─ 연산자의 왼쪽에 [가져오기 줄위치] 블록, 오른쪽에 [1] 블록을 끼웁니다. [칸위치값] 소켓에 [가져오기 칸위치] 블록을 끼웁니다.

해설 지정된 숫자를 위쪽으로 밀려면 지정된 숫자의 위쪽 숫자를 알아야 합니다. [줄위치] 값에서 1을 빼서 위쪽에 있는 숫자를 가져온 후 [위쪽숫자]에 저장해 둡니다.

❺ [가져오기 왼쪽숫자] 블록에서 "왼쪽숫자"를 "위쪽숫자"로 바꿉니다.

해설 지정된 숫자의 위쪽에 있는 숫자가 0인지 검사합니다.

❻ [호출 숫자교체하기] 블록의 [줄위치값] 소켓에 [─] 블록을 끼우고 ─ 연산자의 양쪽 소켓에 [가져오기 줄위치] 블록과 [1] 블록을 끼웁니다. [칸위치값] 소켓에 [가져오기 칸위치] 블록을 끼웁니다.

해설 지정된 숫자가 0이 아니고 위쪽에 있는 숫자가 0일 경우 지정된 숫자를 위쪽으로 한 칸 옮깁니다. "줄위치 ─ 1" 위치에 지정된 숫자를 넣고 원래 지정된 숫자가 있는 위치에 0을 넣으면 지정된 숫자가 위쪽으로 한 칸 움직이는 동작이 완성됩니다.

❼ [가져오기 왼쪽숫자] 블록의 "왼쪽숫자"를 "위쪽숫자"로 바꿉니다.

해설 지정된 숫자와 위쪽에 있는 숫자가 같은지 검사합니다.

❽ [호출 숫자교체하기] 블록의 [줄위치값] 소켓에 [─] 블록을 끼우고 ─ 연산자의 양쪽 소켓에 [가져오기 줄위치] 블록과 [1] 블록을 끼웁니다. [칸위치값] 소켓에 [가져오기 칸위치] 블록을 끼웁니다.

해설 지정된 숫자가 0이 아니고 위쪽에 있는 숫자와 같은 수일 경우 지정된 숫자를 위쪽으로 밀어서 합칩니다. "줄위치 ─ 1" 위치에 지정된 숫자를 2배한 값을 넣고 원래 지정된 숫자가 있는 위치에 0을 넣으면 지정된 숫자를 위쪽으로 움직여 합치는 동작이 완성됩니다.

[아래쪽으로움직이기] 함수는 [위쪽으로움직이기] 함수의 구조와 유사하므로 [위쪽으로움직이기] 함수를 복사한 후 수정해서 만들어 보겠습니다.

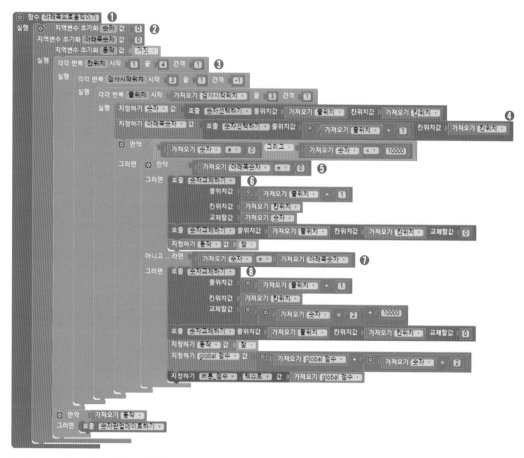

[예제 14-11] [아래쪽으로움직이기] 함수

❶ [위쪽으로움직이기] 함수 블록의 [실행] 섹션에 있는 블록 조합을 복사해서 [아래쪽으로움직이기] 함수 블록의 [실행] 섹션에 넣습니다.

❷ [지역변수 초기화] 블록의 "위쪽숫자"를 "아래쪽숫자"로 바꿉니다.

❸ [각각 반복 검사시작위치] 블록의 [시작] 값을 "3", [끝] 값을 "1", [간격]을 "−1"로 바꿉니다. [각각 반복 줄위치] 블록의 [끝] 값을 "3", [간격]을 "1"로 바꿉니다.

해설 두 번째 반복문은 각 칸 안에서 검사를 시작하는 줄의 위치를 지정합니다. [줄위치]와 [칸위치]에 의해 지정된 숫자와 지정된 숫자의 아래쪽 숫자를 검사해서 지정된 숫자를 아래쪽으로 밀지, 아래쪽의 숫자와 합칠지를 결정하는데 4번째 줄의 아래쪽에는 아무것도 없으므로 3번째 줄부터 검사를 시작합니다.

❹ [지정하기 위쪽숫자] 블록의 "위쪽숫자"를 "아래쪽숫자"로 바꿉니다. [줄위치값] 소켓에 [+] 블록을 끼우고 + 연산자의 왼쪽에 [가져오기 줄위치] 블록, 오른쪽에 [1] 블록을 끼웁니다.

해설 지정된 숫자를 아래쪽으로 밀려면 지정된 숫자의 아래쪽 숫자를 알아야 합니다. [줄위치] 값에서 1을 더해서 아래쪽에 있는 숫자를 가져온 후 [아래쪽숫자]에 저장해 둡니다.

❺ [가져오기 위쪽숫자] 블록에서 "위쪽숫자"를 "아래쪽숫자"로 바꿉니다.

해설 지정된 숫자의 아래쪽에 있는 숫자가 0인지를 검사합니다.

❻ [호출 숫자교체하기] 블록의 [줄위치값] 소켓에 [+] 블록을 끼우고 + 연산자의 양쪽 소켓에 [가져오기 줄위치] 블록 과 [1] 블록을 끼웁니다.

해설 지정된 숫자가 0이 아니고 아래쪽에 있는 숫자가 0일 경우 지정된 숫자를 아래쪽으로 한 칸 옮깁니다. "줄위 치 + 1" 위치에 지정된 숫자를 넣고 지정된 숫자가 있는 위치에 0을 넣으면 지정된 숫자가 아래쪽으로 한 칸 움직 이는 동작이 완성됩니다.

❼ [가져오기 위쪽숫자] 블록의 "위쪽숫자"를 "아래쪽숫자"로 바꿉니다.

해설 지정된 숫자와 아래쪽에 있는 숫자가 같은지 검사합니다.

❽ [호출 숫자교체하기] 블록의 [줄위치값] 소켓에 [+] 블록을 끼우고 + 연산자의 양쪽 소켓에 [가져오기 줄위치] 블록 과 [1] 블록을 끼웁니다.

해설 지정된 숫자가 0이 아니고 아래쪽에 있는 숫자와 같은 수일 경우 지정된 숫자를 아래쪽으로 밀어서 합칩니다. "줄위치 + 1" 위치에 지정된 숫자를 2배한 값을 넣고 원래 지정된 숫자가 있는 위치에 0을 넣으면 지정된 숫자를 아래쪽으로 움직여 합치는 동작이 완성됩니다.

숫자판 업데이트 기능 만들기

[숫자리스트]를 다듬은 후 리스트의 값들이 앱 화면에 나타나도록 만들어 보겠습니다.

[예제 14-12] 타이머 이벤트를 이용한 게임 제한 시간 계산

❶ [숫자판업데이트하기] 함수의 껍데기가 있는 곳으로 이동합니다(392쪽 예제 14-8 참조).

❷ [함수 실행] 블록을 가져온 후 이름을 "숫자고치기"로 바꿉니다.

해설 [숫자고치기] 함수를 호출하는 블록을 가져오기 위해 함수의 껍데기를 미리 만들어 둡니다.

❸ [호출 숫자고치기] 블록을 [숫자판업데이트하기] 함수의 [실행] 섹션에 넣습니다.

해설 [숫자고치기] 함수는 [~쪽으로움직이기] 함수에서 임시로 더해 둔 10000을 제거하는 역할을 합니다.

❹ [호출 새숫자만들기] 블록을 [호출 숫자고치기] 블록 아래에 넣습니다.

해설 플링에 의해 숫자의 이동했다면 빈 칸 중 한 곳에 새로운 숫자가 나타나게 만들어야 합니다. [새숫자만들기] 함수를 호출해서 [숫자리스트]에서 0인 항목 중 하나를 임의로 선택해 2 또는 4로 만듭니다.

❺ [호출 이미지바꾸기] 블록을 [호출 새숫자만들기] 블록 아래에 넣습니다.

해설 [숫자고치기] 함수와 [새숫자만들기] 함수를 이용해 [숫자리스트]를 정비했으므로 [이미지바꾸기] 함수를 이용해 [숫자리스트]의 값과 앱 화면상에 보이는 숫자가 1:1로 대응하게 만듭니다.

❻ [함수 실행] 블록을 가져온 후 이름을 "게임끝판단하기"로 바꿉니다.

해설 [게임끝판단하기] 함수를 호출하는 블록을 가져오기 위해 함수의 껍데기를 미리 만들어 둡니다.

❼ [호출 게임끝판단하기] 블록을 [호출 이미지바꾸기] 블록 아래에 넣습니다.

해설 숫자판의 숫자 중 하나가 2048이 되거나 더 이상 숫자판의 움직임이 불가능하다면 게임이 끝나야 합니다. [게임끝판단하기] 함수는 게임을 끝낼지를 판단해 게임을 끝내는 역할까지 합니다.

다음으로 [숫자고치기] 함수를 만들어 보겠습니다. [숫자고치기] 함수는 [이미지바꾸기] 함수와 비슷한 구조를 띠고 있으므로 [이미지바꾸기] 함수를 복사해서 만들면 작업이 간편해집니다.

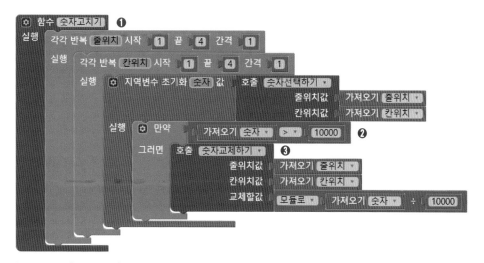

[예제 14-13] [숫자고치기] 함수

❶ [함수 이미지바꾸기] 블록(388쪽 예제 14-6 참조)의 [실행] 섹션에 있는 블록 조합을 복사한 후 [숫자고치기] 함수의 껍데기가 있는 곳으로 이동합니다(401쪽 예제 14-12 참조). 복사해 온 블록 조합을 함수의 [실행] 섹션에 넣은 후 [지역변수 초기화 숫자] 블록의 [섹션] 안에 있는 블록 조합을 삭제합니다.

해설 16번의 반복을 통해 [숫자리스트]에 있는 모든 항목에 차례대로 접근합니다. [숫자리스트]에서 가져온 항목은 지역변수 [숫자]에 저장해 둡니다.

❷ [만약] 블록을 [지역변수 초기화 숫자] 블록의 [실행] 섹션에 넣고 [만약] 소켓에 [=] 블록을 끼웁니다. [=] 블록의 연산자를 ")"로 바꾸고 왼쪽 소켓에 [가져오기 숫자] 블록, 오른쪽에 [10000] 블록을 끼웁니다.

해설 [숫자리스트]에서 가져온 숫자가 10000보다 큰지 검사합니다.

❸ [호출 숫자교체하기] 블록을 [그러면] 섹션에 넣고 [줄위치값] 소켓에 [가져오기 줄위치] 블록, [칸위치값] 소켓에 [가져오기 칸위치] 블록, [교체할값] 소켓에 [모듈로] 블록을 끼웁니다. [모듈로] 블록의 "÷" 연산자 왼쪽 소켓에 [가져오기 숫자] 블록, 오른쪽 소켓에 [10000] 블록을 끼웁니다.

해설 [숫자리스트]에서 10000보다 큰 [숫자]가 발견되면 숫자에서 10000을 뺀 값이나 예제와 같이 숫자를 10000으로 나눈 나머지 값을 교체할 값으로 지정해 숫자를 정상적인 크기로 바꿉니다.

지금까지 만든 기능이 제대로 동작하는지 테스트해 봅시다.

02_ 앱 테스트

1. 왼쪽으로 플링하면 숫자들이 왼쪽으로 몰림 ☐

2. 오른쪽으로 플링하면 숫자들이 오른쪽으로 몰림 ☐

3. 위쪽으로 플링하면 숫자들이 위쪽으로 몰림 ☐

4. 아래쪽으로 플링하면 숫자들이 아래쪽으로 몰림 ☐

5. 이동 방향에 크기가 같은 숫자가 있으면 합쳐짐 ☐

6. 합쳐진 숫자의 크기만큼 점수가 증가함 ☐

7. 한 번 합쳐서 만들어진 수는 다시 합쳐지지 않음 ☐

게임 끝 판단 기능 만들기

다음으로 숫자판의 상태를 파악해서 게임의 끝을 결정하는 [게임끝판단하기] 함수를 만들어 보겠습니다. 이 함수는 코드가 길어서 한 번에 이어서 설명하기에는 무리가 있으므로 기본 뼈대를 만든 후 코드를 A, B, C, D의 네 부분으로 나눠서 만들어 보겠습니다.

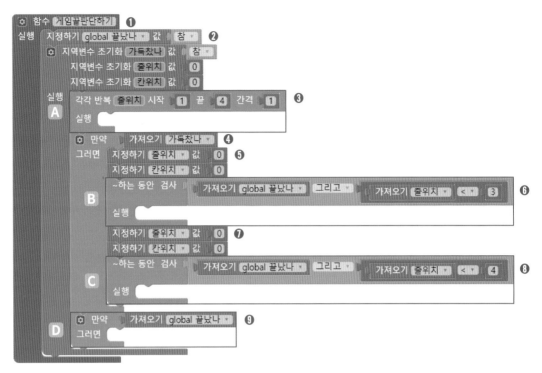

[예제 14-14] [게임끝판단하기] 함수

❶ [게임끝판단하기] 함수의 껍데기가 있는 곳으로 이동합니다(401쪽 예제 14-12 참조).

해설 [숫자고치기] 함수를 호출하는 블록을 가져오기 위해 함수의 껍데기를 미리 만들어 둡니다.

❷ [지정하기 global 끝났나] 블록을 함수 블록 안에 넣고 [값] 소켓에 [참] 블록을 끼웁니다. [지역변수 초기화] 블록을 추가하고 파란색 아이콘을 클릭해 [이름] 블록을 2개 더 추가합니다. 그리고 각 변수의 이름을 "가득찼나", "줄위치", "칸위치"로 바꿉니다. [가득찼나] 의 [값] 소켓에는 [참] 블록을 끼우고, 나머지 [값] 소켓에는 [0] 블록을 끼웁니다.

해설 전역변수 [끝났나]는 일단 "참"으로 지정해 두고 검사를 통해 게임 진행이 계속 가능하면 "거짓"으로 바꿉니다. 지역변수 [가득찼나]는 숫자판에 숫자가 가득 차 있을 경우에 "참", 아니면 "거짓" 상태로 설정하는데 일단은 "참"으로 초기화해 두고 검사를 통해 숫자판이 가득 차지 않았을 경우 "거짓"으로 바꿉니다.

❸ [각각 반복 숫자] 블록을 [지역변수 초기화] 블록의 [실행] 섹션에 넣고 "숫자"를 "줄위치"로 바꾸고 [끝] 소켓의 숫자를 "4"로 바꿉니다. [실행] 섹션 부분은 [예제 14-15]에서 만듭니다.

해설 [숫자리스트]의 항목 중에 0 또는 2048이 있는지 반복해서 검사합니다.

❹ [만약] 블록을 [~하는 동안] 블록 아래에 넣고 [만약] 소켓에 [가져오기 가득찼나] 블록을 끼웁니다.

해설 숫자판이 가득 찬 경우에만 실행됩니다.

❺ [지정하기 줄위치] 블록을 [만약] 블록의 [그러면] 섹션에 넣고 [값] 소켓에 [0] 블록을 끼웁니다. [지정하기 칸위치] 블록을 추가하고 [값] 소켓에 [0] 블록을 끼웁니다.

해설 다시 [숫자리스트]의 각 항목에 접근하기 위해 [줄위치]와 [칸위치]를 0으로 초기화합니다.

❻ [~하는 동안] 블록을 [지정하기 칸위치] 블록 아래쪽에 넣고 [검사] 소켓에 [그리고] 블록을 끼웁니다. [그리고] 블록의 왼쪽 소켓에 [가져오기 global 끝났나] 블록을 끼우고 오른쪽 소켓에 수학 서랍의 [=] 블록을 끼웁니다. "="을 "〈"로 바꾼 후 〈 연산자의 왼쪽 소켓에 [가져오기 줄위치] 블록을 끼우고 오른쪽 소켓에 [3] 블록을 끼웁니다. [실행] 섹션 부분은 [예제 14-16]에서 만듭니다.

해설 숫자판이 가득 찬 상태지만 숫자들을 위쪽이나 아래쪽으로 몰았을 때 합쳐질 숫자가 있는지 판단합니다.

❼ [지정하기 줄위치] 블록을 [~하는 동안] 블록의 아래쪽에 넣고 [값] 소켓에 [0] 블록을 끼웁니다. [지정하기 칸위치] 블록을 추가하고 [값] 소켓에 [0] 블록을 끼웁니다.

해설 다시 [숫자리스트]의 각 항목에 접근하기 위해 [줄위치]와 [칸위치]를 0으로 초기화합니다.

❽ ❻에서 만든 블록 조합을 복사해서 [지정하기 칸위치] 블록 아래쪽에 넣고 "3"을 "4"로 바꿉니다. [실행] 섹션 부분은 [예제 14-17]에서 만듭니다.

해설 숫자판이 가득 찬 상태지만 숫자들을 왼쪽이나 오른쪽으로 몰았을 때 합쳐질 숫자가 있는지 판단합니다.

❾ [만약] 블록을 [만약] 블록 아래에 넣고 [만약] 소켓에 [가져오기 global 끝났나] 블록을 끼웁니다. [그러면] 섹션 부분은 [예제 14-18]에서 만듭니다.

해설 숫자판이 가득 찬 상태에서 숫자판을 어느 방향으로 움직여도 합쳐질 숫자가 없거나, 2048이 완성된 경우에 [끝났나] 값이 "참"이 됩니다. [그러면] 섹션에는 게임을 끝내기 위한 코드가 들어갑니다.

[게임끝판단하기] 함수의 A 부분부터 만들어 보겠습니다.

[예제 14-15] [게임끝판단하기] 함수 A 부분

❶ [각각 반복 줄위치] 블록을 복사해서 원본 블록의 [실행] 섹션에 넣고 "줄위치"를 "칸위치"로 바꿉니다.

❷ [지역변수 초기화] 블록을 [지정하기 칸위치] 블록 아래에 넣고 변수의 이름을 "숫자"로 바꿉니다. [값] 소켓에 [호출 숫자선택하기] 블록을 끼우고 [줄위치값] 소켓에 [가져오기 줄위치] 블록, [칸위치값] 소켓에 [가져오기 칸위치] 블록을 끼웁니다.

　해설 [숫자리스트]에서 [줄위치]와 [칸위치]로 지정된 숫자를 가져와 지역변수 [숫자]에 저장합니다.

❸ [만약] 블록을 [지역변수 초기화 숫자] 블록의 [실행] 섹션에 넣습니다. 파란색 아이콘을 클릭한 후 [아니고…만약] 블록을 1개 추가해서 [만약] 블록의 모양을 변형시킵니다. [만약] 소켓에 [그리고] 블록을 끼우고 "그리고" 연산자의 왼쪽 소켓에 [가져오기 가득찼나] 블록을, 오른쪽 소켓에 [=] 블록을 끼웁니다. = 연산자의 양쪽 소켓에 [가져오기 숫자] 블록과 [0] 블록을 끼웁니다.

　해설 [가득찼나]가 "참"이고 [숫자]가 0인지 검사합니다. [숫자리스트]에서 0을 찾아낸 이후에는 [가득찼나]는 "거짓"이 되므로 "그리고"에 의한 논리 연산의 결과도 거짓이 됩니다.

❹ [그러면] 섹션에 [지정하기 가득찼나] 블록을 넣고 [값] 소켓에 [거짓] 블록을 끼웁니다. [지정하기 global 끝났나] 블록을 추가하고 [값] 소켓에 [거짓] 블록을 끼웁니다.

　해설 [숫자]가 0이면 앱 화면상에 보이는 숫자판에 숫자가 표시돼 있지 않은 빈 칸이 있다는 의미입니다. 다시 말해 숫자판에 숫자가 가득 차 있지 않다는 의미이므로 [가득찼나]에 "거짓"을 지정합니다. 그리고 숫자판에 숫자가 표시돼 있지 않은 빈 칸이 있다는 것은 게임을 계속 진행할 수 있는 상태라는 의미이므로 [끝났나]에 "거짓"을 지정합니다. [숫자리스트]의 모든 항목을 검사한 결과 "0"인 항목이 없다면 [가득찼나]는 초깃값 상태인 "참"으로 유지됩니다. [가득찼나]가 "참"이면 B와 C 부분에서 숫자판이 숫자로 가득 찬 상태에서 플링이 가능한지를 검사하는 코드가 실행됩니다.

❺ [아니고…라면] 소켓에 [=] 블록을 끼웁니다. = 연산자의 양쪽 소켓에 [가져오기 숫자] 블록과 [2048] 블록을 끼웁니다.

해설 [숫자리스트]에 2048이 있는지 검사합니다. 게임의 목표가 2048을 완성하는 것이므로 [숫자리스트]에 2048이 있다면 게임을 종료합니다. 앱을 테스트할 때는 2048 대신 16, 32 등 완성하기 쉬운 숫자로 잠시 바꿔서 실제로 숫자를 완성했을 때 게임이 끝나는지 확인해 봅니다.

❻ [그러면] 섹션에 [지정하기 global 끝났나] 블록을 넣고 [값] 소켓에 [참] 블록을 끼웁니다. [지정하기 가득찼나] 블록을 추가하고 [값] 소켓에 [거짓] 블록을 끼웁니다.

해설 [숫자리스트]에 2048이 있다면 게임의 목표를 달성한 것이므로 [끝났나]에 "참"을 지정합니다. 2048을 완성했으면 플링이 가능한지를 검사하지 않고 바로 게임을 종료하면 되므로 [가득찼나]를 "거짓"으로 지정해 B와 C 부분이 실행되지 않도록 만듭니다.

다음으로 [게임끝판단하기] 함수의 B 부분을 만들어 보겠습니다. B 부분은 숫자판이 숫자로 가득 찬 상태에서 위 또는 아래로 플링이 가능한지 판단하는 역할을 합니다.

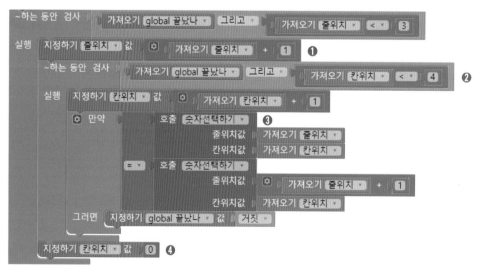

[예제 14-16] [게임끝판단하기] 함수 B 부분

❶ [~하는 동안] 블록의 [실행] 섹션에 [지정하기 줄위치] 블록을 넣고 [값] 소켓에 [+] 블록을 끼웁니다. + 연산자의 양쪽 소켓에 [가져오기 줄위치] 블록, [1] 블록을 끼웁니다.

해설 중첩된 2개의 [~하는 동안] 블록 중 바깥쪽 블록에 의한 반복이 실행될 때 [줄위치]의 값을 1씩 증가시킵니다. [줄위치]에 의해 숫자판의 각 줄에 접근하게 되는데 네 번째 줄에는 접근할 필요가 없으므로 바깥쪽 [~하는 동안] 블록의 검사 조건은 "줄위치 < 3"이 됩니다.

❷ [~하는 동안] 블록을 복사해서 [지정하기 줄위치] 블록 아래에 넣습니다. [<] 블록 안에 있는 "줄위치"를 "칸위치"로 바꾸고 "3"을 "4"로 바꿉니다. [실행] 섹션에 있는 "줄위치"도 "칸위치"로 바꿉니다.

해설 안쪽 [~하는 동안] 블록에 의한 반복이 실행되는 동안 [칸위치]는 1~4로 변합니다.

❸ [만약] 블록을 [지정하기 칸위치] 블록 아래에 넣고 [만약] 소켓에 수학 서랍의 [=] 블록을 끼웁니다. = 연산자의 첫 번째 소켓에 [호출 숫자선택하기] 블록을 끼우고 [줄위치값] 소켓에 [가져오기 줄위치] 블록, [칸위치값] 소켓에 [가져오기 칸위치] 블록을 끼웁니다. = 연산자의 두 번째 소켓에 [호출 숫자선택하기] 블록을 끼우고 [줄위치값] 소켓에 [+] 블록, [칸위치값] 소켓에 [가져오기 칸위치] 블록을 끼웁니다. 그리고 + 연산자의 양쪽 소켓에 [가져오기 줄위치] 블록과 [1] 블록을 끼웁니다. [그러면] 섹션에 [지정하기 global 끝났나] 블록을 끼우고 [값] 소켓에 [거짓] 블록을 끼웁니다.

해설 지금 만들고 있는 [게임끝판단하기] 함수의 B 부분은 지역변수 [가득찼나]가 "참"일 때만 실행됩니다. 숫자판이 가득 찼더라도 지정된 숫자와 그 숫자의 바로 아래 줄의 같은 칸에 있는 숫자의 크기가 같으면 위 또는 아래쪽으로 플링이 가능합니다. 숫자판의 1~3번 째 줄의 각 칸에 있는 숫자와 각 칸의 바로 아랫줄에 있는 숫자를 비교해서 하나라도 같은 숫자가 있으면 게임을 계속 진행할 수 있으므로 [끝났나]의 값을 "거짓"으로 바꿉니다. 지역변수 [끝났나]의 기본 값은 "참"이므로 만약 모든 숫자들을 검사해서 위아래로 합쳐질 수 있는 숫자들이 없으면 계속 "참" 값을 유지하게 되고 이 값은 게임이 끝낼지를 판단하는 기준이 됩니다.

❹ [지정하기 칸위치] 블록을 안쪽에 있는 [~하는 동안] 블록 아래에 넣고 [값] 소켓에 [0] 블록을 끼웁니다.

해설 [숫자리스트] 한 줄에 있는 각 칸에 대한 접근이 끝나면 [칸위치] 값은 4가 됩니다. 바깥쪽 반복문에 의해 [줄위치] 값이 1만큼 증가해서 다음 줄로 이동하고 다시 첫 번째 칸부터 접근하려면 안쪽 반복문이 다시 실행되기 전에 [칸위치] 값을 0으로 초기화해야 합니다.

다음으로 [게임끝판단하기] 함수의 C 부분을 만들어 보겠습니다. C 부분은 숫자판이 숫자로 가득 찬 상태에서 왼쪽 또는 오른쪽으로 플링이 가능한지 판단하는 역할을 합니다. C 부분은 방금 만든 B 부분과 구조가 유사하므로 B 부분을 복사한 후 수정하는 방식으로 만들어 보겠습니다.

[예제 14-17] [게임끝판단하기] 함수 C 부분

❶ [게임끝판단하기] 함수의 B 부분에서 [~하는 동안] 블록의 [실행] 섹션 안에 있는 [지정하기 줄위치] 블록, [~하는 동안] 블록, [지정하기 칸위치] 블록을 복사해서 C 부분의 [~하는 동안] 블록의 [실행] 섹션 안에 차례대로 넣습니다.

❷ [〈] 블록 안에 있는 숫자 블록의 "4"를 "3"으로 바꿉니다.

해설 [칸위치]에 의해 숫자판의 각 칸에 접근하게 되는데 네 번째 칸에는 접근할 필요가 없으므로 바깥쪽 [~하는 동안] 블록의 검사 조건은 "칸위치 〈 3"이 됩니다.

❸ [호출 숫자선택하기] 블록의 [줄위치값] 소켓에 [가져오기 줄위치] 블록, [칸위치값] 소켓에 [+] 블록을 끼웁니다. + 연산자의 양쪽 소켓에 [가져오기 칸위치] 블록과 [1] 블록을 끼웁니다.

해설 [게임끝판단하기] 함수의 C 부분은 숫자판이 숫자로 가득 찼을 때만 실행됩니다. 숫자판이 가득 찼더라도 지정된 숫자와 그 숫자의 옆 칸에 있는 숫자의 크기가 같으면 왼쪽 또는 오른쪽으로 플링이 가능합니다. 숫자판의 각 줄의 1~3번째 칸에 있는 숫자와 그 숫자의 오른쪽에 있는 숫자를 비교해서 하나라도 같은 숫자가 있으면 게임을 계속 진행할 수 있으므로 [끝났나]의 값을 "거짓"으로 바꿉니다.

다음으로 [게임끝판단하기] 함수의 C 부분을 만들어 보겠습니다. C 부분은 숫자판이 숫자로 가득 찬 상태에서 더 이상 플링이 불가능하거나 2048을 완성한 경우 게임을 끝내는 역할을 합니다.

[예제 14-18] [게임끝판단하기] 함수 D 부분

❶ [지정하기 이미지Over.보이기] 블록을 [만약] 블록의 [그러면] 섹션에 넣고 [값] 소켓에 [참] 블록을 끼웁니다.

해설 [끝났나]가 "참"이면 숨겨 뒀던 이미지 스프라이트를 보이게 만듭니다. [이미지Over]의 사진 속성으로 지정해 둔 이미지 파일에는 "Game Over!"가 적혀 있으므로 숫자판 위에 "Game Over!"가 나타납니다.

❷ [만약] 블록을 [지정하기 global 끝인가] 블록 아래에 넣고 [만약] 소켓에 [=] 블록을 끼운 후 연산자를 ">"로 바꿉니다. > 연산자의 왼쪽 소켓에 [가져오기 global 점수] 블록, 오른쪽 소켓에 [버튼_최고점.텍스트] 블록을 끼웁니다.

해설 현재 점수가 최고 점수보다 큰지 검사합니다.

❸ [그러면] 섹션에 [호출 TinyDB1.값 저장] 블록을 넣고 [태그] 소켓에 ["최고점"] 블록, [저장할 값] 소켓에 [가져오기 global 점수] 블록을 끼웁니다. [지정하기 버튼_최고점.텍스트] 블록을 [호출 TinyDB1.값 저장] 블록 아래에 넣고 [값] 소켓에 [가져오기 global 점수] 블록을 끼웁니다.

해설 현재 점수가 기존 최고 점수보다 크다면 TinyDB에 "최고점"이라는 태그로 저장돼 있는 값에 현재 점수를 저장해서 최고점을 갱신합니다. 그리고 최고점을 표시하는 버튼의 텍스트 속성에도 현재 점수를 대입해서 화면 상에 보이는 최고 점수도 갱신되게 만듭니다.

지금까지 만든 기능이 제대로 동작하는지 테스트해 봅시다.

03_앱 테스트

1. 숫자판이 가득 찼더라도 위아래로 같은 숫자가 있으면 플링이 됨 ☐

2. 숫자판이 가득 찼더라도 좌우로 같은 숫자가 있으면 플링이 됨 ☐

3. 숫자판이 가득 차고 합쳐질 숫자가 없으면 "Game Over!"가 나타남 ☐

4. 2048을 완성하면 "Game Over!"가 나타남(실제로 2048을 완성기는 어려우므로 예제 14-15에서 비교하는 숫자를 2048 대신 16, 32 등 만들기 쉬운 숫자로 바꿔서 테스트) ☐

5. 끝나는 순간 최고점보다 현재 점수가 더 높으면 최고점이 갱신됨 ☐

재시작 및 종료 기능 만들기

[재시작] 버튼을 클릭하면 게임을 다시 시작할 수 있도록 만들어 보겠습니다.

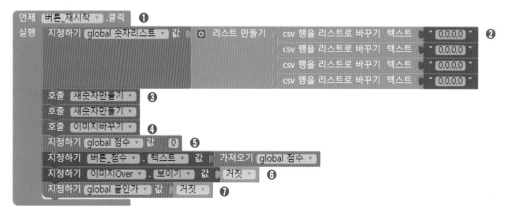

[그림 14-19] [버튼_재시작] 버튼을 클릭하면 게임을 다시 시작

❶ [언제 버튼_재시작] 블록을 뷰어 패널로 가져옵니다.

❷ [지정하기 global 숫자리스트] 블록을 [실행] 섹션에 넣고 [값] 소켓에 [전역변수 초기화 숫자리스] 블록(381쪽 예제 14-1 참조)의 [값] 소켓에 연결된 블록조합을 복사해서 끼웁니다.

해설 게임을 처음부터 다시 시작하기 위해 [숫자리스트]의 각 항목 값을 모두 0으로 초기화합니다.

❸ [호출 새숫자만들기] 블록을 2개 가져와 [지정하기 global 숫자리스트] 블록 아래에 넣습니다.

해설 [숫자리스트]의 임의의 항목을 2 또는 4로 만듭니다. 게임을 시작할 때 숫자가 2개 표시돼야 하므로 [새숫자만들기] 함수를 2번 호출합니다.

❹ [호출 이미지바꾸기] 블록을 [새숫자만들기] 블록 아래에 넣습니다.

해설 [숫자리스트]를 초기화하고 2개의 숫자를 생성했으므로 [숫자리스트]의 각 항목이 이미지 스프라이트에 표시되도록 만듭니다.

❺ [지정하기 global 점수] 블록을 [호출 이미지바꾸기] 블록 아래에 넣고 [값] 소켓에 [0] 블록을 끼웁니다. [지정하기 버튼_점수.텍스트] 블록을 추가하고 [값] 소켓에 [가져오기 global 점수] 블록을 끼웁니다.

해설 점수를 저장하는 변수를 0으로 초기화하고 화면에 보이는 점수도 0으로 만듭니다.

❻ [지정하기 이미지|Over.보이기] 블록을 [지정하기 버튼_점수.텍스트] 블록 아래에 넣고 [값] 소켓에 [거짓] 블록을 끼웁니다.

해설 게임 끝을 알리기 위해 화면에 보이게 했던 이미지를 다시 숨깁니다.

❼ [지정하기 global 끝인가] 블록을 [지정하기 이미지|Over.보이기] 블록 아래에 넣고 [값] 소켓에 [거짓] 블록을 끼웁니다.

해설 캔버스를 다시 플링 가능하도록 만들기 위해 [끝인가]에 "거짓"을 지정합니다.

다음으로 뒤로 가기 버튼을 눌렀을 때 앱이 바로 종료되지 않고 종료를 선택할 수 있도록 만들어 보겠습니다.

[예제 14-20] 뒤로 가기 버튼을 클릭했을 때 대화창 띄우기

❶ [언제 Screen1.뒤로가기 누름] 블록을 뷰어 패널로 가져옵니다.

해설 [뒤로가기 누름] 이벤트는 안드로이드 기기의 기본 키인 뒤로 가기 버튼을 눌렀을 때 발생합니다. [뒤로가기 누름] 이벤트 핸들러를 따로 만들어 두지 않으면 뒤로 가기 버튼을 눌렀을 때 앱이 바로 종료됩니다.

❷ [호출 알림1.선택 대화창 나타내기] 블록을 [실행] 섹션에 넣습니다. 그리고 블록의 각 소켓에 [" "] 블록을 끼우고 위 예제와 같이 텍스트를 변경합니다. 마지막 [취소 가능 여부] 소켓은 [거짓]으로 설정합니다.

해설 뒤로 가기 버튼을 누르면 게임 종료를 선택할 수 있는 대화창이 나타납니다. 대화창에 [Cancel] 버튼은 필요 없으므로 [취소 가능 여부] 소켓의 값을 "거짓"으로 바꿉니다.

마지막으로 대화창의 버튼을 선택했을 때 앱이 종료되도록 만들어 보겠습니다.

[예제 14-21] 대화창의 [끝내기] 버튼을 선택했을 때 앱 종료

❶ [언제 알림1.선택 후] 블록을 뷰어 패널로 가져옵니다.

❷ [만약 그러면] 블록을 [실행] 섹션에 넣고 [만약] 소켓에 [논리] 서랍의 [=] 블록을 끼웁니다. = 연산자의 양쪽 소켓에 [가져오기 선택] 블록과 ["끝내기"] 블록을 끼우고 [그러면] 섹션에 [앱 종료] 블록을 넣습니다.

해설 사용자가 선택한 버튼이 [끝내기] 버튼이면 조건을 만족하므로 앱이 종료됩니다. 사용자가 [계속하기] 버튼을 선택했다면 조건을 만족하지 않으므로 앱이 종료되지 않습니다.

지금까지 만든 기능이 제대로 동작하는지 테스트해 봅시다.

03_앱 테스트

1. [재시작] 버튼을 누르면 "Game Over!"가 사라짐 ☐

2. [재시작] 버튼을 누르면 숫자판이 초기화됨 ☐

3. [재시작] 버튼을 누르면 점수가 초기화됨 ☐

4. [재시작] 버튼을 누를 때마다 숫자판에 나타나는 2개의 2 또는 4의 위치가 달라짐 ☐

5. 뒤로 가기 버튼을 누르면 대화창이 나타남 ☐

6. 대화창의 [끝내기] 버튼을 클릭하면 앱이 종료됨 ☐

이것으로 2048 앱 만들기를 마치겠습니다. 구글 플레이 스토어에서 "2048"로 검색하면 오리지널 게임 외에도 다양한 형태로 변형된 게임이 검색됩니다. 지금까지 만들어본 2048 게임에 여러분만의 아이디어를 추가해서 좀 더 새로운 게임을 만드는 데 도전해 보기 바랍니다.

프로젝트 소스

지금까지 만든 앱과 미션에 관한 예제는 앱 인벤터 갤러리에서 "g2048"로 검색하면 확인할 수 있습니다.

이번 장에서는 오픈 API를 이용해 지역별 미세먼지 정보를 실시간으로 조회하는 앱을 만들어 보겠습니다. 오픈 API(Application Programming Interface)는 인터넷 서비스를 제공하는 측에서 사용자가 직접 응용 프로그램과 서비스를 개발할 수 있도록 공개한 API를 말합니다. 오픈 API를 이용하면 구글이나 네이버, 다음에서 제공하는 지도, 검색, 카페 등의 기능을 내가 만드는 사이트나 앱에 그대로 가져와 적용할 수 있습니다. 그 밖에도 공공데이터포털이나 서울 열린 데이터 광장과 같이 정부, 지자체, 공공기관 등에서 운영하는 사이트에서도 방대한 양의 데이터를 오픈 API 형태로 제공하고 있어 이를 활용하면 교통, 날씨, 관광 등과 관련된 다양한 앱을 개발할 수 있습니다.

미세먼지 조회 앱을 만드는 데 필요한 데이터로 공공데이터포털(http://www.data.go.kr)에서 제공하는 "대기오염정보 조회 서비스"를 사용합니다. 공공데이터포털에서 개발자에게 발급하는 API 키와 검색 조건을 담고 있는 요청변수를 조합한 URL을 통해 데이터를 요청하면 미세먼지 관련 데이터를 XML 형식으로 전달해 줍니다. 요청을 통해 전달받은 XML 문서에서 필요한 정보만 골라내어 앱 화면에 표시되게 만들면 미세먼지를 조회하는 앱이 완성됩니다. 앱의 동작 원리를 간단히 그림으로 나타내면 다음과 같습니다.

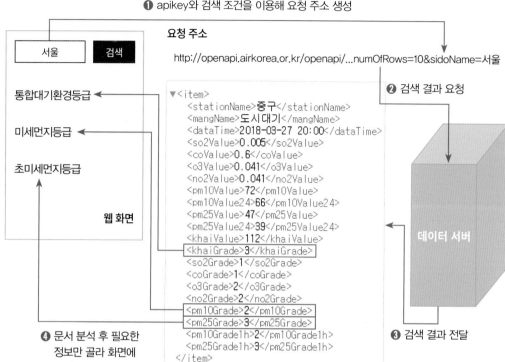

❶ apikey와 검색 조건을 이용해 요청 주소 생성

요청 주소

http://openapi.airkorea.or.kr/openapi/...numOfRows=10&sidoName=서울

❷ 검색 결과 요청

❸ 검색 결과 전달

❹ 문서 분석 후 필요한 정보만 골라 화면에 표시

XML 문서

완성된 앱의 모습

좋음 화면   보통 화면   나쁨 화면   매우 나쁨 화면

15.1 _ 앱 개발 준비

앱 구상

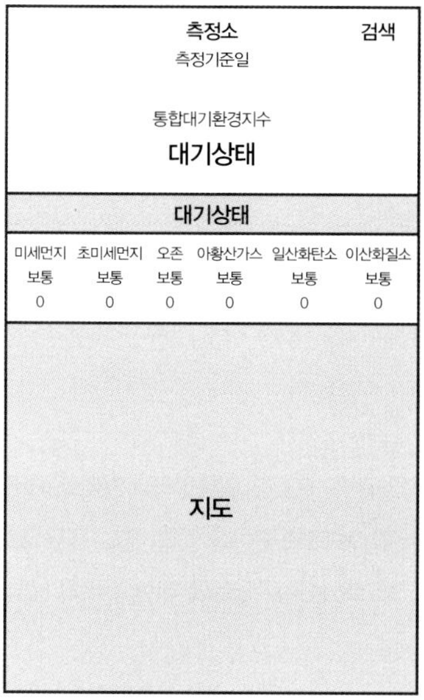

측정소		검색
측정기준일		
통합대기환경지수		
대기상태		

대기상태

미세먼지	초미세먼지	오존	아황산가스	일산화탄소	이산화질소
보통	보통	보통	보통	보통	보통
0	0	0	0	0	0

지도

[그림 15-1] 앱 화면 구상

- **앱 이름:** 미세먼지

- **스크린:** 1개

- **사용할 컴포넌트:** 버튼, 레이블, 목록 선택, 알림, 수평배치, HorizontalScrollArrangement, 표배치, 수직배치, Map, Circle, TinyDB, 웹

- **설계 내용**

  ❶ [검색] 버튼을 클릭하면 도시 이름이 목록으로 나타나고 도시를 선택하면 [웹] 컴포넌트를 이용해 오픈 API 서버에 선택된 도시의 대기 질 측정자료를 요청하고 기다립니다.

  ❷ 서버로부터 전달받은 데이터에서 측정소를 추출해 리스트로 만든 후 목록으로 보여줍니다.

  ❸ 목록에서 측정소를 선택하면 서버로부터 전달받은 데이터에서 측정소의 위치, 측정일, so2지수, co지수, o3지수, no2지수, pm10지수, pm25지수, khai등급, so2등급, co등급, o3등급, no2등급, pm10등급, pm25등급을 추출해서 화면에 출력합니다.

  ❹ khai등급이 1이면 전체 화면의 색깔을 파란색, 2면 초록색, 3이면 주황색, 4면 빨간색으로 바꿉니다.

❺ 측정소 위치가 지도 중앙에 오도록 만든 후 측정소 위치에 전체 화면 색깔과 같은 색의 반투명한 원을 그려 측정소의 위치를 표시합니다.

❻ 모든 작업이 끝나면 측정소를 [TinyDB]에 저장합니다.

❼ 다시 앱을 실행했을 때 [TinyDB]에 측정소가 저장돼 있다면 목록을 통한 검색을 거치지 않고 자동으로 저장돼 있는 측정소의 데이터를 요청하고 처리하는 과정이 실행된 후 대기 질 정보를 화면에 출력합니다.

앱 제작에 필요한 컴포넌트 살펴보기

이번 장에 새롭게 등장하는 컴포넌트와 앱 제작에 사용될 블록을 미리 살펴보겠습니다.

- **웹 컴포넌트**

❶ **위치**: 연결

❷ **기능**: HTTP 프로토콜을 사용해 앱이 웹 서버와 통신할 수 있게 만듭니다. HTTP 프로토콜은 클라이언트와 서버 사이의 통신을 위해 사용되는 통신 규약으로서 요청(request)과 응답(response)으로 구성돼 있습니다. HTTP 요청은 HTTP 메서드(GET, POST), URL, 전달하고자 하는 정보로 이뤄져 있으며 응답은 요청에 대한 서버의 응답으로 응답 코드, 응답 타입, 응답 콘텐츠로 구성돼 있습니다.

❸ **속성**

블록	기능
지정하기 웹1 . URL 값	웹 서버에 요청을 하기 위한 URL을 지정합니다.

❹ **이벤트**

블록	기능
언제 웹1 .텍스트 받음 url 응답 코드 응답 타입 응답 콘텐츠 실행	[가져오기] 함수를 이용한 요청이 끝나면 실행되는 블록으로 블록에 있는 각 변수에는 서버로부터의 응답이 들어있습니다. • url: 요청에 사용한 URL • 응답 코드: 참고사항이나 오류를 나타내는 숫자 값 • 응답 타입: 서버에서 수신한 텍스트의 형태 • 응답 콘텐츠: 서버에서 수신한 텍스트

❺ 함수

블록	기능
 호출 웹1 .가져오기	[URL] 속성을 사용해 GET(가져오기) 방식의 요청을 수행하고 요청이 완료되면 서버로부터의 응답을 가져옵니다. [웹] 컴포넌트의 [응답 저장하기] 속성이 "참"이면 [파일 받음] 이벤트를 발생시키고 "거짓"이면 [텍스트 받음] 이벤트를 발생시킵니다. [응답 저장하기]의 기본 속성은 "거짓"입니다.
 호출 웹1 .XMLTextDecode xmlText	[xmlText] 소켓에 연결된 xml 형식의 텍스트를 앱 인벤터에서 처리 가능한 형식으로 바꿔줍니다.

서비스 활용 신청하기

대기오염정보 조회 서비스를 이용하려면 공공데이터포털에 회원가입을 한 후 서비스 활용 신청을 해야
합니다. 이를 위해 공공데이터포털에 접속할 때 크롬이나 엣지 브라우저를 사용하지 말고 인터넷 익스플
로러 사용을 권장합니다. 크롬으로는 사이트 접속은 가능하지만 일부 서비스 사용이 원활하지 않은 경우
가 있으며 엣지로 접속하면 사이트가 인터넷 익스플로러에서만 작동한다는 메시지가 나타납니다. 인터
넷 익스플로러로 공공데이터포털에 접속해서 서비스 활용을 신청하는 순서는 다음과 같습니다.

❶ 공공데이터포털(http://www.data.go.kr)에 접속해서 일반회원으로 가입합니다.

[그림 15-2] 공공데이터포털 회원가입

❷ 로그인 후 "대기오염정보"를 검색합니다.

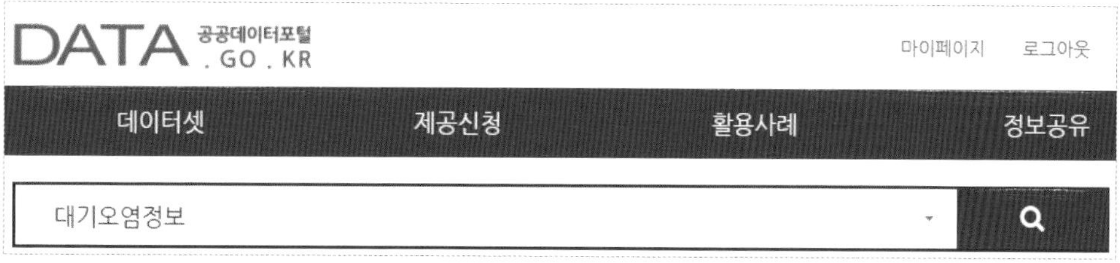

[그림 15-3] "대기오염정보" 검색

❸ 검색이 완료되면 "대기오염정보 조회 서비스"를 클릭합니다.

[그림 15-4] 검색 결과 확인

❹ 서비스 소개 페이지에서 [활용신청] 버튼을 클릭합니다.

[그림 15-5] 서비스 활용신청 버튼

❺ 개발계정 신청 페이지에서 시스템 유형은 "일반"으로 선택합니다.

[그림 15-6] 시스템 유형 선택

❻ 활용목적은 "앱개발"로 선택하고 첨부파일은 비워둡니다.

[그림 15-7] 활용목적 선택

❼ 모든 상세 기능을 체크합니다.

☑	상세기능	설명	일일 트래픽
☑	시군구별 실시간 평균정보 조회	시도의 각 시군구별 측정소목록의 일반 항목에 대한 시간대별 평균농도를 제공하는 시군구별 실시간 평균정보 조회	500
☑	시도별 실시간 평균정보 조회	시도별 측정소목록에 대한 일반 항목의 시간 및 일평균 자료 및 지역 평균 정보를 제공하는 시도별 실시간 평균정보 조회	500
☑	대기질 예보통보 조회	통보코드와 통보시간으로 예보정보와 발생 원인 정보를 조회하는 대기질 (미세먼지/오존) 예보통보 조회	500
☑	시도별 실시간 측정정보 조회	시도명을 검색조건으로 하여 시도별 측정소목록에 대한 일반 항목과 CAI 최종 실시간 측정값과 지수 정보 조회 기능을 제공하는 시도별 실시간 측정정보 조회	500
☑	통합대기환경지수 나쁨 이상 측정소 목록조회	통합대기환경지수가 나쁨 등급 이상인 측정소명과 주소 목록 정보를 제공하는 통합대기환경지수 나쁨 이상 측정소 목록조회	500
☑	측정소별 실시간 측정정보 조회	측정소명과 측정데이터 기간(일, 한달, 3개월)으로 해당 측정소의 일반항목 측정정보를 제공하는 측정소별 실시간 측정정보조회	500

상세기능정보 필수 입력 정보입니다.   *자동승인 상세기능은 신청과 동시에 활용 가능합니다.

[그림 15-8] 상세 기능 선택

❽ 저작자표시에 동의 체크를 하고 [신청] 버튼을 클릭합니다.

라이센스표시

이용허락범위   저작자표시   (사유 :)   ☑동의합니다

▶ 신청   ▶ 취소

[그림 15-9] 저작자 표시 동의 및 서비스 신청

❾ 화면 상단의 "마이페이지" 메뉴를 클릭해 오픈API 개발계정을 확인합니다.

[그림 15-10] 개발계정 확인

API 사용법

이제 오픈API를 사용할 수 있는 개발 계정이 생겼습니다. 다음으로 API를 사용하기 위한 인증키를 발급받고 대기오염정보 조회 서비스의 기능을 테스트해 보겠습니다. 주의할 점은 인증키를 발급받고 바로 서비스를 사용할 수 없다는 점입니다. 인증키를 발급받고 1시간 정도 여유를 가지고 기다린 후에 기능을 테스트하면 됩니다.

❶ [마이페이지] → [오픈API] → [개발계정]에서 "대기오염정보 조회 서비스"를 클릭합니다.

❷ 개발계정 상세보기 페이지에서 "일반 인증키 받기"를 클릭하고 시스템 메시지 창이 나타나면 [확인] 버튼을 클릭합니다.

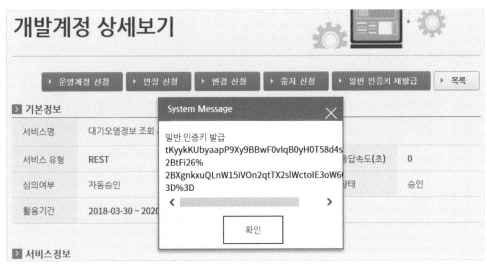

[그림 15-11] 일반 인증키 발급받기

❸ [서비스정보]에서 인증키 발급을 확인합니다. 서비스에 관한 상세한 사항을 알고 싶다면 참고문서를 다운로드합니다. 인증키를 발급받고 서비스 기능이 활성화되기를 기다리는 동안 참고문서를 한번 훑어보기 바랍니다.

[그림 15-12] 인증키 및 참고문서 확인

❹ 인증키를 발급받고 30분에서 1시간 정도 기다린 후에 [상세기능정보]의 시도별 실시간 측정정보조회에 있는 [실행] 버튼을 클릭합니다. 대기오염정보 조회 서비스는 다양한 기능을 제공하고 있는데 이번 앱에서는 "시도별 실시간 측정정보 조회" 기능을 사용해서 앱을 만듭니다.

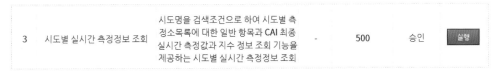

[그림 15-13] 시도별 실시간 측정정보 조회 실행

❺ 샘플 데이터와 설명을 확인하고 "미리보기" 버튼을 클릭합니다.

🔲 요청변수(Request Parameter)		초기화 닫기
항목명	샘플데이터	설명
numOfRows	10	한 페이지 결과 수
pageNo	1	페이지 번호
sidoName	서울	시도 이름 (서울, 부산, 대구, 인천, 광주, 대전, 울산, 경기, 강원, 충북, 충남, 전북, 전남, 경북, 경남, 제주, 세종)
ver	1.3	버전별 상세 결과 참고문서 참조
	▸ 미리보기 ▸ XLS ▸ XML ▸ JSON ▸ CSV ▸ RDF	

[그림 15-14] 시도별 실시간 측정정보 보기

❻ 새로운 창에 XML 문서가 출력되는 것을 확인합니다. 만약 대기오염정보가 조회되지 않고 "SER-VICE KEY IS NOT REGISTERED ERROR"가 출력된다면 아직 서비스 제공 기관과 동기화가 이뤄지지 않았기 때문이므로 잠시 기다렸다가 다시 [미리보기] 버튼을 클릭해 봅니다.

[그림 15-15] 측정정보가 담긴 XML 문서

XML은 인터넷에서 데이터를 주고받을 때 데이터를 표현하는 방법으로, 데이터를 쉽게 분류하고 찾기 위한 목적으로 사용합니다. 서비스 제공 기관의 서버로부터 필요한 정보가 담긴 XML 문서를 얻기 위해서는 정해진 규칙에 따라 호출 URL을 만들어야 합니다. XML이 화면에 출력된 상태에서 브라우저의 주소입력란을 보면 [그림 15-16]과 같은 긴 주소가 입력된 것을 확인할 수 있습니다.

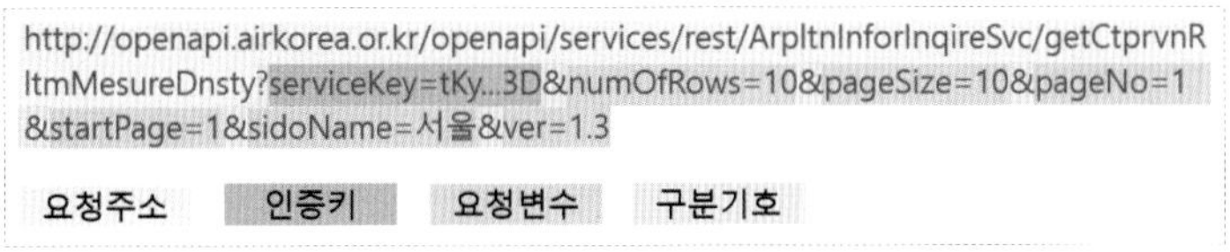

```
http://openapi.airkorea.or.kr/openapi/services/rest/ArpltnInforInqireSvc/getCtprvnR
ltmMesureDnsty?serviceKey=tKy...3D&numOfRows=10&pageSize=10&pageNo=1
&startPage=1&sidoName=서울&ver=1.3
```

| 요청주소 | 인증키 | 요청변수 | 구분기호 |

[그림 15-16] 호출 URL 구조

호출 URL은 요청 주소와 인증키, 요청 변수, 구분 기호로 이뤄져 있으며 요청 주소는 얻고자 하는 데이터에 따라 달라집니다. serviceKey에는 앞서 발급받은 인증키 값이 들어가며 요청 변수를 통해 XML 문서에 출력되는 데이터의 양과 종류를 선택할 수 있습니다. 구분기호 중 "?"는 주소와 변수를 구분하는 역할을 하며 "&"는 변수들끼리 구분하는 역할을 합니다.

새로운 프로젝트 만들기

앱 인벤터 개발 페이지에 접속한 후 [새 프로젝트 시작하기]를 클릭해 새로운 프로젝트를 만듭니다. 프로젝트의 이름은 "fineDust"로 하겠습니다.

15.2 _ 화면 디자인

[그림 15-17] 미세먼지 앱의 화면 디자인

미세먼지 앱의 완성된 [Screen1]의 모양은 [그림 15-14]와 같습니다. 지금부터 [Screen1]의 화면을 구성해 보겠습니다.

[Screen1] 속성 설정

❶ [Screen1]의 [속성] 패널에서 [앱 이름]을 "미세먼지", [배경색]을 '밝은 회색'으로 바꿉니다.

❷ [Screen1]의 [속성] 패널에서 [스크린 방향]을 "세로", [스크롤 가능 여부]에 체크, [크기]를 "반응형"으로 바꿉니다. [스크롤 가능 여부]는 디자인 작업을 좀 더 쉽게 하기 위해 체크해 둔 것으로 앱을 완성한 후에는 체크를 해제합니다.

통합대기환경등급 표시 영역 만들기

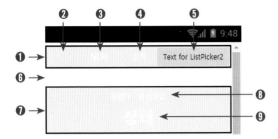

[그림 15-18] 통합대기환경등급 표시 영역을 구성하는 순서

❶ [수평배치]를 스크린으로 가져온 후 [수평 정렬]을 "중앙", [수직 정렬]을 "가운데", [너비]를 "부모에 맞추기"로 바꿉니다.

❷ [버튼]을 [수평배치1] 안에 넣고 [배경색]을 "없음", [텍스트]를 "검색", [텍스트 색상]을 "없음"으로 바꿉니다. 이 버튼은 측정소 위치를 나타내는 레이블이 화면 중앙에 올 수 있도록 왼쪽 여백을 만들어 주기 위한 것으로 공간을 차지하는 역할만 합니다.

❸ [레이블]을 [버튼1]의 오른쪽에 추가하고 이름을 "측정소위치"로 바꾼 후 [배경색]을 "없음", [글꼴굵게]를 체크, [글꼴크기]를 17, [너비]를 "부모에 맞추기", [텍스트]를 "위치", [텍스트 정렬]을 "가운데", [텍스트 색상]을 "흰색"으로 바꿉니다.

❹ [목록 선택]을 [측정소위치]의 오른쪽에 추가하고 이름을 "시도선택"으로 바꾼 후 [배경색]을 "없음", [텍스트]를 "검색", [제목]을 "시도 선택"으로 바꿉니다.

❺ [목록 선택]을 [시도선택]의 오른쪽에 추가하고 이름을 "측정소선택"으로 바꾼 후 [제목]을 "측정소 선택", [보이기]를 체크 해제합니다. 이 목록 선택은 [시도선택]의 목록 선택 창에서 시도를 선택하면 측정소를 선택하는 목록 선택창이 나타나도록 만들기 위해 가져온 것으로 화면에는 보일 필요가 없으므로 숨겨둡니다.

❻ [레이블]을 [수평배치1]의 아래에 넣고 이름을 "측정일"로 바꾼 후 [배경색]을 "없음", [너비]를 "부모에 맞추기", [텍스트 정렬]을 "가운데", [텍스트 색상]을 "흰색"으로 바꿉니다.

❼ [수직배치]를 [측정일]의 아래에 넣고 [수직 정렬]을 "가운데", [높이]와 [너비]를 "부모에 맞추기"로 바꿉니다.

❽ [레이블]을 [수직배치1] 안에 넣고 [배경색]을 "없음", [너비]를 "부모에 맞추기", [텍스트]를 "통합기환경등급", [텍스트 정렬]을 "가운데", [텍스트 색상]을 "흰색"을 바꿉니다.

❾ [레이블]을 [수직배치1]에 추가하고 이름을 "khai등급"으로 바꾼 후 [배경색]을 "없음", [글꼴 굵게]를 체크, [글꼴 크기]를 "30", [너비]를 "부모에 맞추기", [텍스트]를 "상태", [텍스트 정렬]을 "가운데", [텍스트 색상]을 "흰색"으로 바꿉니다.

상세 정보 표시 영역 만들기

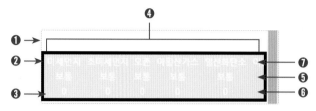

[그림 15-19] 상태 및 찜 영역 구성순서

❶ [레이블]을 [수직배치1] 아래에 넣고 [배경색]을 "Custom(#ffffff1f)", [마진 유무]를 체크 해제, [너비]를 "부모에 맞추기", [텍스트]를 "상세정보", [텍스트 정렬]을 "가운데", [텍스트 색상]을 "흰색"으로 바꿉니다.

❷ [HorizontalScroollArrangement]를 [레이블2] 아래에 넣고 [너비]를 "부모에 맞추기"로 바꿉니다.

❸ [표배치]를 [HorizontalScroollArrangement1] 아래에 넣고 [열]을 "6", [너비]를 "부모에 맞추기", [행]을 "3"으로 바꿉니다.

❹ [레이블] 6개를 [표배치1]의 첫 번째 행 각 칸에 왼쪽부터 차례대로 넣으면서 각 레이블 [텍스트]를 차례대로 "미세먼지", "초미세먼지", "오존", "아황산가스", "일산화탄소", "이산화질소"로 바꿉니다. 그리고 6개 레이블의 [배경색]을 "없음", [텍스트 정렬]을 "가운데", [텍스트 색상]을 "흰색"으로 통일합니다.

❺ [레이블] 6개를 [표배치1]의 두 번째 행 각 칸에 차례대로 넣고 각 레이블의 이름을 왼쪽 레이블부터 차례대로 "pm10등급", "pm25등급", "o3등급", "so2등급", "co등급", "no2등급"으로 바꿉니다. 그리고 6개 레이블의 [배경색]을 "없음", [텍스트]를 "보통", [텍스트 정렬]을 "가운데", [텍스트 색상]을 "흰색"으로 통일합니다.

❻ [레이블] 6개를 [표배치1]의 세 번째 행 각 칸에 차례대로 넣고 각 레이블의 이름을 왼쪽 레이블부터 차례대로 "pm10값", "pm25값", "o3값", "so2값", "co값", "no2값"으로 바꿉니다. 그리고 6개 레이블의 [배경색]을 "없음", [텍스트]를 "0", [텍스트 정렬]을 "가운데", [텍스트 색상]을 "흰색"으로 통일합니다.

❼ [표배치1]의 첫 번째 행에 있는 6개 레이블의 [너비]를 모두 "20 percent"로 통일합니다. 이 작업은 레이블의 크기 설정을 통해 [표배치] 각 칸이 차지하는 공간을 통일하기 위한 것으로 첫 번째 행에 있는 레이블의 너비만 설정하면 나머지 행의 칸 너비는 자동으로 설정되므로 두 번째와 세 번째 행의 레이블 너비는 설정하지 않아도 됩니다.

지도 표시 영역 만들기

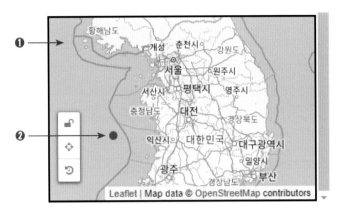

[그림 15-20] 영화 정보 표시 영역을 구성하는 순서

❶ [Map]을 [HorizontalScroollArrangement1] 아래에 넣고 [CenterFromString]을 "36,128", [높이]를 "50 percent", [너비]를 "부모에 맞추기", [ZoomLevel]을 "6"으로 바꿉니다.

❷ [Circle]을 [Map1] 안에 넣고 [위도]를 "36", [경도]를 "128", [반지름]을 "5000", [StrokeColor]를 "없음"으로 바꿉니다.

기타 컴포넌트 배치

❶ [연결] 서랍에서 [웹]을 스크린으로 가져옵니다.

❷ [알림]을 스크린으로 가져옵니다.

❸ [TinyDB]를 스크린으로 가져옵니다.

❹ [위치 센서]를 스크린으로 가져옵니다.

이제 마지막으로 [Screen1]의 [스크롤 가능 여부]의 체크를 해제합니다. 이것으로 [Screen1]의 화면 구성 작업을 마치겠습니다.

컴포넌트 속성 정리

컴포넌트의 속성을 정리해 놓은 표를 통해 지금까지의 작업을 정리해 보겠습니다.

컴포넌트	이름	변경해야 할 속성
스크린	Screen1	**앱 이름:** 미세먼지 **배경색:** 밝은 회색 **스크린 방향:** 세로 **크기:** 반응형
수평배치	수평배치1	**수평 정렬:** 중앙 **수직 정렬:** 가운데 **너비:** 부모에 맞추기
수직배치	수직배치1	**수직 정렬:** 가운데 **높이:** 부모에 맞추기 **너비:** 부모에 맞추기
HorizontalScrollArrangement	HorizontalScrollArrangement1	**너비:** 부모에 맞추기
표배치	표배치1	**열:** 6 **너비:** 부모에 맞추기 **행:** 3
버튼	버튼1	**배경색:** 없음 **텍스트:** 검색 **텍스트 색상:** 없음
레이블	측정소위치	**배경색:** 없음 **글꼴 굵게:** 체크 **글꼴크기:** 17 **너비:** 부모에 맞추기 **텍스트:** 위치 **텍스트 정렬:** 가운데 **텍스트 색상:** 흰색
	측정일	**배경색:** 없음 **너비:** 부모에 맞추기 **텍스트 정렬:** 가운데 **텍스트 색상:** 흰색
	레이블1	**배경색:** 없음 **너비:** 부모에 맞추기 **텍스트:** 통합기환경등급 **텍스트 정렬:** 가운데 **텍스트 색상:** 흰색

컴포넌트	이름	변경해야 할 속성
레이블	khai등급	배경색: 없음 글꼴 굵게: 체크 글꼴 크기: 30 너비: 부모에 맞추기 텍스트: 상태 텍스트 정렬: 가운데 텍스트 색상: 흰색
	레이블2	배경색: Custom(#ffffff1f) 마진 유무: 체크 해제 너비: 부모에 맞추기 텍스트: 상세정보 텍스트 정렬: 가운데 텍스트 색상: 흰색
	레이블3, 레이블4, 레이블5, 레이블6, 레이블7, 레이블8	배경색: 없음 텍스트: 미세먼지, 초미세먼지, 오존, 아황산가스, 일산화탄소, 이산화질소 텍스트 정렬: 가운데 텍스트 색상: 흰색
	pm10등급, pm25등급, o3등급, so2등급, co등급, no2등급	배경색: 없음 텍스트: 보통 텍스트 정렬: 가운데 텍스트 색상: 흰색
	pm10값, pm25값, o3값, so2값, co값, no2값	배경색: 없음 텍스트: 0 텍스트 정렬: 가운데 텍스트 색상: 흰색
목록 선택	시도선택	배경색: 없음 텍스트: 검색 제목: 시도 선택
	측정소선택	제목: 측정소 선택 보이기: 체크 해제
Map	Map1	CenterFromString: 36,128 높이: 50 percent 너비: 부모에 맞추기 ZoomLevel: 6
Circle	Circle1	위도: 36 경도: 128 반지름: 5000 StrokeColor: 없음

컴포넌트	이름	변경해야 할 속성
웹	웹1	변경사항 없음
알림	알림1	변경사항 없음
TinyDB	TinyDB1	변경사항 없음
위치 센서	위치_센서1	변경사항 없음

화면 디자인 작업을 완료했으면 [블록] 버튼을 클릭해 블록 편집기로 이동합니다.

15.3 _ 블록 조립

블록 조립 작업은 변수 선언 및 초기화, 화면 초기화, 정보 요청하기, 응답 처리하기, 정보 출력하기, 오류 처리하기 기능을 만드는 순서로 진행하겠습니다.

변수 선언 및 초기화

우선 리스트를 선언하고 초기화합니다.

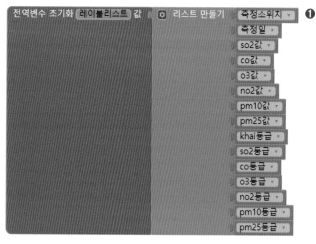

[예제 15-1] 레이블리스트와 키리스트 선언 및 초기화

❶ [전역변수 초기화] 블록을 가져와서 변수의 이름을 "레이블리스트"로 바꾸고 [값] 소켓에 [리스트 만들기] 블록을 끼웁니다. [리스트 만들기] 블록의 파란색 아이콘을 클릭해 소켓을 15개로 만들고 각 소켓에 순서대로 [측정소위치], [측정일], [so2값], [co값], [o3값], [no2값], [pm10값], [pm25값], [khai등급], [so2등급], [co등급], [o3등급], [no2등급], [pm10등급], [pm25등급] 블록을 끼웁니다.

해설 [레이블리스트]는 XML 문서에서 추출한 정보를 화면에 출력하는 데 사용되는 레이블들을 모아 놓은 리스트입니다. 레이블에 정보를 표시할 때 각 레이블의 텍스트 지정 블록에 일일이 값을 넣어서 정보를 표시하는 것이 아니라 [각각 반복] 블록을 이용해 15개 레이블의 [텍스트] 속성을 일괄적으로 설정하는 데 사용하기 위해 레이블들을 모아서 리스트 형태로 만들어 둡니다.

❷ [전역변수 초기화] 블록을 가져와 변수의 이름을 "키리스트"로 바꾸고 [값] 소켓에 [csv 행을리스트로 바꾸기] 블록을 끼운 후 [텍스트] 소켓에 ["stationName, dataTime, so2Value, coValue, o3Value, no2Value, pm10Value, pm25Value, khaiGrade, so2Grade, coGrade, o3Grade, no2Grade, pm10Grade, pm25Grade"] 블록을 끼웁니다.

해설 [키리스트]는 [csv 행을 리스트로 바꾸기] 블록에 의해 콤마로 구분되는 텍스트를 각 항목으로 가지는 리스트가 됩니다. 각 항목이 되는 15개의 단어들은 XML 문서에서 정보를 추출하기 위한 키 값으로 사용됩니다. XML 문서에서 정보를 반복해서 추출하기 위해 [각각 반복] 블록을 사용하게 되는데, 이때 사용하기 위해 키 값들을 모아 리스트 형태로 만들어 놓습니다.

다음으로 앱의 배경색을 사용될 색상 정보를 각 항목으로 가지는 리스트를 만듭니다.

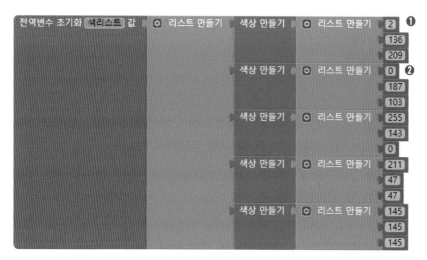

[예제 15-2] 색리스트 선언 및 초기화

❶ [전역변수 초기화] 블록 가져와 변수 이름을 "색리스트"로 바꾸고 [값] 소켓에 [리스트 만들기] 블록을 끼웁니다. [리스트 만들기] 블록의 소켓을 5개로 만들고 첫 번째 소켓에 [색상] 서랍에 있는 [색상 만들기] 블록 조합을 끼웁니다. 그리고 [리스트 만들기] 블록에 연결된 숫자 블록들의 숫자를 차례대로 2, 136, 209로 바꿉니다.

해설 [색리스트]에 대기환경등급에 따라 표시할 색상을 리스트 형태로 저장합니다. 각 색상 항목의 RGB 값에 의한 실제 색상과 색상이 나타내는 대기환경등급은 [그림 15-21]과 같습니다.

[그림 15-21] 색상 리스트로 표현되는 실제 색상과 의미

❷ [색상 만들기] 블록 조합을 4개 더 복사하거나 가져와서 [리스트 만들기] 블록의 비어있는 4개의 소켓에 끼웁니다. 그리고 [리스트 만들기] 블록엔 연결된 숫자 블록들의 숫자를 차례대로 (0, 187,103), (255,143,0), (211,47,47), (145,145,145)로 바꿉니다.

다음으로 리스트 외에 필요한 몇 가지 변수들을 만듭니다.

[예제 15-3] 변수 선언 및 초기화

❶ [전역변수 초기화] 블록 6개를 가져와 각 변수의 이름을 "요청Url", "API키", "대기정보", "시도명", "측정소명", "자동인가"로 바꿉니다. 그리고 [자동인가]를 제외한 각 변수의 [값] 소켓에 [" "] 블록을 끼웁니다.

❷ [요청Url]의 빈 텍스트 블록에 "http://openapi.airkorea.or.kr/openapi/services/rest/ArpltnInforInqireSvc/getCtprvnRltmMesureDnsty?serviceKey="를 입력합니다.

해설 호출 URL은 요청 주소와 API키, 사용자가 입력하는 검색어의 조합으로 만들어집니다. 호출 URL을 만들 때 미리 만들어둔 주소를 가져와 사용할 수 있도록 필요한 문자열을 대입해 둡니다. 주소가 복잡하므로 타이핑하는 것보다 공공데이터포털의 [마이페이지] → [오픈API] → [개발계정 상세보기] → [상세기능정보] → [3.시도별 실시간 측정정보조회]를 차례로 선택하고 [실행] 버튼을 클릭한 후 보이는 [미리보기] 버튼을 클릭했을 때 뜨는 XML 문서의 주소(422쪽 그림 15-15 참조) 중 일부를 복사해서 가져오는 것을 권장합니다.

❸ [API키]의 빈 텍스트 블록에 자신이 발급받은 API키를 복사해서 붙여넣습니다.

해설 공공데이공공데이터포털 사이트에 로그인해서 준비하기 단계에서 발급받은 인증키를 복사해서 블록 안에 붙여 넣습니다.

❹ [자동인가]의 [값] 소켓에 [거짓] 블록을 끼웁니다.

해설 [자동인가]는 지역 검색을 통해 정보를 가져오는 상황인지 TinyDB에 저장돼 있는 지역의 정보를 자동으로 가져오는 상황인지를 구분하는 데 사용합니다.

화면 초기화

다음으로 화면 초기화 이벤트 핸들러를 만들어 보겠습니다.

[예제 15-4] [Screen1]이 열리면 실행되는 블록

❶ [언제 Screen1.초기화] 블록을 뷰어 패널로 가져옵니다.

해설 초기화 이벤트는 앱이 실행되면 이전 실행에서 마지막으로 조회한 지역의 대기정보를 자동으로 가져오게 만듭니다. 만약 최초로 앱을 실행한 경우라면 조회하고 싶은 지역을 선택할 수 있는 메뉴가 나타나게 만듭니다.

❷ [지역변수 초기화] 블록을 [실행] 섹션에 넣고 변수 이름을 "저장된지역"으로 바꿉니다. [값] 소켓에 [호출 TinyDB1.값 가져오기] 블록을 끼우고 [태그] 소켓에 ["지역"] 블록을 끼웁니다.

해설 [지역] 태그에 저장된 값이 있으면 변수 [저장된지역]에 넣어둡니다. 지역을 선택해서 대기오염정보를 조회할 때마다 TinyDB에 도시명과 측정소명이 함께 저장되도록 만들 예정이므로 한 번이라도 대기오염정보를 조회했다면 TinyDB에 지역명이 저장됩니다.

❸ [지정하기 시도선택.목록 문자열] 블록을 [지역변수 초기화 저장된지역] 블록의 [실행] 섹션에 넣고 [값] 소켓에 ["서울, 부산, 대구, 인천, 광주, 대전, 울산, 경기, 강원, 충북, 충남, 전북, 전남, 경북, 경남, 제주, 세종"] 블록을 끼웁니다.

해설 [시도선택]을 클릭했을 때 나타날 목록으로 각 도시의 이름을 지정합니다.

❹ [만약] 블록을 [지정하기 시도선택.요소] 블록 아래에 넣고 파란색 아이콘을 클릭해서 [아니면] 블록을 추가합니다. [만약] 소켓에 논리 서랍의 [=] 블록을 끼우고 = 연산자의 양쪽 소켓에 [가져오기 저장된지역] 블록과 [" "] 블록을 끼웁니다.

해설 [저장된지역]이 빈 텍스트와 같으면 TinyDB에 저장된 값이 없다는 의미입니다.

❺ [호출 시도선택.열기] 블록을 [그러면] 섹션에 넣습니다.

해설 앱을 최초로 실행한 경우에는 저장된 지역이 없으므로 앱이 시작되면 바로 도시를 선택하는 목록창 나타납니다.

❻ [지정하기 global 시도명] 블록을 [아니라면] 섹션에 넣고 [값] 소켓에 [리스트에서 항목 선택하기] 블록을 끼웁니다. [리스트에서 항목 선택하기] 블록의 [리스트] 소켓에 [분할] 블록을 끼우고 "분할"을 "처음 일치하는 위치 분할"로 바꾼 후에 [텍스트] 소켓에 [가져오기 저장된지역], [구분] 소켓에 [" "] 블록을 끼웁니다. [" "] 블록에 스페이스 키를 입력해서 빈 칸이 생기도록 만들고 [위치] 소켓에 [1] 블록을 끼웁니다. [지정하기 global 시도명] 블록 조합을 복사한 후 원본 블록 아래에 넣고 변수명을 "측정소명"으로 바꾸고 [위치] 소켓의 숫자를 2로 바꿉니다.

해설 TinyDB에서 가져온 값이 들어있는 [저장된지역]은 시도명과 측정소명이 띄어쓰기로 구분되어 합쳐진 형태이므로 이 값을 분할해서 사용하기 위해 [처음으로 일치하는 위치 분할] 블록을 사용합니다. [처음으로 일치하는 위치 분할] 블록은 지정된 텍스트에서 구분자가 최초로 발견되는 곳을 기준으로 텍스트 값을 2개로 나눠 리스트로 만들어 줍니다. [저장된지역]의 값에서 최초로 띄어쓰기가 있는 곳은 시도명 다음이므로 분할 블록의 실행에 의해 첫 번째 항목이 시도명, 두 번째 항목이 측정소명인 리스트가 만들어집니다. 이 리스트의 각 항목을 선택해서 전역변수 [시도명]과 [측정소명]에 값을 분리해서 저장합니다.

❼ [지정하기 global 자동인가] 블록을 [global 측정소명] 블록 아래에 넣고 [값] 소켓에 [참] 블록을 끼웁니다.

해설 [자동인가]의 초깃값은 "거짓"인데 저장된 지역이 있어서 "참"이 되면 서버에서 데이터를 전송받은 후에 저장된 지역의 대기오염 정보를 바로 추출해서 화면에 출력합니다. 이 값이 "거짓"일 경우에는 서버에서 데이터를 전송받은 후에 사용자의 측정소 선택 과정을 거쳐서 대기오염 정보를 화면에 출력합니다.

❽ [호출 대기정보가져오기] 블록을 [지정하기 global 자동인가] 블록 아래에 넣습니다.

해설 [대기정보가져오기] 함수를 실행해 API 서버에 대기오염 정보를 요청합니다. 한 번이라도 앱을 실행해서 대기 오염정보를 조회한 기록이 있으면 다시 앱을 실행했을 때는 앱을 종료하기 전 마지막으로 조회했던 지역의 대기오염 정보가 자동으로 화면에 출력됩니다.

정보 요청 기능 만들기

[검색] 버튼을 클릭하면 API 서버에 영화 정보를 요청하도록 만들어 보겠습니다.

[예제 15-5] [시도선택]의 목록을 선택하면 실행되는 블록

❶ [언제 시도선택.선택 후] 블록을 뷰어 패널로 가져온 후 [실행] 섹션에 [지정하기 global 시도명] 블록을 넣고 [값] 소 켓에 [시도선택.선택된 항목] 블록을 끼웁니다.

해설 앱 화면 상단에 있는 [검색] 버튼을 클릭하면 도시를 선택할 수 있는 목록이 나타나고 목록에 있는 도시 중 하 나를 선택하면 선택된 도시의 이름이 전역변수 [시도명]에 저장됩니다.

❷ [호출 대기정보가져오기] 블록을 추가합니다.

해설 선택된 도시의 측정정보를 가져오기 위해 [대기정보가져오기] 함수를 호출합니다.

지금까지 만든 기능들이 제대로 작동하는지 스마트폰을 연결해 테스트해 봅시다. 체크리스트 항목에 따라 앱을 테스트해 보고 기능에 문제가 없으면 체크 표시를 하고 문제가 있으면 블록 조립 과정이나 디자인 편집기에서 설정한 컴포넌트 속성에 오류가 없는지 다시 한번 확인해 봅시다.

01_앱 테스트

1. 앱이 시작되면 시도 선택 목록이 나타남 ☐

2. 시도 선택 목록에서 도시를 선택하면 목록 선택창이 사라짐 ☐

다음으로 API 서버에 정보를 요청하는 역할을 하는 [대기정보가져오기] 함수를 만들어 보겠습니다.

[예제 15-6] [대기정보가져오기] 함수

❶ [대기정보가져오기] 함수의 껍데기가 있는 곳으로 이동합니다(435쪽 예제 15-4 참조).

❷ [지정하기 웹1.URL] 블록을 추가하고 [값] 소켓에 [합치기] 블록을 끼운 후 소켓을 총 5개로 만듭니다. 그리고 각 소켓에서 차례대로 [가져오기 global 요청Url] 블록, [가져오기 global API키] 블록, ["&numOfRows=100&sidoName="] 블록, [가져오기 시도명] 블록, ["&ver=1.0"] 블록을 끼웁니다.

해설 서버에 정보를 요청하는 데 사용할 주소를 [웹1]의 [URL] 속성으로 설정합니다. [합치기] 블록으로 각 변숫값과 문자열을 연결하면 다음과 같은 형태의 호출 URL이 완성됩니다.

```
http://openapi.airkorea.or.kr/openapi/services/rest/ArpltnInforInqireSvc/getCtprvnRltmMes
ureDnsty?serviceKey=FvlG...3D&numOfRows=100&sidoName=서울&ver=1.0
```

요청변수로 사용된 "numOfRows"는 한 페이지에 출력되는 항목(측정소)의 개수를 의미합니다. 가장 많은 항목을 가진 경기도가 89개의 항목을 가지고 있으므로 한 번의 요청으로 한 도시의 모든 항목을 가져올 수 있게 "numOfRows"의 값을 넉넉잡아 100으로 지정합니다. "ver=1.0"은 오퍼레이션 버전을 의미하며 버전이 높을수록 더 많은 정보를 제공해 줍니다. 자세한 사항은 OpenApi 활용 가이드 문서(422쪽 그림 15-12 참조)를 참고하시기 바랍니다.

❸ [호출 웹1.가져오기] 블록을 추가합니다.

해설 URL로 지정된 주소를 이용해 API 서버에 도시의 대기오염 정보를 요청합니다.

❹ [호출 알림1.진행 대화창 나타내기] 블록을 가져와 함수 안에 넣은 후 [메시지] 소켓에 ["잠시만 기다려주세요"] 블록, [제목] 소켓에 ["검색 중"] 블록을 끼웁니다.

해설 [진행 대화창 나타내기] 함수를 호출하면 작업이 진행되고 있음을 알리는 대화창이 나타납니다. 이 대화창은 다른 대화창처럼 버튼을 클릭하거나 시간이 지나면 사라지는 것이 아니라 계속 화면에 남아있다가 [진행 대화창 종료] 함수를 호출하면 사라집니다.

응답 처리 기능 만들기

API 서버에 자료를 요청하는 단계까지 완성했습니다. 다음으로 서버로부터 응답을 받았을 때 처리하는 기능을 만들어 보겠습니다.

[예제 15-7] 서버로부터 응답을 받았을 때 실행되는 블록

❶ [언제 웹1.텍스트 받음] 블록을 뷰어 패널로 가져옵니다.

해설 [텍스트 받음] 이벤트는 [가져오기] 함수를 이용해 서버에 정보를 요청한 후 서버로부터 응답이 왔을 때 발생하는 이벤트입니다. 웹 컴포넌트의 [응답 저장하기] 속성값이 "참"이면 [파일 받음] 이벤트가 발행하고 [응답 저장하기] 속성값이 "거짓"이면 [텍스트 받음] 이벤트가 발생합니다. [응답 저장하기]의 기본값은 "거짓"이므로 서버로부터 응답이 오면 [텍스트 받음] 이벤트 핸들러 블록이 실행됩니다.

❷ [호출 알림1.진행 대화창 종료] 블록을 [실행] 섹션에 넣습니다.

해설 [언제 웹1.텍스트 받음] 블록이 실행됐으면 서버로부터 응답을 받은 것이므로 [대기정보가져오기] 함수에서 [진행 대화창 나타내기] 함수를 호출해 열어놓은 대화창을 [진행 대화창 종료] 함수를 호출해 닫습니다.

❸ 디자인 편집기로 이동해서 스크린 상단에 레이블을 하나 추가하고 이름을 "임시레이블"로 바꿉니다. 다시 블록 편집 기로 이동해서 [지정하기 임시레이블.텍스트] 블록을 [실행] 섹션에 넣고 [값] 소켓에 이벤트 핸들러 블록에서 가져 온 [가져오기 응답 콘텐츠] 블록을 끼웁니다.

해설 서버로부터 전송받은 [응답 콘텐츠]를 [임시레이블]에 출력해 자료를 가져오는 기능이 제대로 작동하는지 테 스트합니다. 여기까지 블록을 완성한 후에 [AI 컴패니언]으로 스마트폰과 연결해 목록 선택창에서 지역을 선택하면 [그림 15-22]와 같이 XML 형식의 텍스트가 출력되는지 확인합니다.

[그림 15-22] 임시로 추가한 레이블에 응답 콘텐츠를 출력한 모습

만약 [임시레이블]에 [응답 콘텐츠]가 출력되지 않을 경우 지금까지의 작업에 문제가 없었는지 다시 확인해 봅니다.

❹ [만약 그러면] 블록을 [실행] 섹션에 넣고 파란색 아이콘을 클릭해 [아니면] 블록을 추가합니다. [만약] 소켓에 [수학] 서랍의 [=] 블록을 끼운 후 = 연산자의 양쪽 소켓에 [가져오기 응답 코드] 블록, [200] 블록을 끼웁니다.

해설 [응답 코드]에는 서버로부터 전달받은 오류 코드가 들어있습니다. 코드가 200이라면 요청에 대한 응답이 정상 적으로 처리된 것이고 그 외의 숫자라면 오류가 발생한 것입니다. 오류 코드에 대한 자세한 사항은 OpenApi 활용 가이드 문서(422쪽 그림 15-12 참조)에 나와있습니다.

❺ [지정하기 global 대기정보] 블록을 [그러면] 섹션에 넣습니다. [값] 소켓에 [호출 웹1. XMLTextDecode] 블록을 끼 우고 [xmlText] 소켓에 [언제 웹1.텍스트 받음] 블록에 있는 [가져오기 응답 콘텐츠] 블록을 끼웁니다.

해설 [응답 콘텐츠]에는 서버로부터 전달받은 대기오염정보가 들어있습니다. 예를 들어, 시도선택 목록에서 서울을 선택했다면 [응답 콘텐츠]의 값은 다음과 같은 형식의 텍스트입니다.

```
<?xml version="1.0" encoding="UTF-8"?>        <khaiValue>35</khaiValue>
<response>                                     <khaiGrade>1</khaiGrade>
<header>                                       <so2Grade>1</so2Grade>
<resultCode>00</resultCode>                    <coGrade>1</coGrade>
<resultMsg>NORMAL SERVICE.</resultMsg>         <o3Grade>1</o3Grade>
</header>                                       <no2Grade>1</no2Grade>
<body>                                          <pm10Grade>1</pm10Grade>
<items>                                         <pm25Grade>1</pm25Grade>
<item>                                          </item>
<stationName>중구</stationName>                 …생략…
<dataTime>2018-04-06 07:00</dataTime>          </items>
<so2Value>0.002</so2Value>                      <numOfRows>100</numOfRows>
<coValue>0.4</coValue>                          <pageNo>1</pageNo>
<o3Value>0.021</o3Value>                        <totalCount>39</totalCount>
<no2Value>0.019</no2Value>                      </body>
<pm10Value>5</pm10Value>                        </response>
<pm25Value>5</pm25Value>
```

위 텍스트는 [응답 콘텐츠]의 일부이며 실제 [응답 콘텐츠]에는 서울에 있는 39곳의 측정소에 측정한 대기오염에 관한 항목별 정보가 들어있는 매우 긴 텍스트입니다. [XMLTextDecode] 함수는 위와 같은 XML 형식의 텍스트를 다음과 같은 리스트 안에 리스트가 있는 중첩 리스트로 만들어 줍니다.

((response ((body ((items ((item (((coGrade 1) (coValue 0.4) (dataTime 2018-04-06 07:00) (khaiGrade 1) (khaiValue 35) (no2Grade 1) (no2Value 0.019) (o3Grade 1) (o3Value 0.021) (pm10Grade 1) (pm10Value 5) (pm25Grade 1) (pm25Value 5) (so2Grade 1) (so2Value 0.002) (stationName 중구)) …생략…)))) (numOfRows 100) (pageNo 1) (totalCount 39))) (header ((resultCode 00) (resultMsg NORMAL SERVICE.))))))

[응답 콘텐츠]의 형태를 리스트로 바꾸는 까닭은 잠시 후 사용하게 될 [짝을 지어 찾기] 블록을 사용해 리스트 안에서 원하는 정보를 손쉽게 찾기 위해서입니다. [응답 콘텐츠] 값을 [XMLTextDecode] 함수를 이용해 중첩 리스트 형태로 바꾼 후 다음 작업을 위해 전역변수 [대기정보]에 대입해 둡니다. [대기정보]에 저장되는 텍스트가 너무 길고 괄호가 많아서 얼핏 보면 어떤 정보를 담고 있는지 이해하기 어려워 보이지만 자세히 들여다 보면 일정한 규칙이 있는 것을 발견할 수 있습니다. [대기정보]의 값이 가공될 때마다 바뀐 값을 [임시레이블]에 출력해 값이 어떤 식으로 바뀌는지 눈으로 확인하면서 작업을 진행하면 정보를 추출하는 과정을 조금 더 이해하기 쉬울 것입니다.

❻ [지정하기 global 대기정보] 블록을 [그러면] 섹션에 추가하고 [값] 소켓에 [짝을 지어 찾기] 블록을 끼웁니다. [키] 소켓에 ["response"] 블록, [쌍] 소켓에 [가져오기 global 대기정보] 블록을 끼웁니다. 방금 만든 [지정하기 global 대기정보] 블록 조합을 3번 복사해서 [그러면] 섹션에 추가하고 3개의 추가된 블록 조합의 [키] 소켓에 들어가는 텍스트 값을 차례대로 "body", "items", "item"으로 바꿉니다.

해설 전역변수 [대기정보]에 있는 여는 괄호와 닫는 괄호를 잘 맞춰보면 "response"와 짝을 이루는 한 덩어리의 값이 있고 그 값이 "body"와 "header"로 나눠지는 것을 파악할 수 있습니다.

[응답 콘텐츠]를 [XMLTextDecode] 함수를 이용해 변형시킨 값

((**response ((body** ((items ((item (((coGrade 1) (coValue 0.4) (dataTime 2018-04-06 07:00) (khaiGrade 1) (khaiValue 35) (no2Grade 1) (no2Value 0.019) (o3Grade 1) (o3Value 0.021) (pm10Grade 1) (pm10Value 5) (pm25Grade 1) (pm25Value 5) (so2Grade 1) (so2Value 0.002) (stationName 중구)) …생략…)))) (numOfRows 100) (pageNo 1) (totalCount 39))**) (header** ((resultCode 00) (resultMsg NORMAL SERVICE.)**))))**

전역변수 [대기정보]에서 필요한 값을 추출하기 위해 [대기정보]의 값에서 [짝을 지어 찾기] 블록을 이용해 찾은 값을 다시 [대기정보]에 대입하는 과정을 4번 거치게 됩니다. 이러한 과정을 거치면서 [대기정보]는 총 4단계로 변하게 됩니다. 첫 번째 [짝을 지어 찾기] 블록을 이용해 [대기정보]에서 "response"를 키 값으로 사용해 찾게 되는 값은 다음과 같습니다.

[대기정보] 값 1단계

((**body** ((items ((item (((coGrade 1) (coValue 0.4) (dataTime 2018-04-06 07:00) (khaiGrade 1) (khaiValue 35) (no2Grade 1) (no2Value 0.019) (o3Grade 1) (o3Value 0.021) (pm10Grade 1) (pm10Value 5) (pm25Grade 1) (pm25Value 5) (so2Grade 1) (so2Value 0.002) (stationName 중구)) …생략…)))) (numOfRows 100) (pageNo 1) (totalCount 39))**) (header** ((resultCode 00) (resultMsg NORMAL SERVICE.)**)))**

⊕ [짝을 지어 찾기] 블록의 사용법

[짝을 지어 찾기] 블록을 이용하면 아래와 같은 구조의 리스트에서 원하는 값을 쉽게 찾아서 가져올 수 있습니다.

((body 바디내용) (header 해더내용))

위 리스트에서 "바디내용" 부분을 가져오고 싶다면 [그림 15-23]과 같이 블록을 구성하면 됩니다.

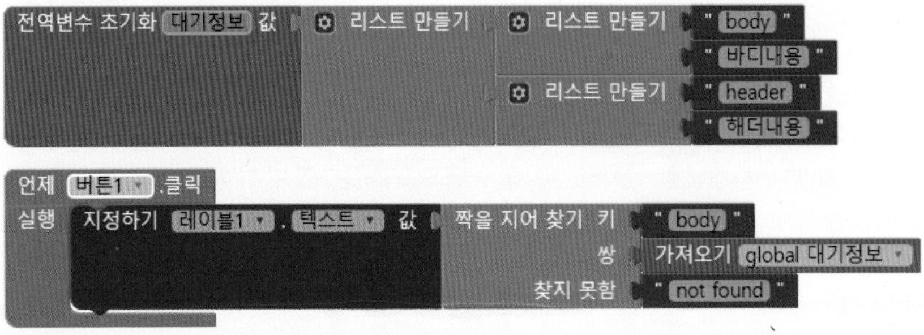

[그림 15-23] 짝을 지어 찾기 블록의 사용 예

[짝을 지어 찾기] 블록의 [쌍] 소켓에 연결되는 리스트는 두 개의 항목을 가진 리스트가 여러 개 모인 리스트 형태라야 합니다. [짝을 지어 찾기] 블록은 첫 번째 항목의 값이 [키] 값과 같은 최초의 [쌍]을 찾아 [쌍]의 두 번째 항목 값을 되돌려 줍니다. [그림 15-23]과 같이 [키]를 "body"로 설정해 실행해 보면 [레이블1]에 "바디내용"이 출력되는 것을 확인할 수 있습니다. [키]로 쌍에 없는 값(예를 들어, "foot")을 사용하면 [찾지 못함] 소켓에 연결된 값("notFound")을 돌려줍니다. [짝을 지어 찾기] 블록은 리스트의 항목 자체가 [쌍]인 경우에만 적용할 수 있으며 그렇지 않으면 에러가 발생합니다.

두 번째 [짝을 지어 찾기] 블록을 이용해 [대기정보]에서 "body"를 키 값으로 사용해 찾게 되는 값은 다음과 같습니다.

[대기정보] 값 2단계

((**items** ((item (((coGrade 1) (coValue 0.4) (dataTime 2018-04-06 07:00) (khaiGrade 1) (khaiValue 35) (no2Grade 1) (no2Value 0.019) (o3Grade 1) (o3Value 0.021) (pm10Grade 1) (pm10Value 5) (pm25Grade 1) (pm25Value 5) (so2Grade 1) (so2Value 0.002) (stationName 중구)) …생략…)))) (**numOfRows** 100) (**pageNo** 1) (**totalCount** 39))

세 번째 [짝을 지어 찾기] 블록을 이용해 [대기정보]에서 "items"를 키 값으로 사용해서 찾게 되는 값은 다음과 같습니다.

[대기정보] 값 3단계

((**item** (((coGrade 1) (coValue 0.4) (dataTime 2018-04-06 07:00) (khaiGrade 1) (khaiValue 35) (no2Grade 1) (no2Value 0.019) (o3Grade 1) (o3Value 0.021) (pm10Grade 1) (pm10Value 5) (pm25Grade 1) (pm25Value 5) (so2Grade 1) (so2Value 0.002) (stationName 중구)) …생략…)))

네 번째 [짝을 지어 찾기] 블록을 이용해 [대기정보]에서 "item"을 키 값으로 사용해서 찾게 되는 값은 다음과 같습니다.

[대기정보] 값 4단계

(((coGrade 1) (coValue 0.4) (dataTime 2018-04-06 07:00) (khaiGrade 1) (khaiValue 35) (no2Grade 1) (no2Value 0.019) (o3Grade 1) (o3Value 0.021) (pm10Grade 1) (pm10Value 5) (pm25Grade 1) (pm25Value 5) (so2Grade 1) (so2Value 0.002) (stationName 중구)) …생략…)

❼ [지역변수 초기화 측정소리스트] 블록을 [그러면] 섹션에 추가하고 [값] 소켓에 [빈 리스트 만들기] 블록을 끼웁니다.

해설 [대기정보]에 있는 측정소들의 이름을 저장하기 위한 리스트를 초기화합니다.

❽ [각각 반복 항목] 블록을 [지역변수 초기화 측정소리스트] 블록의 [실행] 섹션에 넣고 [리스트] 소켓에 [가져오기 global 대기정보] 블록을 끼웁니다.

해설 [대기정보]의 각 항목에는 측정소 한 곳에서 측정한 대기오염정보가 들어있습니다. 서울의 경우 39곳의 측정소가 있으므로 [대기정보]는 39개의 항목을 가지고 있는 리스트가 됩니다. [대기정보]에서 측정소의 이름은 "stationName"이라는 키 값을 통해 가져올 수 있습니다.

```
(((coGrade 1) (coValue 0.4) (dataTime 2018-04-06 07:00) (khaiGrade 1) (khaiValue 35)
(no2Grade 1) (no2Value 0.019) (o3Grade 1) (o3Value 0.021) (pm10Grade 1) (pm10Value 5)
(pm25Grade 1) (pm25Value 5) (so2Grade 1) (so2Value 0.002) (stationName 중구)) ← 항목1

((coGrade 1) (coValue 0.4) (dataTime 2018-04-06 07:00) (khaiGrade 1) (khaiValue 43)
(no2Grade 1) (no2Value 0.026) (o3Grade 1) (o3Value 0.017) (pm10Grade 1) (pm10Value 12)
(pm25Grade -) (pm25Value -) (so2Grade 1) (so2Value 0.003) (stationName 한강대로)) ← 항목2

((coGrade ) (coValue -) (dataTime 2018-04-06 07:00) (khaiGrade ) (khaiValue -) (no2Grade )
(no2Value -) (o3Grade ) (o3Value -) (pm10Grade 1) (pm10Value -) (pm25Grade 1) (pm25Value
-) (so2Grade ) (so2Value -) (stationName 종로구)) ← 항목3

…생략…)
```

❾ [리스트에 항목 추가하기] 블록을 [각각 반복 항목] 블록의 [실행] 섹션에 넣고 [리스트] 소켓에 [가져오기 측정소리스트] 블록, [item] 소켓에 [짝을 지어 찾기] 블록을 끼웁니다. [키] 소켓에 ["stationName"] 블록, [쌍] 소켓에 [가져오기 항목] 블록을 끼웁니다.

해설 [항목]에서 "stationName"을 키 값으로 가지는 항목을 찾아 "중구", "한강대로", "종로구" 등과 같은 측정소의 이름을 가져오게 됩니다. 가져온 측정소의 이름은 [측정소리스트]에 반복해서 추가해서 측정소 이름으로 이뤄진 리스트를 완성합니다.

❿ [지정하기 측정소선택.요소] 블록을 [각각 반복 항목] 블록 아래에 넣고 [값] 소켓에 [가져오기 측정소리스트] 블록을 끼웁니다.

해설 [대기정보]에 있는 측정소 이름을 모두 수집해서 만든 리스트를 목록 선택 컴포넌트인 [측정소선택]의 요소 값으로 지정합니다.

⓫ [만약] 블록을 추가하고 파란색 아이콘을 클릭해 [아니면] 블록을 추가한 후 [만약] 소켓에 [가져오기 global 자동인가] 블록을 끼웁니다.

해설 [자동인가]의 값에 따라 다른 동작이 실행되도록 만듭니다.

⓬ [함수 실행] 블록을 뷰어 패널의 적당한 곳에 가져다 놓은 후 함수 이름을 "정보보여주기"로 바꿉니다.

해설 [정보보여주기] 함수를 호출하는 블록을 가져오기 위해 함수 껍데기를 미리 만들어 둡니다.

⑬ [호출 정보보여주기] 블록을 [그러면] 섹션에 넣습니다. [지정하기 global 자동인가] 블록을 [그러면] 섹션에 추가하고 [값] 소켓에 [거짓] 블록을 끼웁니다.

해설 [자동인가]의 값이 "참"이면 [정보보여주기] 함수를 호출해 TinyDB에 저장돼 있는 지역의 대기오염정보를 바로 보여줍니다. 저장돼 있는 지역의 대기오염정보를 보여주는 기능은 앱 화면이 열릴 때 한 번만 실행되면 되므로 자동으로 정보를 보여주는 기능을 실행한 후에는 [자동인가]의 값을 "거짓"으로 바꿉니다. [자동인가]의 값을 "거짓"으로 바꾸지 않으면 측정소 선택 목록에서 측정소를 선택하는 기능이 실행되지 않는 문제가 발생합니다.

⑭ [아니라면] 섹션에 [호출 측정소선택.열기] 블록을 넣습니다.

해설 [자동인가]의 값이 "거짓"이면 측정소 선택 목록 창이 나타나서 측정소를 선택할 수 있게 됩니다.

⑮ 바깥쪽에 있는 [아니라면] 섹션에 [호출 알림1.경고창 나타내기] 블록을 넣고 [알림] 섹션에 [합치기] 블록을 끼웁니다. [합치기] 블록에 있는 2개의 소켓에 차례대로 ["에러코드:"] 블록과 [가져오기 응답 코드] 블록을 끼웁니다.

해설 [응답 코드]의 값이 200이 아니라면 오류가 발생한 것이므로 [응답 코드]를 경고창에 출력해서 어떤 종류가 오류가 발생했는지 알 수 있도록 만듭니다.

지금까지 만든 기능들이 제대로 작동하는지 테스트해 봅시다.

02_앱 테스트

1. 시도 선택 목록에서 도시를 선택하면 측정소 선택 목록이 나타남 ☐

2. 측정소 선택 목록에서 측정소를 선택하면 목록 선택창이 사라짐 ☐

다음으로 측정소 선택 목록에서 측정소를 선택하면 대기오염정보가 화면에 출력되도록 만들어 보겠습니다.

[예제 15-8] [측정소선택]의 목록을 선택하면 실행되는 블록

❶ [언제 측정소선택.선택 후] 블록을 뷰어 패널로 가져온 후 [실행] 섹션에 [지정하기 global 측정소명] 블록을 넣고 [값] 소켓에 [측정소선택.선택된 항목] 블록을 끼웁니다.

해설 시도 선택 목록에서 도시를 선택하면 측정소를 선택할 수 있는 목록이 나타나고 목록에 있는 측정소 중 하나를 선택하면 선택된 측정소의 이름이 전역변수 [측정소명]에 저장됩니다.

❷ [호출 정보보여주기] 블록을 추가합니다.

해설 [정보보여주기] 함수를 호출해서 목록에서 선택한 측정소의 실시간 측정정보를 화면에 출력합니다.

정보 출력 기능 만들기

지금까지의 작업을 통해 전역변수 [대기정보]에 사용자가 선택한 도시의 측정소별 대기오염 정보가 저장되도록 만들었습니다. 이제 [대기정보]에서 사용자가 선택한 측정소의 대기오염정보만 추출해서 화면에 출력해주는 [정보보여주기] 함수를 만들어 보겠습니다.

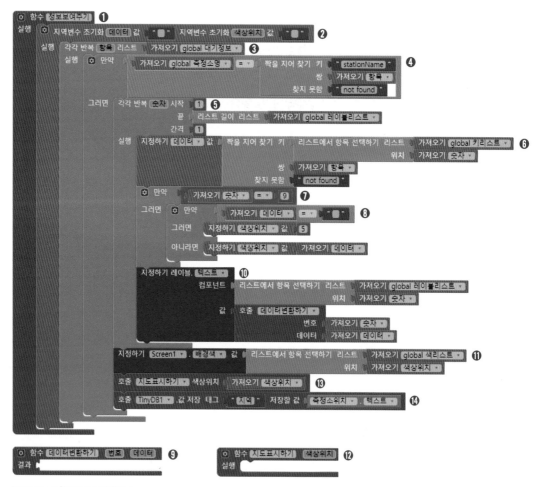

[예제 15-9] [정보보여주기] 함수

❶ [정보보여주기] 함수의 껍데기가 있는 곳으로 이동합니다(439쪽 예제 15-7 참조).

❷ [지역변수 초기화] 블록을 함수 블록의 [실행] 섹션에 넣고 파란색 아이콘을 클릭해 [이름] 블록을 추가합니다. 변수 2개의 이름을 "데이터", "색상위치"로 바꾸고 2개의 [값] 소켓에 [" "] 블록을 끼웁니다.

> **해설** 지역변수 [데이터]에는 전역변수 [대기정보]에서 추출한 항목별 상세정보가 저장되고 지역변수 [색상위치]에는 스크린의 배경색으로 사용될 색상을 전역변수 [색리스트]에서 가져오기 위해 필요한 위치 값이 저장됩니다.

❸ [각각 반복 항목] 블록을 [지역변수 초기화] 블록의 [실행] 섹션에 넣고 [리스트] 소켓에 [가져오기 global 대기정보] 블록을 끼웁니다.

> **해설** 반복이 실행될 때마다 [대기정보]에서 항목을 하나씩 가져옵니다.

❹ [만약] 블록을 [각각 반복 항목] 블록의 [실행] 섹션에 넣고 [만약] 소켓에 논리 서랍의 [=] 블록을 끼웁니다. = 연산자의 양쪽 소켓에 [가져오기 global 측정소명] 블록과 [짝을 지어 찾기] 블록을 끼우고 [키] 소켓에 ["stationName"] 블록, [쌍] 소켓에 [가져오기 항목] 블록을 끼웁니다.

> **해설** "stationName"을 키 값으로 사용해 [항목]에서 측정소의 이름을 가져옵니다. [항목]에서 가져온 측정소와 사용자가 선택한 측정소와 같은지 검사하는 작업을 반복해 두 값이 같으면 [항목]에서 대기오염 정보를 추출합니다.

❺ [각각 반복 숫자] 블록을 [만약] 블록의 [그러면] 섹션에 넣고 [끝] 소켓에 [리스트 길이] 블록을 끼웁니다. [리스트 길이] 블록의 [리스트] 소켓에 [가져오기 레이블리스트] 블록을 끼웁니다.

> **해설** [항목]에 있는 대기오염 정보들을 추출해서 앱 화면에 있는 레이블에 출력하기 위해 [레이블리스트]의 길이만큼 데이터를 추출해서 처리하는 과정을 반복 실행합니다. [레이블리스트]는 15개의 항목으로 이뤄진 리스트(431쪽 예제 15-1 참조)이므로 반복이 15번 실행됩니다.

❻ [지정하기 데이터] 블록을 [각각 반복 숫자] 블록의 [실행] 섹션에 넣고 [값] 소켓에 [짝을 지어 찾기] 블록을 끼웁니다. [키] 소켓에 [리스트에서 항목 선택하기] 블록을 끼우고 [리스트] 소켓에 [가져오기 global 키리스트] 블록, [위치] 소켓에 [숫자] 블록을 끼웁니다. [쌍] 소켓에 [가져오기 항목] 블록을 끼웁니다.

> **해설** [항목]은 한 측정소에서 특정 시간에 측정한 미세먼지(pm10), 초미세먼지(pm25), 오존(o3), 아황산가스(so2), 일산화탄소(co), 이산화질소(no2), 통합대기환경(khai)의 수치(Value)와 등급(Grade)이 키와 값으로 이뤄진 쌍의 형태로 들어있는 리스트입니다.

[항목]의 형태

```
((coGrade 1) (coValue 0.4) (dataTime 2018-04-06 07:00) (khaiGrade 1) (khaiValue 35)
(no2Grade 1) (no2Value 0.019) (o3Grade 1) (o3Value 0.021) (pm10Grade 1) (pm10Value 5)
(pm25Grade 1) (pm25Value 5) (so2Grade 1) (so2Value 0.002) (stationName 중구))
```

[키리스트]는 15개의 텍스트로 이뤄진 리스트(431쪽 예제 15-1 참조)인데 각 텍스트는 [항목]에서 원하는 값을 찾기 위한 키로 이용됩니다.

[키리스트]의 형태

```
(stationName, dataTime, so2Value, coValue, o3Value, no2Value, pm10Value, pm25Value,
khaiGrade, so2Grade, coGrade, o3Grade, no2Grade, pm10Grade, pm25Grade)
```

[키리스트]에서 [숫자]번째에 있는 값을 키 값으로 이용해 [항목]에서 쌍을 찾은 후 그 값을 [데이터]에 저장합니다. 이 과정을 통해 [데이터]에는 "1", "35", "0,021"과 같은 값들이 저장됩니다.

❼ [만약] 블록을 [지정하기 데이터] 블록 아래에 넣고 [만약] 소켓에 수학 서랍의 [=] 블록을 끼웁니다. = 연산자의 양쪽 소켓에 [가져오기 숫자] 블록과 [9] 블록을 끼웁니다.

해설 [숫자]가 9일 때 데이터에 들어오는 값은 통합대기환경 등급(khaiGrade)인데 이 값에 따라 스크린의 색상을 바꾸기 위해 [숫자]가 9인지 검사합니다.

❽ [만약] 블록을 [그러면] 섹션에 넣고 파란색 아이콘을 클릭해 [아니면] 블록을 추가합니다. [만약] 소켓에 논리 서랍의 [=] 블록을 끼우고 = 연산자의 양쪽 소켓에 [가져오기 데이터] 블록과 [" "] 블록을 끼웁니다. [그러면] 섹션에 [지정하기 색상위치] 블록을 넣고 [값] 소켓에 [5] 블록을 끼웁니다. [아니라면] 섹션에 [지정하기 색상위치] 블록을 넣고 [값] 소켓에 [가져오기 데이터] 블록을 끼웁니다.

해설 [숫자]가 9일 때 [데이터]로 들어오는 값은 [항목]에서 "khaiGrade"와 쌍을 이루는 통합대기환경 등급 값입니다. 항목별 등급(Grade) 값은 대기의 상태를 나타내는데 1이면 좋음, 2면 보통, 3이면 나쁨, 4면 매우나쁨을 의미합니다. 통합대기환경 등급의 값을 이용해 [색리스트](433쪽 예제 15-2)에서 스크린의 배경색이 될 색상을 선택하기 위해 [색상위치]에 통합대기환경 등급, 즉 [숫자]가 9일 때의 [데이터]를 저장해 둡니다. 측정소나 측정시간에 따라 통합대기환경 등급 값이 없이 빈 칸인 경우가 있는데 이때는 [색상위치]에 5를 대입해 둡니다.

❾ [함수 결과] 블록을 가져와 뷰어 패널의 적당한 곳에 놓고 이름을 "데이터변환하기"로 바꿉니다. 함수 블록의 파란색 아이콘을 클릭해 [입력] 블록을 2개 추가한 후 매개변수의 이름을 "번호", "데이터"로 바꿉니다.

해설 [데이터변환하기] 함수를 호출하는 블록을 가져오기 위해 함수 껍데기를 만들어 둡니다.

❿ [지정하기 레이블.텍스트] 블록을 [각각 반복 숫자] 블록의 [실행] 섹션에 추가합니다. [컴포넌트] 소켓에 [리스트에서 항목 선택하기] 블록을 끼우고 [리스트] 소켓에 [가져오기 global 레이블리스트] 블록, [위치] 소켓에 [가져오기 숫자] 블록을 끼웁니다. [값] 소켓에 [호출 데이터변환하기] 블록을 끼우고 [번호] 소켓에 [가져오기 숫자] 블록, [데이터] 소켓에 [가져오기 데이터] 블록을 끼웁니다.

해설 [레이블리스트]에 있는 [숫자] 번째 레이블의 [텍스트] 속성에 [데이터변환하기] 함수를 통해 변형을 거친 [데이터] 값을 지정해 앱 화면에 정보가 출력되도록 만듭니다. [데이터변환하기] 함수는 [데이터] 값을 단위를 붙인 값이나 대기 상태를 설명하는 말로 바꿔서 돌려주는 기능을 합니다.

⓫ [지정하기 Screen1.배경색] 블록을 [각각 반복 숫자] 블록 아래에 추가하고 [값] 소켓에 [리스트에서 항목 선택하기] 블록을 끼웁니다. [리스트] 소켓에 [가져오기 global 색리스트] 블록을 끼우고 [위치] 소켓에 [가져오기 색상위치] 블록을 끼웁니다.

해설 [색상위치]를 이용해 [색리스트]에서 고른 색을 스크린의 배경색으로 지정합니다.

⓬ [함수] 블록을 가져와 뷰어 패널의 적당한 곳에 놓고 이름을 "지도표시하기"로 바꿉니다. 함수 블록의 파란색 아이콘을 클릭해 [입력] 블록을 추가한 후 매개변수의 이름을 "색상위치"로 바꿉니다.

해설 [지도표시하기] 함수를 호출하는 블록을 가져오기 위해 함수 껍데기를 만들어 둡니다.

⓭ [호출 지도표시하기] 블록을 [지정하기 Screen1.배경색] 블록 아래에 넣고 [색상위치] 소켓에 [가져오기 색상위치] 블록을 끼웁니다.

해설 [지도표시하기] 함수를 호출해 지도상에 측정소의 위치에 배경색과 같은 동그라미가 표시되도록 만듭니다.

⓮ [호출 TinyDB1.값 저장] 블록을 [호출 지도표시하기] 블록 아래에 넣고 [태그] 소켓에 ["지역"] 블록, 저장할 값 소켓에 [측정소위치.텍스트] 블록을 끼웁니다.

해설 [측정소위치] 레이블의 텍스트 값은 [데이터변환하기] 함수에 의해 시도명과 측정소명을 연결한 값이 됩니다. 대기오염 정보를 가공해 화면에 출력하고 배경색과 지도를 설정하는 작업이 마무리되면 현재 화면에 표시되고 있는 지역을 TinyDB에 저장해서 앱을 종료한 후에 다시 실행했을 때 TinyDB에 저장된 지역의 대기오염 정보가 바로 화면에 나타나도록 만듭니다.

다음으로 [데이터변환하기] 함수를 만들어 보겠습니다.

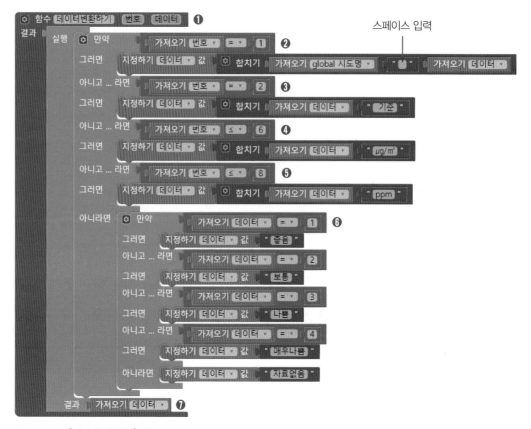

스페이스 입력

[예제 15-10] [데이터변환하기] 함수

❶ [데이터변환하기] 함수의 껍데기가 있는 곳으로 이동합니다(446쪽 예제 15-9 참조).

❷ [결과] 소켓에 [실행] 블록을 끼우고 [실행] 소켓에 [만약] 블록을 넣습니다. [만약] 블록의 파란색 아이콘을 클릭해 [아니고…만약] 블록 3개와 [아니면] 블록 1개를 추가합니다. [만약] 소켓에 수학 서랍의 [=] 블록을 끼우고 = 연산자의 양쪽 소켓에 [가져오기 번호] 블록과 [1] 블록을 끼웁니다. [그러면] 섹션에 [지정하기 데이터] 블록을 넣고 [값] 소켓에 [합치기] 블록을 끼웁니다. [합치기] 블록의 소켓을 3개로 만든 후 각 소켓에 차례대로 [가져오기 global 시도명] 블록, [" "] 블록, [가져오기 데이터] 블록을 끼웁니다. [" "] 블록에 스페이스 키를 입력해서 빈 칸이 한 칸 생기도록 만듭니다.

해설 [번호]가 1이면 함께 전달된 [데이터]에는 측정소명이 들어있습니다. 시도명과 측정소명을 스페이스로 구분해서 연결한 값을 [데이터]에 다시 저장해 둡니다. 이렇게 만든 [데이터]는 최종적으로 함수를 호출한 곳으로 전달되어 [측정소위치] 레이블의 [텍스트] 속성이 됩니다.

❸ [만약] 소켓에 연결된 블록을 복사해서 첫 번째 [아니고…라면] 소켓에 끼우고 숫자 1을 2로 바꿉니다. [그러면] 섹션에 [지정하기 데이터] 블록을 넣고 [값] 소켓에 [합치기] 블록을 끼웁니다. [합치기] 블록의 소켓에 차례대로 [가져오기 데이터] 블록, [" 기준"] 블록을 끼웁니다.

> 해설 [번호] 2와 함께 전달된 [데이터]에는 대기오염 정보를 측정한 날짜와 시간이 들어있습니다. 측정일 뒤에 " 기준"을 더한 값을 [데이터]에 저장해 둡니다. 이렇게 만든 [데이터]는 함수 호출에 의해 [측정일] 레이블의 [텍스트] 속성이 됩니다.

❹ ❸에서 만든 [아니고…라면] 소켓에 연결된 블록과 [그러면] 섹션에 있는 블록을 모두 복사해서 두 번째 [아니면…라면] 소켓과 그 아래에 있는 [그러면] 섹션에 넣습니다. [아니고…라면] 소켓에 있는 연산자 "="를 "≤"로 바꾸고 숫자 2를 6으로 바꿉니다. [그러면] 섹션에 있는 " 기준"을 "㎍/㎥"로 바꿉니다. "㎍"과 "㎥"는 한글 "ㄹ"을 입력한 후 키보드의 한자 키를 누르면 나타나는 목록에서 찾을 수 있습니다.

> 해설 [번호]가 3, 4, 5, 6일 때 함께 전달되는 [데이터]에는 so2값, co값, o3값, no2값이 들어있습니다. 이 값은 대기오염물질의 수치를 나타내는 값이므로 뒤에 단위인 "㎍/㎥"을 더해 줍니다. 이렇게 단위를 더한 값들은 [so값], [co값], [o3값], [no2값] 레이블의 [텍스트] 속성이 됩니다.

❺ ❹에서 만든 [아니고…라면] 소켓에 연결된 블록과 [그러면] 섹션에 있는 블록을 모두 복사해서 세 번째 [아니면…라면] 소켓과 그 아래에 있는 [그러면] 섹션에 넣습니다. [아니고…라면] 소켓에 있는 숫자 6을 8로 바꾸고 [그러면] 섹션에 있는 "㎍/㎥"을 "ppm"으로 바꿉니다.

> 해설 [번호]가 7, 8일 때 함께 전달되는 [데이터]에는 pm10값, pm25값이 들어있습니다. 이 값은 미세먼지 수치를 나타내는 값이므로 뒤에 단위인 "ppm"을 더해 줍니다. 이렇게 단위를 더한 값들은 [pm10값], [pm25값] 레이블의 [텍스트] 속성이 됩니다.

❻ [아니라면] 섹션에 [만약] 블록을 넣고 블록을 [만약] 블록은 파란색 아이콘을 클릭해서 [아니고…만약] 블록 3개와 [아니면] 블록 1개를 추가합니다. 4개의 소켓에 수학 서랍의 [=] 블록을 끼우고 = 연산자의 왼쪽 소켓에 [가져오기 데이터] 블록을 끼웁니다. = 연산자의 오른쪽 소켓에는 위에서부터 차례대로 [1], [2], [3], [4] 블록을 끼웁니다. 5개의 [그러면] 섹션에 [지정하기 데이터] 블록을 끼우고 [값] 소켓에 [" "] 블록을 끼웁니다. 5개의 [" "]블록에 차례대로 "좋음", "보통", "나쁨", "매우나쁨", "자료없음"을 입력합니다.

> 해설 [번호]가 9~15일 때 함께 전달되는 [데이터]에는 khai등급, so2등급, co등급, o3등급, no2등급, pm10등급, pm25등급이 들어있습니다. 이 값들은 숫자로 돼 있으므로 사용자들이 알아보기 쉽게 등급을 나타내는 말로 바꿔서 화면에 출력해야 합니다. [데이터] 값을 검사해서 1이면 "좋음, 2이면 "보통", 3이면 "나쁨", 4이면 "매우나쁨"으로 바꿉니다. 측정소 혹은 시간대별로 측정 자료가 없는 경우에는 [데이터] 값은 빈칸이 됩니다. 이때는 [데이터]를 "자료없음"으로 바꿉니다.

❼ [가져오기 데이터] 블록을 [결과] 소켓에 끼웁니다.

해설 [실행] 섹션에서의 작업에 의해 처리된 [데이터]를 함수를 호출한 곳으로 전달합니다.

다음으로 [지도표시하기] 함수를 만들어 보겠습니다.

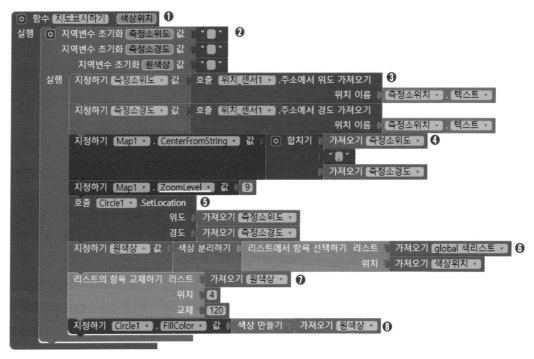

[예제 15-11] [지도표시하기] 함수

❶ [지도표시하기] 함수의 껍데기가 있는 곳으로 이동합니다(446쪽 예제 15-9 참조).

❷ [지역변수 초기화] 블록을 함수 블록의 [실행] 섹션에 넣고 파란색 아이콘을 클릭해 [이름] 블록을 2개 추가합니다.
변수 3개의 이름을 "측정소위도", "측정소경도", "원색상"으로 바꾸고 3개의 [값] 소켓에 [" "] 블록을 끼웁니다.

해설 지역변수 [측정소위도]와 [측정소경도]에는 측정소의 위도와 경도가 저장됩니다. [원색상]에는 지도 위에 표시
되는 원의 색상 값이 저장됩니다.

❸ [지정하기 측정소위도] 블록을 [지역변수 초기화] 블록의 [실행] 섹션에 넣은 후 [값] 소켓에 [호출 위치_센서1.주소
에서 위도 가져오기] 블록을 끼우고 [위치 이름] 소켓에 [측정소위치.텍스트] 블록을 끼웁니다. [지정하기 측정소경
도] 블록을 추가한 후 [값] 소켓에 [호출 위치_센서1.주소에서 경도 가져오기] 블록을 끼우고 [위치 이름] 소켓에 [측
정소위치.텍스트] 블록을 끼웁니다.

해설 위치 센서 컴포넌트가 제공하는 주소에서 위도와 경도를 가져오는 기능을 이용해 측정소의 위도와 경도를 알아낸 후 변수에 저장해 둡니다.

❹ [지정하기 Map1.CenterFromString] 블록을 [지정하기 측정소경도] 블록 아래에 넣고 [값] 소켓에 [합치기] 블록을 끼웁니다. [합치기] 블록의 소켓을 3개로 만든 후 각 소켓에 차례대로 [가져오기 측정소위도] 블록, [","] 블록, [가져오기 측정소경도] 블록을 끼웁니다. [지정하기 Map1.ZoomLevel] 블록을 추가하고 [값] 소켓에 [9] 블록을 끼웁니다.

해설 Map의 [CenterFromString] 속성에 위도와 경도가 콤마로 구분된 값을 넣어 위치를 지정하면 지정된 위치가 지도의 중앙에 오게 됩니다. Map의 [ZoomLevel] 속성을 8로 설정해 측정소가 있는 지역을 지도상에 확인할 수 있게 만듭니다. [ZoomLevel]은 지도의 크기를 조절하는 속성으로 1~18의 값으로 설정 가능하며 숫자가 작을수록 넓은 지역을 보여주고 숫자가 클수록 특정 지역을 자세히 보여줍니다.

❺ [호출 Circle1.SetLocation] 블록을 [지정하기 Map1.ZoomLevel] 블록 아래에 넣고 [위도] 소켓에 [가져오기 측정소위도] 블록, [경도] 소켓에 [가져오기 측정소경도] 블록을 끼웁니다.

해설 원이 지도의 중앙에 오도록 만듭니다.

❻ [지정하기 원색상] 블록을 [호출 Circle1.SetLocation] 블록 아래에 넣고 [값] 소켓에 [색상 분리하기] 블록을 끼웁니다. [색상 분리하기] 블록의 소켓에 [리스트에서 항목 선택하기] 블록을 끼우고 [리스트] 소켓에 [가져오기 global 색리스트] 블록, [위치] 소켓에 [가져오기 색상위치] 블록을 끼웁니다.

해설 지도 위에 표시되는 원의 색깔을 스크린의 배경색과 같은 색으로 만들기 위해 [색리스트]에서 [색상위치] 번째에 있는 색상 값을 가져옵니다. [색상 분리하기] 블록을 이용해 색상을 리스트 형태로 분리하는 이유는 원 색깔의 불투명도를 조절해서 원이 지도를 가리지 않도록 만들기 위해서입니다.

❼ [리스트의 항목 교체하기] 블록을 [지정하기 원색상] 블록 아래에 넣고 [리스트] 소켓에 [가져오기 원색상] 블록, [위치] 소켓에 [4] 블록, [교체] 소켓에 [120] 블록을 끼웁니다.

해설 색상을 분리하면 총 4개의 항목을 가진 리스트가 됩니다. 4개의 항목 중 처음 3개는 Red, Green, Blue의 색상 값을 나타내고 마지막 4번째 항목은 색의 불투명도를 나타냅니다. 4번째 위치에 있는 항목의 값을 120으로 교체해서 색상의 불투명도를 조절합니다. 불투명도의 범위는 0~255이며 0에 가까울수록 더 투명한 색이 됩니다.

❽ [지정하기 Circle1.FillColor] 블록을 [리스트의 항목 교체하기] 블록 아래에 넣고 [값] 소켓에 [색상만들기] 블록을 끼웁니다. [색상 만들기] 블록의 소켓에 [가져오기 원색상] 블록을 끼웁니다.

해설 불투명도를 조절한 [원색상]으로 색상을 만들어 원의 색깔로 지정합니다.

지금까지 만든 기능들이 제대로 작동하는지 테스트해 봅시다.

---

03 _ 앱 테스트

1. 측정소 목록 선택에서 측정소를 선택하면 앱 화면에 측정위치, 측정일시, 통합대기환경등급, 상세정보가 바르게 출력됨 ☐

2. 통합대기환경 등급에 따라 스크린 색깔이 달라짐 ☐

3. 선택된 측정소의 위치가 지도의 중앙에 오고 측정소 위를 스크린의 색깔과 같은 반투명 원이 덮고 있음 ☐

4. 앱을 종료하고 다시 실행하면 앱을 종료하기 직전에 검색했던 지역의 정보가 자동으로 조회되어 출력됨 ☐

오류 처리 기능 만들기

이제 앱 구상하기 단계에서 계획했던 앱의 모든 기능들을 다 만들었습니다. 앱이 문제 없이 잘 동작하는지 확인하기 위해 다양한 상황을 가정해서 앱을 테스트해 보면 특정 상황에서 [그림 15-24]와 같은 에러 메시지가 뜨는 것을 확인할 수 있습니다.

Error 1101: Unable to get a response with the specified URL: http://openapi.airkorea .or.kr/openapi/services /rest/ArpltnInforInqireSvc /getCtprvnRltmMesureDnsty ?serviceKey= FvlGyKdBgB8bXcGFjhYPLp34 IJTgkriBPycSdrcuGonRZvRvz %3D%3D&numOfRows=100& sidoName=대구&ver=1.0

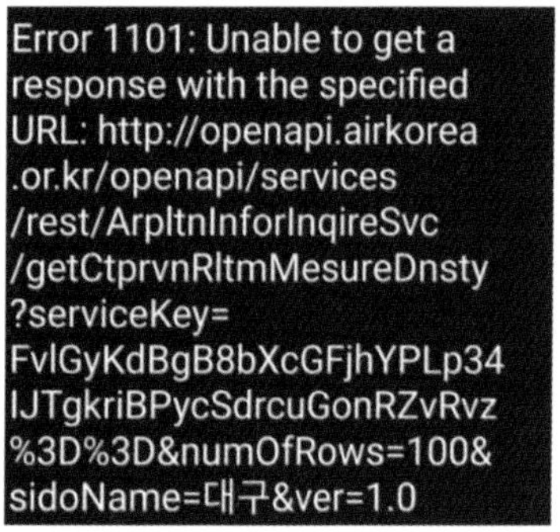

[그림 15-24] 에러 메시지

에러 1101의 경우 스마트 기기의 무선 네트워크를 '사용 안함'으로 설정한 상태이거나 API 서버에 장애가 발생한 상태일 때 [웹1.가져오기] 함수를 호출하면 나타나는 것으로 잠시 후 사라집니다. 에러 메시지가 나타나는 것도 문제지만 더 큰 문제는 진행 대화창이 화면에서 사라지지 않는다는 점입니다. [대기정보가져오기] 함수(437쪽 예제 15-6 참조)를 보면 [웹1.가져오기] 함수를 호출한 후에 [알림1.진행 대화창 나타내기] 함수를 호출한 것을 확인할 수 있습니다. [알림1.진행 대화창 나타내기] 함수의 호출로 인해 나타난 대화창은 정상적으로 앱이 실행되는 경우라면 [언제 웹1.텍스트 받음] 블록(439쪽 예제

15-7 참조)에 있는 [호출 알림1.진행 대화창 종료] 블록에 의해 사라져야 합니다. 하지만 [웹] 컴포넌트를 사용할 수 없는 상태에서는 [언제 웹1.텍스트 받음] 블록이 실행되지 않기 때문에 진행 대화창이 사라지지 않고 화면에 계속 남아있게 됩니다. 진행 대화창이 떠 있는 동안에는 뒤로 가기 버튼이 작동하지 않기 때문에 앱을 강제로 종료시켜야 하는 문제가 발생합니다.

이러한 문제를 해결하기 위해 오류 발생을 처리하는 이벤트 핸들러를 만들어 보겠습니다.

[예제 15-12] 오류가 발생했을 때 실행되는 이벤트 핸들러 블록

❶ [언제 Screen1.오류 발생] 블록을 뷰어 패널로 가져옵니다.

해설 이 블록은 오류가 발생했을 때 실행되는 블록으로, [컴포넌트]에는 오류 발생의 원인이 된 컴포넌트의 이름이 들어있으며 [함수 이름]에는 오류 발생의 원인이 된 함수의 이름이 들어있습니다. [오류 번호]에는 오류의 종류를 알려주는 코드가 들어 있으며 [메시지]에는 오류에 관한 설명이 들어있습니다.

❷ [만약] 블록을 이벤트 핸들러 블록에 넣고 [만약] 소켓에 [수학] 서랍의 [=] 블록을 끼웁니다. [=] 블록의 양쪽 소켓에 [가져오기 오류 번호] 블록과 [1101] 블록을 끼웁니다.

해설 [그림 15-24]를 보면 1101이라는 번호가 있습니다. 이 번호는 이벤트 핸들러 블록에 있는 [오류 번호]를 통해 확인할 수 있는 값으로 이 값을 통해 어떤 종류의 오류가 발생했는지 알 수 있습니다. [오류 번호]를 확인하고 이 오류로 인해 발생하는 문제를 해결하기 위한 블록을 [그러면] 섹션에 넣으면 됩니다.

❸ [호출 알림1.진행 대화창 종료] 블록을 [그러면] 섹션에 넣습니다.

해설 진행 대화창을 닫는 함수를 호출해 대화창이 사라지지 않는 문제를 해결합니다.

❹ [호출 알림1.경고창 나타내기] 블록을 추가하고 [알림] 소켓에 ["무선 네트워크 설정을 확인하고 문제가 지속될 경우 잠시 후 다시 접속해 주세요"] 블록을 끼웁니다.

해설 오류가 발생한 원인을 사용자에게 알리는 경고창을 띄웁니다.

이제 앱을 완성했으므로 [Screen1]의 [속성] 패널에서 [스크롤 가능 여부]를 체크 해제하고 데이터 출력을 확인하기 위해 임시로 만들어 둔 [임시레이블]을 삭제합니다.

지금까지 만든 기능이 제대로 작동하는지 테스트해 봅시다.

04_ 앱 테스트

1. Wi-Fi와 데이터 통신을 끄고 시도 목록에서 도시를 선택하면 네트워크 상태를 확인하라는 경고창이 나타남   ☐

지금까지 "미세먼지" 앱을 만들어 봤습니다. 이번 장에서 사용해본 공공데이터포털의 대기오염정보 조회 서비스 API 외에도 여러 사이트에서 제공하는 다양한 오픈 API 서비스가 존재합니다. 다양한 오픈 API 서비스를 이용해 실생활에 필요한 정보를 제공해 주는 앱 만들기에 도전해 봅시다.

프로젝트 소스
지금까지 만든 앱과 미션에 관한 예제는 앱 인벤터 갤러리에서 'findDust'로 검색하면 확인할 수 있습니다.

A − Z

ㄱ

ㄴ

ㄷ